Jean-François Revel

So enden die Demokratien

Unter Mitarbeit von Branko Lazitch

Aus dem Französischen
von Ulrich Friedrich Müller

Piper
München Zürich

Die Originalausgabe erschien 1983 unter dem Titel
»Comment les Démocraties finissent« bei Bernard Grasset. Paris

ISBN 3-492-02869-1
2. Auflage, 7.–10. Tausend 1984
© Bernard Grasset, Paris
Alle Rechte der deutschen Ausgabe
© R. Piper GmbH & Co. KG, München 1984
Gesetzt aus der Times-Antiqua
Gesamtherstellung Clausen & Bosse, Leck
Printed in Germany

Jean-François Revel · So enden die Demokratien

*Für Nicolas, Raphaël, Guillaume,
die künftigen Bürger des 21. Jahrhunderts,
mit meinen herzlichsten Ermutigungswünschen*

Inhaltsverzeichnis

Erster Teil: Die Demokratie im Angesicht ihres Feindes

1. Das Ende eines Zwischenspiels 11
2. Ein gefügiges Opfer 15
3. Der Irrtum des Alexis de Tocqueville 20
4. Das Überleben des Unfähigsten.. 25
5. Die Angst vor dem Wissen.. 30

Zweiter Teil: Die reale Existenz der
kommunistischen Expansion

6. Autopsie der Nachpolenzeit 43
7. Der territoriale Imperativ 67
8. Das einseitige Wettrüsten 79
9. Überzeugung durch Stärke 89

Dritter Teil: Die Werkzeuge der
kommunistischen Expansion

10. Weltweite Strategie und aktive Wachsamkeit 105
11. Langzeitperspektive und Erinnerungsvermögen 116
12. Steter Tropfen höhlt den Stein 126
13. Wechsel in der Taktik: Kalter Krieg,
    Koexistenz, Entspannung 140
14. Zwietracht in den Westen tragen 155
15. Der »Kampf für den Frieden« 164
16. Ideologische Kriegführung und Desinformation 181
17. Umfunktionieren und Vereinnahmen 211

Vierter Teil: Die geistigen Rahmenbedingungen für die Niederlage der Demokratien

18. Die Bruchlinien	241
19. Eines der ersten Kapitel im Brevier der Feigheit: der Berliner Mauerbau 1961	258
20. Der seltsame »Kalte Krieg«	270
21. Vom Erfinder der Entspannung	289
22. Jalta oder der Herkunftsroman	296
23. Das Wunder von Moskau oder Die Nachfolgekomödie	310
24. Zweierlei Maß und Gleichstellung	330
25. Zweierlei Gedächtnis	355
26. Die Demokratien gegen die Demokratie	371
Schlußgedanken: Weder Krieg noch Knechtschaft	381
Nachwort für die deutsche Ausgabe: Traum und Wirklichkeit in Deutschland	397

Erster Teil
Die Demokratie im Angesicht ihres Feindes

1. Das Ende eines Zwischenspiels

Vielleicht ist die Demokratie in der Geschichte nur ein Zwischenspiel gewesen, eine kurze Einfügung in Klammern, die sich vor unseren Augen schließen. In ihrem modernen Verständnis als eine Gesellschaftsform, die Leistungskraft mit Legitimität des Staates, dessen Autorität mit der Freiheit zu verbinden weiß, dürfte es sie kaum mehr als zweihundert Jahre gegeben haben, wenn man bedenkt, wie schnell die Kräfte wachsen, die auf ihr Ende hinarbeiten. Damit hat nur ein winziger Bruchteil des Menschengeschlechts sie überhaupt kennengelernt. Die Demokratie nimmt also in Zeit und Raum einen höchst bescheidenen Platz ein, weil die zweihundert Jahre nur für die wenigen Länder gelten, wo sie in zunächst höchst unvollständiger Form schon gegen Ende des 18. Jahrhunderts in Erscheinung getreten ist. In den meisten anderen Ländern ist die Demokratie, soweit sie noch besteht, erst seit weniger als einem Jahrhundert angenommen worden, manchmal erst seit weniger als einem halben Jahrhundert oder einem Jahrzehnt.

Ohne Zweifel hätte die Demokratie länger existieren können, wenn sie die einzige Form politischer Organisation in der Welt gewesen wäre. Doch sie ist nicht darauf angelegt, sich ihrer Feinde zu erwehren, die von außen ihren Untergang betreiben, vor allem nicht, wenn der jüngste und gefährlichste dieser äußeren Feinde, der Kommunismus, also die derzeitige Variante und vollendetste Ausprägung des Totalitarismus, sich als die Verwirklichung der Demokratie hinzustellen weiß, obwohl er ihre völlige Negierung ist. Die Demokratie ist von ihrem Wesen her nach innen gerichtet und von ihrem Auftrag her auf die geduldige und nüchterne Verbesserung des Lebens in der Gesellschaft. Der Kommunismus dagegen ist notwendig nach außen gerichtet, weil er eine soziale Bankrotterklärung ist, unfähig, eine lebenswerte Gesellschaft zu schaffen. Die Nomenklatura, die Gesamtheit der Bürokratendiktatoren, die das System lenken, kann ihre Fähigkeiten also nur in Expansionsbemühungen investieren. Sie ist darin geschickter und ausdauernder als die Demokratie in ihrer Verteidigung. Die Demokratie neigt dazu, Bedrohungen zu unterschätzen oder nicht wahrhaben zu wollen, weil es ihr widerstrebt, die notwendigen Gegenmaßnahmen zu ergreifen. Sie erwacht erst, wenn die Gefahr tödlich, unmittelbar bevorstehend und jedermann einleuchtend wird. Doch dann bleibt ihr entweder nicht genügend Zeit zur Abwendung, oder der Preis des Überlebens wird bedrückend hoch.

Zum äußeren, einst nationalsozialistischen, heute kommunistischen Feind, dessen ganze geistige Kraft und Wirtschaftsmacht auf die Zerstörung gewendet ist, gesellt sich für die Demokratie der innere Feind, der seinen Platz von den Gesetzen der Demokratie reserviert vorfindet. Während der Totalitarismus jeden inneren Feind liquidiert bzw. dessen Aktionen schon im Ansatz mit einfachen und unfehlbaren, weil antidemokratischen Mitteln zerschlägt, kann sich die Demokratie nur sehr zaghaft verteidigen. Der innere Feind der Demokratie hat es leicht, weil er das Recht auf Nichteinverstandensein ausnutzt, das untrennbar zur Demokratie gehört. Geschickt verbirgt er hinter der legitimen Opposition, hinter der Kritik, auf die jeder Bürger ein unveräußerliches Recht hat, die Absicht der Zerstörung der Demokratie selber, das aktive Streben nach absoluter Macht und dem Monopol der Gewalt. Die Demokratie ist ja das paradoxe Regime, das denen, die es stürzen wollen, die einzigartige Möglichkeit einräumt, ganz legal im Schutz des Rechts darauf hinzuarbeiten und dafür sogar die beinahe offene Unterstützung des äußeren Feindes in Anspruch zu nehmen, ohne daß dies als ein wirklicher schwerer Verstoß gegen die gesellschaftliche Übereinkunft empfunden wird. Die Grenze ist unscharf, der Übergang fließend zwischen dem loyalen Opponenten, der eine von den Institutionen vorgesehene Möglichkeit wahrnimmt, und dem Gegner, der eben diese Institutionen mißbraucht. Der Totalitarismus behandelt den ersten wie den zweiten, um die Zerschlagung jeder Opposition zu rechtfertigen; die Demokratie behandelt den zweiten wie den ersten aus Angst, des Verrats an ihren eigenen Grundsätzen bezichtigt zu werden.

So gelangt man zu der verkehrten Welt, die wir jeden Tag in der vereinfachend »der Westen« genannten Gesellschaft erleben: Diejenigen, welche die Demokratie zerstören wollen, scheinen für legitime Anliegen zu kämpfen, während diejenigen, welche sie verteidigen wollen, als Anstifter oder Werkzeuge einer reaktionären Unterdrückung hingestellt werden. Die Gleichsetzung der inneren und äußeren

Gegner der Demokratie mit legitimen Fortschritts- oder gar Friedenskräften führt dazu, daß Menschen, die nur ihre Institutionen erhalten wollen, in Verruf geraten, so daß ihre Tatkraft gelähmt wird. Zu dieser Koalition von feindseligen Bestrebungen und negativer Logik gesellt sich ein Trommelfeuer von Beschuldigungen und Einschüchterungen, wie kein politisches System es je über sich ergehen lassen mußte. So wie die Sittlichkeitsvereine einst von der »Industrie des Lasters« sprachen, gibt es jetzt eine »Industrie der Schuldzuweisung«. Das Geheimnis besteht einfach darin, ständig die heute schon allgemein geglaubte Behauptung zu wiederholen, daß es für alles, was an Schlechtem in der Dritten Welt neu oder weiterhin geschieht, einen Schuldigen gibt, der notwendig und allein in der »fortgeschritteneren« oder »reichen« Welt zu suchen ist, also fast stets und nicht ohne Grund in der demokratischen Welt. Großaktionäre dieser »Industrie der Schuldzuweisung« sind zunächst einmal die Despoten, die ungestraft die Völker dieser unglücklichen Dritten Welt unterdrücken. Sodann aber sind es die kommunistischen Staaten, die bei anderen eine Unterentwicklung ausnutzen, die sie bei sich selber nicht zu überwinden wissen, um diese armen Länder in militärische und totalitäre Festungen zu verwandeln. Auch hier, bei den sogenannten Nord-Süd-Beziehungen, erkennt man ein Zusammenspiel von äußeren und inneren Feinden der Demokratien, von dem die armen Völker keinerlei Nutzen haben, das aber von großartiger Wirksamkeit ist, um das Vertrauen der Demokratie in ihre eigene Legitimität, ihre eigene Existenzberechtigung zu untergraben. Die »Fortschrittlichkeit« der ideologischen Unterstützung gewisser Leute im Westen für die schlimmsten Kräfte in der Dritten Welt ist eine bloße geographische Verschiebung dessen, was sechzig Jahre lang an der Unterstützung für die Sowjetunion oder für Maos China so »fortschrittlich« war: die Komplizenschaft einer bestimmten westlichen Linken *gegen* die Völker *mit* den Tyrannen, die diese Völker in Knechtschaft, Unwissenheit, Hunger halten oder geradezu ausrotten. Der skandalöse Mißbrauch einer edlen Absicht.

Es sieht demnach ganz so aus, als sei die Summe der psychologischen und materiellen, politischen und moralischen, ökonomischen und ideologischen Kräfte, die sich zur Auslöschung der Demokratie zusammenfinden, größer als die Summe der gleichen Kräfte, die sich zusammenfinden, um sie am Leben zu erhalten. Kurz: Die Erfolge und Segnungen der Demokratie werden ihr nicht gutgeschrieben, während sie ihre Mißerfolge, Unzulänglichkeiten und Fehler unvergleichlich viel teurer bezahlt als ihre Gegner die ihren. Gegenstand dieses Buches ist die detaillierte Beschreibung des erbarmungslosen Demokratieverdrängungsmechanismus, zu dem die Welt, in der wir leben, geworden ist. Es mag eine gewisse Befriedigung verschaffen, sein Funktionieren zu verstehen, wenn man ihn schon nicht anhalten kann.

2. *Ein gefügiges Opfer*

Die demokratische Zivilisation ist die erste der Menschheitsgeschichte, die sich im Angesicht der auf ihren Untergang bedachten Macht unrecht gibt. Mehr als durch die Anstrengungen des Kommunismus, die Demokratie von der Erde zu tilgen, mehr als durch die Erfolge, die er dabei immer wieder erringt, wird unser Jahrhundert durch die Demut gekennzeichnet bleiben, mit der sich die demokratische Zivilisation in ihr Verschwinden fügt und den Sieg ihres Todfeindes noch zu rechtfertigen sucht. Daß der Kommunismus mit aller Kraft nach der Zerstörung der Demokratie strebt, ist ganz natürlich, weil die beiden nicht miteinander vereinbar sind und das Überleben des ersteren vom Auslöschen der letzteren abhängt. Daß der Kommunismus bei seinem Angriff mehr Glück und Geschick hatte als die Demokratie bei ihrem Widerstand, wäre vor der Geschichte nur ein Beispiel dafür, daß sich die eine Macht klüger verhält als die andere. Unnatürlicher und neuartiger dagegen ist es, daß die geschlagene Zivilisation nicht nur im Grunde diese Niederlage als berechtigt empfindet, sondern ihren Anhängern und Gegnern noch bereitwillig beliebig viele Begründungen liefert, warum jede Form der Verteidigung ihrerseits fast immer unmoralisch, auf alle Fälle überflüssig und sinnlos, oft sogar gefährlich wäre.

Ein uraltes Phänomen sind die Zivilisationen, die das Selbstvertrauen verlieren und nicht mehr an ihre Kraft zum Fortbestehen glauben, sei es unter der Last einer weder zu lösenden noch länger zu ertragenden inneren Krise, sei es angesichts der Bedrohung durch einen äußeren Feind, der so stark ist, daß nur die Wahl zwischen Knechtschaft und Selbstmord bleibt. Obwohl für unsere demokratische Zivilisation nach meiner Ansicht keine der beiden Bedingungen zutrifft, verhält sie sich so, als gälten beide. Neu ist jedoch vor allem der Eifer, mit dem sie ihren Irrglauben an die eigene Schuldverstrikkung und den unabwendbar daraus folgenden Untergang aussaunt. Einen solchen Irrglauben haben ihre Vorgängerinnen wie ein beschämendes Geheimnis für sich behalten, wenn sie wußten oder annahmen, daß sie zum Untergang verurteilt seien. Und neu ist auch die Beflissenheit, mit der sie ihrem Gegner eindrucksvoll und wortreich die Argumente für die Berechtigung seines Verhaltens liefert und ihre eigenen bedrückenden Unzulänglichkeiten dartut.

Sind diese Unzulänglichkeiten echt oder eingebildet? Ein Teil ist sicher echt, so wie ein Teil der Verantwortung echt ist, die man dieser oder jener demokratischen Macht oder den Demokratien in ihrer Gesamtheit an den Ungerechtigkeiten und Leiden in der Welt zumißt. Doch ein großer Teil dieser Unzulänglichkeiten und dieser Verantwortung wird entweder übertrieben, ist vorübergehender Natur oder schlicht und einfach erfunden. Bei den echten Unzulänglichkeiten ist die Frage, ob sie eine moralische Rechtfertigung für die Auslöschung der heute existierenden demokratischen Gesellschaften durch den Totalitarismus liefern. Bei den erfundenen Unzulänglichkeiten ist die Frage, warum sie bei den damit verleumdeten demokratischen Gesellschaften selber so bereitwilligen Glauben finden. Das absurde an der Krankheit, die wir miterleben, ist ja, daß die Demokratie, wenn es jetzt mit ihr zu Ende geht, nicht an einer inneren Krise stirbt, an einem schicksalhaft erscheinenden Erlöschen ihrer Lebenskraft, wie es ihr zwischen den Weltkriegen beinahe widerfahren wäre. Zwischen 1919 und 1939 schienen die Demokratien von innen her durch ein nicht aufzuhaltendes Übel zerfressen zu werden, das sie dazu trieb, in ihrem Schoße Rechtsdiktaturen entstehen zu lassen und eine nach der andern vor autoritären oder totalitären Regimen zu kapitulieren, die aus ihrer eigenen Unfähigkeit zum Regieren entstanden waren. In Mitteleuropa hatte so gut wie keines der nach dem Ersten Weltkrieg geschaffenen parlamentarischen Regime ein Jahrzehnt überlebt. In Westeuropa glitt nach Italien auch Portugal, Deutschland und Spanien in den Faschismus ab. Von den europäischen Großmächten hielten nur Großbritannien und Frankreich an der Demokratie fest, und in Frankreich war sie so schwach, so unentschlossen, von so vielen Seiten angegriffen, daß ihr Befinden zu schweren Bedenken Anlaß gab. Nichts dergleichen jetzt am Ende des 20. Jahrhunderts: Der politische Gesundheitszustand des nichtkommunistischen Europa ist zufriedenstellend. Zum erstenmal seit 1922, seit Mussolinis Machtübernahme in Rom, ist ganz Westeuropa demokratisch verfaßt. Die sieben Jahre Diktatur der griechischen Obristen von 1967 bis 1974 haben mit ihrem Scheitern und mit einer Stärkung der Demokratie geendet. Der nach 1975 in Spanien so sehr gefürchtete Militärputsch ist fehlgeschlagen. Die gefährlichsten, systematischsten Angriffe auf die Demokratie sind von der revolutionären Linken gekommen: vom roten Terrorismus in Italien, Spanien, der Bundesrepublik Deutschland und vom Versuch einer Minderheit, 1975 in Portugal ein militärisch-kommunistisches totalitäres Regime zu errichten. Trotz dieser Prüfungen haben die alten Demokratien standgehalten, und die jungen haben nicht nur überlebt, sondern sind gefestigt worden. Die bemühte Anstrengung, mit der die Linke in regelmäßigen Abständen die Bevölkerung beunruhigen möchte, indem sie ihr eine neonazistische Bedrohung an die Wand malt, ist immer wieder an der schlichten Tatsache gescheitert, daß im Europa von heute keine faschistoide Bewegung die Bildung einer Partei geschafft und irgendwo auch nur einen Abgeordneten durchgebracht hat. Der Aufwand, mit dem die nur mühsam auszumachende »Neue Rechte« 1980 in Frankreich zu vorübergehendem Ruhm gebracht wurde, war vor allem ein Beweis für die Sehnsucht der Linken, sich einen Feind nach ihrem Geschmack schaffen zu dürfen, um den echten Feind, den Kommunismus, nicht wahrhaben zu müssen. Die »Neue Rechte« ist ohne Zweifel eine geistige und moralische Verirrung, aber eine politische Kraft ist sie in keiner Hinsicht. Im Unterschied zur Vorkriegszeit setzt sich nicht eine einzige einflußreiche politische Persönlichkeit offen für den Sturz der Demokratie ein oder könnte, wenn sie das täte, auf Erfolg hoffen. Der »schwarze« Terrorismus, bei dem Herkunft und Außensteuerung im übrigen sehr viel weniger eindeutig sind als beim roten Terrorismus, ist tatsächlich ein Ausfluß der gleichen Ohnmacht: Beide, extreme Rechte und extreme Linke, müssen feststellen, daß sie mit legalen Mitteln allenfalls winzige Grüppchen zusammenbringen. Der töricht hochtönende Ausdruck »Außerparlamentarische Opposition«, der in Italien und Deutschland um 1970 soviel Anklang fand, war nur ein Beweis dafür, daß die revolutionäre Linke ebensowenig in der Lage war, für den Einzug ins Parlament genügend Stimmen zu gewinnen, wie die Rechtsextremisten*. Die Demokratie als solche hat sich also seit dem

---

* Die sogenannte »neofaschistische« Rechtspartei MSI (*Movimento Sociale Italiano*) wird zwar von den anderen Parteien nicht in den »arco costituzionale« gelassen, respektiert jedoch die Institutionen und ist gegen jede Gewalt.

Zweiten Weltkrieg ausgebreitet und gekräftigt. Es erfreuen sich ihrer nur wenige Länder, aber als institutionelles System beruht sie dort mehr als früher auf einem beinahe einstimmigen Einverständnis.

Doch mag das demokratische System als Institution von innen her nicht mehr in Frage gestellt werden, die von ihm hervorgebrachten Gesellschaften, Zivilisationen und Werte werden es immer nachdrücklicher. Die Selbstkritik ist eine unentbehrliche Triebfeder der demokratischen Zivilisation und ein Grund für ihre Überlegenheit über jede andere. Die oft kaum oder gar nicht gerechtfertigte systematische Selbstverurteilung dagegen ist eine Quelle der Schwäche und der Unterlegenheit gegenüber einer imperialistischen Macht, die sich selber von allen Gewissensskrupeln freihält. Für den einzelnen und die Gesellschaft ist die Überzeugung, immer recht zu haben, auch wenn die Tatsachen dem widersprechen, der beste Weg zu Verblendung und Erschlaffung; die Überzeugung jedoch, immer unrecht zu haben, und sei es auf Kosten der Wahrheit, entmutigt und lähmt. Die Demokratien neigen heute nicht nur zur Selbstbezichtigung, wo sie nicht gesündigt haben, sondern haben die Gewohnheit angenommen, sich an einem so unerreichbaren Ideal zu messen, daß der Schuldspruch unausbleiblich ist. Eine Zivilisation aber, die sich bei allem, was sie ist, bei allem, was sie tut, bei allem, was sie denkt, schuldig fühlt, kann nicht genügend Kraft und Überzeugung mobilisieren, um sich zu wehren, wenn ihre Existenz bedroht ist. Einer Zivilisation tagtäglich einreden, sie sei nur verteidigenswert, wenn sie es fertigbringe, die Inkarnation vollkommener Gerechtigkeit zu werden, heißt sie auffordern, abzusterben oder sich unterjochen zu lassen.

Denn genau dies ist ja das Tragische. Verzehrende Selbstkritik ist ein Zivilisationsluxus, den man sich leisten könnte, wenn nicht ein äußerer Feind mit der schieren Existenz der Demokratie aufzuräumen gedächte. Sich immer unrecht geben, das ist eine Denkweise, die gefährlich wird, sobald sie in der Praxis dazu führt, daß man einem Todfeind recht gibt. Übertreibungen in der Kritik sind in der innenpolitischen Propaganda durchaus angebracht. Werden die Übertreibungen jedoch zu oft wiederholt, werden sie geglaubt. Und wo sollen die Bürger der demokratischen Gesellschaften im Angesicht des Feindes Motive zum Widerstand finden, wenn man ihnen von Kindesbeinen an die Überzeugung vermittelt hat, ihre ganze Zivilisation sei eine einzige Kette von Mißerfolgen, ein monströser Betrug? Die Opponenten, die Systemgegner innerhalb der demokratischen Welt, ja sogar die »Konservativen« machen sich aus Überzeugung oder Resignation die Argumente zu eigen, mit denen die Sowjetunion ihre Bemühungen um die Zerstörung der liberalen Gesellschaftsordnungen zu rechtfertigen sucht. Deshalb kann man zwar feststellen, daß das Prinzip der politischen Demokratie von innen her nicht mehr bestritten wird, daß die Realität dieser politischen Demokratie dafür aber von außen im Weltmaßstab angegriffen wird, wie es ihr in ihrer Geschichte noch nicht widerfahren ist. Und dieser mit unerhörter Kraft, Zähigkeit und Intelligenz geführte Angriff überrascht sie in einem Zustand geistiger Schwäche und politischer Gleichgültigkeit, der sie zur Niederlage prädisponiert und einen Sieg des Kommunismus wahrscheinlich, um nicht zu sagen unvermeidlich macht.

Es ist durchaus möglich, daß die demokratische Zivilisation nicht für immer stirbt, sondern daß wir lediglich am Ende eines Zyklus stehen, am Schlußpunkt einer ersten Periode individueller Freiheiten in dem Sinne, wie sie die Demokratie versteht. Die ganze Menschheit würde demnach unter kommunistische Herrschaft geraten und sich dann gegen den Kommunismus erheben, der mangels ausländischer Helfershelfer, auf die er sich stützen könnte, mangels zukünftiger Opfer, die noch zu knechten bleiben, mangels kapitalistischer Wirtschaftssysteme, auf deren Kosten er leben könnte, nunmehr ohne jede Ausrede seine Unfähigkeit zur Ausbildung einer menschenwürdigen Gesellschaft bewiese und dem inneren Aufstand seiner Untertanen nicht gewachsen wäre, die er auch nicht alle einsperren oder ausrotten könnte. Dann, nach ein paar Jahrhunderten, wenn die sozialistische Hypothek von der Menschheit genommen wäre, könnte ein neuer demokratischer Zyklus beginnen.

3. Der Irrtum des Alexis de Tocqueville

»Wir müssen die Mörderhand gegen unseren Vater Parmenides erheben«, sagt der Gast im »Sophisten«, »und eine Hauptthese seiner Philosophie in Frage stellen.« Mit solchen »Sohnesgefühlen eines Vatermörders«, um nach Plato auch Proust zu zitieren, erhebe ich wenn schon nicht die Hand, so doch meine Stimme gegen Tocqueville. Nicht, daß ich die Bedeutung, die sein Werk im ausgehenden 20. Jahrhundert gewonnen hat, für zu groß hielte, ganz im Gegenteil. Ich freue mich über die Aufmerksamkeit für diese einzige genußspendende und vertrauenerweckende Ausnahmeerscheinung unter den schrecklichen Zeugnissen politischer Philosophie, diesen sakrosankten Texten, die seit zwei Jahrhunderten von rechts und von links nichts Besseres zu predigen wissen als die Ausmerzung der einen und die Umerziehung der anderen Hälfte des Menschengeschlechts. Was mich bei meinem kühnen Unterfangen tröstet, ist die Tatsache, daß ich es wage, Tocqueville in einem Punkt zu korrigieren, wo er in meinen Augen noch zu pessimistisch gewesen ist.

Es ist bekannt, auch wenn dieser Aspekt seines Werkes weniger herausgestellt wird als andere, daß Tocqueville eine Art Ersticken der Demokratie an ihr selber voraussagt, und zwar durch ihre zu weit getriebene Vervollkommnung. Er beschreibt dieses letzte Stadium als eine sanfte Diktatur der öffentlichen Meinung, als das Zeitalter der Gleichartigkeit der Gefühle, Ideen, Vorlieben, Sitten, welche die Bürger einer Sklaverei unterwirft, die nicht durch äußeren Zwang entsteht, sondern durch ihr eigenes überwältigendes miteinander Einverstandensein. Je vollkommener sich die gleichmacherische Demokratie ausbildet, je spontaner die Menschen, die sie praktizieren, zusammenhalten, um so mehr wollen sie in aller Freiheit das gleiche. Die Verschiedenheit wird aus der Gesellschaft immer mehr verbannt, und zwar nicht durch Zensur, sondern durch Mißbilligung oder bloße Gleichgültigkeit. Die Allmacht der Mehrheit läßt am Ende sogar das Bedürfnis verlöschen, sich von der herrschenden Meinung zu unterscheiden. Das Original, der Mensch, dessen Geist andere als die ausgetretenen Wege geht, stirbt aus oder ist ein totgeborenes Kind; man muß ihn nicht verfolgen, weil niemand auf ihn hört oder ihm auch nur widerspricht.

Die Gleichheit der Lebensumstände als die Grundlage der Demokratie, wie Tocqueville diese Gleichheit versteht, die nicht gleichen Wohlstand, sondern gleiche Rechte bedeutet, führt zur Uniformität des Denkens. Beide zusammen haben eine Folge, die den Gedanken zerstört oder jedenfalls bis zur Unkenntlichkeit verstümmelt, der von Anfang an der demokratischen Zivilisation ihre Entwicklung vorgezeichnet hat. Diese Folge ist die zunehmende Bedeutung der Rolle des Staates, des modernen Staates, von dem die Kinder der Demokratie, die gerade durch die Gleichheit ihrer Lebensumstände und Freiheitsrechte als Individuen voneinander isoliert werden, alles verlangen und damit auch alles hinzunehmen bereit sind. Tocqueville beschreibt visionär und dabei erschreckend genau den steilen Aufstieg dieses allgegenwärtigen, allmächtigen und allwissenden Staates, den der Mensch des 20. Jahrhunderts inzwischen nur allzugut kennengelernt hat – der Staat als Beschützer, als Unternehmer, als Erzieher; der Staat als Arzt, als Impresario, als Buchhändler; der Staat als Amme und Parasit, Tyrann und Vormund, als Wirtschaftsexperte, Journalist, Moralist, Transportunternehmer, Kaufmann, Werbeagent, Bankier, Vater und Kerkermeister zugleich. Als der große Umverteiler schöpft er ab und subventioniert. Dieser Staat entwickelt ohne Gewaltanwendung einen Despotismus von einer unbeirrbar freundlichen Kleinlichkeit, wie keine Monarchie, keine Tyrannei, keine politische Macht aller Art sie je fertiggebracht haben. Seine Macht ist deshalb beinahe absolut, weil sie kaum mehr verspürt wird: Die Entwicklung ist in unmerklich kleinen Schritten vor sich gegangen, und die immer größeren Zuständigkeiten sind ja eine unmittelbare Auswirkung des Wunsches der Bürger, die auf den Staat blicken anstatt aufeinander. Diese Seiten bei Tocqueville sind eine Vorwegnahme von Orwells »1984« und Riesmans »Einsamer Masse«.

Tocquevilles Voraussage ist von der Geschichte zugleich bestätigt und entkräftet worden. Bestätigt insofern, als die Demokratien des 19. und 20. Jahrhunderts sowohl die Macht der öffentlichen Meinung als auch das Gewicht des Staates immer mehr vergrößert haben. Entkräftet insofern, als die öffentliche Meinung, so mächtig sie geworden ist, weder an Beständigkeit noch an Gleichförmigkeit gewachsen ist, sondern im Gegenteil an Wandelbarkeit und Vielfalt, und der Staat nicht etwa eine seiner Übergröße entsprechende Kraft gewonnen hat, sondern gerade bei denen, die alles von ihm erwarten, immer weniger Gehorsam und Zustimmung findet. Von Ansprüchen überfordert, für die Lösung aller Probleme verantwortlich gemacht, wird ihm immer mehr das Recht genommen, auch alles zu bestimmen. Die auf dem allgemeinen Konsens beruhende Allmacht, die Tocqueville voraussah, ist also nur das eine Gesicht des modernen Staates. Das andere ist eine ebenso vollständige Ohnmacht gegenüber dem täglichen Druck der einander widersprechenden Forderungen seiner Bürger, die Hilfe verlangen, für die sie im Gegenzug immer weniger Pflichten zu übernehmen bereit sind. Weil er alles an sich gezogen hat, steht der demokratische Staat jetzt mit mehr Zuständigkeiten als Befugnissen da. Gerade die Widersprüche zwischen den ebenso legitimen wie unvereinbaren Interessen, derer sich der Staat mit gleichem Wohlwollen annehmen soll, beweisen, daß der Umfang seiner Pflichten sich stets schneller erweitert als sein Handlungsspielraum. Die Blockierung der Gesellschaft durch den bevormundenden Staat ist tatsächlich nicht zu leugnen, aber man muß sogleich hinzufügen, daß gerade seine Ausbreitung ihn verwundbar macht und oft lähmt, weil jede Klientel lieber über ihn herzieht als auf ihn hört.

Diese Verhaltensweisen führen zu einer Zersplitterung der demokratischen Gesellschaften in einzelne Gruppen, die um ihren Vorteil kämpfen und sich wenig um die anderen Gruppen und um das Ganze scheren. Auch die öffentliche Meinung wird durch die Uniformität der gleichen Denkweisen nicht uniformer, sondern zerfällt innerhalb der Gesellschaften in viele Kulturen, die in Geschmack, Lebensform, Moral und Ausdrucksweise oft voneinander so verschieden sind, daß sie einander kaum oder gar nicht mehr verstehen können. Sie leben aneinander vorbei, gehen nicht miteinander um. Die öffentliche Meinung ist in der demokratischen Zivilisation heute nicht mehr ein Kontinent, sondern ein Archipel. Das Bestehen auf Eigenständigkeit jeder Insel dieses Archipels ist ausgeprägter als das Gefühl, zur nationalen Gruppe oder gar zur Gruppe der demokratischen Nationen zu gehören. Einerseits trifft es zu, daß wir im Zeitalter der Massen und eines *global village* leben, in dem Sitten und Moden immer gleichartiger werden. Andererseits leben wir parallel dazu im Zeitalter des Sieges der Minderheiten, des Nebeneinanders aller möglichen Moralvorstellungen, und diese Tendenz wirkt der andern entgegen. Es ist durchaus zu erkennen, daß das Streben nach Gleichheit, in dem Tocqueville die Hauptantriebskraft der Demokratie erblickte, zur Uniformität führt, doch wir sollten nicht vergessen, daß die Demokratie eben auch auf dem Streben nach Freiheit beruht, das zu Verschiedenheit, Zersplitterung, Vereinzelung führt, wie es Plato, ihr subtiler Feind, so großartig ausgedrückt hat, indem er die demokratische Gesellschaft mit einem buntscheckigen, zusammengestückelten Mantel verglich. In der Demokratie, heißt es bei ihm im »Staat«, nimmt jeder sich das Recht, »nach seinem Belieben zu leben«, so daß sich die Lebensweisen vervielfachen und überlagern. Auch für Aristoteles (»Politik«) ist das Grundprinzip der Demokratie zuvörderst die Freiheit, und dieser Grundsatz führt bei ihm zu zwei Regeln: der einen, daß »jeder nacheinander befiehlt und gehorcht«, und der anderen, daß »jeder sein Leben einrichtet, wie es ihm richtig erscheint«. So entspricht auch bei der Entstehung der amerikanischen Demokratie das Recht *to do one's own thing* einem ebenso starken, oft noch leidenschaftlicheren Streben als dem nach Gleichheit.

Die ideologischen und kulturellen Auseinandersetzungen zwischen den vielen Inseln des demokratischen Archipels sind in unseren Gesellschaften wichtiger geworden als die Verteidigung des Archipels selber. In den Niederlanden war 1981 im Hinblick auf Afghanistan und Polen ein erheblicher Teil der öffentlichen Meinung überzeugt, die Holländer hätten nicht das moralische Recht zur Kritik an der kommunistischen Unterdrückung und den sowjetischen Interventionen, »solange die Wohnbedingungen in Amsterdam nicht den höchsten Anforderungen an modernen Komfort entsprechen, solange die Frauen ausgebeutet bleiben, solange Ehen unter Homosexuellen nicht die gleichen gesetzlichen Rechte genießen wie Ehen unter Heterosexuellen«.* Tocquevilles Vision von einer Gesellschaft, die totalitärdemokratisch wird, weil die Übereinstimmung zwischen ihren Bürgern so groß ist, hat sich nicht verwirklicht. Das System, wie er es gegen Ende seines Buches »Die Demokratie in Amerika« schildert, ist heute in den *wirklich* totalitären, den kommu-

---

* Zitiert nach Michel Heller, Sous le regard de Moscou. Paris 1982.

nistischen Gesellschaften realisiert, allerdings mit der Einschränkung, daß Tocquevilles Hypothese insofern nicht stimmt, als keine dieser Gesellschaften auf demokratischem Wege totalitär geworden ist. Es ist eine alte Zwangsvorstellung bei den Feinden der Demokratie, unablässig mit Absichten und Argumenten, die denen von Tocqueville natürlich völlig entgegengesetzt sind, eine schleichende Verwandlung aller demokratischen Regime in autoritäre Regime voraussagen zu müssen. Für sie ist das eine Möglichkeit, die Authentizität, ja, die bloße Möglichkeit der Demokratie zu leugnen.

Ein Blick auf die Welt, wie sie ist, widerlegt diese Theorie. Die Demokratie ist weniger denn je von innen bedroht, dafür mehr denn je von außen.

4. Das Überleben des Unfähigsten

Ein verbreitetes Vorurteil lautet, die Überlebensfähigkeit einer Gesellschaft hänge von ihrer Fähigkeit ab, die Bedürfnisse ihrer Mitglieder zu befriedigen. Auf dieses Postulat gestützt, sehen etliche westliche Staatsmänner und Kommentatoren in der chronischen Anämie der Sowjetwirtschaft, die nicht nur unheilbar erscheint, sondern sich offenbar ständig verschlimmert, den Grund für einen unmittelbar bevorstehenden Zusammenbruch des Imperiums oder zumindest für eine erhebliche Verlangsamung seines Wachstums. Andere dagegen erblicken in der offensichtlichen Unfähigkeit der Kommunisten einen Grund zur Besorgnis für die Demokratien, weil das ständige Scheitern im Innern die Herren des Imperiums zur Bemühung um Erfolge nach außen treibt. Ich will gleich klarstellen, daß die westlichen Regierungen aus beiden Betrachtungsweisen bisher gefolgert haben, man müsse die Sowjetunion schonend behandeln. Sollte es sich herausstellen, daß ihr Imperialismus an Brennstoffmangel verlischt, warum sollte man ihn durch eine harte Diplomatie am Leben erhalten? Und soweit man die Wahrscheinlichkeit eines durch den Schiffbruch im Innern immer aggressiver werdenden Verhaltens unterstellt, warum sollte man durch Unnachgiebigkeit die Sowjets zu überzogenen Reaktionen herausfordern? Will man denn »den Erdball in die Luft sprengen«? Das ist eine hervorragende Illustration zu der Maxime, die Montaigne als Überschrift eines Kapitels gewählt hat, daß man nämlich oft »auf verschiedenen Wegen zum gleichen Ergebnis gelangt«. Unsere Diplomaten beider Schulen ziehen aus verschiedenen Prämissen die gleiche Folgerung: Wir müssen uns nicht nur hüten, dem kommunistischen Imperialismus zu sehr zu widerstehen, sondern wir dürfen ihm nicht einmal unsere Unterstützung und Wirtschaftshilfe vorenthalten. Wenn die kommunistischen Führer dabei sind, sich umgänglich zu zeigen, muß man ihnen beweisen, daß es sich lohnt, lieb zu uns zu sein; wenn dagegen das Elend ihrer Untertanen sie gegenüber der Umwelt immer gereizter reagieren läßt, müssen wir diesem Elend steuern, um ihren Zorn zu dämpfen.

Anstatt zu bedenken, welchen Vorteil die Demokratien unter Umständen aus der wirtschaftlichen Schwäche der Sowjets ziehen könnten, stellt man sich nur die Frage, ob diese fortwährende Schwäche des Kommunismus nicht zu einem spontanen Zusammenbruch des Imperiums führen könnte. Die Antwort darauf kann meines Erachtens langfristig nur ja lauten, kurzfristig dagegen nein, jedenfalls für einen Zeitraum, der für das derzeitige Kräfteverhältnis in der Welt von Bedeutung sein könnte. »Ja« auf lange Sicht, weil ganz offensichtlich ein Gesellschaftssystem, das sein Volk in einem Dreivierteljahrhundert nicht aus Lebensmittelknappheit und medizinischer Unterversorgung herausgebracht hat, dazu bestimmt ist, eines Tages zu verschwinden. »Nein« zu einem für eine baldige Veränderung relevanten Zeitpunkt, weil die Sowjetunion schon Wirtschaftskatastrophen überlebt hat, als sie noch längst nicht die Großmacht war, die sie heute ist. Der Polizeiapparat ist inzwischen so perfekt, die Abschottung der Bewohner und Regionen voneinander so dazu angetan, jeden organisierten Protest abzuwürgen, die Ahnungslosigkeit der großen Masse, der jede Vergleichsmöglichkeit mit anderen Lebensstandards und Daseinsformen vorenthalten wird, so unvorstellbar groß, daß wirklich kein Grund zu erkennen ist, der den Sowjetstaat *in naher Zukunft* dazu veranlassen könnte, seine militärischen und imperialistischen Prioritäten durch innenpolitische Prioritäten, also Wirtschaftsentwicklung und sozialen Fortschritt, zu ersetzen. Außerdem und vor allem könnte er das nicht, ohne das politische System, die große Bremse für die Entwicklung, zu opfern.

Mein Haupteinwand ist jedoch der, daß der Gedanke, ein politisches Autoritätssystem könnte zusammenbrechen, weil es unfähig ist, seinen Staatsangehörigen ein menschenwürdiges Leben zu bieten, nur einem Demokraten kommen kann. Wenn wir so im Hinblick auf das Sowjetimperium argumentieren, unterstellen wir dem totalitären Regime die Regelmechanismen und die Vorstellungswelt des demokratischen Systems. Diese Mechanismen und diese Welt sind aber nun einmal völlig anomal und, wie wir bereits sahen, sehr jungen Datums und wahrscheinlich nicht besonders langlebig. Die Überzeugung, ein Machthaber müsse sich trollen, nur weil seine Untertanen unzufrieden sind, verhungern oder sich zu Tode langweilen, ist eine völlig hirnrissige Idee, die in der Menschheitsgeschichte ja auch nur ganz selten verwirklicht worden ist. Der Zeitgeist zwingt die Regierenden heute allesamt, Lippenbekenntnisse in diesem Sinne abzulegen, doch neun von zehn weisen es nicht nur weit von sich, danach zu handeln, sondern beschuldigen auch noch die wenigen echten Demokratien, die es gibt, ständig dagegen zu verstoßen! Die totalitären Regime können ja ohnehin nicht gegen einen Gesellschaftsvertrag verstoßen, den sie nie unterzeichnet haben.

Tatsächlich ist es so, daß vergleichsweise harmlose Gründe zur Unzufriedenheit die Demokratien schneller und heftiger schwächen, verunsichern, lähmen und in ihrer Existenz bedrohen, als die größten Hungersnöte und die verbreitetste Armut irgendeine Wirkung auf die kommunistischen Regime haben, wo die geknechtete Bevölkerung weder wirkliche Rechte noch Einflußmöglichkeiten hat. Die Gesellschaften, bei denen die permanente Kritik untrennbar zum Funktionsmechanismus gehört, sind die einzigen, in denen es sich leben läßt, aber sie sind auch die gefährdetsten; auf jeden Fall sind sie die zerbrechlichsten, solange sie nicht allein auf der Welt, sondern mit Systemen konfrontiert sind, die sich nicht die gleichen Zwänge auferlegen. Diese nur der Demokratie eigene Zerbrechlichkeit sollten wir nicht beim Totalitarismus unterstellen, der in anderer, noch zu untersuchender Weise gefährdet ist.

Eine Gesellschaft wird um so brüchiger, je mehr Probleme sie löst, und ihr Überleben um so sicherer, je weniger sie löst. Eine berühmte Stelle bei Tocqueville, und hier hat ihm die Geschichte inzwischen recht gegeben, ist die Feststellung, daß eine Gesellschaft sich um so heftiger gegen die Autorität auflehnt, je höher der Bedürfnissättigungsgrad ist. Mit anderen Worten: Die Forderungen werden um so aggressiver vorgetragen, je mehr sie schon erfüllt sind, vor allem aber, je weniger die Erzielung immer weiterer Vorteile illusorisch erscheint, wozu auf jeden Fall ein erhebliches schon erreichtes Maß an Wohlstand und Freiheit gehört. Die Demokratien in den Industrieländern haben sich im dritten Viertel des 20. Jahrhunderts, also gerade in den Jahren, da sie besonders reich und liberal geworden sind, zu immer labileren, explosiveren, unregierbareren Gebilden entwickelt. Kurz: Nicht die Stagnation, nicht der Rückschritt führen zur Auflehnung, sondern der Fortschritt, weil er zunächst einmal die Güter bereitgestellt hat, die eine Auflehnung nicht sinnlos erscheinen lassen.

Dieses Tocquevillesche »Gesetz« muß ein wenig eingeschränkt

werden, denn natürlich gibt es Hungeraufstände aus tiefstem Elend, wobei man allerdings selbst in der Dritten Welt feststellt, daß die Revolten häufig durch eine beginnende Modernisierung und Verbesserung der Lebensumstände ausgelöst werden, weil sich eben die Überzeugung verbreitet hat, die Möglichkeiten zu einem besseren Leben seien ja vorhanden. Das Gesetz scheint tatsächlich um so mehr Gültigkeit zu haben, je komplexer die Gesellschaften sind und je respektloser ihre Mitglieder mit einem Staat und einer Verwaltung umgehen, die wirklich oder in ihrer Vorstellung stark und funktionstüchtig sind und in einer demokratischen Tradition verwurzelt. Die Gesellschaft der Bürger muß sich gegen den Staat auflehnen können, also im Grunde stärker geworden sein als er. Diese Bedingungen sind in der Sowjetunion oder in China nicht gegeben: Der Staat ist alles, die Gesellschaft der Bürger nichts; die wirtschaftliche Stagnation und die soziale Verkrustung lassen keiner Hoffnung Raum; das Fehlen der Freiheitsrechte verhindert die Verbreitung der Unzufriedenheit.

Daß der Kommunismus ein einziger großer Fehlschlag im Innern ist, kann allein also nicht bewirken, daß die kommunistischen Staaten aufhören, imperialistisch und damit eine Bedrohung für die Demokratien zu sein. Die beiden Phänomene, Stärke des Staates und Glück der Gesellschaft, haben im totalitären Kontext nichts miteinander zu tun. Immer wieder kann man hören: »Die Sowjetunion ist zu schwach, ihre Wirtschaft zu sehr in Mißkredit geraten, als daß sie uns überwinden könnte. Der demokratische Kapitalismus hat gesiegt. Wir haben den Wettlauf zwischen den zwei Systemen haushoch gewonnen. Wir haben den Beweis für unsere Überlegenheit erbracht. Hängen nicht die kommunistischen Länder an unserem Rockzipfel und bitten um unsere Hilfe, um Kredite, Lebensmittellieferungen, Technologietransfer?« Wenn man dem ehemaligen französischen Staatspräsidenten Valéry Giscard d'Estaing seine Langmut gegenüber Moskau vorhielt, hat er mit Vorliebe die Geschichte erzählt, wie seine Professoren an der Nationalen Verwaltungshochschule (ENA) in den ersten Nachkriegsjahren die Sowjetwirtschaft als das Vorbild hinstellten, an dem sich jede andere Wirtschaft zu messen habe. Dreißig Jahre später, hat Giscard dann lächelnd hinzugefügt, würde ein Hochschullehrer, der seine Vorlesung mit solchen Darlegungen eröffnen wollte, bei den Studenten nur schallendes Gelächter ernten. Jeder weiß doch, so Giscard, daß die Sowjetunion derart schwach ist, daß sie keine Gefahr darstellt.

Man kann es nicht oft genug sagen, daß es falsch wäre, einem totalitären System eine demokratische Logik zu unterstellen. Die Demokratien kürzen ihre Militärausgaben, wenn es ihnen wirtschaftlich schlecht geht; nicht so die kommunistischen Staaten. Der Wandel in der Beurteilung der Sowjetwirtschaft zwischen 1948 und 1980 ist ein Beweis für die Ignoranz, Leichtgläubigkeit oder Unredlichkeit der westlichen Nationalökonomen der ersten Nachkriegszeit, nicht aber für einen seither objektiv eingetretenen Verfall des Sowjetsystems. Im Gegenteil, das Argument widerlegt sich selbst, weil die außerordentliche Schwäche der Sowjetwirtschaft unmittelbar nach 1945, als die dem System innewohnende Sterilität und die Kriegsfolgen zusammenkamen, die UdSSR nicht gehindert hat, in der Folge dreißig Jahre lang weltweit mit großem Erfolg Expansion zu betreiben. Weder der Bankrott des Kommunismus und die erbarmungslose Repression in den Satellitenstaaten noch das Scheitern aller Verbesserungsbemühungen unter Chruschtschow und Breschnew, sei es durch die Harlekinaden der »materialistisch-dialektischen« Biologie eines Lyssenko oder mit dem sehr materiellen, aber nicht besonders dialektischen Geld der westlichen Steuerzahler, nichts, keine Not hat die rasche Ausbreitung des kommunistischen Imperialismus über die ganze Erde gebremst, im Gegenteil, seit 1920 hat sie sich noch beschleunigt. Die große, letzte Krise des Kommunismus kommt eines Tages, das ist sicher, aber sie kommt nicht so bald, daß wir, die Demokratien, es uns erlauben könnten, auf diesen Zusammenbruch zu warten und auf unsere Erwartung unsere Überlebensstrategie aufzubauen.

Der Kommunismus mag, wie Milovan Djilas es ausgedrückt hat, eine »erloschene Kraft« sein, manche werden von einem Leichnam sprechen. Doch dieser Leichnam kann uns durchaus mit sich ins Grab reißen.

5. Die Angst vor dem Wissen

Daß der Kommunismus die Eroberung der Welt zum Ziel hat, daß die nach Jahren und Stärke erste kommunistische Macht es bei diesem Unternehmen weit gebracht hat, zumal seit dem Zweiten Weltkrieg, und heute in der Lage ist, noch weiter und schneller fortzuschreiten, das ist für die einen eine Selbstverständlichkeit, eine Binsenweisheit, die man eigentlich gar nicht mehr auszusprechen braucht, für die anderen dagegen eine aus Zwangsvorstellungen und systematisch genährtem Aberglauben geborene Verirrung, die von den »Reaktionären«, »Revanchisten«, »Schwarzweißmalern« und Kriegshetzern »aller Schattierungen« mühsam aufrechterhalten wird. Eine der Absichten dieses Buches ist die Klärung, welche dieser beiden Visionen die weniger trügerische ist. Es muß möglich sein, trotz und jenseits aller gegensätzlichen Eiferungen die Tatsachen oder zumindest die Indizien zu sammeln, die bei der Suche nach der Wahrheit oder jedenfalls der vernünftigsten Annahme nützlich sein können.

Man könnte natürlich, bevor man überhaupt weiter in die Materie eindringt, unterstellen, die Demokratien, die als solche bestehen zu bleiben wünschen, wenn es sie überhaupt noch gibt, müßten sich vorsichtshalber unter allen Umständen die pessimistischste Hypothese zu eigen machen. Man versichert sich nicht gegen schönes Wetter, sondern gegen Hagel und Überschwemmungen. Ich wiederhole es auf diesen Seiten absichtlich immer wieder: Die westliche Verirrung, die darin besteht, die günstigste Hypothese zu unterstellen, ist noch niemals die richtige Methode für die Bestimmung einer Außen- und Verteidigungspolitik gewesen und kann es nicht sein. Ich behaupte sogar, einer der größten Erfolge der kommunistischen Propaganda ist es, uns zu dem Gefühl abgerichtet zu haben, man habe sich seines Verteidigungswillens zu schämen. »Wie einfach verhandelt es sich doch mit Naivlingen!« müssen sich die kommunistischen Führer sagen. »Mit Unschuldslämmern, die bei jeder Verhandlung unterstellen, man wolle nur ihr Bestes, man sei ein armes verängstigtes Wesen, das lediglich ein für allemal beruhigt sein möchte um einen wirklich lächerlich bescheidenen Preis: den Verlust der Unabhängigkeit der anderen.«

Immerhin könnte man einwenden, die Pazifisten im Westen hätten in einer Hinsicht vielleicht doch recht, daß man nämlich der gutgläubigen Ablehnung des Kommunismus durch manche Demokraten mißtrauen müsse. Die Geschichte lehrt uns schließlich, daß in Konflikt- oder Spannungssituationen jede der beiden Parteien bei der anderen aggressive Absichten auszumachen glaubt. Sich selber sieht man nie als Aggressor. Fast immer werden eigene Aggression oder bloße Unnachgiebigkeit als Antwort auf Drohungen des anderen Lagers dargestellt und auch so empfunden. Laufen wir nicht Gefahr, daß wir, handelnd, als wären wir bedroht, es wirklich werden, daß wir also im kommunistischen Lager die Verhaltensweisen erst hervorrufen, die wir ihm unterstellen? Dieses Argument liegt der ganzen »Friedens«-Propaganda zugrunde, die von der Sowjetunion und ihren vielen Relaisstationen im Westen betrieben wird. Man kann es nur noch einmal sagen: Das beste Verfahren, zwischen echter Gefahr und bloßer Phobie, wirklicher Aggression und törichtem Verfolgungswahn zu unterscheiden, ist die Prüfung der Fakten, der Taten, der Situationen, und zwar im rückblickenden Vergleich nach zehn, zwanzig, dreißig Jahren. Die beste Methode, festzustellen, ob Expansionsdrang vorliegt, ist festzustellen, ob es Expansion gegeben hat.

Außerdem braucht man durchaus kein manisch Besessener zu sein, um überall in der Welt eine Art »sowjetischer Verschwörung« am Werk zu sehen. Es handelt sich dabei nicht um eine Verschwörung, womit ja ein einzelnes und zeitlich begrenztes Unternehmen zu bezeichnen wäre, sondern um eine Existenzform, um das normale Funktionieren der sowjetischen Maschinerie, überall das Terrain im Hinblick auf denkbare territoriale oder politische Annexionen zu sondieren, so wie das ureigenste japanische Verhaltensmuster sich in geschäftlicher Expansion manifestiert, in der ständigen Suche nach jeder noch so bescheidenen Gelegenheit zur Öffnung neuer Märkte. Im übrigen leisten die Kommunisten ja mehr als bloße Verschwörer: Sie haben einen Gesamtplan und betreiben seine Durchführung methodisch, geduldig und ausdauernd. Schon zu Beginn unseres Jahrhunderts haben sie verkündet, was sie vorhaben. Sie haben unter Lenin mit ihrer Arbeit begonnen und seither nicht davon abgelassen. Eine Niederlage ist für sie niemals endgültig. Sie verstehen sich darauf, zu warten und neu zu beginnen, soweit erforderlich mit anderen Methoden. Die Siege des Kommunismus dagegen sind zumeist endgültig und irreversibel, weil die Menschen im Westen sich nach wenigen Monaten mit der vollendeten Tatsache jedes neuen sowjetischen Vordringens abfinden und die von der UdSSR unrechtmäßig erworbenen Gebiete oder Vorteile als rechtmäßigen Besitz ansehen, den durch irgendeine auch nur verbale »Einmischung« in Frage zu stellen »eine Gefahr für den Frieden« bedeuten würde. Die Demokratien handeln, oder, genauer gesagt, bleiben untätig in diesem Schema, weil sie der sowjetischen Strategie keine eigene entgegenzusetzen haben, jedenfalls keine, die sie lange genug durchzuhalten fähig wären, und schon gar keine, auf die sie sich alle geeinigt hätten.

Die Retotalisierung Polens seit Dezember 1981 hat den Westen wieder einmal unvorbereitet getroffen. Nach Afghanistan, nach der Affäre der Olympischen Spiele, nach der Auseinandersetzung um die atomaren Mittelstreckenwaffen in Europa ist die mangelnde Koordinierung und Vorausplanung der Westmächte im Falle Polens besonders auffallend, weil man hier nicht sagen kann, es habe an Bedenkzeit gefehlt, um die verschiedenen möglichen Szenarios durchzuspielen. Die Sowjets haben es geschafft, einen Einmarsch wie 1956 in Budapest oder 1968 in Prag zu vermeiden. Sie haben die Vorgehensweise gefunden, die für die Wiederaufrichtung der kommunistischen Ordnung sorgte, ohne daß sie offen zu intervenieren brauchten.

Dieser sowjetische »Erfolg« ist ein Beispiel, das uns einmal mehr zu der Feststellung Anlaß gibt, daß die Kommunisten eine Gesamtkonzeption haben, für Europa, Asien, Afrika, Lateinamerika, die Karibik und den Indischen Ozean, während der Westen sich damit begnügt abzuwarten, bis die UdSSR gehandelt hat, und erst dann reagiert, und zwar zumeist, indem er versucht, mit Worten unter Vermeidung jeder aktiven Maßnahme einigermaßen das Gesicht zu wahren. 1981 war Afghanistan längst zur Routineangelegenheit geworden. Wir hatten die Afghanen schon beinahe vergessen. Soweit die Kommunisten dort noch auf Hindernisse stießen, war dies das Werk afghanischer Widerstandskämpfer, nicht der Menschen im Westen, die ihre Gemüter nicht mehr mit dem Problem der Repressalien gegen den Besetzer und der Hilfe für die Besetzten beschweren mochten. Selbst der erwiesene Einsatz von chemischen Waffen, des »gelben Regens«, durch die Sowjets hat im Januar 1982 keine besondere Erregung hervorgerufen. Mehr als halb vergessen haben wir auch die Kambodschaner und die kubanischen und vietnamesischen boatpeople, nachdem sich unsere Anteilnahme erst einmal ein paar Monate lang abgenutzt hatte.

Die geographische Nähe der UdSSR macht die Entwicklung des Kräfteverhältnisses seit einigen Jahren zwar für Westeuropa besonders bedrohlich, doch man darf die Weltlage nicht allein aus der europäischen oder westlichen Perspektive beschreiben wollen. Asien, Afrika, Lateinamerika und Ozeanien sind allesamt, wenn auch in verschiedenem Maße, zum Schauplatz der Konfrontationen geworden, aus denen sich die gewaltige Partie zusammensetzt, die da vor unseren Augen gespielt wird. Es ist in der Tat ein und dieselbe Partie, an der alle Erdteile, alle Staaten und alle Völker in totaler gegenseitiger Abhängigkeit beteiligt sind, ganz gleich, unter was für einem Regime sie leben, wie weit ihre Entwicklung fortgeschritten ist und welchen Bündnissen sie angehören. Diese weltweite Partie scheint seit etwa 1975 allerdings nur noch von einem Spieler, der UdSSR, aktiv gespielt zu werden. Die Mächte, gegen die sich ihre Züge richten, beschränken sich darauf, ihre Aggressivität zu »bedauern«, sich untereinander über die richtigen Gegenzüge zu streiten und fortwährend Signale der Mäßigung zu geben in der Hoffnung, die Sowjets würden dem guten Beispiel folgen.

Wo liegen die wahren Gründe für diese Passivität? Ist sie unvermeidbar? Verbirgt sich dahinter politisches Kalkül oder fehlende politische Analyse? Resigniertes Hinnehmen der sowjetischen Vorherrschaft? Oder Abwarten, um besser zupacken zu können? Was müßten wir im Idealfall tun, und was können wir tatsächlich noch tun? Auf diese Frage eine Antwort zu geben, ist meine Absicht mit diesem Buch.

Doch bevor man weiß, was gut und was böse ist, muß man wissen, was *ist*. Das Urteil über Gut und Böse, ganz gleich, ob es um Moral oder um unsere Interessen geht, ist eine Angelegenheit individueller Entscheidung. Die Tatsache, daß ein bestimmtes afrikanisches Land zum Sowjetsatelliten geworden ist, stellt für die einen etwas Gutes, für andere etwas Böses dar. Doch erst einmal muß man die Frage klären, ob dieses Land überhaupt ein Satellit ist oder nicht, wenn ja, seit wann, und wie viele weitere afrikanische Länder in die Gruppe der Satelliten geraten könnten. Mancher europäische Staatsmann mag ehrlich überzeugt sein, das geringste Übel für die Zukunft Westeuropas wäre es, mit der UdSSR eine Art Autonomiestatut auszuhandeln im Tausch gegen die Anerkennung des Sowjetimperiums in Mitteleuropa und die stillschweigende Hinnahme des sowjetischen Expansionismus in der übrigen Welt. Ist das eine gute oder eine böse Politik? Darauf werden nicht alle Europäer die gleiche Antwort geben. Auf jeden Fall muß man erst einmal wissen, ob eine solche Politik wirklich betrieben wird, wie weitgehend, von wie vielen Staaten, mit welcher Unterstützung durch die öffentliche Meinung.

Wie könnten wir ein Werturteil (das je nach den letzten Zielen des einzelnen verschieden ausfallen wird) über Handlungen und Sachverhalte fällen, von denen wir nicht vorher festgestellt haben, daß es sie wirklich gibt, und erwogen, welche Bedeutung sie haben? Trotzdem sind im Informationsbereich, in der öffentlichen Debatte und ihren politischen Folgerungen gerade bei der Kenntnisnahme der Fakten die mächtigsten Tabus anzutreffen. Die Befürchtung oder der Wunsch, ein Ereignis könnte einer bestimmten Vorstellung von der Welt, einer bestimmten Bündnis- oder Interessenverflechtung schaden oder nützen, sind stärker als die nüchterne Entschlossenheit, dieses Ereignis, die Gesamtsituation, die es möglich gemacht hat, das Kräfteverhältnis, auf das es hindeutet, erst einmal genau kennenzulernen.

Daß ein Sachverhalt die öffentliche Meinung in einem uns nicht genehmen Sinne beeinflussen könnte, ist eine Besorgnis, die uns meistens wichtiger ist als die Lust, ihn wirklich kennenzulernen, oder die Redlichkeit, ihn bekanntzumachen.

So entstehen die Sperren, die einer Darstellung des Kräfteverhältnisses in der Welt und seiner Entwicklung im Wege stehen. Dabei ist eine solche Darstellung, selbst wenn sie nur die elementaren, gesicherten Erkenntnisse enthält, für jeden unentbehrlich, der sich ein Bild von der Lage machen will, in der wir uns befinden, der sich entscheiden will zwischen den Richtungen, die wir einschlagen können, der die Mittel abschätzen will, über die wir verfügen, um die Ziele zu erreichen, die wir uns daraufhin gesetzt haben.

Die Aufgabe ist schwierig, weil im Stadium der Tatsachenerkenntnis das Nichtwissenwollen seine Zensur ausübt. Ich muß noch einmal auf diesen spontanen Zensurmechanismus zurückkommen, der so viele Menschen dazu veranlaßt, ein für allemal dabei zu bleiben, die Rote Armee und der KGB entfalteten ihre Tätigkeit nur in den Zwangsvorstellungen der von krankhaftem Antikommunismus Befallenen. Einer der Hauptvorteile der Sowjets ist die tiefe Abneigung vieler Menschen im Westen, ihre Expansion zur Kenntnis zu nehmen. Wer auf den sowjetischen Expansionsdrang hinweist, wird beinahe als Opfer eines Verfolgungswahns angesehen. Nicht nur in Europa. So mokiert sich der Verfasser eines Artikels in *The Washington Monthly* vom Juli 1981 über den Harvard-Professor Richard Pipes, der damals Berater des Weißen Hauses ist, weil er der UdSSR einen »großen Plan« unterstellt. So etwas kann nur ein Geisteskranker behaupten. Giscard d'Estaing war »außer sich« über die »fixen Ideen« von Alexandre de Marenche, dem Leiter des französischen Auslandsnachrichtendienstes. Derselbe Giscard betrachtete den Einmarsch der Sowjettruppen in Afghanistan als eine Art aus Unachtsamkeit begangenen Fauxpas. Der verehrungswürdige George Kennan, den seine Diplomatenlaufbahn zum wichtigsten Sachverständigen des State Department für Sowjetologie und dann zum Princeton-Professor für dieses Fach gemacht hat, erklärt der Zeitschrift *US News and World Report* (10. März 1980) zur Besetzung Afghanistans: »Ihr unmittelbares Ziel war rein defensiv.« Gegen wen? Das bleibt sein Geheimnis. Man möchte ihm am liebsten antworten: Selbst wenn Sie recht hätten, ändert das für uns, vor allem aber für die Afghanen doch gar nichts. Giscard hat mir gegenüber erklärt, er habe Anfang 1979 angeordnet, zwei große Aufträge Chinas über Flugzeuge und elektronische Geräte zu stornieren, »um den Einkreisungskomplex der Sowjets nicht zu verstärken«. Zum gleichen Thema verkündet eine amerikanische Abgeordnete des Repräsentantenhauses, die Demokratin Patricia Schroeder aus Colorado, in einer Polemik mit dem schon genannten Richard Pipes: »Es liegt nicht in unserem Interesse, bei unseren Beziehungen mit Rußland Öl ins Feuer zu gießen, indem wir China militärisch unterstützen« (*US News and World Report*, 21. Juli 1980). Das Argument braucht nicht falsch zu sein – es kommt allein auf das Ergebnis an. Welches eindeutige sowjetische Entgegenkommen kann als Gegenleistung auf die Stornierung des französisch-chinesischen Liefervertrages genannt werden? Keines. Haben Frankreich oder die Vereinigten Staaten erreicht, daß die Sowjets auf Waffenverkäufe an einen ihrer Satelliten, an Kuba, Äthiopien, Angola oder Nikaragua verzichtet haben? Nein. So kann man denn auch in den Memoiren von Henry Kissinger nachlesen, daß zwischen 1970 und 1972 die Bürokratie des State Department und der Kongreß bei den Verhandlungen über die »beiderseitige Verminderung« der Rüstung *den Friedenswillen der UdSSR als gegeben annahmen* und argumentierten, als könne nur Amerika als aggressiv angesehen werden. Nixon und seinem Berater werden vom Kongreß mit schöner Regelmäßigkeit weitere Militärkredite verweigert, weil man sie als »Provokation« betrachtet, während der eigene Unterhändler in Wien Kissingers Bemühungen geschickt unterminiert.

Allen diesen Verhaltensweisen ist eines gemeinsam: *Uns selber gegenüber* machen wir uns zu Anwälten der für die Sowjets günstigsten These. (Ein entsprechendes Verhalten der Gegenseite ist nicht sehr wahrscheinlich.) Diese seltsame Einstellung ist von dem Tschechen Karel Kosik auf die Kurzformel gebracht worden: »Im politischen Spiel ist *der* Verlierer, der sich die Haltung des andern aufdrängen läßt und seine eigenen Handlungen mit den Augen des Gegners einschätzt.«*

Natürlich gehört zur Außenpolitik, daß man sich an die Stelle des andern versetzt, um sein Handeln zu verstehen und sein zukünftiges Verhalten vorauszusehen. Doch genau das tut der Westen nicht. Wir denken, was die UdSSR *wünscht*, daß wir es denken möchten, zum Beispiel, daß Wirtschaftssanktionen die unversöhnliche Starrheit der Sowjets verstärken und damit *für uns* nachteilige Auswirkungen haben würden. Wir nehmen das Prinzip der *Nichtgegenseitigkeit* der Konzessionen als legitime Regel hin. Wir sehen uns selber als die Aggressoren, wenn wir auf sowjetische Aggressionen reagieren, und sei es nur mit Worten. Ein Parteigänger Reagans, Abgeordneter aus Iowa, erklärt zum Beispiel im Januar 1982: »Wir haben uns die jungen Menschen entfremdet mit unserer harten Außenpolitik *(hard line foreign policy)*.« Daß die jungen Amerikaner die Aussicht, und sei sie noch so fern, auf eine Rückkehr zur Wehrpflicht nicht besonders erfreulich finden, ist menschlich. Daß man aber die vorgesehene bloße Verpflichtung der jungen Männer zur *Meldung* im Hinblick auf

---

* Zitiert nach François Fejtö, Histoire des démocraties populaires. Paris 1969.

eine unwahrscheinliche Mobilmachung (von Militärdienstpflicht spricht ohnehin niemand) als *hard line policy* bezeichnet, das ist wahrlich bestürzend. Was müßte man denn tun, damit von *soft line* die Rede sein könnte?

Es gehört zum guten Ton, sich immer für die Hypothese zu entscheiden, die mit der UdSSR besonders nachsichtig ist und für den Westen besonders optimistisch. Doch eine Außenpolitik und ein Sicherheitssystem aufzubauen, ich betone es noch einmal, muß darin bestehen, die *schlimmste* Hypothese zu unterstellen und den Fall vorauszusehen, der für einen selber der ungünstigste ist. Sonst ist man ungenügend gedeckt. Wenn Ihnen ein Mann auf der Straße mit einer Pistole in jeder Hand entgegenkommt, gibt es eine Chance von eins zu einer Million, daß es sich um einen Schießbudenbesitzer handelt, der sein Arbeitsgerät heimträgt; es wäre aber unvorsichtig von Ihnen, wenn Sie ihn kommen sehen, sich auf diese Arbeitshypothese *als einzige* zu verlassen.

Diese bewußte Passivität und Verblendung können mehrere Ursachen haben: die Überzeugung, die UdSSR sei so stark, ihre zukünftige Expansion so unabwendbar, daß es besser sei, sich damit abzufinden und zu tun, als sähe man nichts; die trotz eines unverkennbaren Meinungsumschwungs nach wie vor praktizierte Gleichsetzung des Kommunismus mit der Linken und des Antisowjetismus mit der Rechten; die Vorstellung, die einstige amerikanische Übermacht habe die Russen zu Gegenmaßnahmen veranlaßt, und je mehr der Westen seinen Druck lockere, um so friedlicher würden die Sowjets werden. Selbst die Liberalen getrauen sich nur selten, die totalitäre Bedrohung als die Hauptgefahr unserer Zeit herauszustellen, weil sie nicht als unduldsam und einseitig gelten wollen. Der Kampf der in die Defensive gedrängten Demokratie gegen den überall offensiven Kommunismus wagt sich nicht als solcher zu bezeichnen.

Dabei ist es mehr denn je wirklich ein Kampf der Demokratie: Von den sechzehn Mitgliedstaaten des Atlantikpakts hat sich nur die Türkei gegen Ende der siebziger Jahre einmal mehr von der Demokratie entfernt, wobei die Volksabstimmung von 1982 dem Militärregime eine gewisse Legitimierung verschafft hat. Die sieben »reichsten« Länder, in drei Erdteilen gelegen, sind allesamt demokratisch. Dieses mehr als achtbare Maß an Demokratie gab es weder im Lager der 1914/1918 gegen Deutschland verbündeten Staaten noch im antifaschistischen Lager während des Zweiten Weltkriegs. Trotzdem gilt es heute mehr und mehr als anstößig, den Kampf der Demokratie gegen den Totalitarismus als solchen zu bezeichnen. Es gehört zum guten Ton, für diesen Kampf neutralere, für den Kommunismus weniger belastende Ausdrücke zu verwenden: Auseinandersetzung zwischen »Ost und West«, zwischen »Kapitalismus und Sozialismus«, zwischen den beiden »Supermächten«. Die Furcht vor dem Wissen führt nun einmal zur Furcht vor dem Sagen.

Bei einem Essen im State Department habe ich im Januar 1982 aus dem Munde eines hohen Beamten den Satz vernommen: »Wir Amerikaner lösen die Probleme nicht – wir *sind* das Problem.« In Europa ist der versteckte oder laut geäußerte Haß auf die Vereinigten Staaten so heftig, daß manche Europäer im Grunde ihres Herzens bereit wären, sich von den Sowjets beherrschen zu lassen, nur um das Debakel der Amerikaner zu genießen. Das ist ein breiter Fächer von der christlich-marxistischen Linken bis hinüber zu der von de Gaulle und Maurras herkommenden Rechten. Der Vordenker der Neuen Rechten, Alain de Benoist, findet in der Zeitschrift seiner Bewegung, *Eléments**, »die Dekadenz schlimmer als die Diktatur«, also den »amerikanisierten« Westen schlimmer als den Kommunismus. Abschließend erklärt er: »Manche können sich nicht mit der Vorstellung abfinden, eines Tages die Mütze der Rotarmisten zu tragen. Gewiß, das ist keine angenehme Aussicht. *Wir* finden den Gedanken unerträglich, eines Tages die Zeit, die uns zu leben bleibt, mit dem Verzehren von Hamburgers irgendwo in Brooklyn zu verbringen.« In einem andern Heft von *Eléments*** lobt derselbe Alain de Benoist den Antiamerikanismus des sozialistischen französischen Kulturministers, der bei der UNESCO-Konferenz in Mexico sich mit wildem Eifer zum Fürsprecher des Fremdenhasses in der Kultur gemacht hat. Benoist schreibt: »Vielleicht hat Jack Lang die wichtigste Rede der jüngsten Geschichte seit der Rede de Gaulles in Phnom Penh gehalten.« Es ist ein interessantes, wenn auch nicht überraschendes Schauspiel, wie die äußerste Rechte bei der Verurteilung des Liberalismus genau die Themen aufgreift, die der marxistischen Linken seit Jahren und bis auf den heutigen Tag wichtig sind, soweit diese Linke außerhalb der

---

* März/April 1982.
** Oktober/November 1982.

kommunistischen Partei angesiedelt ist. Die Terminologie einer bestimmten Linken führt ihre Vertreter zu ihren wirklichen Ursprüngen zurück, was in einer weiteren Passage bei Alain de Benoist deutlich wird: »In Wahrheit gibt es zwei Formen des Totalitarismus, die nach Art und Wirkung ganz verschieden, aber beide gefährlich sind. Die eine, im Osten, kerkert ein, verfolgt, quält den Leib; immerhin läßt sie die Hoffnung unangetastet. Die andere, im Westen, führt zur Schaffung glücklicher Roboter. Sie klimatisiert die Hölle. Sie tötet die Seelen.«*

Wenn wir die Erfolge der Demokratie und ihrer Feinde gegeneinander abwägen, müssen wir ständig auf die vielen Nebenbrandherde aus bewußter Ignoranz achten, die alle Augenblicke irgendwo aufflammen und die uns die Sicht auf den vordringenden Großbrand verdecken.

---

* Äußerung von Alain de Benoist beim 15. Kolloquium der *Groupe de recherches et d'études sur la civilisation européenne*, GRECE, zitiert nach *Le Monde* vom 20. Mai 1981.

Zweiter Teil
Die reale Existenz der kommunistischen Expansion

6. Autopsie der Nachpolenzeit

Sechs der sieben Anfang Juni 1982 in Versailles zum »Gipfel« versammelten Industrienationen machten sofort gegen die siebte Front: gegen die Vereinigten Staaten. Diese Verstimmung erklärte sich vor allem aus dem Nachdruck, mit dem die Amerikaner von den Europäern verlangten, die Zinsen für ihre Darlehen an die Sowjetunion zu erhöhen, genauer gesagt, nicht weiterhin zinsgünstige Kredite zu gewähren, wie sie normalerweise armen Ländern eingeräumt werden. Warum, so meinten die Vereinigten Staaten, solle man die UdSSR nicht fortan in die Gruppe der marktübliche Zinsen bezahlenden Staaten einordnen? Warum sollte sie nicht jedenfalls den Satz entrichten, den die westlichen Länder untereinander praktizieren? Die Europäer begründeten ihre Weigerung mit dem Hinweis, höhere Zinsen wären nicht dazu angetan, die Sowjetunion zu einem besseren Verhalten in den internationalen Beziehungen zu veranlassen.

So haben die Europäer zwölf Jahre lang für die Wirtschaftshilfe an den Osten plädiert, indem sie argumentierten, das werde die Sowjetunion friedfertiger stimmen, und jetzt, 1982, weigern sie sich, diese Hilfe abzubauen, weil eine solche Reduzierung die Sowjetunion nicht weniger kriegerisch machen würde. Eine überwältigende Ideenverwirrung! Die wirtschaftliche Zusammenarbeit hat die erwartete Entspannung nicht gebracht, die Einstellung der Hilfe bringt sie auch nicht. Da haben wir uns in ein herrlich ausweglloses Labyrinth hineinmanövriert! Entgegenkommen und Repressalien wären demnach gleichermaßen ungeeignet, den Kommunismus zu mäßigen und sein Vordringen zu bremsen. Und obwohl uns, wenn diese Folgerung zutrifft, nur die eine Wahl bleibt, entweder gratis oder auf unsere Kosten in die Mangel genommen zu werden, wählen wir das Ende gegen Bezahlung. Die Europäer geben unumwunden zu, daß alle Berechnungen, die sie der Entspannung zugrunde gelegt haben, gänzlich falsch gewesen sind, aber sie geben sich als Kavalier, der schweigt und zahlt, und zwar mit einer für Länder in einer anhaltenden Wirtschaftskrise erstaunlichen Großzügigkeit.

Der Präsident der Vereinigten Staaten mußte sich in Versailles schließlich mit einer allgemeinen Zusage der Europäer begnügen, sie würden auf den Gebieten von Wirtschaft und Technologie in ihren Beziehungen mit dem Osten »erhöhte Wachsamkeit« walten lassen. Eine windelweiche Formulierung fürs Kommuniqué, bei der an eine praktische Anwendung von vornherein nicht zu denken war, die aber am Tag darauf von den über einen solchen verbalen Freimut der Europäer erbosten sowjetischen Kommentatoren heftig kritisiert wurde, obwohl diese Kommentatoren ihren Zorn bald wieder mäßigen durften, weil sie mit angemessener Befriedigung feststellten, daß, um die *Prawda* zu zitieren, die Vereinigten Staaten »den vollständigen Triumph ihrer Thesen« nicht erreicht hatten. Das ist noch sehr zurückhaltend ausgedrückt.

Dabei waren – sechs Monate nach der Einführung des »Kriegsrechts« in Polen – die amerikanischen Appelle an die Europäer, eine feste Haltung zu zeigen, nur noch von größter Bescheidenheit. Vergessen und begraben war die Absicht, durch einen massiven Entzug der westlichen Hilfe eine wirtschaftliche Sanktion vorzunehmen und eine besonders starke politische Warnung an die Adresse der UdSSR ergehen zu lassen. Es ging schon nur noch darum, ihr ein Privileg zu entziehen, was wirklich das mindeste schien, den Europäern aber immer noch übertrieben hart vorkam, so daß sie die Amerikaner einmal mehr in die Rolle des eigentlichen Aggressors und Störers der Ruhe in der Welt drängten. Ein halbes Jahr hatte bei der westlichen Gewöhnungsfähigkeit völlig ausgereicht, um sich mit dem Martyrium der Polen abzufinden. Das ist die übliche Zeitspanne nach jedem sowjetischen Rechtsbruch, die Frist, die ausreicht, um im Falle besonders bedrängender Kümmernisse unsere Besorgnis zu zerstreuen. Eine Verschärfung der Repression in Polen Anfang Mai 1982 hatte im Westen schon nicht mehr zu einem Hundertstel der entrüsteten Demonstrationen vom Winter zuvor geführt.

Inzwischen hatte jeder aus dem französisch-deutschen Gipfel vom 24. Februar 1982 in Paris den Schluß gezogen, der eigentliche Schuldige an der durch die Zwangsnormalisierung Polens entstandenen internationalen Krise seien die Vereinigten Staaten. Hatte nicht Amerika durch seine Forderung an alle Verbündeten, sich auf ein gemeinsames Vorgehen zu einigen, diese Krise benutzen wollen, um einen Keil zwischen Frankreich und die Bundesrepublik Deutschland zu treiben? Außerdem, so gab es das Kommuniqué des Gipfels ja zu verstehen, was haben die sowjetischen Repressionen in Osteuropa, was hat Afghanistan schon zu bedeuten, verglichen mit dem so viel unverzeihlicheren Verbrechen einer Beibehaltung des hohen Zinsniveaus in den Vereinigten Staaten? Das Ziel der Sowjets, die polnische Krise zu einer Krise des Westens zu machen, war damit voll und ganz erreicht.

Im Grunde war das ohne jede besondere Mühe Moskaus schon gleich nach dem 13. Dezember 1981 geschehen, als das polnische Volk brutal aus seinem Traum gerissen und ins totalitäre Gefängnis zurückgebracht worden war. Indem sie der ultimativen Forderung des Kreml nachgekommen sind, haben die polnischen Schergen des KGB nicht nur dafür gesorgt, daß in Warschau wieder Ruhe herrschte, sondern sie haben zugleich dafür gesorgt, daß Unruhe im Westen herrsche. Ein Feuerwerkskörper in einem Hühnerstall kann keine größere Aufregung, aber in der Folge auch kein so harmonisches, der Situation klug angemessenes Gegacker hervorrufen wie der Coup vom 13. Dezember 1981 beim Chor der westlichen Nationen.

Daß die Form dieses Gewaltstreichs die Demokratien überrascht hat, ist ein anschauliches Beispiel mehr für die Unfähigkeit ihrer Diplomaten, ihrer Nachrichtendienste und vor allem ihrer Regierungen. Die Sowjetführer hatten gearbeitet, oder jedenfalls hatten ihre Dienststellen und Berater es für sie getan. Sie sind mit einigem Nachdenken auf die Methode gekommen, wie sie die Folgen einer unveränderten Neuauflage des Eingreifens in Budapest und Prag weitgehend vermeiden konnten. Die Westmächte dagegen haben mit nichts anderem gerechnet als mit einer sturen Wiederholung der beiden vorhergehenden Interventionen der Roten Armee. Sie haben sich nicht gefragt, ob die UdSSR nicht vielleicht eine andere Form der Repression wählen könnte als die allzu auffallende und auf die Dauer störende Entsendung ihrer Panzer. Während der anderthalb Jahre zwischen dem Beginn der neuerlichen Auflehnung der polnischen Werktätigen gegen den Kommunismus und dem massiven Einsatz der Polizei am 13. Dezember gegen die Arbeiter haben sich die Demokratien nicht weiter den Kopf zerbrochen, welche Formen eine sowjetische Repression annehmen und mit welchem Bündel von Maßnahmen man jeder dieser Formen begegnen könnte. Einmal mehr reagieren wir, statt zu agieren. Und unsere Reaktion ist eher eine Agitation im westlichen Lager als eine Antwort auf die Aktion. Das Monopol des Handelns überlassen wir der Sowjetunion. Bei diesen Schachpartien hat die Sowjetunion stets die weiße Seite, den Vorteil des ersten Zuges, und wenn Schwarz an die Reihe kommt, streckt der westliche Spieler seine Hand nur aus, um mit einer ungeschickten Bewegung alle Figuren auf dem Brett umzuwerfen. Wir lassen uns von den sowjetischen Unternehmungen überraschen, so daß unsere Reaktionen, wenn sie überhaupt zustande kommen, improvisiert, kurzatmig und unzusammenhängend sind. Nachdem sich der Westen als unfähig erwiesen hatte, dem Einmarsch in Afghanistan eine wirksame, kohärente Politik entgegenzusetzen, und schließlich nach zwei Jahren durch sein Schweigen und seine Trägheit die sowjetische Besetzung dieses Landes so gut wie hingenommen hatte, hieß es jetzt, wo man hinhörte: »Wenn die Sowjets sich an Polen vergreifen, haben sie den verhängnisvollen Schritt getan, den wir auf keinen Fall hinnehmen.« Nachdem sich die Westmächte vor den aufmerksamen Blicken der Kommunisten so sehr zum Thema Afghanistan zerstritten hatten, daß sie sich nicht einmal auf den Boykott der Olympischen Spiele in Moskau einigen konnten, waren sie seit Juli 1980 zur Rechtfertigung ihrer Untätigkeit auf nichts Besseres verfallen als auf die Notwendigkeit, die Sowjets nicht vor den Kopf stoßen zu wollen, um den »Demokratisierungsprozeß« in Polen nicht zu stören. Die Reaktionen des Westens auf den Coup vom 13. Dezember 1981 sind zwar moralisch weniger enttäuschend als die nach dem Einmarsch in Afghanistan, haben jedoch durchaus nichts Planmäßiges. In der Sache läuft unser Verhalten auf eine Absolution heraus. Ja, nach wenigen Tagen schon wird im Westen der Breschnew-Prozeß zum Reagan-Prozeß, obwohl der Präsident der Vereinigten Staaten mit einer Verurteilung der Sowjetunion volle zwei Wochen gewartet hat, und zwar auf Drängen seines Außenministers Douglas Haig, der die Verbündeten »schonen« wollte. Auch Haigs Besorgnis zeigt eine seltsame Verschiebung des Problems und hat natürlich nichts eingebracht: Die Verbündeten waren den Amerikanern auf jeden Fall böse, daß sie ihnen beinahe mit dem Vorschlag, etwas zu unternehmen, ein schlechtes Gewissen eingeflößt hätten. Kurz, die Sowjets haben das Kunststück fertiggebracht, gleichzeitig Polen an die Kandare zu nehmen und die Europäer gegen die Amerikaner aufzubringen. Sie haben das völlig ungestraft tun können, jedenfalls was unser Verhalten angeht, denn die Mißhelligkeiten, wenn sie überhaupt welche gehabt haben, rührten nicht von unserer Festigkeit, sondern vom Widerstand der Polen her.

Die offen gezeigte Feigheit des Westens nach der Resowjetisierung Polens ist die Krönung des überwältigenden sowjetischen Erfolges bei der Anwendung der Schlußakte von Helsinki aus dem Jahre 1975. Diese Schlußakte sah, vereinfacht gesprochen, ein Tauschgeschäft vor. Der Westen machte der UdSSR zwei üppige Geschenke: die Anerkennung der Rechtmäßigkeit des nach dem Zweiten Weltkrieg willkürlich annektierten Teiles des Sowjetimperiums in Mitteleuropa sowie eine massive Wirtschaftshilfe. Dafür verpflichtete sich die Sowjetunion zur Mäßigung in der Außenpolitik und zur Achtung der Menschenrechte in ihrem Machtbereich. Sehr bald erwies es sich, daß diese letztere Bestimmung, die nur aus unergründlicher Ahnungslosigkeit angesichts der kommunistischen Realität von den westlichen Staatsmännern ernst genommen werden konnte, nichts weiter als ein Witz war, um die nüchternen Sitzungen des Politbüros aufzuheitern. Doch viel schlimmer war, daß die westlichen Regierungen, den Wünschen des KGB eifrig zuvorkommend, als erste verkündeten, auf der Anwendung dieses Artikels zu bestehen, würde eine »Provokation« gegenüber der Sowjetunion darstellen. Die Entschlossenheit des Präsidenten Jimmy Carter, eine »Menschenrechtspolitik« in der Welt zu betreiben, wurde bald als ein Eingriff in die Souveränität der Staaten und als Gefährdung des Friedens hingestellt – außer natürlich im Hinblick auf Chile und Südafrika. Die Westmächte wurden 1978 bei der Konferenz von Belgrad, wo eigentlich die Anwendung des Abkommens von Helsinki behandelt werden sollte, gedemütigt, indem die sowjetischen Delegierten nicht lange fackelten, sondern sich schlicht weigerten, an den Arbeiten der Menschenrechtskommission teilzunehmen. Das hinderte den Westen nicht, 1980 mit Begeisterung nach Madrid zu gehen, wo die gleiche sinnlose, für die Demokratien gegenstandslose Komödie noch einmal gespielt wurde. Sie war schon deshalb gegenstandslos, weil seit Belgrad der Einmarsch in Afghanistan stattgefunden hatte, von der Kolonisierung großer Gebiete auf dem afrikanischen Kontinent durch die Sowjetunion ganz zu schweigen: Mit ihrer anderen Zusage in Helsinki, der Mäßigung in der Außenpolitik, hatten sich die Sowjets damit ebenfalls als unglaubwürdig erwiesen. Von der berühmten Schlußakte und den gleichzeitigen Vereinbarungen blieb also nur die westliche Verpflichtung: Wirtschaftshilfe für die UdSSR und Respektierung ihres Imperiums. Die Westeuropäer haben durch ihr Verhalten nach der vollständigen Wiederherstellung des realen Sozialismus in Polen ihre unerschütterliche Entschlossenheit bekundet, weiterhin einseitig ihre Zusagen von Helsinki einzuhalten, ohne auch nur noch so zu tun, als verlangten sie irgendeine Gegenleistung.

Selbst die wenigen von Ostdeutschland gemachten Zugeständnisse im Reise- und Besuchsverkehr zwischen den beiden deutschen Staaten waren schon teilweise Ende 1980 durch die Erhöhung des Zwangsumtauschs zurückgenommen worden.

Wenn wir die ganze Bedeutung des »Kriegszustands« vom 13. Dezember 1981 und vor allem die der westlichen Reaktionen auf das sowjetische Vorgehen ermessen wollen, dürfen wir nicht vergessen, um was es damals geht. Seit achtzehn Monaten hat die Sowjetunion in der größten und bevölkerungsreichsten ihrer europäischen Kolonien mit dem Widerstand eines ganzen Volkes in der Form einer gewaltlosen Revolution zu tun, gegen die keines der üblichen Mittel verschlägt. Ein Quentchen Liberalisierung, das von der überforderten kommunistischen Partei (PZPR) gewährt worden ist, hat nicht genügt, das entschlossene Freiheitsstreben der Menschen zu dämpfen. Andererseits würde eine sowjetische militärische Intervention für die Kommunisten zweifellos mehr Nachteile als Gewinn bringen, im Lande selber, aber auch im Hinblick auf die Dauer der erforderlichen Präsenz, vor allem aber auf die Wirkung nach außen, weil ja gleichzeitig das Eingreifen der UdSSR in Afghanistan in der Welt noch für viel Unmut, wenn auch nicht für wirksame Gegenmaßnahmen sorgt. Außerdem fällt der Zusammenbruch der polnischen Wirtschaft mit einer erheblichen Verschlimmerung des wirtschaftlichen Schwächezustands in der Sowjetunion selber zusammen. Der Kreml kann es sich demnach nicht leisten, die finanzielle Unterstützung des Westens zu verlieren, weder für sich selber noch für seine Satelliten. Er muß das Kunststück fertigbringen, Polen wieder in den Griff zu bekommen und sich trotzdem die wirtschaftlichen Privilegien zu erhalten, die ihm die westlichen Demokratien bieten, dazu natürlich die in Helsinki herausgeholten politischen Privilegien, denn nur beide zusammen erlauben es der UdSSR, im Schutze des Entspannungsmythos mit ihren Eroberungen fortzufahren und ihre militärische Macht auszubauen. Diese Vorteile trotz des Kriegszustandes in Polen zu behalten, darauf kommt es für Moskau an.

Für die Demokratien müßte es darum gehen, die derzeit schwache Position der in Afghanistan und Polen strapazierten und wirtschaftlich höchst bedrängten UdSSR zu nutzen und jedenfalls den Versuch zu machen, sie zu einem wirklichen Entspannungsverhalten zu veranlassen, wie es vom Westen gemeint gewesen ist, vor allem aber ihre Expansions- und Destabilisierungspolitik in allen fünf Erdteilen zu mäßigen. Zugleich ist dies die Gelegenheit, die UdSSR zu einer wirklich ausgewogenen, nicht nur die Waffen des Westens betreffenden Rüstungsbegrenzung zu bewegen. Natürlich konnten die Demokratien auch nicht an die Andeutung einer kriegerischen Drohung denken. Handeln konnte es sich und gehandelt hat es sich stets einzig und allein um den Einsatz unserer wirtschaftlichen und politischen Mittel, um die Sowjets zum Einlenken zu veranlassen. Meines Wissens hat ein solcher Einsatz, auch wenn das den westlichen Propagandisten kommunistischer Thesen nicht gefällt, den Frieden noch niemals bedroht; er entspricht im Gegenteil der üblichen Definition von Diplomatie in Friedenszeiten. Es darf niemand als Kriegstreiber hingestellt werden, nur weil er erwägt, Leistungen einzustellen oder einzuschränken, für die keine Gegenleistung erfolgt. Die einzige Frage, die man realistisch nach dem 13. Dezember stellen konnte, schloß also jedes »Abenteurertum« aus. Es ging darum, ob die Demokratien zu der Auffassung gelangten, das Maß sei nun voll und die Zeit ihrer einseitigen Zugeständnisse vorüber. An einer solchen Haltung wäre nichts Unvernünftiges oder Gefährliches gewesen, die Wirkung auf eine von ihren Widersprüchen heftig mitgenommene kommunistische Welt dagegen konnte durchaus nennenswert sein.

Doch der Westen entschloß sich nicht einmal zu einer äußerst abgeschwächten Version dieses Spiels. Man ließ von Anfang an die Finger davon. Schon am ersten Tag des Belagerungszustandes betonten die demokratischen Regierungen eifrig, es sei nichts geschehen. Und auf ein Nichtereignis kann man ja schließlich nicht reagieren. Der französische Außenminister Claude Cheysson kam zu dieser Erkenntnis so überwältigend rasch, daß er schon am Abend des 13. Dezember als erster verkündete: »Selbstverständlich werden wir nichts unternehmen.« Das war mehr als ein Bekenntnis, es war eine prophetische Feststellung – die einzig zutreffende, die ein Politiker seit langem gemacht hatte. Der französische Staatspräsident findet sich bereit, das »Ausnahmerecht« in Polen zu »verurteilen« und zu »mißbilligen«, verweist aber alle, die wissen wollen, welche Politik Frankreich nun konkret zu führen gedenkt, auf eine baldige Erklärung des Premierministers vor der Nationalversammlung. Darin gibt Pierre Mauroy dann bekannt, daß »die gegenwärtigen Ereignisse derzeit im nationalen Rahmen bleiben«, die »innere Souveränität« des Landes betreffen, und daß Frankreich den Polen helfen werde, »auf den Weg einer demokratischen Erneuerung zurückzufinden«.

So machen sich Präsident und Regierung Frankreichs die Fiktion eines rein polnischen Vorgehens zu eigen und kommen damit einmal mehr den Sowjets entgegen, die ihre Propagandasprüche gar nicht besonders intensiv verbreiten müssen, weil offenbar viele Menschen im Westen diesen Unsinn selber glauben oder zu glauben vorgeben, um ihr Nichtstun zu entschuldigen. Die französische Regierung mußte unter dem Druck unerwartet massiver Demonstrationen auf den Straßen, angesichts der Entschiedenheit der nichtkommunistischen Gewerkschaften und des Protestes fast aller Intellektuellen sehr bald in die allgemeine Entrüstung einstimmen und die Verantwortung der UdSSR einräumen. Die Regierung der Bundesrepublik Deutschland dagegen ließ sich fast einen Monat damit Zeit. Nach einem Urlaub an der Sonne Floridas traf Bundeskanzler Helmut Schmidt am 6. Januar 1982 in Washington Ronald Reagan. Der Präsident erreichte, daß der Kanzler gegen eine Milderung des amerikanischen Widerstands gegen das deutsch-sowjetische Sibirien-Erdgasgeschäft zusagte, Deutschland werde die UdSSR ausdrücklich als den eigentlichen Schuldigen und Anstifter der Unterdrückung in Polen brandmarken. Schmidt löste sein Versprechen bei einer Pressekonferenz ein, die ich im Fernsehen zu verfolgen Gelegenheit hatte. Unter tiefen Seufzern, die Satzfragmente jeweils nach einer langen, bedrückten Pause sich abzwingend, mit dem traurigen Lächeln eines Märtyrers, der zum letzten Opfergang schreitet, beklagte Schmidt zunächst die Aggressivität der amerikanischen Presse gegenüber Deutschland in der Polenfrage während des letzten Monats. Dann bedauerte er, die eigentlichen Absichten der Amerikaner nicht erkennen zu können, weil die Standpunkte der verschiedenen Verantwortlichen der Administration seiner Meinung nach widersprüchlich seien. Er betonte noch einmal, keine Wirtschaftssanktion könne die Sowjets beeindrucken und damit nützlich sein. Schließlich brachte er leise, mit einem Röcheln, das den Satz vor lauter Kummer kaum verständlich machte, die Feststellung heraus, es mache »tatsächlich keinen großen Unterschied«, ob Jaruzelski oder die Sowjetunion direkt das Kriegsrecht eingeführt hätten. Ich nehme an, in den uniformen Geschichtsbüchern, die man in hundert Jahren nach dem weltweiten Sieg des Kommunismus an die Schüler ausgeben wird, kann man die Enthüllung lesen, daß Schmidt an diesem Tage unmittelbar vor seiner Pressekonferenz vom CIA gefoltert und unter Drogen gesetzt worden ist.

So harmlos sie waren, riefen die Äußerungen des Bundeskanzlers doch sofort Moskau auf den Plan, das die Bundesrepublik Deutschland und die Vereinigten Staaten der »Einmischung in die inneren Angelegenheiten Polens« beschuldigte. So ging also die eigentliche Einmischung vom Westen und nicht von der Sowjetunion aus, wie ja auch in Afghanistan die Sowjetunion das Land gegen »die westliche Intervention der Amerikanozionisten verteidigt«*. Man darf es den Sowjetführern wirklich nicht übelnehmen, daß sie der Welt solche Ungeheuerlichkeiten vorsetzen, wenn die westlichen Regierungen sie niemals aufgreifen und so an den Pranger der Lächerlichkeit stellen, wie sie es verdienen, ja, wenn ein nicht unerheblicher Teil der Menschen im Westen sogar daran glaubt und die einzigen wirklichen Aggressoren im Westen zu finden meint. Als die Mitgliedsländer der NATO im Januar 1982 zu einer außerordentlichen Sitzung zusammentreten, betrachten sie es schon als einen großen Erfolg, daß sie eine gemeinsame Abschlußerklärung zustande bringen. Zu dieser Zeit haben es die demokratischen Nationen schon aufgegeben, sich auf Maßnahmen zu einigen, mit denen man das Verhalten der Sowjetunion beeinflussen könnte; sie sind froh, mit Mühe die Worte gefunden zu haben, die am wenigsten Uneinigkeit in ihre eigenen Reihen tragen.

Der moralische Kampf gegen die neuerliche Knechtung Polens hat also bei den demokratischen Regierungen in einer prompten Kapitulation bestanden. Genauer gesagt, er hätte darin bestanden, wenn diese Regierungen, vor allem die französische, nicht von ihrer eige-

---

* *Prawda*, 5. August 1981.

nen öffentlichen Meinung überrollt und zu verbaler Entschlossenheit gezwungen worden wären. Die sozialistischen Verantwortlichen in Frankreich werden zwischen dem 13. und 20. Dezember wachgerüttelt von der heftigen Reaktion der nichtkommunistischen Gewerkschaften, der Intellektuellen und der Menge, die zum Demonstrieren auf die Straße geht, ohne durch irgendwelche Anweisungen dazu veranlaßt worden zu sein. Sie erkennen ihren Fehler, äußern sich schärfer als in ihren ersten lauen Stellungnahmen und improvisieren martialische Reden, die allerdings, auch das gebietet die Redlichkeit festzustellen, in völligem Gegensatz zu ihren Handlungen stehen. Hauptsorge von Präsident Mitterrand war, das Regierungsbündnis zwischen Sozialisten und Kommunisten könnte zerbrechen. Tatsächlich hatte die Französische Kommunistische Partei, zusammen mit der ihr angeschlossenen Gewerkschaft, nicht nur beflissen den Polizeiterror in Polen gebilligt, sondern mit einer Aggressivität für ihn plädiert, die den Generalsekretär der KPF, Georges Marchais, dazu veranlaßte, den beleidigenden Titel »falsche Linke« an drei den Sozialisten nahestehende Blätter zu vergeben, die sich über die Unterdrückungsmaßnahmen entrüstet hatten: *Le Monde, Le Matin* und *Le Nouvel Observateur*. Dabei hatte *Le Monde* zunächst für die Kommunisten recht akzeptable Ansichten vertreten; in einem Leitartikel unter der Überschrift »Vernunft bewahren« hatte ihr Direktor Jacques Fauvet den Westen aufgefordert, jedes »Abenteurertum« zu vermeiden und kein Öl ins Feuer zu gießen, was dann während der Wochen der Aufregung über Polen das kommunistische Standardargument blieb, bis die öffentliche Meinung in Gleichgültigkeit zurückgefallen war. Viele hatten 1981 die Aufnahme kommunistischer Minister in die Regierung hingenommen, weil sie sich sagten, sie hätten dort eine schwache Position, und Mitterrand werde seine Politik gegen die Kommunistische Partei durchsetzen. Beim Gewaltstreich in Polen entrollte die KPF wieder das unversehrt gebliebene Banner ihrer Sowjethörigkeit, teilte aber seelenruhig weiterhin die Regierungsgewalt mit einer Sozialistischen Partei, die jedenfalls mit Worten antisowjetisch geworden war. Daß Mitterrand die kommunistischen Minister behielt, zeigt deutlich, wer hier wen einschüchtert. Der Hinweis, die kommunistischen *Minister* hätten sich ja ruhig verhalten, ist eine scheinheilige Ausflucht: Was zählt, was politisches Gewicht hat, was die öffentliche Meinung beeinflußt, was dem Staatspräsidenten schadet oder hilft, ist nicht das Reden oder Schweigen der Minister, die von der Organisation für ihre Ämter abgestellt worden sind, sondern was die *Partei* sagt und tut. Und in diesem Falle nehmen es die Sozialisten hin, daß sie das genaue Gegenteil von dem sagt und tut, was die Regierung sagt und tut, und schließt sie nicht von dieser Regierung aus.

Nächst dem Wunsch, die Kommunisten bei der Stange zu halten, obwohl sie seine Stellungnahme zum Belagerungszustand in Polen verurteilten, war es Präsident Mitterrands großes Anliegen, »die Intellektuellen zurückzugewinnen«. Dafür ordnete er an, in aller Eile in der Pariser Oper einen Abend der Intellektuellen und Künstler zu organisieren, damit sie ihre Solidarität mit der französischen Regierung und dem unterdrückten polnischen Volk manifestieren könnten – vor allem mit der Regierung. Man ließ eine Veranstaltung ablaufen, die ungeschickterweise, wobei man nicht weiß, ob mehr Ignoranz oder mehr Provokation im Spiele war, von Schriftstellern Castro- oder sowjetfreundlicher »Sensibilität« wie Gabriel García Márquez oder Régis Debray »animiert« wurde und sich der Anwesenheit etlicher *fellow travellers* erfreuen durfte. Allerdings wäre diese *fête de charité*, wie manche sie in Anspielung auf die alljährliche *Fête de l'Humanité* der KPF nannten, auch bei weniger Uneindeutigkeit nicht weniger folgenlos geblieben. Einen Monat später veranstalteten einige Amerikaner ein Fernsehspektakel unter dem Titel *Let Poland be Poland*, bei dem die Stars des Showbusiness eine verdienstvolle Ausbreitung ihrer demokratischen und polenfreundlichen Gefühle vornahmen, die ihnen zur Ehre gereichte. Solche Veranstaltungen haben den Kreml sicherlich in den Grundfesten erzittern lassen. Vielleicht revanchiert er sich eines Tages mit einem antikapitalistischen Ballettabend, der mit demonstrativer Schärfe die kriegslüsternen Yankees und die »amerikano-zionistische Verschwörung« in Schimpf und Schande stößt.

Nachdem unser moralischer Widerstand vor allem der Förderung der Künste gedient hatte, ging man denn doch nicht so weit, die Politik der Ästhetik gänzlich unterzuordnen. An den wirklichen großen politischen Prioritäten wurde lautstark festgehalten. So war es der Französischen Sozialistischen Partei vom ersten Tage an wichtig, *die Rechte an Demonstrationen für Polen zu hindern.* »Ihr habt nicht das Recht, hier zu sein!« riefen sogar mehrere sozialistische Führer Mitgliedern der ehemaligen gaullistischen Mehrheit zu, die mit den Demonstranten durch die Straßen von Paris zogen. »Die Leitung der

Sozialistischen Partei verurteilt die Scheinheiligkeit der Opposition«, konnte man in *Le Monde* vom 19. Dezember 1981 lesen. Das also ist fünf Tage nach dem Beginn der neuerlichen Schreckensherrschaft die eigentliche Sorge der Sozialisten! Man muß demnach Sozialist, mehr noch, mit der KPF verbündet sein, um das *Recht* zu haben, Jaruzelski und die Sowjets zu kritisieren. Schmutzige Wäsche darf nur en famille gewaschen werden. Welch ein Eingeständnis! Gut, die Sozialisten greifen auch die KPF und deren Gewerkschaft, die CGT, mit dem Vorwurf an, sie billigten das Vorgehen vom 13. Dezember. Doch was nützen Angriff und Vorwurf, wenn die Sozialistische Partei mit der KPF weiterregiert? Man kann sich denken, wie genüßlich lächelnd die Sowjetführer zugeschaut haben bei dieser Schmierenkomödie: Die französischen Sozialisten kritisieren den Kriegszustand in Polen, exkommunizieren aber alle, die ihn verurteilen, und regieren mit denen, die ihn billigen!

In diesem Stadium haben die Sowjets die psychologische Schlacht schon gewonnen. Die Meinungsverschiedenheiten zwischen den verbündeten Demokratien und zwischen den politischen Parteien innerhalb jeder Demokratie sind stärker als die Entschlossenheit, dem totalitären Vorgehen eine gemeinsame Front entgegenzusetzen. Natürlich ließ eine so laue und täppische Reaktion im Stadium des Erkennens der Gefahr kein Zusammenwirken beim konkreten Handeln erwarten. Wo man sich über die Realität und Einschätzung der Ereignisse nicht einig ist, kann es keine Übereinstimmung bei der Ausarbeitung und Durchführung einer diesen Ereignissen angemessenen Politik geben.

Die Unentschlossenheit bei den Sozialisten, soweit sie wie die französischen dem orthodoxen Marxismus treu geblieben sind, erklärt sich aus ihrem Wunsch, in den Aufständen der vom Kommunismus versklavten Völker ein Phänomen zu sehen, das in die Kategorie der *Reform des Sozialismus* gehört. Als Reaktion auf eine Petition von Schriftstellern und Künstlern, die sich über die Halbherzigkeit der französischen Diplomatie angesichts des »Kriegszustandes« entrüsteten, entschloß sich die Sozialistische Partei zu einer eigenen Eingabe, was schon erstaunlich ist für eine Partei, die den Staatspräsidenten, den Premierminister, die meisten Regierungsmitglieder und die absolute Mehrheit im Parlament zu den Ihren zählt. Da konnte man am 18. Dezember lesen: »Diese tragischen Vorgänge in Fortsetzung derer von 1968 in der Tschechoslowakei und von 1956 in Ungarn beweisen, daß man den Sozialismus nicht aufbaut, indem man sich gegen sein Volk stellt und die Demokratie mit Verachtung straft.« Vielleicht eben gerade! Die Geschichte des 20. Jahrhunderts hat inzwischen vielen zu der Erkenntnis verholfen, daß man ihn leider anders nicht aufbauen kann! Nichts ist ja törichter als die Formulierung »Demokratisierungsprozeß in Polen«, die bei der Linken vor dem 13. Dezember 1981 so verbreitet gewesen ist. Verdienen der Zerfall, die Nekrose, die Verwesung eines ganzen Systems, nur weil es um den Sozialismus geht, die Aufwertung als »positive Entwicklung«? Wenn die Sozialisten sich gelegentlich dazu herbeilassen zuzugeben, daß die Arbeiter, das Volk, die Intellektuellen sich in Ost-Berlin, Ungarn, Polen oder der Tschechoslowakei gegen den Kommunismus erhoben haben, fügen sie sogleich hinzu, das eigentliche Ziel der Aufständischen sei es gewesen, »zu beweisen, daß Sozialismus und Freiheit miteinander vereinbar sind«. Daß es zum Ritual der Aufständischen gehört, eine bescheidene Liberalisierung zu erreichen, indem sie diese als den besten Weg zur »Festigung des Sozialismus« hinstellen, ist eine Taktik, die den Unterdrücker täuschen soll – ohne großen Erfolg übrigens. Daß westliche Historiker nicht merken, was doch auf der Hand liegt, daß diese beklagenswerten Menschen unter dem Eindruck ihres Elends in ihrer großen Mehrheit *sich gegen den Sozialismus selber zu erheben, um ihn loszuwerden*, und nicht, um ihn zu verbessern, ohne daß sie das aber laut sagen dürfen, ist ein Beweis für die Vorzugsbehandlung, die der Kommunismus im Westen so lange erfahren hat. Es ist nicht unschicklich zu sagen, es hätten sich irgendwo die Massen gegen den Kapitalismus erhoben, selbst wenn es nicht zutrifft. Aber gegen den Sozialismus als solchen können sie sich nicht erheben! Entzückt über die exotischen Spielarten des Sozialismus, wenn die peripheren Schauplätze dem etwas verblaßten Bild des »Sozialismus mit menschlichem Antlitz« neue Farbe zu geben scheinen, werfen die Marxisten alle Solidarität mit rührender Eilfertigkeit über Bord, sobald die Stunde der Tragödie gekommen ist. Die Leiden der Völker sind unwichtig, was zählt, ist allein die »Zukunft des Sozialismus«. So wendet die Jeunesse Ouvrière Chrétienne (JOC), eine französische christlich-marxistische Bewegung, schon am 14. Dezember 1981 die schrecklichste Gefahr ab, indem sie mitteilt: »Wir verurteilen insbesondere die Haltung derer, die sich auf der Rechten die Ereignisse in Polen zunutze machen wollen, um sich dem Wechsel in Frankreich zu widersetzen.« Bekanntlich ist »Wechsel« im französischen politischen Wörterbuch seit dem Frühjahr 1981 ein Synonym für »sozialistisch-kommunistische Regierungsmacht«. Die Polen können getrost draufgehen, Hauptsache, ihr bedauerliches Pech wirkt sich nicht auf die Unantastbarkeit des »Wechsels« aus. Ein schönes Beispiel für den politischen Egoismus, wie man ihm nach allen Katastrophen des Weltsozialismus begegnet. Weil solche Spitzfindigkeiten mit der Zeit bei vielen Intellektuellen einen unwiderstehlichen Brechreiz hervorgerufen haben, darf François Mitterrand nicht überrascht sein, daß sich so wenige denkende Menschen finden, die auf den von ihm verkörperten Sozialismus à la française schwören. Die Situation hat sich geradezu umgekehrt im Vergleich zu den ersten beiden Nachriegsjahrzehnten. Damals sangen die bestallten und unbestallten Barden das Loblied der UdSSR, Chinas und Kubas, während die Politiker, vor allem die in der Regierungsverantwortung, die Völker immer wieder vor der sowjetischen Gefahr im besonderen und der kommunistischen Gefahr im allgemeinen warnten. Seit 1970, spätestens 1975, reden die Intellektuellen laut von der Gefahr, während die Staatsmänner alles tun, sie zu übersehen oder zu verharmlosen.

Sozialdemokraten und Konservative haben sich seit 1970 mit den Untaten der Sowjetunion abgefunden, haben sich ihren Ultimaten bereitwilliger gebeugt als zum Beispiel die Italienische Kommunistische Partei. Berlinguer hat nach dem 13. Dezember lauter protestiert als Brandt. Doch zur Beruhigung sei gesagt, daß der verbale Aufwand zwar nicht immer von den zu erwartenden Teilen des politischen Spektrums kommt, daß die Partitur, die vom Löwengebrüll über betretenes Gemurmel bis zu freundlichem Schweigen reicht, nicht immer richtig gespielt wird – sobald es ans Handeln oder besser gesagt ans Untätigbleiben geht, sind sich alle einig, die Einmütigkeit ist geradezu perfekt, es gibt da keine Abweichler im Westen, weder bei den Parteien noch bei den Staaten.

Jedenfalls gibt es keine grundsätzlichen Meinungsverschiedenheiten: Die Demokratien haben eine Erklärung für ihre Passivität zur Hand, indem jede einzelne erklärt, sie bleibe passiv, weil die anderen nicht aktiv werden. Der Belagerungszustand in Polen wird zur Krise des atlantischen Bündnisses. Die Sowjets haben zu Recht darauf spekuliert, daß im Grunde kein NATO-Mitgliedsstaat Sanktionen gegen sie zu ergreifen wünschen und deshalb jeder sich herausreden würde, indem er die Verantwortung für die eigene Feigheit den Verbündeten zuschiebt. Die »Krise des Bündnisses«, von der so viele Zeitungen berichtet haben, war ein gespielter Streit, denn tatsächlich tat jeder Mitgliedsstaat den anderen den Gefallen, die Rolle des Sündenbocks auf sich zu nehmen. Der gespielte Streit führte allerdings zu echten Verschlechterungen der Beziehungen durch die gegenseitigen Beschuldigungen, die neue moralische Wunden und fortwirkenden Groll schufen, die sich in einer weiteren Lähmung und noch größeren Ohnmacht auswirken dürften.

Denn es ist falsch, wenn mit verdächtiger Eilfertigkeit nach jedem Fehltritt Moskaus behauptet wird, Sanktionen würden wirkungslos bleiben. Besonders aus dem Munde der Befürworter der Entspannung ist das Argument unakzeptabel. Man kann nicht gleichzeitig behauptet haben, die westliche Wirtschaftshilfe werde in der UdSSR die Friedensliebe erblühen lassen, weil man ihr aus dem Schlamassel geholfen hätte, und dann verkünden, ein Entzug dieser Hilfe würde die Sowjetunion nicht weiter stören. Und doch hat sich Bundeskanzler Schmidt nicht gescheut, genau dies bei der schon erwähnten Pressekonferenz in Washington zu tun. Da gerät mangelnde Folgerichtigkeit des Denkens an die Grenze zur arglistigen Täuschung. Entweder ist die wirtschaftliche Zusammenarbeit mit dem Westen für die UdSSR eine völlig nebensächliche Angelegenheit; dann war die ganze Philosophie der Entspannung absurd. Oder sie ist für die UdSSR wichtig; dann wäre die Einstellung der Hilfeleistungen eine wirksame Sanktion. Der zweite Teil der Alternative trifft zu. Um sich davon zu überzeugen, braucht man nur die besorgte, leidenschaftliche Agitation der prosowjetischen Stimmungsmacher im Westen zu beobachten, sobald von Sanktionen die Rede ist. Die westliche Hilfe ist für die kommunistische Welt von großer Bedeutung, wobei man allerdings hinzufügen muß, daß sie auch für die westliche Welt von großer Bedeutung ist, zugegebenermaßen sogar von noch größerer, weil es für reiche und demokratische Länder so gut wie unmöglich ist, um politischer Ziele willen ein auch nur geringes Absinken des Lebensstandards hinzunehmen. Die totalitären Staaten dagegen können, wenn nicht etwas ganz Außerordentliches geschieht, ihrer Bevölkerung ungestraft immer noch ein bißchen mehr Knappheit zumuten, weil sie nur allzu fest herrschen über eine Gesellschaft, die an den »kontrollierten Notstand«, wie ihn Michel Heller* nennt, gewöhnt ist. So war die Entspannung kein Traum, sondern eine Falle. Die »Waffen des Friedens«** haben hervorragend funktioniert, aber für die Sowjets, weil der Westen, vor allem die Bundesrepublik Deutschland, jetzt durch Wirtschaftsverträge und Kreditforderungen an den Osten in seiner Bewegungsfreiheit gehemmt ist. Die Sowjetunion kann ihre Figuren auf dem Schachbrett vorschieben, ohne daß der Westen antworten kann, wenn sein Lebensstandard nicht sinken, seine Arbeitslosigkeit nicht wachsen und das Geld nicht verlorengehen soll, das seine Banken und Staaten dem Osten geliehen haben. Es ist falsch zu behaupten, Wirtschaftssanktionen würden ohne Wirkung auf die Sowjetunion bleiben. Sie wären furchtbare Repressalien. Doch sie würden auch erhebliche Schwierigkeiten für den Westen bedeuten. Die Frage ist, ob es nicht wichtiger ist, die Unabhängigkeit zu erhalten als die wirtschaftlichen Vorteile.

Diese Frage stellt sich um so bedrängender, als die der Sowjetunion eingeräumten wirtschaftlichen Vorteile ihr die Möglichkeit geben, direkt oder indirekt ihr militärisches Potential zu verstärken. Direkt, wenn wir selber den Transfer von hochentwickelter Technologie finanzieren, die einen großen Teil ihrer Daseinsberechtigung aus strategischen Anwendungen bezieht; indirekt, indem wir den kommunistischen Ländern helfen, aus unerträglich werdenden Verknappungssituationen herauszukommen, oder ihnen harte Währung leihen, die sie brauchen, um im Westen die Industrieprodukte einzukaufen, die sie nicht in ausreichender Menge herstellen. Zumal die Sowjetunion wird dadurch von dem Zwang befreit, ihre Militärausgaben zu kürzen, um den dringendsten täglichen Bedarf befriedigen zu können. Nach dem 13. Dezember 1981 hatten die Westmächte die Möglichkeit, der UdSSR Sanktionen aufzuerlegen, die ihr größte Schwierigkeiten gemacht hätten, ohne daß es sich um Aggressionen gehandelt hätte. Denn die Weigerung, Kredite zu verlängern oder neue Verträge abzuschließen, ist als solche keine Aggression.

---

* Michel Heller und Aleksandr Nekrich, L'Utopie au pouvoir. Paris 1982.
** Samuel Pisar, Les armes de la paix. Paris 1971. Der Völkerrechtler verfocht die These, durch Handel würde der Westen die Sowjetunion zugleich demokratisch und friedliebend machen. Das Werk hat auf den französischen Staatspräsidenten Giscard d'Estaing starken Einfluß gehabt.

Wir hätten zunächst die Zahlungsunfähigkeit des polnischen Staates feststellen können, der nicht nur außerstande war, seine Schulden zu den vereinbarten Terminen zu tilgen, sondern nicht einmal die Zinsen bezahlen konnte. Ihn für bankrott zu erklären und vorläufig keine weiteren Ostkredite zu vergeben, das hätte zunächst eine politische Bedeutung gehabt, dann aber auch wirtschaftliche Auswirkungen, weil damit ein Teil der Ressourcen des sowjetischen Expansionsdrangs abgeschnitten worden wäre. Welche Lehren muß die UdSSR dagegen aus unserer Haltung ziehen, wenn sie feststellt, daß sie, nachdem sie ein Unrecht begangen hat, vor dem wir sie gewarnt haben, trotzdem von uns die gleichen Vorteile eingeräumt bekommt wie vorher? Die Begründungen, die im Januar 1982 dafür gegeben wurden, daß man Polen nicht für zahlungsunfähig erklärte, haben dieses entscheidende politische Element vernachlässigt und waren nicht einmal formal überzeugend. Nur zur Erheiterung sei der Grund genannt, den der französische Premierminister Pierre Mauroy vorgebracht hat, daß man sich nämlich mit der Einstellung der Kreditgewährung an den Osten »die Vorstellung einer Wirtschaftsblockade« zu eigen machen würde, was einen »schwerwiegenden Vorgang, einen kriegerischen Akt« bedeute. Wieso ist die Weigerung, jemandem weiterhin à fonds perdu Geld zu leihen, ein kriegerischer Akt, und was hat sie mit einer Blockade zu tun? Seriöser war schon der Einwand des State Department: Polen als bankrott zu behandeln, würde Panik in der Dritten Welt hervorrufen, wo viele Länder ebenso verschuldet und ebenso zahlungsunfähig sind. Antwort: Diesen Ländern Umschuldung oder Moratorien zu gewähren, Polen aber nicht, hätte den politischen Charakter der Entscheidung erst richtig betont. Man hätte damit gezeigt, worum es geht. Weiterer möglicher Einwand: Wenn wir uns weigern, weiterhin die polnische Staatskasse zu alimentieren, bestrafen wir weniger die Machthaber als das Volk, dem es dann noch schlechter geht. Das ist eine höchst achtbare Besorgnis, doch leider zeigt die jüngste Geschichte, daß der Lebensstandard der Bevölkerung in Osteuropa und der UdSSR seit dem Kriege zu keiner Zeit so gesunken ist wie in den zehn Jahren, in denen wir ihre Regierungen mit Krediten überschwemmt haben. Von 1970 bis 1980 haben die Demokratien den Ländern des Ostblocks insgesamt 70 Milliarden Dollar geliehen, und die Lebensmittelknappheit ist dort, von Ungarn abgesehen, nie so erschreckend gewesen wie in den unmittelbar darauffolgenden Jahren. Man darf daraus zumindest den Schluß ziehen, daß die Gelder nicht zur Hebung des Massenwohlstands verwendet worden sind. Dienen sie aber, wie es scheint, in erster Linie zur Stärkung des Militär- und Polizeiapparats, so nützt ihre Gewährung der Unterdrückung und nicht der Linderung des Elends der Völker. In westlichen Finanzkreisen hat man argumentiert, um nur die Aussage des Bankpräsidenten Walter Winston von der Citicorp wiederzugeben: »Polen für zahlungsunfähig zu erklären würde bedeuten, daß die amerikanischen Banken die Länder Osteuropas in die Arme der Sowjetunion treiben.« Wußte man denn nicht, daß sie längst darin waren? »Wenn man Polen bankrott gehen läßt«, fuhr der angesehene Bankier fort, »hätte Rußland sein Ziel erreicht, das es seit Katharina der Großen verfolgt: die Polen davon zu überzeugen, daß Rußland ihr einziger Freund in der Welt ist.« Es ist offenkundig, daß dies wirklich die allergrößte Gefahr ist! Wenn man die historischen Kenntnisse und das politische Einfühlungsvermögen mancher höchst einflußreicher Geschäftsleute bedenkt, versteht man, daß die Elite der sowjetischen Nomenklatura besonders gern mit ihnen umgeht, weil sie so leicht hinters Licht zu führen sind und die Parolen der Desinformation bereitwillig verbreiten. Außerdem sollten gerade die Finanzleute wissen, daß die UdSSR, indem sie den Ländern des Rates für gegenseitige Wirtschaftshilfe seit 1976 einen »transferierbaren Rubel« aufgezwungen hat, die meisten der vom Westen an ihre Satelliten ausgeliehenen Devisen kassiert hat; diese Länder fungierten nur noch als Versorgungsschläuche.

Die praktische Auswirkung all dieser Argumente war, daß die amerikanische Staatskasse den Banken die fälligen Rückzahlungen überwies, die der polnische Staat nicht zu leisten vermochte, was auf eine Finanzierung der Polizeiunterdrückung in Polen durch den amerikanischen Steuerzahler hinauslief. Außerdem braucht man nur die Aufstellung der im ersten Halbjahr 1982 an den Ostblock vergebenen Neukredite durchzusehen, um festzustellen, daß sie nicht einen Augenblick lang weniger reichlich geflossen sind, und daß die UdSSR sie dringend benötigte und auch weiter benötigen wird, was die These von der »Unwirksamkeit« der Sanktionen als unhaltbar erweist. Obwohl sie sich in einer Mangelsituation befand, die »unhaltbar« wurde, hat die Sowjetunion von den Vereinigten Staaten erreicht, daß im

April/Mai 1982 die Verhandlungen über amerikanische Getreidelieferungen wiederaufgenommen wurden. Indem die Reagan-Administration dem Druck der Landwirtschaft nachgab, lieferte sie ein willkommenes Argument für die Europäer, die ihrerseits daran interessiert waren, daß die sowjetische Erdgasleitung von Sibirien nach Westeuropa weitergebaut wurde. Politisch und moralisch ist die amerikanische Kapitulation nicht verzeihlicher als die europäische. In der Praxis besteht allerdings ein Unterschied zwischen den beiden Geschäften: Die Amerikaner verkaufen Getreide an die Sowjets und lassen es sich zum Weltmarktpreis bar bezahlen; sie geben ihnen das Geld nicht noch umsonst oder fast umsonst dazu; sie liefern ihnen damit keine fortgeschrittene Technologie, die auch militärischen Zwecken dienstbar gemacht werden könnte; sie geben der Sowjetunion nicht ein Erpressungswerkzeug in die Hand, wie man es ihr mit der Möglichkeit zur Einstellung von Energielieferungen gibt. Den Westen so in Abhängigkeit zu bringen, war deshalb um so beschämender, weil es sich inzwischen als überflüssig erwiesen hat: Man weiß jetzt, daß die Erdgaslager in Nordeuropa außerordentlich reich sind; die Demokratien des alten Kontinents hätten sich den zugleich kostspieligen und riskanten Vertrag mit den Sowjets ersparen können.

Jede wirtschaftliche Sanktion, welche die Demokratien gegen die UdSSR ergreifen konnten, hatte ihre Nachteile und mußte deshalb Bedenken hervorrufen, die sicherlich nicht alle ungerechtfertigt waren. Trotzdem bleibt es erstaunlich, daß bei dieser und bei der Afghanistan-Krise offenbar eine Art Verhängnis obwaltet, daß nämlich ausgerechnet die von unseren Staatsmännern als wirkungslos oder gefährlich verworfenen Maßnahmen diejenigen sind, die sich ohne weiteres hätten ergreifen lassen. Im Juni 1982 betont François Mitterrand in einem Interview mit der *Washington Post* zwar seine Entschlossenheit, die Ambitionen der Sowjetunion in Schranken zu halten, weist aber im gleichen Atemzug darauf hin, daß wirtschaftliche Sanktionen »zum Kriege führen« und deshalb von ihm nicht ergriffen werden. So bestätigt er die These seines Premierministers, oder vielmehr der Premierminister hat durchaus gesagt, was der Staatspräsident denkt. Mit seinem Widerwillen gegen die Wirtschaftswaffe hat Frankreich sich besonders hervorgetan, indem es sogar die 15% an der Finanzierung der sowjetischen Erdgasleitung übernommen hat, die nach dem Vertrag auf die UdSSR entfielen*. Bemerkenswerterweise will der Zufall es immer, daß unsere Festigkeit unerschütterlich ist, wo keine Folgen zu befürchten sind, und sogleich verfliegt, sobald wir es in der Hand hätten, sie konkret werden zu lassen. Natürlich stehen die Franzosen mit diesem seltsamen Mißgeschick nicht allein.

Den politischen Sanktionen ergeht es bei diesem System nicht besser als den wirtschaftlichen. Der Westen verfügte nach dem 13. Dezember über ein bemerkenswertes Instrument für die Gegenoffensive: Er konnte die Vereinbarungen von Helsinki aufkündigen und es entsprechend im Februar 1982 ablehnen, nach Madrid zur neuerlichen »Konferenz über Sicherheit und Zusammenarbeit in Europa« zu kommen, wo inzwischen die Durch- und Fortführung der berühmten 1975 von der Sowjetunion unterzeichneten Schlußakte diskutiert wurde. Vergessen wir nicht, daß die Sowjets sich diese für sie so vorteilhaften Vereinbarungen seit langem gewünscht hatten. Der Westen konnte eine großartige Karte ausspielen, indem er sie als hinfällig bezeichnete, weil im Falle Polen ein eindeutiger Verstoß gegen die Bestimmungen der Schlußakte vorlag. Anstatt so zu handeln, trugen Deutschland und Frankreich zunächst Argumente vor, die gut zu den sowjetischen Thesen paßten, indem sie auf die Vereinbarungen von Jalta aus dem Jahre 1945 hinwiesen, genauer gesagt auf deren imaginäre Version. Denn diese Vereinbarungen bieten ja durchaus keine Rechtfertigung für die sowjetische Besetzung Polens, sondern sahen in diesem Land freie Wahlen vor, die von der Sowjetunion, wie nicht anders zu erwarten, niemals abgehalten worden sind. Stalin hat gegenüber einem Amerikaner etwas später, bei der Potsdamer Konferenz, eine so eindeutig offene Bemerkung gemacht, daß sie der Phantasie eines »unverbesserlichen« Antikommunisten entsprungen sein könnte: »Jede frei gewählte Regierung wird antisowjetisch sein. Und das können wir nicht hinnehmen.«** Die klare Erkenntnis Stalins und die Passivität der Amerikaner führten dazu, daß die UdSSR nach 1945 Polen und die anderen Satelliten, die heute den Sowjetblock in Europa bilden, unrechtmäßig an sich brachte. Die Taktik der UdSSR

---

* Das entspricht zusätzlichen 140 Millionen Dollar, die von den verstaatlichten Banken auf Anweisung der französischen Regierung als »Darlehen« zur Verfügung gestellt wurden.
** P. E. Mosely, The Kremlin and the World Politics. New York 1960.

ist durchaus verständlich. Weniger verständlich ist das Verhalten der westlichen Staatsmänner, die seit jeher den Mythos von Jalta verbreitet haben, und nach Schmidt 1981 hat auch Mitterrand so gehandelt. Warum lassen sich selbst solche Regierenden, die sich der sowjetischen Gefahr völlig bewußt sind, ohne weiteres in die Rolle von Anwälten einer These machen, die von der Sowjetunion aus ureigenstem Interesse verbreitet wird? Jedenfalls geschah das prompt von neuem, als sie nach Madrid gingen, anstatt, was sie hätten tun sollen, die Vereinbarungen von Helsinki aufzukündigen mit der Begründung, dort sei die Achtung der Menschenrechte und Grundfreiheiten in den Ostblockländern vorgesehen gewesen. Die Sowjets lieben Konferenzen, Gipfel, Staatsbesuche, Freundschaftsverträge, weil dabei ihre aggressiven Handlungen gleichsam in den Reden untergehen; nützlich ist für sie ja schon die bloße Tatsache, daß man bereit ist, sich mit ihnen zu treffen. Nach der Invasion in Afghanistan hatten sie sich mehrere Monate vergeblich bemüht, in Gespräche mit westlichen Staatsmännern einzutreten. Nach ihrem Gewaltstreich in Polen mußten sie keine zwei Monate warten. Auch in diesem Falle übernahmen es die Demokratien selber, in ihren Ländern die hohlen Phrasen zu verbreiten, die rechtfertigen sollten, daß sie wieder in die Falle marschierten. Amerikaner und Europäer waren sich darin einig, eine Beteiligung an der Madrider Konferenz werde ihnen Gelegenheit geben, »Erklärungen« zu Polen zu fordern und »den Dialog aufrechtzuerhalten«. Der französische Außenminister Claude Cheysson verkündete: »An uns soll die Debatte hier nicht scheitern. Wir müssen vermeiden, den Laden zusammenbrechen zu lassen. Wahrscheinlich wären ein paar Wochen oder Monate der Besinnung nützlich, aber die Diskussion im Rahmen der Madrider Konferenz muß fortgesetzt werden, was um so leichter wäre, wenn General Jaruzelski seine Zusagen einhalten würde« (sic). Daran ist viel Wahres... Nur muß man erst einmal Leute finden, die dumm genug sind, an Jaruzelskis Zusagen zu glauben. »Solange das Forum der Madrider Konferenz bestehen bleibt«, tönte es aus Deutschland, »kann sich der Kreml der Auseinandersetzung über Polen nicht entziehen.« Es würde sich bald zeigen, daß ihm das mühelos gelingt. Außerdem: Wenn die einzige Gefahr für den Osten eine Auseinandersetzung ist... Nach den Worten von Premierminister Pierre Mauroy muß man die Schlußakte von Helsinki benutzen, um »die UdSSR und ihre

Freunde unablässig in Widerspruch mit sich selber zu bringen«. Ganz gewiß haben die Russen vor Angst geschlottert bei der Vorstellung, daß dieser schreckliche französische Dialektiker sie in Widerspruch mit sich selber bringen könnte. Anmerken ließen sie es sich allerdings nicht. Am 9. Februar 1982, bei der Wiederaufnahme des Madrider KSZE-Treffens, betreiben Sowjets und Polen Obstruktion und schaffen es, die Westmächte lächerlich zu machen, die in aller Naivität gekommen sind, um ihre Zeit, ihre Spucke und das Geld ihrer Steuerzahler zu verschwenden, und von Moskau meisterhaft zum Narren gehalten werden. Einmal mehr hat sich die »Entspannung« für den Kommunismus bezahlt gemacht. Einmal mehr hat der Westen tausend Spitzfindigkeiten vorgebracht, um die schlichte, einleuchtende Geste zu vermeiden, die den Sowjets wirklich unangenehm gewesen wäre. Einmal mehr hat unsere Diplomatie zugleich gegen unsere Ehre und gegen unsere Interessen gehandelt. Die Sowjets haben sogar etwas ganz Neues, eine große Premiere geschafft: Es ist ihnen gelungen, den französischen Außenminister Claude Cheysson am Reden zu hindern. Nach der Sitzung, bei der es ihm nicht gelungen war, das Wort zu ergreifen, erklärte der Minister ganz kleinlaut: »Ich verstehe das Verhalten der Ostblockländer einfach nicht.« Endlich eine realistische Erkenntnis.

Dieser Überblick über einige typische Reaktionen des Westens während des halben Jahres nach der Rebolschewisierung Polens ist selbstverständlich keine erschöpfende Behandlung eines Themas, das überdies vom polnischen Widerstand weit über den hier als Beispiel gewählten Zeitraum hinaus wachgehalten worden ist. Doch diese allzu kurze Darstellung genügt jedenfalls, um das Grundthema zu beleuchten, das uns hier beschäftigt. Gewiß, ein pragmatischer Geist könnte sagen, daß weder die Ehre noch die Interessen der demokratischen Nationen in der Polenaffäre wirklich betroffen waren. 1938 hatten die Demokratien einen Vertrag mit der Tschechoslowakei und ließen Hitler trotzdem in das Land einmarschieren, womit sie ihr Wort brachen und sich ihr eigenes Schicksal bereiteten. Kein Vertrag dagegen band uns 1981 an Polen, dessen Unterworfensein unter die Sowjetunion durchaus nichts Neues war und nur wiederhergestellt oder konsolidiert wurde, noch dazu im Gewande einer innenpolitischen Maßnahme. So moralisch berechtigt die Erregung in der westlichen Öffentlichkeit über das unglückliche Schicksal Polens sein mochte, war es vielleicht ein Gebot der Staatsräson, den Kompromiß zu respektieren, der nun einmal vorlag in der Schlußakte von Helsinki und weiter in der Vergangenheit in den Vereinbarungen von Jalta – und sei es in deren phantasievoller Interpretation, weil es nun einmal nichts schwerer zu Widerlegendes gibt als allgemein geglaubte Fabeln. Auf diesem Denkwege fortschreitend, gelangte man folgerichtig dazu, die Wirtschaftsbeziehungen und die strategischen Verhandlungen nicht mit der Begründung unterbrechen zu dürfen, die Sowjets hätten im Osten einen Status quo verletzt, den wir in Wirklichkeit stets hingenommen haben. Denn welcher aufgeklärte Mensch im Westen hätte jemals an die Wiederherstellung der Menschenrechte und Grundfreiheiten in den kommunistischen Ländern nach Helsinki geglaubt? Da wir wußten, daß der Sozialismus mit den Grundrechten und der Befriedigung der elementarsten materiellen Bedürfnisse unvereinbar ist, konnten wir weitere Aufstände im Sowjetimperium voraussehen. Es hat welche gegeben und wird sie geben; tun wir also nicht jedesmal überrascht, wenn sie Wirklichkeit werden. Das gehört zu den Sachverhalten, die wir sehr wider Willen als Ergebnis des Kriegsendes hingenommen haben. Vor diesem Hintergrund müssen wir nun einmal unsere Sicherheit und einen Modus vivendi mit der kommunistischen Supermacht finden.

Das ist natürlich zunächst einmal die Argumentation der berufsmäßigen oder ehrenamtlichen Fürsprecher der Sowjetunion im Westen, aber auch, was sehr viel wichtiger ist, einer Mehrheit in der Sozialistischen Internationale und zugleich der Nationalkonservativen, an ihrer Spitze die französischen Erben des Gaullismus*.

---

* In *Le Monde* vom 13. Februar 1982 stand auf der ersten Seite ein Artikel von Maurice Couve de Murville, dem Außenminister und späteren Premier unter General de Gaulle. Der Titel lautete: »Wirtschaftspolitik und nationale Würde.« Da sich die westliche Welt zu dieser Zeit in der Auseinandersetzung um den Bau der sowjetischen Erdgasleitung und die damit drohende Abhängigkeit von der UdSSR befand, konnte man diesen Titel auf den ersten Blick für die zusammenfassende Überschrift zu einem Artikel über die Vorteile und Gefahren des sowjetisch-französischen Gaslieferungsvertrages halten. Weit gefehlt! Das Ereignis, das die Besorgnis, den Zorn und die warnende Stimme des greisen Staatsmannes geweckt hatte, war ein informelles Treffen, zu dem die *International Herald Tribune* in Paris einige amerikanische Geschäftsleute und Mitglieder der französischen Regierung geladen hatte, um über die Möglichkeiten für eine Intensivierung der Wirtschaftsbeziehungen zwischen den USA und Frankreich, vor allem die Investitionschancen für amerikanisches Kapital in der französischen Industrie diskutieren zu lassen. Wenn französi-

Ob politisch, ideologisch, ökonomisch, strategisch oder historisch – die Steine dieses dialektischen Baukastens haben etwas gemeinsam: Sie passen zur Darstellungsweise, wie sie die Sowjetunion bevorzugt und die sie akzeptiert sehen möchte. In der Praxis läßt sich dieser Code in zwei Gebote zusammenfassen: Wir dürfen der UdSSR die westlichen Lieferungen, die zur Stärkung ihrer Macht beitragen, nicht vorenthalten. Wir dürfen sie auch nicht bedrängen, und sei es noch so vorsichtig, wenn systemimmanente Krisen oder sogar ein fehlgeschlagenes expansionistisches Abenteuer wie der Krieg in Afghanistan sie verwundbar machen. Zu diesen beiden Geboten kommt ein drittes: Unsere Zurückhaltung bedarf keiner Gegenleistung, der Westen darf für seine Diskretion keine vergleichbare Diskretion von seiten der Sowjetunion verlangen.

Ich werte nicht. Ich sage nicht, diese Politik sei gut oder schlecht. Außerdem: gut oder schlecht für wen? Ich will nicht davon überzeugen, sie müsse geändert werden. Ich beschreibe sie. Dieses Buch ist keine Predigt. Ich will konstatieren und nicht bekehren. Zum Konstatieren gehört allerdings, daß man sich die Früchte einer solchen Politik, wenn sie denn fruchtbar sein sollte, anschaut und festzustellen versucht, wer den größeren Teil der Ernte in seine Scheuern fährt.

sche Kapitalisten, vom Staat nachdrücklich dazu ermuntert, der Sowjetunion Kredite zu Vorzugszinsen einräumen und ihr Ausrüstungsgüter mit höchst entgegenkommenden Zahlungszielen liefern, wofür wir dann als Gegenleistung Beleidigungen einhandeln, ist die »nationale Würde« niemals gefährdet. Doch wenn amerikanische Kapitalisten Investitionen auf eigenes Risiko zu Marktbedingungen erwägen, so verstößt das gegen die Ehre der Nation.

7. *Der territoriale Imperativ*

Die Uneinigkeit des Westens angesichts des Einmarschs in Afghanistan oder der Wiederherstellung der totalitären Ordnung in Polen zu beobachten ist auch deshalb interessant, weil die Aufmerksamkeit auf einen Grundsatz der Sowjetmacht gelenkt wird, der nur allzuleicht in Vergessenheit gerät, wahrscheinlich, weil er zu einfach, zu archaisch und zu offenkundig ist. Es ist der Grundsatz der Inbesitznahme des Bodens. Er gilt für alle kommunistischen Regime, für Vietnam, Kuba, China und natürlich für das expansionistischste: das Sowjetregime. Das Geheimnis des kommunistischen Imperialismus ist, daß er ein territorialer Imperialismus geblieben ist.

Während die politischen Schöngeister im Westen unermüdlich und ohne je übereinzustimmen über die hinterhältigsten Formen des Neokolonialismus und des indirekten Expansionismus diskurrieren und diskutieren, über die Raffinessen des Wirtschaftsimperialismus und der kulturellen Versklavung, über die Ausbreitung der Multis zum dumpfen Klirren von Legionen Nestlé-Milchdosen oder Toyota-Kleinlastwagen, haben die Sowjets längst ihr Imperium nach Großväterart aufgebaut und bauen weiter daran. Ihr Verfahren ist viel sicherer und altbewährt: die direkte Aneignung. Sie wissen nur allzu genau, daß ein Territorium einem erst wirklich gehört, wenn man es politisch und militärisch kontrolliert und die Völkergemeinschaft nach Möglichkeit dazu gebracht worden ist, einem die Autorität und den Besitztitel als legitim zuzuerkennen, einem selber oder einem souveränen Staat, der theoretisch selbständig, praktisch jedoch von einem ganz abhängig ist.

Wenige Historiker, die von den »zwei Imperialismen« sprechen, weisen dabei auf die Tatsache hin, daß diese beiden Imperialismen sich seit 1945 in völlig entgegengesetzter Richtung bewegt haben. Seit dem Zweiten Weltkrieg haben die einstigen Kolonialgroßmächte, die jetzt den größten Teil der kapitalistischen Welt bilden, freiwillig oder gezwungen die Gebiete geräumt, die sie in den Jahrhunderten zuvor annektiert hatten. Nach Spanien, das seine riesigen Kolonien in

Amerika schon lange verloren hat, haben nacheinander Großbritannien, die Niederlande, Frankreich, Belgien, Portugal in ihren ehemaligen überseeischen Besitzungen eine große Anzahl von unabhängigen Nationen entstehen lassen. Diese Entkolonisierung ist in manchen Fällen klug und zügig durchgeführt worden, in anderen langsam und töricht, um den Preis tragischer Massenmorde, doch sie hat schließlich stattgefunden, überall. Die Feststellung ist durchaus bemerkenswert, daß die Kolonialmächte, die sich der allgemeinen Entwicklung entgegenzustellen versuchten, bei den anderen kapitalistischen Ländern auf Mißbilligung stießen, in ihren eigenen Bündnissystemen isoliert dastanden und nachgeben mußten. Das wirkliche Maß an Unabhängigkeit vieler junger Staaten in der Dritten Welt von heute – das ist ein weites Feld. Jedenfalls ist die Tatsache, daß jede einigermaßen plausibel zum Leben als Nation berufene Menschengruppe mit ihrem Streben Erfolg gehabt hat, für die Nachkriegszeit bezeichnend.

Ausgerechnet zu einer Zeit, da die territoriale Annektionspolitik, die man einst als die legitime Folge militärischer Überlegenheit ansah, dem Selbstbestimmungsrecht der Völker und dem Nationalitätenprinzip gewichen ist, hat sich einzig und allein die Sowjetunion durch militärische Eroberung vergrößert. Von 1940 bis 1980, in der Epoche der Entkolonialisierung, während die alten Reiche binnen weniger Jahre die Territorien, die sie im Laufe etlicher Jahrhunderte unter ihre Herrschaft gebracht hatten, zurückgaben oder in die Unabhängigkeit entließen, eignete sich die Sowjetunion mit List und Gewalt zahlreiche fremde Gebiete an.

Ich hätte Skrupel, den Leser mit einer Aufzählung zu langweilen, die er in den Lexika und Geschichtsbüchern finden kann, wenn nicht gerade Lexika und Geschichtsbücher als getreues Spiegelbild der kulturellen »Finnlandisierung« Europas zumeist verschämt über die großartigen Erfolge des sowjetischen Expansionsdranges hinweggingen. Mit welchem Recht hat die UdSSR zum Beispiel nach dem Kriege die Länder behalten, die ihr Hitler 1939 im Deutsch-Sowjetischen Vertrag als Preis für ihre Neutralität zu nehmen erlaubt hatte? Das gilt für die baltischen Staaten, Ostpolen, Südfinnland und einen Teil von Rumänien (Bessarabien und die Südbukowina). Ich gebe zu, daß Deutschland den Hitler-Stalin-Pakt einseitig gebrochen hat und in die Sowjetunion einmarschiert ist, der, man muß es wohl noch einmal sagen, nichts lieber gewesen wäre, als das lohnende Zusammenspiel mit den Nationalsozialisten fortzusetzen. Gegen seinen Willen und zu seinem größten Bedauern blieb Moskau keine andere Wahl, als ins andere Lager zu wechseln bzw. sich von Hitler dorthin treiben zu lassen. War das für die Demokratien ein Grund, nicht zu überprüfen, was Hitler Stalin gewährt hatte? Gewiß, daß die Sowjetunion auf seiten der Alliierten am zweiten Teil des Krieges teilgenommen hatte, gab ihr das Recht, wie die anderen Sieger ihr Staatsgebiet ungeschmälert wiederzubekommen, aber doch wohl nicht – und zwar als einzige – sich auf Kosten anderer leidgeprüfter Länder zu vergrößern, vor allem aber, die Früchte ihrer Zusammenarbeit mit dem Nationalsozialismus zu behalten. Trotzdem überließen die Alliierten ihr nicht nur diese unrechtmäßig erworbenen Früchte, sondern gaben ihr noch einen Teil von Ostpreußen, das zur Tschechoslowakei gehörige Ruthenien, die Kurilen-Inseln und den Südteil der Insel Sachalin dazu. Keine Volksbefragung, keine Abstimmung, kein Plebiszit, nichts wurde organisiert oder auch nur erwogen, um allen diesen Polen, Litauern, Esten, Letten, Rumänen, Slowaken, Deutschen und anderen Volksgruppenangehörigen die Möglichkeit zu geben, zu sagen, ob sie sozialistische Staatsbürger zu werden wünschten oder nicht. Die Alliierten verschlossen ihre trockenen Augen vor diesen Annektionen: eine bestürzende Anwendung der Grundsätze, um derentwillen sie den Nationalsozialismus vernichtet hatten. Diese schlichten Einverleibungen ins sowjetische Hoheitsgebiet, diese Praktiken aus der Zeit des seit zweihundert Jahren überwundenen Europas der Fürsten, standen in krassem Widerspruch zu den Sitten der neuen Zeit, und doch waren sie nur eine Art erster Welle und betrafen nur eine erste Zone annektierter Länder.

Die zweite Welle brachte die Schaffung der zweiten Zone des Imperiums: die der Satelliten. Verfahren und Ablauf der Unterwerfung Ost- und Mitteleuropas sind zu bekannt, als daß ich sie hier beschreiben müßte. Das Rezept bei dieser Kolonisierung ist die Schaffung der Fassade eines scheinbar unabhängigen Staates, eines Staates, der von ergebenen Bürgern des Landes, gleichsam Provinzgouverneuren, verwaltet wird, die sich höchstens ein paar harmlose Variationen des von Moskau vorgegebenen Themas erlauben dürfen, solange sie sich nicht am Wesentlichen vergreifen. Die Demokratien haben der Sowjetunion in der Praxis sehr bald das Recht eingeräumt, gegen Aufstände und Unabhängigkeitsbestrebungen in den europäischen Satellitenstaaten mit Gewalt vorzugehen, das heißt, sie haben sich sehr bald damit abgefunden, diese Länder als Anhängsel des Sowjetterritoriums anzusehen, und diese De-facto-Anerkennung wurde 1975 durch die Schlußakte von Helsinki zum Rechtstitel.

Die dritte Welle und Zone der sowjetischen territorialen Inbesitznahme betrifft weiter entfernte Länder, die seit 1960 annektiert oder unter Kontrolle genommen wurden. Etliche dieser Länder sind echte Satelliten, zum Beispiel Kuba, Vietnam und Jemen, genauer: der Südjemen, der schon 1982 mit der Destabilisierung des Nordjemen begann, denn ein Aufhören kennt das sowjetische Vordringen nicht. Es ist die Frucht harter, täglicher Bemühung. Es folgten die Satelliten in Afrika: Angola, Mosambik, Äthiopien, Madagaskar, Benin, Guinea und andere, kleinere Beuteländer, die häufig von Söldnern aus anderen Satellitenstaaten, von Kubanern und Ostdeutschen kolonisiert wurden. Das sind weniger sichere Protektorate, bei denen es zu Rückschlägen kommen kann; man denke an das ehemals spanische Äquatorialguinea und den Sturz des Diktators Macias, dem es mit Hilfe sowjetischer Berater gelungen war, in wenigen Jahren ein reichliches Drittel der Bevölkerung umzubringen oder aus dem Land zu treiben. Doch bei aller Unsicherheit muß man diese fernen Protektorate doch als Satelliten ansehen, weil politische Macht, Armee, Polizei, Verkehrswesen und Diplomatie in den Händen der Sowjets oder von Sowjetagenten sind. Um das eigentliche Thema nicht zu verlassen, behandle ich in diesem Kapitel nur die von der Sowjetunion und ihren Vertrauensleuten direkt besetzten, geführten, kontrollierten Gebiete; in anderem Zusammenhang wird zu sprechen sein von den unverhohlen »unter sowjetischem Einfluß« befindlichen Ländern wie Algerien oder Libyen und den angeblich »blockfreien« Staaten, die sich mit einem Beiwort schmücken, das für die meisten von ihnen und im Grunde für die ganze gleichnamige Bewegung längst trügerisch und betrügerisch geworden ist.

Jedes Land ist in der langfristigen Perspektive der Sowjetunion ein Kandidat für den Übergang in die nächsthöhere Kategorie, für die Beförderung vom »blockfreien« Land zum Protektorat und irgendwann weiter zum fest angeketteten Satelliten. Die Sowjetführer zeigen damit ebenso deutlich wie geduldig, daß für sie der einzige ernstzunehmende Imperialismus auf der Besetzung des Gebiets und auf der physischen Präsenz beruht. Können sie ein Territorium nicht annektieren, so wählen sie die der Annexion am nächsten kommende Lösung: Sie setzen eine ihnen ergebene Regierung ein, die ihre bewährten Methoden zur Erringung des Machtmonopols anwendet, indem sie nach und nach alle nichtkommunistischen Parteien verdrängt. So sind seit 1980 die Sandinisten in Nikaragua vorgegangen, wo unter dem festen Zugriff von in Kuba ausgebildeten Führern genau der Vorgang abläuft, wie er sich in Mitteleuropa nach dem Kriege abgespielt hat. Zur Vorbereitung der Satellitisierung schließt die UdSSR Freundschaftsverträge, schickt Militärberater, läßt sich Militärstützpunkte und Fischereirechte einräumen, ohne dabei zu versäumen, sich nach den überholten, aber lohnenden Normen kolonialer Ausbeutung zynisch zu bereichern: Vor Angola haben die sowjetischen Fangschiffe die Gewässer leergefischt und den Meeresboden beschädigt, indem sie rücksichtslos eine überall sonst verpönte Saugtechnik anwendeten, bei der Fauna und Flora zerstört werden; die Angolaner, denen jede Überwachungsmöglichkeit abgeht und die ohnehin keine Regierung haben, der die angolanischen Interessen am Herzen liegen, haben sich dem nicht widersetzt. Die Raffinessen des »unsichtbaren«, indirekten oder »verborgenen« Imperialismus, der »Beherrschungseffekt«, das »Abhängigmachen« sind Spielereien für die Kapitalisten; die Sowjets halten sich lieber an die sichere, echte Präsenz und die direkte oder prokonsularische Verwaltung. Im übrigen denken und handeln alle kommunistischen Regime so. Kaum gegründet und konsolidiert, hat sich das kommunistische China ohne langes Abwarten daran gemacht, Tibet zu besetzen, zu annektieren und zu zerstören. Kaum unabhängig geworden, jedenfalls dem Namen nach, ist das kommunistische Vietnam über Kambodscha hergefallen und hat Laos unterworfen. Die kommunistischen Führer wissen nur zu genau, daß immer ein grundsätzlicher Unterschied bleibt zwischen irgendwelchen »Herrschaftsbeziehungen«, die sich ständig wandeln können, und auf der Karte klar umgrenzten Besitzungen, die niemand mehr zu ändern wagen darf, wenn er nicht als Störenfried der internationalen Ordnung dastehen will.

Tatsächlich ist der überwiegend territoriale Charakter des Sowjetimperialismus eines der Geheimnisse seiner Unwiderruflichkeit. Bündnisse zwischen unabhängigen Staaten können jederzeit geändert oder aufgehoben werden: de Gaulle hat Frankreich aus dem integrierten Oberkommando des Atlantikpakts herausgenommen; die Bundesrepublik Deutschland hat seit 1975 immer wieder neutralistische Neigungen erkennen lassen, so daß sie sich vielleicht von der Sowjetdiplomatie eines Tages aus dem westlichen Lager herausführen lassen wird. Moskau hat selber, als Nassers Nachfolger die sowjetischen Berater aus Ägypten auswies, die Erfahrung gemacht, daß man ein Land nicht wirklich in der Hand hat, solange dort nicht ein kommunistisches Regime installiert ist, das aus der Gußform für die echten Satelliten stammt. Das Argument, die Abschiebung der sowjetischen Berater aus Ägypten sei ja gerade ein Beweis, daß die UdSSR auch einmal Positionen zu räumen wisse, läßt die Tatsache außer acht, daß Ägypten niemals ein wirklicher Satellitenstaat geworden war. Für die Sowjets ist dieser Vorfall im Gegenteil ein Beweis, daß man mit nichts sicher rechnen kann, solange man sich auf Halbheiten einläßt, anstatt in den Kolonien Kommunisten an die Macht zu bringen, die bei Schwierigkeiten die »brüderliche Hilfe« der Sowjetunion oder einer ihrer Filialen anfordern. Die Sowjetführer sind durchaus davon überzeugt – und gar nichts deutet auf das Gegenteil hin –, daß jede geteilte Macht eine bedrohte Macht bleibt, im Innern und nach außen. Deshalb schaffen sie es zumeist recht gut, überall, wo sie Zugang finden, das Machtmonopol zu erobern und es hinter der Fiktion eines scheinbar souveränen Staates zu verstecken.

Der Wirtschaftsimperialismus allein ist durchaus nicht so irreversibel wie ein Imperium, das Territorien besetzt und in völkerrechtlichen Vorgängen absegnen läßt. Zunächst einmal, das wissen die Männer in Moskau sehr wohl, muß man die kommunistische Propaganda alles »Imperialismus« nennen lassen, was oft nichts weiter als das normale Wirtschaftsleben nach den Gesetzen des Marktes ist. Sodann sorgen gerade diese Gesetze des Marktes im Wechselspiel von Effizienz, Produktivität und Innovation dafür, daß die beherrschenden Positionen ständig wechseln, von Großbritannien zu den Vereinigten Staaten, von Deutschland zu Japan, von Japan zu Südkorea, von den Industrieländern zu den erdölexportierenden Staaten und so weiter. Die Sowjetführer mögen so etwas gar nicht: Sie lieben das Beständige, das Dauerhafte. Und schließlich ist gerade deswegen der Wirtschaftsimperialismus, der ja nur ein Teil des Imperialismus ist, nie so bequem wie in den geschützten Gebieten der Satellitenstaaten. Vergessen wir nicht, daß die Sowjetunion diejenige Großmacht ist, die der Dritten Welt die geringste Wirtschaftshilfe leistet und im Gegenteil jedes Land dieser Dritten Welt, das in ihren Machtbereich gerät, rücksichtslos ausbeutet. Das nach Kuba fließende russische Geld ist keine Wirtschaftshilfe, sondern ein Söldnerlohn, der sicherlich hoch ist, aber der Ausbeutung nicht im Wege steht, im Gegenteil: Es handelt sich dabei um eine Kolonialbeziehung alter Art, bei der die Kolonie Kanonenfutter liefert, Sklaven für die Arbeit in der Sowjetunion und ein paar Rohstoffe; dafür gibt es Geld, das der dünnen Schicht von Prokonsuln, Gouverneuren, Verwaltern und Polizisten einen hohen Lebensstandard sichert.

Der Primat der territorialen Besitzergreifung erklärt die immer gleiche Form der Inszenierungen, mit denen die Sowjets ihren Herrschaftsbereich geduldig erweitern. Da diese Inszenierungen tadellos einstudiert sind und bei jeder Aufführung die vor Schreck versteinerten westlichen Länder immer wieder überraschen, gibt es keinen Grund, etwas wirklich Neues einzustudieren. Es ist höchst instruktiv festzustellen, daß das geradezu beleidigend grob gewebte Netz der Vorwände für die Besetzung Afghanistans Ende 1979 genau das gleiche war wie schon bei der Annexion von Georgien anno 1921! Georgien war immerhin eine der drei von Moskau zunächst unabhängigen transkaukasischen Republiken. Freie Wahlen hatten dort am 26. Mai 1918 dem Block der Bolschewiken lächerlich wenige Stimmen gebracht[*]. Wie in Afghanistan achtundfünfzig Jahre später riefen von Moskau gelenkte Marionetten die Rote Armee zu Hilfe. Georgien wurde überfallen, besetzt und annektiert. Wie später in Afghanistan bot eine nationale Widerstandsbewegung der Besatzungmacht höchst eindrucksvoll die Stirn. 1924 gelang es den Aufständischen, halb Georgien zu befreien, doch die Rote Armee machte ihrem Namen Ehre und schlug die Bewegung blutig nieder, wobei sie starke Luftstreitkräfte und Panzerverbände einsetzen mußte. Wie später im Falle Afghanistans beschränkte sich der »entrüstete« Westen darauf, »die Vorgänge in diesem Teil der Welt aufmerksam zu verfolgen, um alle sich bietenden Gelegenheiten zu nutzen, auf friedlichem Wege und unter Einhaltung der Regeln des Völ-

---

[*] Sozialdemokratische Menschewiken: 640 231 Stimmen; Armenische Nationalisten: 73 654; Georgische Nationalisten: 51 427; Moslempartei: 47 808; Revolutionäre Sozialisten: 40 196; Bolschewiken: 24 513; Kadetten: 14 475.

kerrechts diesem Land wieder zu einer normalen Situation zu verhelfen«*. Man glaubt das Kommuniqué zu lesen, das der französische Staatspräsident und der deutsche Bundeskanzler im Januar 1980 zustande brachten.

Georgien war das erste gewaltsam annektierte Land, die Äußere Mongolei dagegen hatte im selben Jahr 1921 die Ehre, der erste sowjetische *Satellit* zu werden, und zwar wurde dabei eine Methode angewendet, die sich gleich beim erstenmal so perfekt handhaben ließ, daß sie seither noch oft völlig unverändert benutzt worden ist und sich noch heute in Nikaragua bewährt. 1921 gab es in der Äußeren Mongolei 164 Kommunisten (nachzulesen in der Sowjetischen Enzyklopädie von 1931) und 99 Mitglieder der kommunistischen Jugendorganisation. Das war wirklich nicht viel, doch es genügte der Kommunistischen Partei, um den anderen Parteien, die das kleine und mittlere Bauerntum vertraten, man höre und staune, den Vorschlag zur Bildung einer Nationalen Front zu machen, um gegen die »chinesische Herrschaft« zu kämpfen. Als diese Front geschaffen ist und sich zu einer provisorischen Regierung gemausert hat, übernehmen die Kommunisten sogleich die Schalthebel, so wie sie es viel später in Ungarn und Nikaragua tun, und drängen alle ihre bisherigen Verbündeten hinaus, die plötzlich als Konterrevolutionäre entlarvt und hier in der Mongolei mit dem eindrucksvollen Schmähwort »feudaltheokratische Elemente« belegt werden. Darauf mußte man erst einmal kommen und es dann nicht mehr vergessen**. Jetzt galt es nur noch eine kleine »Nationale Befreiungsarmee« zu schaffen und um die »brüderliche Hilfe« der Roten Armee bitten zu lassen, die sich wie üblich nicht lange bitten ließ und ihre Pflicht tat. Am 13. Juni 1924 wurde die Mongolische Volksrepublik ausgerufen und unverzüglich durch unzählige »Freundschaftsverträge« über gegenseitige Kultur-, Wirtschafts- und Militärhilfe und was weiß ich an die Sowjetunion gebunden.

Nach dem Eingreifen der Roten Armee in Prag 1968 und der »Nor-

---

* Entschließung des Völkerbundes vom 24. September 1924.
** Es wurde auch nicht vergessen, denn noch nach dem Zweiten Weltkrieg blieb die Revolutionäre Mongolische Volkspartei dem Stil des politischen Schmierentheaters treu, den die hölzerne kommunistische Funktionärssprache so liebt, indem sie bei jedem Parteikongreß in ihren Entschließungen unermüdlich als Ziel die »Liquidation der Spuren des Feudalismus« propagierte.

malisierung« in der Tschechoslowakei, worin ein großer Teil der Linken im Westen eine Weigerung der Sowjetunion erblickte, den »Sozialismus mit menschlichem Antlitz« anzuerkennen, also so etwas wie einen Ideenstreit um verschiedene Auffassungen vom Sozialismus, hielten sich die alten, erfahrenen Kominterngenossen an das, worauf es ankam: die Zurückgewinnung eines wichtigen Territoriums. Einer von ihnen, Laurent Casanova, unerschütterlich in seiner Überzeugung, obwohl längst in Ungnade gefallen, erwiderte Philippe Robrieux, der ihm gegenüber das russische Vorgehen in Prag verurteilte: »Du hast keine Ahnung. Es kommt doch darauf an, das böhmische Viereck zu halten, wenn man Europa halten will.« Derselbe Autor hat die folgenden Äußerungen hochrangiger französischer Kommunisten überliefert: »Die sowjetischen Genossen sind dabei, sich eine Flotte und Interventionsmöglichkeiten, einschließlich Marineinfanterie, zu schaffen, um überall eingreifen zu können... Sie werden auf allen Meeren kreuzen, jeden Punkt der Erde erreichen können.«* Die einzige Konzeption des Sozialismus, die noch bleibt, nachdem er als Vorbild gescheitert ist, ist die Quadratkilometer-, die Grundbuchkonzeption. Der ideologische Kampf dient nur dazu, den Widerstand zu unterminieren, der sich der Ausdehnung der Territorialherrschaft entgegenstellt. Nur durch das Streben nach einer allmählichen Unterwerfung der Golfregion, wo reiche und arme Länder einen erheblichen Teil ihres Energiebedarfs decken müssen, bekommen der Einmarsch in Afghanistan, die Aufrichtung eines prosowjetischen Regimes im Jemen und – in der Erwartung, daß die wahnsinnige Machtausübung der religiösen Fanatiker zusammenbricht – die diskrete Tätigkeit der kommunistischen Tudeh-Partei im Iran ihren Sinn. Die westlichen Staatsmänner, die sich Ende der siebziger Jahre aus intellektueller Bequemlichkeit oder Angst vor dem Handelnmüssen geweigert haben, in diesen verschiedenen Vorgängen die einander ergänzenden Teile eines umfassenden, langfristigen Plans zu sehen, werden mit schwerer Schuld beladen vor unseren Nachkommen dastehen.

Der Territorialimperialismus hat zwei Hauptvorteile:

Zum einen läßt er sich nicht bekämpfen, ohne daß die Regierungen, die ihn bekämpfen, theoretisch als Aggressoren dastehen, die

---

* Philippe Robrieux, Histoire intérieure du Parti communiste. Paris 1982.

gegen das Völkerrecht verstoßen. Jedermann weiß, daß die diversen kommunistischen Potentaten, die von den Sowjets seit 1978 in Kabul inthronisiert worden sind und sich entweder eifrig gegenseitig umgebracht haben oder von den Sowjets selber wieder beseitigt worden sind, Handlanger des Auslands sind. Doch in der Praxis sind sie, auch wenn sich die Demokratien jedenfalls vorläufig weigern, diese Regierungen anzuerkennen, dennoch die Regierungschefs des Landes; man kann sie nicht angreifen, kann den Widerstandskämpfern keine Truppen zu Hilfe schicken, ohne offiziell gegen sie Krieg zu führen. Und ein solcher Schritt ist unmöglich in der derzeitigen Situation, schon allemal für die Demokratien, es sei denn, sie würden von der örtlichen Macht zum Beistand aufgefordert, was normalerweise ein der UdSSR vorbehaltenes Privileg ist. Jedermann weiß auch, und zwar im selben Augenblick, da sie sich konstituiert, daß die Regierung des Generals Jaruzelski ebensowenig die von der Mehrheit der Polen gewünschte Regierung ist, wie es die der Herren Kania oder Gierek gewesen ist und, um es klar zu sagen, jemals eine kommunistische Regierung war, ist oder sein wird. Jedermann weiß, daß die Machthaber in Warschau nur die Vertreter der sowjetischen Besatzungsmacht sind, daß ihre Macht nur auf der Gewalt beruht und freie Wahlen den Kommunismus aus Polen hinausfegen würden wie aus jedem anderen kommunistischen Land und jedem Land, das den Kommunismus ein paar Jahre lang erlebt hat. Doch das ändert nichts daran, daß die kommunistische Macht in Warschau wie in allen anderen Satelliten auf dem Papier der legitime, souveräne polnische Staat ist, theoretisch mit der UdSSR aus freiem Entschluß verbündet; sie anzugreifen, um die Polen von der Tyrannei zu befreien, hieße einen kriegerischen Akt gegen eine unabhängige Nation und ihren großen Verbündeten begehen. Kurz, wer sich über das Elend und die Unterdrückung im Osten entrüstet, gefährdet die internationale Ordnung; wer sich dagegen über das Elend und die Unterdrückung in einem Land unter westlichem Einfluß entrüstet, in Lateinamerika zum Beispiel, setzt sich für die Sache des Fortschritts ein. Wiederum sind die Spielregeln so beschaffen, daß der Kommunismus nicht verlieren kann, weil man von ihm keinerlei demokratische Legitimierung verlangt. Und die Demokratien können nicht gewinnen, weil sie ihre Interessen nicht verteidigen dürfen, solange nicht alle Bedingungen der höchsten demokratischen Moral erfüllt sind. Mit anderen Worten: Die Völkergemeinschaft ist sich darin einig, daß Ostdeutschland oder Ungarn oder Kuba im territorialen, grundbuchmäßigen Sinne des Begriffs *Eigentum* der Sowjetunion sind, doch man erkennt nicht an und kann ja auch tatsächlich nicht anerkennen, daß Marokko oder Guatemala »Eigentum« der Vereinigten Staaten wären. So steht es den Kommunisten frei, Guerrillakämpfer gegen die Regierungen von Marokko oder Guatemala zu unterstützen, die gewiß in den Augen eines jeden Demokraten höchst zweifelhafte Regierungen sind, ohne gegen die Völkerordnung zu verstoßen, während die westlichen Staaten nicht das Recht haben, Guerrillabewegungen zu helfen gegen nach demokratischen Vorstellungen noch weniger legitime Regierungen wie die von Polen oder der Tschechoslowakei, ohne daß dies zum Kriege zwischen Staaten und zwischen Ost und West führen würde. Diese letzte Hypothese ist natürlich ohnehin ein reines Phantasieprodukt. Denn so leicht es der Sowjetunion gemacht wird, in jedem beliebigen westlichen Land Unruhen zu schaffen und zu schüren, indem sie eine Handvoll entschlossener Fanatiker steuert, ist es für eine westliche Macht gänzlich ausgeschlossen, das gleiche in einem Ostblockstaat zu tun, selbst wenn Dreiviertel der Bevölkerung auf ihrer Seite stehen. Die totalitären Staaten wissen, wie man sich dagegen wehrt. Hier wie auf vielen anderen Feldern macht die territoriale Legitimität das Sowjetimperium stark und unangreifbar. Dieser Imperialismus ist nicht irreversibel, weil er unbesiegbar wäre, sondern weil er sich völkerrechtlich zu legitimieren weiß (jede de facto bestehende Macht wird ja irgendwann anerkannt), womit den Demokratien die Hände gebunden sind. Deshalb war es den Sowjets ja auch so wichtig, »die in Europa in der Folge des Zweiten Weltkriegs eingetretenen Gebietsveränderungen als gegeben anerkannt zu sehen«, um es mit Leonid Breschnews Worten in seinem Rechenschaftsbericht vor dem XXIV. Kongreß der KPdSU im Jahre 1971 zu sagen. Diese Anerkennung wurde dann von den Westmächten 1975 tatsächlich als »gegeben« hingenommen, als sie die Schlußakte von Helsinki unterzeichneten und den Sowjets damit ein fürstliches Geschenk machten, ohne als Gegenleistung mehr als schöne Worte zu verlangen. Dabei weiß man ja, daß für Leute von Ehre »Wort« gleichbedeutend mit Versprechen ist, während für die Kommunisten Versprechen gleichbedeutend mit bloßem »Wort« ist.

Der zweite Vorteil des Territorialimperialismus liegt darin, daß ihn die eigenen Erfolge verjüngen, stärken und rechtfertigen. Tatsächlich ist das Imperium um so bedrohter, je größer es ist, und es muß sich weiter vergrößern, um neuen Bedrohungen zuvorzukommen. Wenn Sie in Afghanistan einmarschiert sind, sind Sie automatisch durch Pakistan bedroht, mit dem Sie vorher keine Grenze hatten. Man kennt die berühmte »Einkreisungsfurcht« der Sowjetunion, die schönste strategische Farce der Neuzeit. Es liegt auf der Hand, daß mit jeder Ausweitung Ihrer Grenzen die Anzahl der Völker, mit denen Sie Kontakt bekommen, wächst. Entsprechend wächst die Anzahl der möglichen Aggressoren. Am einfachsten läßt sich ein Herd möglicher Aggression neutralisieren, indem man dort ein befreundetes Regime installiert. Doch dieses befreundete Regime ist jetzt zwar keine Bedrohung mehr für Sie, fühlt sich aber von der feindseligen Haltung des Landes bedroht, von dem es Sie trennt. Ihre echte Außengrenze wird denn auch bald die Ihres neuen Freundes, der ja schließlich auch das Recht hat, sich zutiefst unsicher zu fühlen, so daß er um Ihre brüderliche Hilfe nachsuchen muß. Und man darf getrost davon ausgehen, daß seine Bitte nicht ungehört verhallt.

Seien wir logisch: Der einzige Weg, dafür zu sorgen, daß die Grenzen der Sowjetunion nicht mehr bedroht, sondern völlig sicher sind, wäre *die völlige Abschaffung aller sowjetischen Grenzen* oder, anders gesagt, daß sich das Territorium der Sowjetunion über den ganzen Erdball erstreckt. Erst dann wären »Frieden und Sicherheit« für die Menschheit garantiert. Und weil man dafür unbedingt sorgen muß, ist – wiederum laut Leonid Breschnew vor dem XXIV. Kongreß der KPdSU – »der vollständige Sieg des Sozialismus in der Welt unausbleiblich«.

8. *Das einseitige Wettrüsten*

Um das Jahr 1978 haben die Demokratien festgestellt, daß die Sowjetunion sie an militärischer Stärke überholt hatte. Ein knappes Jahrzehnt Entspannung hatte zunächst zu einer Ausdehnung der kommunistischen Territorialherrschaft an allen Enden der Welt geführt und sodann zu einer entscheidenden Schwächung der eigenen Sicherheit der Westmächte selber. Zum erstenmal seit dem Abschluß des Atlantikpakts waren Zweifel angebracht an der Fähigkeit dieser Länder, einen unmittelbaren sowjetischen Angriff auf ihr Staatsgebiet durch Abschreckung zu vermeiden oder mit Waffengewalt zurückzuschlagen, das heißt, Pressionen gegen ihre politische Unabhängigkeit zu widerstehen. Im September 1979 mußte Henry Kissinger, nicht ohne seine eigene Mitverantwortung an dieser paradoxen Entwicklung zu bedauern, unumwunden zugeben, daß sich nur selten in der Geschichte eine Gemeinschaft von Nationen mit so spontaner Beflissenheit in die militärische Unterlegenheit begeben hat. Und zwar, wie ich der Feststellung des Ex-Außenministers hinzufügen möchte, in voller Kenntnis der Sachlage. Denn natürlich gibt es Beispiele genug für Nationen oder Reiche, die sich aus Ahnungslosigkeit oder Hochmut trotz der technischen und taktischen Fortschritte ihrer zukünftigen Gegner auf ihren Lorbeeren ausgeruht haben und eines schönen Tages unerwartet mühelos besiegt worden sind; so haben sich die Demokratien in den Jahren vor dem Zweiten Weltkrieg von der Verstärkung und Ausrüstung der Armee Hitlerdeutschlands überraschen lassen. 1939 war Frankreich überzeugt, die beste Armee der Welt zu haben. Das war offensichtlich ein Irrtum, der logisch in die Niederlage von 1940 führte. Weniger logisch ist es, daß unsere heutigen Demokratien ohne Illusionen und mit offenen Augen eine Verminderung ihrer Verteidigungsfähigkeit hinnehmen gegen einen Feind, der schamhaft als »potentieller Gegner« bezeichnet wird, dabei aber immer anmaßender und zupackender auftritt. Die Demokratien der zweiten Hälfte des 20. Jahrhunderts haben reichlich Zeit und alle notwendigen Informationen gehabt, um den Fortschritt der sowjetischen Rüstung in allen Einzelheiten zu verfolgen. Mehr noch: Die Presse hat in diesem ganzen Zeitraum die Öffentlichkeit so sorgfältig und genau unterrichtet, wie das in weniger informationswütigen Zeiten niemals der Fall gewesen ist. In allen Ländern des demokratischen Lagers haben die großen Zeitungen und Zeitschriften seit dem Beginn der Entspannungsperiode ihre strategischen Beiträge entweder von den besten Spezialisten, die sich von Berufs wegen mit diesen Fragen beschäftigen, oder von höchst sachkundigen Fachjournalisten schreiben lassen, und alle haben diese schwierigen Probleme wieder und wieder in aller Klarheit vor einer breiten Leserschaft dargestellt. Mit Ausnahme der kommunistischen Blätter, die sich an eine den sowjetischen Interessen dienliche Fassung halten, und einiger großer deutscher Zeitschriften, welche die militärische Bedrohung durch die Sowjetunion herunterspielen, weil sie die Entspannung im bilateralen Verhältnis Bundesrepublik – Sowjetunion zu erhalten hoffen, hat die Presse der demokratischen Länder vor allem seit 1975 immer wieder und unparteiischer als zuvor vom Gleichgewicht oder Ungleichgewicht der Kräfte zwischen Ost und West berichtet. Und zwar geschah das trotz des Widerwillens etlicher Presseorgane »neutralistischer« Tradition in Europa und »liberaler« Tradition in den Vereinigten Staaten, die auffallende Betriebsamkeit des kommunistischen Militarismus zur Kenntnis zu nehmen. Da das politische Possenspiel seinen Reiz nie verliert, hört und sieht man natürlich nach wie vor eine bunte Besetzung von Propagandisten und Beeinflussungsagenten in der Arena, deren klassische Repertoirenummer darin besteht zu beweisen, daß die sowjetische Überrüstung entweder eine optische Täuschung oder ein Beweis der Friedensliebe ist, die zaghaften Bemühungen des Westens, einer erwiesenen Unterlegenheit zu steuern, dagegen kriegstreiberische Provokationen sind. Es ist offenbar wirklich so, wie es ein athenischer Redner vor 2300 Jahren seinen Mitbürgern erklärt hat, daß »es von denen, die euch zur Verteidigung raten, heißt, sie drängten zum Kriege«, und daß »unsere Stadt tatsächlich die einzige ist, wo Straflosigkeit denen sicher ist, die im Interesse unserer Feinde sprechen, die einzige auch, wo man sich von diesen ohne jede Gefahr für das, was man sagt, bezahlen lassen kann«. Und derselbe Demosthenes hat in seiner erfolglosen Bemühung, die Athener zum Widerstand gegen das Hegemoniestreben Philipps von Makedonien zu bewegen, mit bestürzender Genauigkeit einige der ewig gleichen Antriebskräfte für das beschrieben, was man als die Psychologie der vorweggenommenen Kapitulation bezeichnen könnte: »Sobald man euch von Philipp spricht, steht einer seiner Gewährsleute unter euch auf und erklärt euch, wie angenehm es ist, in Frieden zu leben, und wie teuer, ein Heer zu unterhalten. ›Man will euch ruinieren!‹ rufen sie. So überreden sie euch, alles auf später zu verschieben, und verschaffen eurem Feind Zeit und Mittel, in aller Ruhe an sein Ziel zu gelangen. Ihr, ihr gewinnt dabei noch eine Weile Ruhe, bis ihr eines Tages erkennen müßt, was euch dieser Aufschub gekostet hat. Sie, sie gewinnen dabei, daß sie euch verführt haben – und dazu den vereinbarten Lohn.«*

Lassen wir für den Augenblick die Frage offen, ob die Umkehrung des militärischen Kräfteverhältnisses unmittelbar auf die Entspannung zurückzuführen ist, oder anders formuliert, ob diese Umkehrung ohne die technologische und ökonomische Hilfe des Westen für die Sowjetunion überhaupt möglich gewesen wäre. Nach Meinung mancher Fachleute wäre die Vergrößerung der sowjetischen Militärmacht seit 1970 auch ohne westliche Hilfe erfolgt, und sei es um den Preis eines noch kläglicheren Lebensstandards der Bevölkerung in der Sowjetunion und den Satellitenstaaten. Einig allerdings sind sich alle Sachkenner darin, daß die Entspannung jedenfalls dazu geführt hat, daß die Wachsamkeit der westlichen Länder eingeschläfert wurde, so daß sie den Ausbau ihrer Verteidigung gebremst oder eingestellt haben, während die Sowjets weitermachten. Vereinfacht gesagt, verband sich mit der Entspannung bei den Amerikanern nach 1970 die Vorstellung, man könne und müsse den erreichten Rüstungsausgleich der beiden Supermächte durch Vertrag einfrieren. Das bedeutete natürlich nicht die völlige Einstellung der Produktion, sondern die Garantie, daß nur eine Erweiterung oder Modernisierung des Arsenals auf der Gegenseite zu entsprechenden Maßnahmen führen würde. Doch diese Verträge haben zu einer spektakulären Kürzung der amerikanischen Militärausgaben geführt, während die Sowjetunion gegen sie verstoßen oder sie umgangen hat, und zwar durch technische Tricks, die eine Perfektionierung der Atomwaffen bei unveränderter Anzahl ermöglichen, durch die Verstär-

---

* Demosthenes: Über die Angelegenheiten der Chersones, §§ 59, 64 und 52–53.

kung von nicht vertraglich geregelten Waffensystemen oder durch die Ablehnung bzw. Vermeidung der vorgesehenen Überprüfung, die ja ohnehin in einem totalitären Imperium auf Hindernisse stößt, die sie weitgehend sinnlos machen. Der Gewinn für die Sowjetunion in diesen zehn Jahren war die Möglichkeit, das zu betreiben, was man treffend das »einseitige Wettrüsten« genannt hat*.

Das Ergebnis dieses sowjetischen Rüstungswettlaufs ohne Konkurrenten kann jeder erkennen, wenn er die folgende schlichte Feststellung zur Kenntnis nimmt: 1970 war die Sowjetunion bei den herkömmlichen, den »konventionellen« Waffen überlegen, der Westen bei den Atomwaffen; seit etwa 1980 ist die Sowjetunion sowohl bei den konventionellen als auch bei den Atomwaffen überlegen.

Einerseits hat sie Anzahl und Qualität der konventionellen Rüstung, insbesondere der Panzer für das Heer, aber auch der Luftwaffe und Kriegsflotte für den nichtnuklearen Einsatz erhöht und damit die Unterlegenheit der NATO-Streitkräfte besiegelt; andererseits ist es den Sowjets gelungen, bei den Atomwaffen vielleicht nicht insgesamt stärker zu werden als der Westen, was bei den Fachleuten umstritten ist (vor zehn Jahren aber von niemandem auch nur erwogen worden wäre), jedoch zumindest so stark, daß sie *die amerikanische Abschreckung neutralisieren* können. Auf jeden Fall gilt dies gegenüber Westeuropa, das um das Jahr 1970 gegen einen etwaigen Überfall durch die Armeen des Warschauer Pakts dank der amerikanischen nuklearen Zweitschlagsfähigkeit geschützt war, gegen die der UdSSR keine mit der dadurch ausgelösten Bedrohung kompatible Waffe zur Verfügung stand. Zehn Jahre später verfügt die Sowjetunion über diese Waffe, die berüchtigten SS-20-Mittelstreckenraketen, die unmittelbar alle überlebenswichtigen Zentren Westeuropas bedrohen und präventiv die dort stehenden Atomwaffen, einschließlich der französischen Force de Frappe, zerstören können, mit der vorläufigen Ausnahme der auf Unterseebooten installierten Waffensysteme. So erklärt sich die wilde Propagandakampagne, die von der Sowjetunion direkt oder durch Mittelsmänner seit 1979 gegen die Modernisierung des Atomwaffenarsenals der NATO geführt wird,

---

* Albert Wohlstetter, Is there a strategic arms race?, in: *Foreign Policy*, 1974, Nr. 15/16.

vor allem gegen die Aufstellung von Pershing-2-Mittelstreckenraketen, die das Gleichgewicht mit der SS 20 herstellen sollen, in Westeuropa. Selbst diese Stationierung kann im übrigen das atomare Ungleichgewicht zwischen Ost und West in Europa nur zum Teil beseitigen, wenn nicht weitere Maßnahmen hinzukommen. Trotzdem wurde die Angelegenheit sofort zur exemplarischen Nagelprobe auf die politische Entschlossenheit Westeuropas gegenüber der Sowjetunion.

Die westliche Sicherheit beruhte seit dem Ende der vierziger Jahre weitgehend auf der amerikanischen nuklearen »Glaubwürdigkeit«. Darunter versteht man zunächst die Überzeugung der Sowjets und der amerikanischen Alliierten, daß die USA nicht zögern würden, bei einer kommunistischen Aggression die Atomwaffe einzusetzen, sodann aber, daß eben deshalb keine kommunistische Aggression stattfinden werde, und das ist der eigentliche Inhalt des Wortes Abschreckung. Als man um das Jahr 1978 bemerkte, daß die nukleare Glaubwürdigkeit der Amerikaner die Entspannung nicht überlebt hatte, beschränkte man sich darauf, festzustellen, was offenkundig geworden war: die Schwächung der Vereinigten Staaten, ihren Rückstand gegenüber dem sowjetischen Atomwaffenpotential. Henry Kissinger zog also nur den unwiderleglichen Schluß aus dem neuen Kräfteverhältnis, als er im September 1979 in Brüssel dazu riet, die Verbündeten der USA sollten ihre Hoffnung nicht länger setzen »auf strategische Garantien, die wir Amerikaner nicht mehr geben können oder die wir, wenn wir sie gäben, nicht einlösen könnten, weil wir die Vernichtung der Zivilisation riskieren würden«. Kissinger war zu dieser Zeit schon längst wieder Privatmann; trotzdem erregte er einen Sturm, der nicht größer hätte sein können, wenn er im Namen der amerikanischen Regierung gesprochen hätte*. Wie begründet diese These ist, mag dahingestellt bleiben; wichtig ist die Feststellung, daß das sowjetische Atomwaffenpotential gar nicht nennenswert größer sein muß als das des Westens, um die Abschreckung ihrer Wirkung zu berauben. Das macht den Streit um die Frage, welche der beiden Supermächte die strategische Überlegenheit über

---

* Henry Kissinger, Die NATO in den nächsten dreißig Jahren. Diese Rede ist in der gesamten Weltpresse wiedergegeben worden, auf deutsch unter anderem in Europa Archiv, 1979, Folge 22.

die andere hat, ja so müßig. Daß überhaupt gestritten wird, beweist allenfalls, daß die beiden Nuklearkapazitäten wieder annähernd gleich sind, was die Kriegsverhütungsfunktion der amerikanischen Abschreckung schon aufhebt.

Hier könnte man einwenden, daß bei nunmehr gegenseitiger Abschreckung das neue Gleichgewicht, die »Parität«, eine im Grunde gesunde Lage schafft, in der keine der beiden Supermächte das Lager der anderen angreifen kann, ohne damit für sich selber ein tödliches Risiko einzugehen. Dieser Einwand ist bezeichnend, weil er auf dem ebenso falschen wie häufig vorgebrachten Postulat einer vollkommenen strategischen und politischen Gleichheit zwischen Ost und West beruht. Tatsächlich *bedeutet die globale Nuklearparität zwischen den USA und der UdSSR die globale Schwächung des demokratischen Lagers* in seiner Gesamtheit gegenüber dem totalitären Lager.

Die Überlegenheit der amerikanischen Atomwaffen war ja der Ausgleich für eine allgemeine Unterlegenheit des westlichen Lagers in allen anderen militärischen Bereichen, und diese Unterlegenheit ist zwischen 1975 und 1980 noch größer geworden, während die amerikanische atomare Überlegenheit abhanden kam oder zumindest die Sicherheitsmarge, auf der die Abschreckung beruhte, nicht mehr da ist. Schon vorher hatte die amerikanische nukleare Abschreckung sich als wirkungslos gegen die imperialistischen Offensiven erwiesen, die von den Sowjets überall auf dem Erdball in Gang gesetzt oder weitergeführt wurden. Eine Artilleriebatterie kann, wenn man keine Gewehre hat, zur Verteidigung gegen eine organisierte Räuberbande dienen; überhaupt nichts nützt sie gegen einen Taschendieb oder kleine, im Gelände verstreute Angreifergruppen. Weder die bestehenden Verträge noch die Größe der Gefahr rechtfertigen es, den Einsatz von Kernwaffen anzudrohen, wenn der Gegner in Afghanistan einmarschiert, Angola und Mosambik von kubanischen und ostdeutschen Soldaten als Kolonie behandeln läßt oder Militärstützpunkte auf Madagaskar errichtet, und schon gar nicht, wenn Länder durch Terrorakte oder Guerrillakrieg destabilisiert werden. Da der Griff nach der Atombombe in allen diesen Fällen ausgeschlossen ist und die Demokratien weder über die erforderlichen konventionellen Streitkräfte noch über die nötige Entschlossenheit verfügten, sich dieser an allen Enden und in allen Formen geübten Penetrationspolitik entgegenzustellen, funktionierte die sowjetische Expansion schon zur Zeit der amerikanischen atomaren Überlegenheit so gut wie risikolos. Der einzige Fall, bei dem eine Drohung mit der Atombombe erfolgte, fällt in den Herbst 1973 während des Kriegs zwischen Ägypten und Israel, als die Sowjetunion warnte, sie werde der eingeschlossenen ägyptischen Armee damit beistehen. Damals handelte es sich um einen erklärten Krieg zwischen zwei Schützlingen der Supermächte. Doch ansonsten vermeidet der kommunistische Imperialismus sehr geschickt jede erklärte Kriegführung zwischen Staaten. Er breitet sich in der Welt aus, indem er sich hinter Revolutionen, Kriegen für die »nationale Befreiung«, Beistandsersuchen »befreundeter Regierungen«, Guerrillabewegungen und »verzweifelten« Terroristen versteckt, die gegen so blutige Despoten wie Giovanni Spadolini oder Felipe Gonzalez kämpfen. Selbst wenn die überforderten, gebeutelten, von Selbstzweifeln geplagten Demokratien die atomare Überlegenheit noch hätten, könnten sie keinen Gebrauch davon machen, weil Kernwaffen auf diese Art von Bedrohung nicht passen. Und es fehlt den Demokratien von jeher und immer mehr an den klassischen Instrumenten, sich solchen Methoden entgegenzustellen, trotz weniger spät beschlossener Operationen wie dem französischen Eingreifen in Zaire 1979, als es galt, einen von den aus Angola gekommenen Kubanern organisierten Angriff aus Katanga zurückzuschlagen. Im allgemeinen werden solche Maßnahmen von der öffentlichen Meinung, den Medien und den Oppositionsparteien im Westen scharf abgelehnt. Kurz, die militärische Dynamik der Sowjets findet überall in der Welt ein fast unbegrenztes Betätigungsfeld, weil die Demokratien auf so gut wie jeder Ebene von Intervention und der Reaktion darauf mit Abwesenheit glänzen. Zudem fehlt es ihnen gegenüber dieser weltweiten Mobilisierung an jeglicher Koordination; für gewöhnlich bleibt es dabei, daß sie sich nach jeder Schlappe streiten, wie man den Sachverhalt überhaupt beurteilen soll.

Auch im Hinblick auf die eigenen Hoheitsgebiete dieser Demokratien, vor allem auf Europa im Rahmen des Atlantikpakts, hat die radikale Veränderung der Bedrohung dieser Länder keine grundsätzliche Anpassung der Vorstellungen an die neue Situation gebracht. Die Wiederherstellung der europäischen Verteidigungsfähigkeit seit dem Beginn des Absinkens in die Verwundbarkeit hat gelitten unter innenpolitischem Streit, europäischen Ressentiments gegenüber den Vereinigten Staaten und umgekehrt und der selbstsüchtigen Berechnung jeder europäischen Regierung, sie könne für sich selber wirtschaftlich mehr herausholen, wenn sie die gestorbene »Entspannung« mit der UdSSR auf eigene Rechnung fortsetze. Fügt man diesem Bild noch eine immer deutlichere Kleinmütigkeit und Fügsamkeit angesichts sowjetischer Drohungen hinzu, so hat man die Erklärung dafür, daß die Sowjetunion so mühelos die öffentliche Meinung im Westen aufrühren und die zugegebenermaßen nicht besonders hartnäckige Entschlossenheit der verantwortlichen Politiker ins Wanken bringen konnte, als es um die beiden entscheidenden Beiträge zur zukünftigen Sicherheit Europas ging: bei der Neutronenbombe und den modernen Mittelstreckenwaffen für Europa. Die Neutronenbombe war die einzige Waffe, die uns die Möglichkeit gegeben hätte, unsere Unterlegenheit auf konventionellem Gebiet auszugleichen. Als taktische Atomwaffe kann nur sie das Eindringen großer Panzerverbände mit punktgenauer Präzision stoppen, indem sie die Besatzungen tötet, ohne die Städte und Gebäude zu zerstören, ohne die (in diesem Falle: eigene) Zivilbevölkerung zu vernichten und einen Raum zu verseuchen, der größer ist als das Zielgebiet. Die Propaganda der westlichen Freunde der Sowjetunion bei dem Feldzug gegen die Einführung der Neutronenbombe stützte sich auf das Argument, das sei eine typisch »kapitalistische« Waffe, weil sie die Menschen töte, ohne die Gegenstände und Bauwerke zu zerstören, die nach dem Holocaust »weiterverwendet« werden könnten. Von wem? Ich denke mir, von den Multis. Den Befürwortern der einseitigen Abrüstung des Westens war es gleich klar, daß der »militärisch-industrielle Komplex« einen klaren Plan hatte: Er wollte die Bevölkerung Italiens, Deutschlands und der Niederlande auslöschen, um anschließend die Fabriken, Wohnungen, Kneipen, Stadien, Schilderhäuschen, Flughäfen, Kirchen, Bienenkörbe, Triumphbögen, Tunnel, Restaurants und Burgen an sich zu bringen. Kurz, wenn die Vereinigten Staaten vorschlugen, die NATO mit Neutronenbomben auszustatten, so geschah das mit dem teuflischen Hintergedanken, sich das Hab und Gut der Europäer anzueignen, nachdem man sie oder sie sich selbst umgebracht haben würde. Nun weiß jeder, daß im westlichen Teil von Eurasien die klügsten Geschöpfe der Erde leben, und so kam es denn auch, daß sie nicht in eine so plumpe Falle der Kapitalisten tappten. Mit löblicher Folgerichtigkeit bewies Präsident Carter, daß die Amerikaner bei aller Sturheit doch Verständnis entwikkeln können für die Gefühle der Europäer, wenn es nur recht geweckt wird, indem er das Projekt einer Lieferung von Neutronenbomben an die NATO fallen ließ. Die Sowjets hatten uns einmal mehr vor dem imperialistischen Würgegriff der Yankees gerettet und blickten auf uns mit dem träumerisch verzückten Ausdruck des Menschen, dessen Opfer sich vor dem Sprung in die Tiefe spontan seines Fallschirms entledigt.

Bei den Mittelstreckenwaffen war die Aufgabe, dem Westen die rechten moralischen Maßstäbe zu vermitteln, schwieriger. Die NATO-Mitgliedsstaaten hatten ja im Dezember 1979 in einer martialischen Aufwallung, die sie selber so überwältigte, daß sie sich von ihrem Schrecken seither nicht mehr erholt haben, einmütig beschlossen, sie würden diese Waffen, Pershingraketen und Marschflugkörper, spätestens 1984 aufstellen. Die Sowjetpropaganda mußte also hier ein schwerer zu erreichendes Ziel anstreben, weil es darum ging, einen bereits gefaßten Grundsatzbeschluß zu Fall zu bringen. Die Mischung aus beharrlichem Reden und Korruption, die Wiederbelebung der bewährten »Friedensbewegung« taten erstaunlich gute Wirkung. Mit ihrem stets präsenten herzerfrischenden Humor schlugen die Sowjets vor, die Lage unverändert zu lassen und zu verhandeln, also die SS 20, die alle Europäer mit dem atomaren Feuer bedrohen, aufgestellt zu lassen und Gespräche zu führen, ziemlich lange Gespräche wahrscheinlich, mit denen die Aufstellung der NATO-Raketen abgewendet werden könnte. Breschnew kündigte sogar an, unter dieser Bedingung würde die Sowjetunion auf die Aufstellung weiterer SS 20 verzichten. Das war eine weitere hübsche Anwendung der alten sowjetischen Regel: »Wenn ich alles habe, was ich wollte, verlange ich nichts mehr.« Immerhin verlangte Breschnew doch noch eine Kleinigkeit: die Atomwaffenfreiheit Nordeuropas. Die NATO sollte in Skandinavien ihre Deckung herunternehmen. Im Verein mit der Destabilisierung der Türkei und den erpresserischen Bemühungen, Spanien am Eintritt in die NATO zu hindern und dann dazu zu veranlassen, diesen Beschluß zurückzunehmen, bedeutete diese Forderung einen wichtigen Schritt auf dem Wege zu einem Europa vom Ural bis zum Atlantik. Vadim Sagladin, Verführer vom Dienst für die großen Versöhnungsaugenblicke, legte als Erster Stellvertreter des Leiters der Auslandsabteilung des Zentralkomitees der Kommunistischen Partei der UdSSR sogleich in *Le Monde* vom 17. März 1982

»sechs sowjetische Gedanken zur Sicherheit« dar, die sich in einen zusammenfassen ließen: »Wir sind die Stärksten und wollen es bleiben.« Juri Andropow änderte trotz der üblichen Illusionen, denen man sich im Westen über die friedlichen Absichten des neuen Ersten Mannes machte, nichts an den Grundzügen der Taktik Breschnews. Er hielt sich wie sein Vorgänger an das Wechselbad von erpresserischen Drohungen mit dem Weltkrieg und Angeboten für eine umfassende Abrüstung. Auch der Vorschlag einer allgemeinen Nichtangriffsübereinkunft, den er im Januar 1983 bei Gelegenheit des Gipfeltreffens der Länder des Warschauer Pakts machte, brachte nichts Neues. Andropows Ziel war es, von den Westmächten die Einberufung irgendeiner Konferenz zu erreichen, die noch rechtzeitig käme, um ihnen jedenfalls die Verschiebung der Nachrüstung abverlangen zu können, ohne sich selber für die Zukunft festzulegen. Das war die Wiederholung des alten Verfahrens, dem Westen ein Gespräch gegen eine Vorleistung anzubieten, das Versprechen eines Gesprächs gegen einen sehr realen Verzicht. Zu dem Zeitpunkt, da Juri Andropow auf Breschnew folgte, wäre das einzige Mittel zur Wiederherstellung des Gleichgewichts und zum Abbau der Spannungen eine einseitige Reduzierung des sowjetischen Arsenals gewesen. Doch Andropows Ziel war es natürlich, die Westmächte ganz im Gegenteil davon zu überzeugen, daß der Weltfrieden nur durch ihre endgültige Hinnahme der kommunistischen militärischen Überlegenheit gesichert werden könne. Die lange Bemühung um die Schwächung der westlichen Sicherheitsanstrengungen hatte ja schon Früchte getragen. Jetzt kam es nur noch darauf an, den errungenen Vorsprung zu behalten und möglichst noch zu vergrößern.

9. Überzeugung durch Stärke

»Was zählt«, schreibt Lenin, »ist, der Stärkste zu sein.«* Die materiellen Gewinne der Sowjetunion in Form von Gebietsbesetzungen und wachsender Militärmacht haben eine eindeutige und höchst konkrete Folge gehabt, daß die Sowjetunion nämlich in der Lage ist, ihren politischen Willen mit jedem Tag mehr durchzusetzen.

Nachdem sie ihre Herrschaft oder ihren Einfluß auf eine ständig wachsende Anzahl von Ländern befestigt hat, in allen Erdteilen und auf oder unter allen Meeren präsent und den Demokratien bei den meisten konventionellen und atomaren Waffen zu Lande und zur See überlegen oder zumindest ebenbürtig ist, gelingt es ihr bei den meisten Auseinandersetzungen, die Demokratien zum Nachgeben zu veranlassen, und zwar nicht nur wegen deren unbegreiflicher Neigung zum Einlenken, sondern ganz einfach, weil sie Angst haben. Diese Angst haben sie, weil die Sowjetunion der Stärkere geworden ist und sie die Schwächeren, und in der täglichen diplomatischen Praxis das stets gegenwärtige düstere Gespenst der Übermacht der Sowjetunion sie zur Gefügigkeit zwingt. Die europäischen Nationen sehen sich gezwungen, dieses immer weniger vermeidliche und immer üblicher werdende Kapitulieren zu kaschieren durch »Widerstand« – gegen die Vereinigten Staaten.

Diese Verrenkungsübungen haben zum Beispiel die ganze Choreographie des unglaublichen Balletts bestimmt, das 1982 um das Sibiriengas aufgeführt worden ist. Die Bundesrepublik Deutschland, immer an der Spitze der Innovationen in der Technologie des Katzbuckelns, empfing an einem Herbsttag des Jahres 1981 mit großem Pomp Leonid Breschnew, während die Kommunisten mit frischem Mut unter den Afghanen aufräumten und sich anschickten, mit dem dicken Knüppel gegen die »Einmischung des Auslands« auf die Polen einzudreschen. Von besonders entzückender Widerwärtigkeit und

---

* Er fügt hinzu: »... und im entscheidenden Augenblick am entscheidenden Ort zu siegen.«

törichter Perversität war die Tatsache, daß während dieses Besuchs des lebenden Leichnams aus Moskau Hunderttausende von Westdeutschen zum Demonstrieren auf die Straße gingen, nicht etwa gegen den senilen Potentaten, der auf ihrem Boden den derzeit blutrünstigsten Imperialismus verkörperte, sondern – gegen die Vereinigten Staaten. Nicht gegen die tatsächlich auf Westeuropa gerichteten sowjetischen Raketen, sondern gegen die als Gegengewicht gegen die sowjetischen vorgesehenen amerikanischen Raketen, *die es gar nicht gab*. Wenn Reagan zu Besuch gekommen wäre, hätte man noch verstanden, daß Neutralisten in seiner Anwesenheit gegen das *Vorhaben* einer Aufstellung von Mittelstreckenraketen auf NATO-Gebiet demonstriert hätten. Doch die Abneigung des guten Breschnew gegen dieses Vorhaben, die man unterstellen durfte, bedurfte wirklich keiner Ermutigung. Warum also das absurde Verhalten, gegen Reagan in dessen Abwesenheit vor Breschnew zu demonstrieren? Aus dem Blickwinkel der Befürworter einer einseitigen Abrüstung des Westens wäre jeder Augenblick zum Vorbringen ihrer Forderung geeignet und nützlich gewesen *außer* dem des Breschnewbesuchs, weil der Parteivorsitzende und Marschall der Sowjetunion der letzte war, den man dazu drängen mußte, der Schwächung der NATO zuzustimmen. Warum also diese surrealistische und nicht besonders heldenhafte Harlekinade, den betrogenen Ehemann unter dem Fenster des höchlichst erfreuten Liebhabers zu beschimpfen? Ich habe lange nach einer Antwort gesucht und muß wie Rémy de Gourmont feststellen: »Das Schreckliche ist, wenn man die Wahrheit sucht, findet man sie.« Vor allem wenn sie so simpel ist wie hier. Denn da nicht so viele auf einmal verrückt sein können, konnten die Deutschen für ihre Massendemonstrationen gegen Reagan vor den Augen Breschnews nur einen Grund haben: Man wollte Breschnew den Hof machen.

Dem Stärkeren den Hof machen, das ist eine der zwei oder drei ältesten Bedürfnisse der Menschen und, auch wenn es zunächst nicht so scheint, nicht unbedingt opportunistisch. Für viele ist die Unterwerfung unter den Stärkeren als solche ein Vergnügen. Denn welches Interesse könnte ein Bürger der Bundesrepublik Deutschland oder eines anderen westeuropäischen Landes heute, gegen Ende des 20. Jahrhunderts, daran haben, sich das Los eines hirnamputierten Clochards zu wünschen, wie es dem durchschnittlichen Staatsangehörigen im Sozialismus beschieden ist? Dazu bewegt ihn nur ein Geist der Selbstaufopferung und Selbstauslöschung, eine hochherzige Verleugnung seines Lebenwollens, ein heiligmäßiger Verzicht auf die Freiheit, auch wenn zugegebenermaßen ein Quentchen Nützlichkeitserwägung dabei ist. Denn das Eigeninteresse lehrt einen ja in der Tat, daß man, wenn einem keine Wahl bleibt, dem Herrn und Meister lieber schmeicheln als ihn erzürnen soll.

Das auffallendste Charakteristikum an der Debatte über die NATO-Nachrüstung war in der Tat, daß die Europäer sich während der ganzen Zeit viel weniger darüber den Kopf zerbrochen haben, wie sie am besten für ihre Verteidigung sorgen könnten, als über die Frage, was die Sowjetunion wohl von ihrer Entscheidung halten und ob sie nicht zu ungnädig darauf reagieren werde. Schon 1975 hatte der französische Staatspräsident Valéry Giscard d'Estaing bei einem Projekt der militärischen Verstärkung Europas auf den Nachteil hingewiesen, daß dies bei den Sowjets Unwillen hervorrufen könnte. Da es in der Geschichte wohl noch kein Bündnis gegeben hat, das sich zum Ziel gesetzt hat und dem es auch gelungen ist, der Macht zu gefallen, deren Angriffslust es entgegenwirken soll, erschien der Einwand damals skurril. Tatsächlich war er jedoch der Vorläufer einer Denkungsart, die sich in den Folgejahren im Westen allgemein durchgesetzt hat. Während die UdSSR natürlich gar nicht daran denkt, die Demokratien zu konsultieren, bevor sie neue Militärprogramme auflegt, hat sie die Gewohnheit angenommen, sich als bevorrechtigter Gesprächspartner bei der Erarbeitung der Pläne des Nordatlantischen Bündnisses anzusehen. Und das Schlimmste ist, daß die Europäer sich nach und nach in die Lage versetzt haben, in der sie es selber als normal empfinden, Moskau Rechenschaft zu schulden und Erklärungen geben zu sollen. Da warnt die Sowjetunion Frankreich, seine Außenpolitik werde wieder zu »atlantistisch«, bald darauf droht sie Spanien mit Sanktionen, wenn es die Unverfrorenheit haben sollte, der NATO beizutreten, und im März 1982 schlägt Breschnew eine »Rüstungskontrolle« vor, die schlicht darauf hinausläuft, der Westen werde es zu büßen haben, wenn er in Europa Mittelstreckenraketen aufstellen sollte. Ein sowjetisches Unterseeboot auf Spionagefahrt mit Atomraketen an Bord läßt sich ungeschickterweise in den schwedischen Schären ertappen? Kaum hat Stockholm, was wie üblich nicht viel Zeit in Anspruch nimmt, die

Entscheidung getroffen, nachzugeben und das Boot aus seinen Hoheitsgewässern hinauszubegleiten, schon gelangt Moskau zu dem Schluß, eine Entschuldigung sei eigentlich überflüssig. Ebensowenig wollte sich der Sowjetbotschafter in Rom entschuldigen, als er im Januar 1982 siebenmal an einem Tage beim Außenministerium anrief, nachdem sich ein anderes sowjetisches Unterseeboot verirrt hatte, und zwar diesmal in die italienischen Küstengewässer vor Tarent. Nein, der Botschafter meldete sich siebenmal per Telefon in der Farnesina, um die italienische Regierung anzuweisen, trotz der »unerträglichen Pressionen« Amerikas nicht auf ihre Beteiligung am Erdgasvertrag zu verzichten. Die Überzeugungskraft ist die Kehrseite der Abschreckung. Je weniger Vertrauen die amerikanische Abschreckung weckt, um so stärker wirkt die sowjetische Überzeugungskraft, ohne daß der Einsatz von Gewalt erforderlich wäre, auf die Europäer. Der eigentliche Vorteil militärischer Überlegenheit besteht ja darin, daß man, ohne Krieg führen zu müssen, die gleichen Ergebnisse erzielt, als hätte man ihn geführt. Das ist sogar das einzige unverrückbare Gesetz der Diplomatie. Wenn man sich dieses Axiom vergegenwärtigt, überrascht es einen nicht mehr so sehr, daß sich die europäischen »Pazifisten« nicht von den auf sie gerichteten sowjetischen Raketen bedroht sehen, sondern von der *Möglichkeit* amerikanischer, die sie davor bewahren sollen. Die Pazifisten wissen eben genau, daß nun einmal der Schwächere vom Stärkeren als »Aggressor« behandelt wird, wenn er es sich herausnehmen will, seiner Schwäche abzuhelfen.

Dabei ist es doch so, wie François de Rose schreibt: »Nichts ist von der Wirklichkeit weiter entfernt als die Annahme, die neuen Mittelstreckenwaffen würden den Vereinigten Staaten eine Erstschlagskapazität gegen die sowjetischen Interkontinentalraketen geben und das Gleichgewicht zwischen den Großmächten zerstören.«* Ohne Neutronenbombe und Mittelstreckenraketen wäre es um die Vertei-

---

* Der bedeutende Fachmann für Fragen der Strategie weist darauf hin, daß »die einhundertundacht Pershing-Raketen von den einundzwanzig Silogruppen auf sowjetischem Gebiet nur die vier westlich von Moskau erreichen könnten. Ein amerikanischer Angriff mit diesen Mittelstreckenwaffen allein würde demnach die große Mehrzahl der eintausenddreihundertachtundneunzig sowjetischen Raketen für einen Zweitschlag gegen das Gebiet der Vereinigten Staaten intakt lassen.« – Artikel »La première des obligations« von François de Rose in *Le Monde* vom 21. Mai 1981.

digung Westeuropas geschehen, die militärische Überlegenheit der Sowjets und damit die politische Unterwerfung der demokratischen Nationen in diesem Westeuropa wäre festgeschrieben. »Wenn die Aufstellungsentscheidung in Frage gestellt würde«, fährt François de Rose im selben Artikel fort, »wäre es vorbei mit der Ankopplung des europäischen Bereichs an das amerikanische strategische System; damit wäre das zentrale Element aus der Abschreckung herausgebrochen.« Das macht es verständlich, warum die Sowjetunion und ihre Parteigänger in unseren Ländern sich so nachdrücklich bemüht haben, die Zurücknahme des Aufstellungsbeschlusses zu erreichen. Europa von seinem amerikanischen Verbündeten zu trennen, wäre für die Sowjetunion der Weg zur politischen Beherrschung der Länder westlich des Eisernen Vorhangs. Während zwischen der Sowjetunion und dem westlichen Operationsgebiet ein unmittelbarer territorialer Zugang über eine geringe Entfernung liegt, trennen sechstausend Kilometer Ozean die Vereinigten Staaten von ihren Verbündeten, deren Sicherheit demnach vor allem auf der Präsenz der in Europa befindlichen Systeme beruht. Jeder Bruch zwischen amerikanischer und europäischer Verteidigung würde also den Eintritt Europas in die Zone »eingeschränkter Souveränität« bedeuten, nicht in dem Sinne, wie Breschnew sie 1968 für die eigentlichen kommunistischen Satelliten definiert hat, das sicherlich nicht, aber immerhin nahe genug an der »freiwilligen Gefolgschaft«, die für die sowjetisch-finnischen Beziehungen gilt.

Ein solcher Bruch wäre auch für die Verteidigung Frankreichs verhängnisvoll. Es wäre nämlich ein Irrtum zu glauben, die Unabhängigkeit unserer Verteidigung vom Gemeinsamen NATO-Oberbefehl und unsere autonome Entscheidungsgewalt über den Einsatz der nationalen Force de Frappe würden bei einem Zerfall des atlantischen Verteidigungssystems ausreichen, unsere Sicherheit zu gewährleisten. Anstatt die Diplomatie de Gaulles im nachhinein zu rechtfertigen und Frankreich unverwundbar zu machen, würde die französische Abschreckungsstreitmacht bei einem Wegfall der amerikanischen Nukleargarantie nur dann ein gewisses Gewicht behalten, wenn sie in ein atlantisches System eingebettet bleibt. So sehen das im übrigen auch die Sowjets, die sie ja im westlichen Atomwaffenarsenal mitzählen, und selbst Staatspräsident François Mitterrand, der mit Craxi sich als einziger in der Sozialistischen Internationale eindeutig für die Aufstellung der Mittelstreckenraketen als *Voraussetzung* für jede Verhandlung mit der UdSSR über diese Waffenart ausgesprochen hat. Die meisten anderen Sozialisten, Franzosen und Nichtfranzosen, haben selbstverständlich der vertrauten Taktik der vorbeugenden Kapitulation das Wort geredet: »Erst nachgeben, dann verhandeln.« Die französische Verteidigung, von einem starken europäischen Umfeld abgelöst, könnte allein unsere Unantastbarkeit nicht sichern, ja, nicht einmal auf längere Sicht unsere politische Unabhängigkeit.*

Im Lichte dieser politischen Unterordnung Europas unter die militärische Stärke der UdSSR muß man auch die Vorgänge um die Erdgasleitung aus Sibirien nach der Wiederherstellung der totalitären Ordnung in Polen sehen. Gewiß, der »Widerstand gegen den US-Imperialismus« ist bei vielen Europäern schon seit langem nur die sichtbare Kehrseite ihrer Unterwürfigkeit unter den Sowjetimperialismus. Doch in der Frage des Erdgasgeschäfts kommt das besonders deutlich zum Vorschein. Da keines der wirtschaftlichen Argumente ganz überzeugt, kann nur ein politischer Faktor erklären, daß durch eine Art wunderbarer Prädestination die Entscheidungen der Europäer immer am Ende den Wünschen Moskaus entsprechen. So wird das Projekt fortgeführt, obwohl sich die weltpolitischen Bedingungen gegenüber denen zur Zeit der ersten Erwägungen völlig verändert haben.

Die eigentliche, noch uneingestandene Erklärung für das Verhalten der Europäer in der Angelegenheit dieser Gasleitung ist die Tatsache, daß die wirtschaftliche Ausbeutung Westeuropas durch die Sowjetunion schon in vollem Gange ist. Das militärisch-politische Kräfteverhältnis sieht so aus, daß Westeuropa nicht nein zu sagen wagt und den Unmut über die eigene Kleinmütigkeit an den Vereinigten Staaten abreagiert. Dieser Transfer der Verärgerung treibt manche europäischen Politiker zu Äußerungen, denen man einen burlesken Reiz nicht absprechen könnte, wenn man nicht daran denken müßte, daß diese Politiker auf Grund solcher »Lagebeurteilungen« ihre Entscheidungen treffen. So geht ein französischer sozialisti-

---

* Für alle strategischen Einzelheiten zu diesen Ausführungen verweise ich noch einmal auf François de Rose, inbesondere auf zwei Artikel in *Le Monde*: »Mettre à jour la dissuasion« (21.11. und 22./23.11.1981) sowie »Dissuasion hexagonale ou défense européenne?« (14.4.1982), ferner auf sein Buch »Contre la stratégie des Curiaces«. Paris 1983.

scher Minister, ein gewisser Roger Quilliot, so weit, vor der Nationalversammlung zu erklären: »In meinen Augen ist die Kreditpolitik der Vereinigten Staaten für den Westen bedrohlicher als hundert sowjetische Divisionen.«* Weniger erheiternd, sondern gefährlich wegen ihrer weitertragenden Wirkung, ist die Rede der britischen Premierministerin Margaret Thatcher am 1. Juli 1982, in der sie sich die deutschfranzösische These in der Erdgasaffäre zu eigen macht. Sie verwahrt sich nachdrücklich gegen die Entscheidung der Vereinigten Staaten, die Verwendung von Verfahren, die durch Patente amerikanischer Unternehmen geschützt sind, für den Bau der sowjetischen Erdgasleitung nicht freizugeben. Dieses Verbot, so die »Eiserne Lady«, die sich plötzlich als Kattunlady entpuppt, *verstößt gegen die Verträge* zwischen europäischen Firmen und der Sowjetunion. Das Argument ist trügerisch, denn es stellt den Gegenstand in rein kommerziellen Ausdrücken dar, läßt vermuten, man dürfe die strategische Priorität beiseite lassen, die Gefahr nämlich, einmal mehr die westliche Technologie ohne Gegenleistung in den Dienst der Sowjetmacht zu stellen.

Wenige Tage später, am 5. Juli 1982, übernimmt die Londoner *Times* in einem Leitartikel diese Argumentation. Der erste Aphorismus der anspruchsvollen Tageszeitung lautet: »Wirtschaftssanktionen haben noch nie etwas gebracht.«

Ich gestehe, daß mich dies erschüttert hat. Ich meinte mich zu erinnern, daß die Briten wenige Monate zuvor nach dem Überfall auf die Falklandinseln bei ihren Verbündeten auf Wirtschaftssanktionen gegen Argentinien bestanden hatten. Ich dachte daran, wie deutlich London seine Genugtuung gezeigt hatte, als die Europäische Gemeinschaft einmütig drastischen Einschränkungen des Handels mit Argentinien zustimmte. Ich sah noch die beiden Premierminister, den Franzosen Pierre Mauroy und die Engländerin Margaret Thatcher, einander bei einem Bankett des Britisch-Französischen Rates am 15. Mai in Edinburgh in Redensarten überbieten und zu der europäischen Entscheidung, die so schnell und eindeutig gefallen war, beglückwünschen. Etliche europäische Länder, vor allem das im Argentinienhandel sehr engagierte Italien, bezahlten eine gesalzene Rechnung, um

---

* *Le Monde*, 27./28. Juni 1982. Man darf nicht vergessen, daß die französischen Sozialisten die schlechten Ergebnisse ihrer bisherigen Regierungszeit den »amerikanischen Kreditzinsen« zugeschrieben haben.

Großbritannien ihre treue Freundschaft zu beweisen. Das Argument der »Erhaltung der Arbeitsplätze« in Italien und in Europa, das im Zusammenhang mit der sowjetischen Erdgasleitung so strapaziert worden war, galt plötzlich nichts mehr, als es darum ging, das schwache Argentinien und nicht die starke UdSSR zu strafen. Ich billige die Landung der Argentinier auf den Falklandinseln durchaus nicht. Ich stelle nur fest, daß die großen Mäuler, die sich nicht geöffnet hatten, und die Brieftaschen, die sperrangelweit für die Sowjetunion aufgeklappt geblieben waren nach dem Einmarsch in Afghanistan, bei der Falklandkrise wieder zu ihren normalen Abmessungen bzw. ihrer klugen Zurückhaltung fanden.

Der Leitartikler der *Times* schrieb sodann, seine These mit nachdenklicher Resignation vertiefend, den zweiten Aphorismus nieder, daß nämlich »der Westen den sowjetischen Expansionsdrang nicht durch den Einsatz der Wirtschaftswaffe bremsen kann«. Nur gut für Großbritannien, daß seine Verbündeten sich nicht vier Monate zuvor an diese Doktrin gegenüber dem argentinischen Expansionsdrang gehalten hatten. Ein seltsames Paradox, daß »die amerikanische Entscheidung der Freundschaft unter den westlichen Nationen geschadet hat«, während die gleiche Freundschaft durch das Embargo gegen Argentinien gestärkt worden ist. Die *Times* beklagt tatsächlich »die Unbilligkeit der amerikanischen Entscheidung für Europa«, das, wie die Zeitung meint, »in einer Position der Schwäche ist, weil seine Industrien im Hinblick auf die Beschäftigungslage von Moskau abhängen«. Naiver und klarer kann man den eigentlichen Grund für das Ausbleiben von Sanktionen nicht ausdrücken: Der Westen hat sich, laut *Times*, in eine ökonomische Abhängigkeit von der Sowjetunion begeben, nicht umgekehrt. Die Schlußfolgerung knüpft an die gelassene Schicksalsergebenheit des Anfangs an: »Der Handel ist keine verläßliche Waffe, weder für die Verbesserung der Beziehungen noch für die Ahndung von Verstößen.«

Diese eindeutige Sentenz wirkt um so überzeugender, als Sowjets und Europäer bei ihrer Konkretisierung hervorragend zusammenarbeiten. Die Sowjets übernehmen die demonstrative Beweisführung für den ersten Teil des Satzes: In ihren Beziehungen zur übrigen Welt werden sie nicht umgänglicher, und wenn man ihnen noch so viele Handelskredite gewährt. Die Europäer sorgen mit rührender Geduld dafür, daß der zweite Teil nicht widerlegt wird: Sie bedienen

sich des Handels niemals, um auf Verstöße der Sowjets zu reagieren.
Bei der Auseinandersetzung um die Erdgasleitung zwischen den Vereinigten Staaten und Europa hat die Reagan-Administration tatsächlich von ihren Verbündeten niemals verlangt, sie sollten alle ihre Handelsbeziehungen mit Osteuropa abbrechen, ebensowenig wie die Amerikaner ihre eigenen abzubrechen wünschten. Gefordert hat sie nur, man solle sich Dienstleistungen, Waren und Technologie von den Sowjets wirklich ihrem Wert entsprechend bezahlen lassen. Bei dem Streit ging es nicht um die Lieferungen als solche, sondern um die vom Westen eingeräumten Kreditbedingungen. Die Vereinigten Staaten wollten damit erreichen, daß die Sowjetunion ihre Käufe in harten Devisen bezahlte, anstatt vom Westen weiterhin die Lieferungen und die dafür erforderlichen Devisen zu bekommen. So konnte man hoffen, daß die Sowjets nicht mehr ganz so viel Geld für Militärausgaben haben würden wie in den zehn Jahren der Entspannung, in denen diese Ausgaben einen Anteil am Bruttosozialprodukt ausgemacht haben, der viermal höher lag als in Europa und dreimal höher als in den Vereinigten Staaten. In den amerikanischen Staatshaushalten waren die Verteidigungsausgaben in den euphorischen Jahren der Entspannung in absoluten Zahlen um 35 % gekürzt worden*.

Dies war in den Augen Reagans der Gegenstand der Debatte über die Sanktionen beim Versailler Gipfel im Juni 1982. Noch drei Wochen nach dem ergebnislosen Treffen gab das Weiße Haus zu verstehen, es könne eine Rücknahme seiner Embargo-Entscheidung hinsichtlich der amerikanischen Patente für den Bau der Erdgasleitung erwägen, wenn die verbündeten Regierungen jedenfalls die Konditionen für die der Sowjetunion geliehenen Gelder anhöben**. Es mag noch hingehen, kommunistischen Regierungen wie denen von

---

* Nach einem am 29. Juni 1982 dem Gemeinsamen Wirtschaftsausschuß des Kongresses (*Joint Economic Committee of Congress*) vorgelegten Bericht des Nachrichtendienstes des amerikanischen Verteidigungsministeriums (*Defence Intelligence Agency*) sollen die Militärausgaben der Sowjetunion, die bis dahin bei 12 % bis 14 % des Bruttosozialprodukts lagen, inzwischen noch weiter gestiegen sein und 1982 zwischen 14 % und 16 % ausmachen. Obwohl ihr Bruttosozialprodukt erheblich niedriger liegt als das der USA, hat die Sowjetunion auch in absoluten Zahlen höhere Militärausgaben gehabt als die USA: für 1980, dem letzten berechneten Jahr, sollen sie 252 Milliarden Dollar gegenüber 168 Milliarden in den USA betragen haben (*International Herald Tribune* vom 22. Juli 1982).
** *International Herald Tribune*, 29. Juni 1982.

Polen und Rumänien Dollarkredite in Milliardenhöhe zu gewähren, doch wie läßt es sich rechtfertigen, ihnen weitere Darlehen einzuräumen, wenn sie schon außerstande sind, die bestehenden zu tilgen und jedenfalls dafür die sehr niedrig angesetzten Zinsen zu zahlen?*
Ich rechne mich zu denen, die meinen, daß die Vereinigten Staaten das Getreideembargo für Lieferungen an die Sowjets hätten aufrechterhalten sollen, auch um den Preis innenpolitischer Schwierigkeiten und hoher Subventionsleistungen an die amerikanischen Farmer, weil dieses Opfer Washington eine unvergleichlich größere moralische Autorität verschafft hätte, auch wenn diese Art des Handels – Weizen gegen Barzahlung in Devisen – der Regel entspricht, deren Einhaltung die Vereinigten Staaten von den Europäern verlangen. Das Ziel soll ja nicht eine utopische, undurchführbare Totalblockade des Ostblocks sein, sondern die Abwicklung solcher Geschäfte nach den Gesetzen des Marktes, damit sich die Sowjetunion mit ihrer wirklichen Wirtschaftslage konfrontiert sieht, dadurch, daß man ihr Handel, nicht Hilfeleistungen bietet: *trade, not aid*. Und schon gar nicht eine Vorzugsbehandlung. Diese Zurückführung des Osthandels auf das für alle gültigen Gesetz haben die europäischen Regierungen abgelehnt.

Außerordentlich zinsgünstige Kredite, die der Sowjetunion gewährt werden, führen in unserem Beispielfall zu außerordentlich schwerwiegenden Konsequenzen. Die Auswertung der sibirischen Erdgasfelder mit unserer Hilfe verschafft den Sowjets einen erheblichen strategischen Gewinn. Zunächst einmal erspart ihnen dieses Gas, von dem ein Teil im europäischen Rußland verbraucht werden kann, eine Energiekrise; sodann reduziert es den Erdölverbrauch, so daß nunmehr größere Treibstoffmengen für die Armee und für den Export zur Verfügung stehen. Die beiden lebenswichtigen Probleme für die UdSSR in den achtziger Jahren sind die Aufrechterhaltung der militärischen Überlegenheit und die Deviseneinnahmen. Die Erdgasleitung, daran besteht kein Zweifel, ist ein Beitrag zur Lösung beider Aufgaben. Nur: Warum soll die westliche Technologie, deren

---

* Trotz des »neuen Wirtschaftsmechanismus«, der vom Westen so hoch gepriesen wird, sah sich auch Ungarn 1982 nicht in der Lage, seinen Schuldendienst zu leisten. Es mußte neue Kredite aufnehmen, um an harte Devisen zu kommen, die zum Teil zur Tilgung der Altschulden verwendet werden mußten. Eine Gruppe westlicher Banken hat Ungarn im Juli 1982 vor dem Staatsbankrott bewahrt.

Geheimnisse gerade aus strategischen Gründen zum Teil vertraglich dem Embargo unterworfen sind, die Schwäche des Westens noch vergrößern?

Alle Auseinandersetzungen zwischen den westlichen Staaten über etwaige Wirtschaftssanktionen nach dem Einmarsch in Afghanistan, der »Normalisierung« in Polen und der Destabilisierung Mittelamerikas haben also mit einem Sieg der Sowjetunion geendet, ohne daß diese sich sonderlich anstrengen mußte. Die Europäer haben für sie gegen die Vereinigten Staaten gekämpft.

Dieser Erfolg ist für die Kremlführer sicher sehr beruhigend. In der Tat kann man ja die Auffassung vertreten, daß das wirksamste Verteidigungsinstrument, das die Demokratie noch hat, um ihr Überleben zu sichern, gerade ihre Fähigkeit wäre, eine große Krise des Sowjetimperiums zu bewirken oder zumindest nicht abzuwenden.

Jedenfalls ist das die einzige Waffe, über die sie verfügt. Die demokratischen Länder haben sich seit 1945 der territorialen Ausdehnung der Sowjetunion nicht widersetzt und haben sich selber das Recht genommen, sie in Frage zu stellen, indem sie Gebiete, die oft nur von der Roten Armee besetzte Länder waren, als souveräne Staaten anerkannten. Sie haben alle Verträge unterzeichnet, zumal in Helsinki, die diese sowjetischen Eroberungen legitimierten. Sodann haben die Demokratien darauf verzichtet, von Moskau die Einhaltung der als Gegenleistung für dieses westliche Geschenk eingegangenen Verpflichtungen zu verlangen. Und schließlich haben sich die Demokratien selber militärisch derart verwundbar gemacht, daß sie außerstande sind, ihren politischen Willen gegenüber der Sowjetunion durchzusetzen, und sich eher gezwungen sehen, sich deren Willen zu unterwerfen. Das ist um so deutlicher, als die Wiederherstellung des Rüstungsgleichgewichts wiederum Uneinigkeit unter den Westmächten schafft.

Es blieb also statt dessen nur die Wirtschaftswaffe, weil auf diesem Gebiet der Kapitalismus selbst noch in der Krise seine Rolle als freiwillige Amme des Sozialismus weiterspielt. Die Demokratien verfügen weder über die Entschlossenheit noch über das Geschick, den Sowjetimperialismus zurückzudrängen, wo immer er irgendwo auf dem Erdball Ausbreitungsmöglichkeiten sucht. Sie reagieren nicht schnell genug, ihre militärischen Mittel sind nicht gleich disponibel, ihre innenpolitischen Probleme zu komplex, ihre Diplomaten viel zu ängstlich. Sie können einfach nicht jedesmal intervenieren, und sei es nur verbal, wenn der Kommunismus wieder einen Schritt weitergegangen ist, in Madagaskar, Surinam oder Honduras. Was ihnen bliebe, wäre tatsächlich nur das Ausnützen des unheilbaren Krebsübels im Sowjetimperium, um dessen Expansionsdrang zu dämpfen: Sie müßten das Zentrum bedrängen, statt kopflos herumzurennen und die äußersten Enden der Zweige zu stutzen, mit deren üppigem Wachstum sie ohnehin nicht Schritt halten können. Diese Zielrichtung auf das Zentrum beträfe das, was man im Jargon von Helsinki den »dritten Korb«, den des Widerstandes gegen den Totalitarismus, nennen könnte, nachdem die beiden anderen Körbe für die Demokratien beklemmend wenig enthalten. Eine solche Vorgehensweise wird von besonders erfahrenen Kennern der sowjetischen Realität wie Richard Pipes oder Martin Malia für möglich und sogar unbedingt erforderlich gehalten. Aber warum sollte die Demokratie beweglicher und entschlossener als in der Vergangenheit von den Schwächen des Kommunismus zu profitieren in der Lage sein, zumal in einem Augenblick, da sie offenbar gerade das mehr denn je scheut? Die Demokratie hat nach wie vor hervorragende Trümpfe gegen den Kommunismus in der Hand, aber es hapert kläglich am gekonnten Ausspielen. Deshalb fühle ich mich zugleich intellektuell angesprochen und für die Praxis skeptisch, wenn ich zum Beispiel bei Martin Malia lese: »Das einzige Mittel, Polen zu helfen, ist alles zu tun, was in unseren Kräften steht, um die Krise auf den ganzen Ostblock und die Sowjetunion selber auszuweiten. Ich weiß, daß man als Kriegstreiber gilt, wenn man so etwas sagt. Aber diese Krise kommt auf jeden Fall, und wir sind auf jeden Fall mit betroffen. Wir müssen auf jeden Fall eine Entscheidung treffen. Warum dann nicht eine von unserem eigenen politischen Willen bestimmte Entscheidung?«*

Von was bestimmt? Von politischem Willen? Diese Ware ist bei uns selten vorrätig.

Die Sowjetunion gewinnt gegen uns auch auf wirtschaftlichem Gebiet so, wie sie territorial und beim Wettrüsten gewonnen hat: durch Stärke. Sicher, sie ist krank, sehr krank. Sie wird sterben, das ist gewiß, nicht wie wir und unsere Zivilisationen, die wir alle sterblich

---

* Martin Malia, La Pologne: une révolte contre l'empire soviétique, in *Commentaire* Nr. 18, Sommer 1982.

sind, sondern weil sie selber und in sich eine Gesellschaft des Todes und für den Tod ist. Doch die eigentliche Frage unserer Zeit ist doch, welches Ereignis zuerst eintritt: die Zerstörung der Demokratie durch den Kommunismus oder das Ende des Kommunismus, der an seiner eigenen Krankheit stirbt. Diese zweite Evolutionsfolge scheint mir langsamer zu verlaufen als die erste.

Dritter Teil
Die Werkzeuge der kommunistischen Expansion

10. Weltweite Strategie und aktive Wachsamkeit

Der ehrgeizige Anspruch auf Welteroberung hat im geistigen Rüstzeug und der politischen Ausrichtung der Sowjetführer zwei ganz verschiedene Quellen. Die eine ist die klassische, herkömmliche, stets präsente Vorstellung von der »Weltrevolution«, die Gewißheit, daß die ganze Menschheit dazu bestimmt sei, kommunistisch zu werden. Die andere ist das dumpfe Gefühl der Zerbrechlichkeit des kommunistischen Systems, die sich in der Neigung der ihm unterworfenen Völker manifestiert, ihm zu entfliehen oder es abzuschütteln, sobald das leiseste Nachlassen des polizeistaatlichen Zwanges ihnen dazu Gelegenheit gibt.

Dieser zweite Grund für ihren nimmermüden Expansionsdrang hat die im Westen sehr beliebte These von der psychologischen »Verunsicherung« der Sowjets entstehen lassen. Diese Zwangsvorstellung erkläre, ja entschuldige die Aggressivität der kommunistischen Außenpolitik. Versteht man Unsicherheit im territorialen Sinne als Unsicherheit der Grenzen oder als Bedrohung der Existenz eines Volkes wie zum Beispiel der Existenz Israles seit dessen Gründung, so erscheint es unredlich, behaupten zu wollen, die UdSSR könne sich aus gutem Grund in dieser Weise verunsichert fühlen. Eher ergeht es ihren Nachbarn so, und zwar wirklich aus gutem Grund, ebenso wie den Nachbarn Vietnams oder Kubas. Die einzige Grenze, die von der UdSSR jemals gegen einen potentiellen Gegner und nicht gegen fliehende eigene Staatsangehörige verteidigt werden mußte, war lange Zeit die chinesische Grenze, weil China als einziges Land offiziell auf Gebiete, die von der Sowjetunion annektiert worden waren, Anspruch erhob, was keine kapitalistische Macht jemals zu tun gewagt hat. Die Demokratien sind ganz und gar unschuldig an diesem Streit zwischen den beiden kommunistischen Imperien und haben sich sorgfältig gehütet, ihn zu verschärfen. Die Gefahr für die Sowjetunion war dabei denkbar gering, wenn man ihre ungeheure militärische Überlegenheit gegenüber China bedenkt, das ja nicht einmal die vietnamesische Armee zu bezwingen in der Lage war. Wenn es eine

Bedrohung gibt, gefährdet jedenfalls nicht die stets auf Defensive gestimmte kapitalistische Welt die Sicherheit der kommunistischen Welt, deren Zwistigkeiten den Westen zwar vorläufig gerettet haben, aber ohne daß diese Zwistigkeiten auf eine machiavellistische Politik der dazu längst unfähigen demokratischen Länder zurückzuführen wären. Was die berühmte »Einkreisung« angeht, deren Opfer die UdSSR von seiten der auf ihren Untergang sinnenden kapitalistischen Staaten sein und die das ständige Mißtrauen der Sowjets rechtfertigen soll, so beschränkt sie sich auf wenige einzelne, unkoordinierte und gänzlich folgenlose Interventionen während des Bürgerkriegs in den Jahren 1918 und 1919. Es hat nicht eine einzige große Militäroperation der Demokratien gegeben, um den jungen oder den alten Sowjetstaat zu stürzen. Im Gegenteil, die kapitalistische Wirtschaftshilfe hat schon 1921 den Bankrott der »Sowjets« gemildert, wie sie es seither immer wieder tun mußte. Seit die Welt besteht, hat kein Staat, kein Reich, ja, es hat keine menschliche Gemeinschaft vom bescheidensten Stamm bis zum größten Staatenbund jemals eine so absolute Unverwundbarkeit genossen, ist so völlig von Bedrohungen seiner Sicherheit oder seiner Ressourcen verschont geblieben. Keine hat allerdings auch vor dem Sowjetimperium daraus den Schluß ziehen können, sie sei berechtigt, sich den ganzen Erdball aneignen zu dürfen, um sich ganz beruhigt fühlen zu können. Auf den Tafeln der Geschichte sind wenige Reiche verzeichnet, die so wohlbehütet gewesen wären wie die Sowjetunion hinter ihren dicken geographischen Puffern, mit ihren so gut wie konkurrenzlosen Streitkräften und ihrer nahezu vollkommenen Autarkie bei Energie und Nahrungsmitteln – wenn sie es schaffen würde, davon zu profitieren, was auf einem ganz anderen Blatt steht. Die Verunsicherung, unter der die Nomenklatura in der Sowjetunion und in jedem anderen kommunistischen Land leiden kann, erklärt sich nicht einmal aus dem Risiko, es mit Aufständen im Innern zu tun zu bekommen. Solche Aufstände gibt es, doch der perfekt organisierte Polizeiterror garantiert ihre Kurzlebigkeit. Nein, die Verunsicherung kommt von der demütigenden, quälenden Gewißheit, daß, solange es außerhalb der kommunistischen Welt eine nichtkommunistische gibt, die Untertanen des Imperiums immer wieder dorthin zu entkommen versuchen oder jedenfalls von ihr träumen werden. Tatsächlich ist die kommunistische Welt eine belagerte Festung, aber eine von innen belagerte.

Sie ist die erste Gesellschaft, die dazu verdammt ist, hinter schützenden Mauern zu leben, nicht gegen Einfälle, sondern gegen Ausbrüche oder Ausbruchswünsche. Solange es inmitten der Weltmeere noch ein Felseneiland gibt, auf dem der Sozialismus nicht herrscht, wird es boat-people geben. Die sozialistischen Gesellschaften des 20. Jahrhunderts sind die ersten völlig geschlossenen und eingeschlossenen Gesellschaften, in denen schon der Gedanke ans Weggehen ein Verbrechen ist – sie ist zumindest die erste vergleichbarer Größe, denn die Vorgänger, zum Beispiel die von einer privilegierten Funktionärskaste geführte Gesellschaft des alten Peru, waren nach Fläche und Einwohnerzahl im Verhältnis zur übrigen Welt winzig. Ganz abgesehen von den Kosten für die Kontrollen und Grenzsperren, das Stören der ausländischen Sender, die Überwachung aller Druckschriften, Äußerungen und Nachrichtenverbindungen, kurz, des Aufwands für die aufgeblähte, an der Volkswirtschaft schmarotzende Bürokratie der beamteten Schnüffler und Unterdrücker, ist es für die Nomenklatura höchst unerfreulich, ständig mit der beunruhigenden Gewißheit zu leben, daß die von ihr Regierten dieses Schicksal nur hinnehmen, weil sie ihm nicht entrinnen können. Auch wenn man nicht zu übertriebener Besorgnis neigt, ist das ein Zweifel, der auf die Dauer an einem nagt. Kein Mensch, und sei er noch so dickfellig, kann sich in einem solchen moralischen Zwiespalt wohlfühlen, daß er sich nämlich als Wohltäter der Menschheit gibt, obwohl seine Wohltaten nur Abnehmer finden, wenn diese sich ihnen nicht entziehen können. Der einzige Weg, dafür zu sorgen, daß niemand mehr aus dem Gefängnis ausbrechen will, ist die Verwandlung der ganzen Welt in ein Gefängnis. Oder, um nicht in Bildern zu sprechen: Der einzige Weg, sich selber und das Menschengeschlecht davon zu überzeugen, daß das sozialistische System das beste aller Systeme ist, besteht darin, dafür zu sorgen, daß es kein anderes mehr gibt.

So erklärt sich die weltweite Unersättlichkeit des kommunistischen Imperialismus. Die großen Reiche der Vergangenheit wuchsen bis zu einem Gleichgewichtszustand, aus dem sie sich nicht mehr weiterentwickelten und bei dem die anderen Mächte ihre Vorrangstellung stillschweigend anerkannten. Mit der Zeit fanden sie sich dann mit einer Dezentralisierung der Staatsgewalt ab, mit einer zunehmenden Selbständigkeit der örtlichen Autorität in den entlegeneren Provinzen. Das römische, arabische, osmanische, spanische, britische Imperium haben mit allerlei Varianten und sehr verschiedenen politischen Usancen diesen Weg zu einer Konsolidierung der Grenzen und Verteilung der Staatsgewalt durchlaufen, wobei jeder Teil des Reiches ein immer größeres Recht auf Eigenpersönlichkeit erlangte. Das Sowjetimperium ist das erste in der Geschichte, das keine nennenswerte Dezentralisierung riskieren kann, wenn es nicht auseinanderbrechen will, aber auch keinen Stillstand seiner Expansion, weil der zur Schaffung einer lebenswerten Gesellschaft unfähige Kommunismus es nicht hinnehmen darf, daß es um ihn herum andere Gesellschaften gibt, die gegen ihn zeugen, die Bezugspunkte bilden, an denen man sein fortwährendes Scheitern in Maßstäben menschlichen Glücks ablesen kann. Die alten Reiche, waren sie einmal saturiert, bemühten sich vor allem darum, in Ruhe gelassen zu werden, fanden einen Modus vivendi mit ihren Konkurrenten, hielten ihre Prokonsuln, Sultane oder Vizekönige nur noch am langen Zügel, fügten sich ein in ein »Konzert der Nationen«, in ein Gleichgewicht der Mächte, und gelangten im Innern in das Stadium der pluralistischen Zivilisation, die so schöpferische, prächtige Kulturen hervorgebracht hat wie das Zeitalter des Hellenismus oder des maurischen Spaniens. Die Vielfalt der »Kulturen« ist in kommunistischen Ländern gänzlich unbekannt, einmal, weil es keine kommunistische Kultur gibt, sodann aber, weil jede kommunistische Gesellschaft, selbst wenn sie von Moskau abgefallen ist, im wesentlichen das gleiche Modell reproduziert, den gleichen genetischen Code hat; winzige Abweichungen erklären sich allenfalls aus den persönlichen Idiosynkrasien der jeweiligen Führer.

Beim »Mächtegleichgewicht«, vor allem im »europäischen Konzert«, besteht der Irrtum der Diplomatie der demokratischen Staaten gerade darin, daß sie sich auf die aus dem 19. Jahrundert überkommenen Formen verlassen und gemeint hat, man könne auch mit der Sowjetunion den Tauschhandel von Konzessionen gegen einen vielleicht teuer erkauften, aber endgültigen Expansionsstop treiben. Der letzte und talentierteste Irrtum dieser Art, jedenfalls als eine des Namens »Entspannung« würdige Theorie gedacht, wurde von Henry Kissinger begangen. Die Theorie ist falsch*, weil sie die unverwechselbare Eigenart des Kommunismus nicht berücksichtigt, so wie man

---

* Siehe 13. Kapitel.

vor dem Kriege die Eigenart des Nationalsozialismus nicht bedacht hat, daß es sich nämlich um Systeme handelt, deren Überleben in jedem Augenblick vom Streben nach der Weltmacht abhängt, und zwar weltanschaulich und realpolitisch. Konzessionen dämpfen die expansionistische Gefräßigkeit solcher Systeme nicht, sondern regen sie noch an.

Die Sowjetführer, die das Endziel niemals aus den Augen verlieren, wissen, daß sie ihm nur dann Tag um Tag ein Stückchen näher kommen, wenn sie ständig aktive Wachsamkeit üben, und sie beweisen ja unentwegt, wie sehr ihnen diese aktive Wachsamkeit eigen ist. Ihr großes Können äußert sich darin, daß sie an allen Punkten des geringsten Widerstandes aktiv werden, die sich irgendwo in der Welt zu irgendeinem Zeitpunkt zeigen. Nichts ist ihnen unwichtig, keine Position zu bescheiden, um sie einzunehmen, von der winzigen Karibikinsel Grenada, die im März 1979 »Volksrepublik« wurde, bis zum großen Äthiopien. Die aktive Wachsamkeit äußert sich allerdings nicht in erster Linie durch das allzu auffällige Verfahren, Einflußgebiete auszuweiten und die Zahl der befreundeten Regime zu vergrößern. Meistens beginnt alles mit tastenden Versuchen, die unbemerkt bleiben und bei denen man von strahlender Unschuld bleibt; in diesen Bereich gehören zum Beispiel die vielen Fischereiabkommen und Fangflottenentsendungen, wobei die unerwartetsten Partnerländer überall in der Welt an die Reihe kommen. Das ist ein guter Start, weil er die Benutzung eines Hafens ermöglicht, die Einrichtung eines Stützpunkts, den Einsatz von Spionageschiffen, und dazu die lohnende Plünderung fischreicher Gewässer. Der Sowjetimperialismus ist nicht nur quantitativ bemerkenswert, durch die Masse nämlich, mit der er ständig auf alle denkbaren Verwerfungszonen Druck ausübt, sondern auch qualitativ durch das breit gefächerte Arsenal der verwendeten Mittel – vom Abschluß immer neuer »Freundschaftsverträge« mit den Staaten bis hin zum geweckten oder geschürten Terrorismus gegen eben diese Staaten, mit allen erdenklichen »individuellen« Zwischenformen.

Bei diesen so verschiedenen Formen geht es stets darum, Krisen zu nutzen, von jedem Augenblick zu profitieren, da sich der Gegner eine Blöße gibt, in jede noch so winzige Lücke zu stoßen. Die Sowjetunion geht, von Irrtümern abgesehen, immer nur dann einen Schritt weiter, wenn sie ihres Erfolges sicher sein kann. Geht die Sache schief, muß dies auf jeden Fall als ein Versagen ihrer Lakaien, nicht der eigenen Führer wirken. So gesehen ist der Krieg in Afghanistan zweifellos das Ergebnis einer Fehleinschätzung der Widerstandskraft der Bevölkerung gewesen. Wie wir sahen, hat die Expansion seit dem Zweiten Weltkrieg zweimal gewaltige Fortschritte gemacht; in beiden Fällen war der Westen nicht darauf gefaßt oder gelähmt: 1945 und 1975. Zwischen 1945 und 1950 hat die UdSSR von dem raschen, unglaublich törichten Abzug der amerikanischen Befreiungsarmeen profitiert, um den Kommunismus in Ost- und Mitteleuropa, mit alleiniger Ausnahme Österreichs, durchzusetzen. 1975 hatten das Vietnamdebakel und die Amtsenthebung von Präsident Nixon die Vereinigten Staaten in Schreckensstarre versetzt, und Westeuropa, genüßlich auf dem weichen Sofa der Entspannung ruhend, beglückt von der Demütigung der Amerikaner und von der Schlußakte von Helsinki, war fest entschlossen, an nichts, was die Sowjetunion tun oder lassen könnte, Anstoß zu nehmen. In weniger als fünf Jahren wird die eurasische Großmacht, die bis auf *eine* schon alle Mächte überflügelt hat, zur weltweit agierenden Supermacht, die ihre starken Äste und vielversprechenden jungen Zweige nach Südostasien, Afrika, dem Mittleren Osten und Mittelamerika ausstreckt. Diese gewaltige Ausbreitung entspricht der sowjetischen Grundregel, daß militärische Überlegenheit nicht dazu da ist, Krieg zu führen, wenn man ihn vermeiden kann, sondern seinen Willen ohne Krieg durchzusetzen, den politischen Herrschaftsbereich auszuweiten, ohne kämpfen zu müssen. Die Europäer wären gut beraten, wenn sie diese Grundregel nicht aus den Augen verlieren würden. Sehr zu Unrecht unterstellen sie, es bleibe ihnen nur die Wahl zwischen dem Einmarsch der Roten Armee und völliger Freiheit: Es gibt auch die überwachte Freiheit.

Das militärische Kräfteverhältnis bildet die Grundvoraussetzung für alle Konfrontationen, ist im Einzelfall jedoch für den Ausgang weniger wichtig als die Wahl des geeigneten Augenblicks. Das zeigt sich besonders deutlich bei der Ausnutzung aller nur erdenklichen Krisen und Revolutionen durch die Sowjetunion. Im Januar 1982 hat Alain Besançon bei einem Kolloquium über den Pazifismus und die europäisch-amerikanischen Beziehungen darauf hingewiesen, daß die internationale kommunistische Bewegung mit der UdSSR an ihrer Spitze Revolutionen nicht oder nur sehr selten *in Gang setzt*: sie bringt die Macht *innerhalb* der Revolutionsbewegungen an sich*. Sie *infiltriert* die Revolutionen und Regierungen. Deshalb können militärische Mittel gegen solche Aktionen von vornherein nichts verschlagen. Die in den Totalitarismus Verliebten schließen daraus mit Befriedigung, daß die Gewalt, wie sie sagen, niemals stärker ist als die Sehnsucht der Völker nach Unabhängigkeit und Freiheit. Der Schluß ist falsch, weil die Vereinnahmung der Revolutionen und Befreiungsbewegungen durch den Kommunismus sicherer als alles andere die Sehnsucht der Völker nach Unabhängigkeit und Freiheit unterdrückt. Auf ihrem Weg von einem Despotismus in den andern haben es zwischen 1979 und 1981 gerade wieder die Nikaraguaner erlebt. Als die internationale kommunistische Bewegung es 1974 und 1975 um ein Haar geschafft hätte, die portugiesische Revolution für sich zu nutzen, vertrat die Kommunistische Partei in Portugal nur ein reichliches Zehntel der Wählerschaft, was sich dann auch bei allen Wahlen trotz der Bemühungen der Kommunisten, sie zu verhindern oder die Ergebnisse von vornherein als unglaubwürdig hinzustellen, bestätigt hat. Wäre dieses Komplott mit Unterstützung der »Bewegung der Streitkräfte«, die längst von Gewährsleuten der Kommunistischen Internationale beherrscht war, gelungen, so wäre eine Staatsgewalt gegen den Willen von mindestens 85 % der Portugiesen entstanden. Trotzdem hätten große Teile der westlichen Öffentlichkeit, also durchaus nicht nur die Kommunisten, eine solche Diktatur wohl zumindest anfänglich als einen Sieg der Demokratie und der Kräfte des Fortschritts gefeiert. Später aber wäre keine militärische Maßnahme des demokratischen Lagers eine geeignete Reaktion auf eine solche von langer Hand vorbereitete, geschickte Vereinnahmung der Revolution gewesen. Auch die öffentliche Meinung im Westen hätte empört aufgeschrien bei einer solchen Maßnahme. Daß die kommunistische Verschwörung jedenfalls in Portugal, wenn schon nicht in seinen ehemaligen Kolonien, erfolglos geblieben ist, verdankt das Land einer politischen Auseinandersetzung, einem Wettstreit der Ideen und unparteiischer Information durch einen großen Teil der in Lissabon viel gelesenen und einflußreichen Auslandspresse, die Tag für Tag die Hintergründe der Operation darstellte, vor allem aber den mutigen Demokraten in Portugal selber, die allen

---

* Protokolle des Kolloquiums *The Transatlantic Crisis*. New York 1982.

Einschüchterungsversuchen widerstanden und sich nicht provozieren ließen. Der Kampf mit den Mitteln ehrlicher Information war schwierig. Moskau hatte die Kommunistische Partei Frankreichs mobilisiert, um die große Pauke der totalitären Propaganda zu schlagen; die KPF hielt die Sozialistische Partei und die prosozialistische Presse des Landes unter ihrem ideologischen Einfluß, und die PSF trug denn auch Entzweiung in die Sozialistische Internationale und drängte darauf, die portugiesischen Sozialisten ihrem Schicksal zu überlassen. Trotzdem wurde dieser Kampf mit knapper Not gewonnen, und zwar allein mit politischen Waffen und, warum sollte man es nicht so nennen, mit der Wahrheit. Was beweist, daß es falsch ist, sich ihrer nicht häufiger zu bedienen.

Wer noch an »politisches Fingerspitzengefühl«, an die Vorteile einer »globalen Strategie«, an den Erfolg des hochmütigen Machiavellismus glaubte, hatte hier, das Schauspiel der portugiesischen Verschwörung verfolgend, Gelegenheit zu der Feststellung, daß ein Gelingen des kommunistischen Vorhabens für die Demokratien ein schwerer und teurer Rückschlag gewesen wäre, daß sein Scheitern dagegen unbemerkt geblieben ist, außer für wenige Eingeweihte. Hätte sich Portugal in eine »Volksdemokratie« verwandelt, wäre dies für den Westen, der sein Spiel offen und mit erklärtem Engagement spielte, ein ungeheurer Prestigeverlust gewesen, ein politischer Rückschlag und auch eine strategische Schwächung durch den Verlust des NATO-Staats Portugal. Moskau dagegen hatte sich wie üblich bedeckt gehalten, hatte seine Gewährsleute, ob sie nun amtlich abkommandiert waren oder nicht, aus der Ferne gesteuert und war bei diesem Staatsstreichversuch nur unter Pseudonym tätig geworden. So trugen allein die örtliche Kommunistische Partei und ein paar uniformierte Wirrköpfe die Verantwortung für den Fehlschlag. Bei jeder Konfrontation über lokale Akteure zwischen dem Kommunismus und den Demokratien tritt die Sowjetunion erst dann als Mitspieler ins Rampenlicht, wenn sie die Partie gewonnen hat, die Demokratien, wenn sie sie verloren haben.

Die aktive Wachsamkeit im Dienste der universalen Vision, die der sowjetischen Außenpolitik immer wieder Erfolge einträgt, zeigte sich allerdings an dem raschen Zugriff, mit dem Moskau seine in Lissabon gescheiterte Operation zu einer erfolgreichen Operation in Afrika machte, in den ehemaligen portugiesischen Kolonien nämlich. Auch dort war die Vereinnahmung nationaler Befreiungsbewegungen nur möglich dank langer Vorbereitung und dank geduldiger Einschleusung von Agenten der Internationale, die sich bereithielten, im richtigen Augenblick die Macht zu übernehmen und die »befreiten« Länder im Handumdrehen unter der Flagge der Befreiung von einem Kolonialismus in den nächsten zu führen. Ob Friedensliebe, wie sie allen Menschen eigen ist, ob Nationalismus – der Kommunismus versteht sich darauf, solche Gefühle zu nutzen, um den demokratischen Einfluß auszuschalten. Er verwendet sie als Triebkräfte, die man, wenn sie ihre Schuldigkeit getan haben, erbarmungslos unter dem Stiefel des Totalitarismus zertreten kann. Sogar die religiöse Revolution im Iran, die dem Geist des Marxismus-Leninismus so sehr widerspricht und den Kommunismus verbal nachdrücklich ablehnt, kann ihm als Vehikel dienen, zu dessen Benutzung sich die UdSSR seit langem bereithält, um aufzuspringen, sobald die iranische Gesellschaftsordnung und die Autorität der Führer zerbrechen. Das immer schrecklichere Chaos kann jeden Augenblick die Chance bieten, die Organisation und die Männer der Tudeh, der iranischen kommunistischen Partei, ans Licht treten und im allgemeinen Debakel als die einzigen Garanten für die Rückkehr zu geordneten Lebensverhältnissen erscheinen zu lassen. Selbst die Verhaftung von Tudeh-Führern durch die Chomeini-Leute hat diese Möglichkeit nicht ausgeschlossen.

Die schiere Gewalt wird bei der Vergrößerung des Moskauer Imperiums auf zwei Ebenen eingesetzt, der höchsten und der niedrigsten, also an den beiden Enden des Spektrums strategischen Mitteleinsatzes. Einmal dient sie zum Ausüben umfassenden strategischen Drucks, damit die Metropole des Kommunismus *ohne Krieg siegen* kann, indem sie den Groß- und Mittelmächten ihren Willen aufzwingt, weil deren bescheidene Entschlossenheit zum Widerstand gegen einen neuerlichen Übergriff sogleich gelähmt oder verwässert wird durch das Gefühl, die Sowjets seien militärisch überlegen oder gleich stark. Zum andern dient die schiere Gewalt dazu, die Schwachen in gefahrlosen Operationen zu überrollen.

Boris Suwarin hat in einem 1948 erschienenen Aufsatz mit seinem sprichwörtlichen, wenn auch allzu lange verkannten Durchblick geschrieben: »Stalins Politik besteht aus Vorsicht, Geduld, Taktieren, Unterwanderung, Korruption, Terrorismus, Ausnutzen menschlicher Schwächen. Diese Politik greift nur dann frontal an, wenn sie ihrer Sache ganz sicher sein kann, und vergreift sich lediglich an einem selbst gewählten und im voraus besiegten Gegner.«* Nachdem Suwarin an die wichtige, wenn auch erstaunlicherweise für gewöhnlich ins Unterbewußtsein der Geschichte abgedrängte Tatsache erinnert hat, daß Stalin »zum Kampf gegen Deutschland erst gegen seinen Willen durch Hitler gezwungen wurde«, aus freien Stücken dagegen »sich niemals an einem Gegner dieser Größenordnung vergriffen hat«, nennt er als Belege den Dolchstoß in den Rücken des besiegten Polens, den Überfall auf Finnland, den Einmarsch in die baltischen Länder und Bessarabien. Diese Liste ist von Stalins Nachfolgern trotz »Tauwetter«, »friedlicher Koexistenz« und ähnlichen »Entspannungen« durch kühne Expeditionen verlängert worden, deren Lorbeerkränze noch nicht ganz so verwelkt sind: Berlin, Budapest, Prag, Kabul, Warschau. Wie man sieht, geht es dabei nur noch um Polizeimaßnahmen, die im Imperium die koloniale Ordnung wiederherstellen.

Außerhalb des sowjetischen Machtbereichs, bei hartnäckigen, offensichtlich zum Widerstand entschlossenen Gegnern und einem Kräfteverhältnis, das nicht mindestens drei zu eins und möglichst drei zu null zu seinen Gunsten lautet, setzt Moskau immer erst andere, stets gleiche Mittel ein: »Unterwanderung, Korruption, Terrorismus«, sprich List. Und erweist sich eine Militäraktion als notwendig oder opportun, überläßt Moskau sie nach Möglichkeit der Armee eines Satellitenstaates wie Äthiopien oder ihren Kolonialtruppen wie den kubanischen Legionären. Die kommunistische Expansion ist im wesentlichen das Ergebnis von Voraussicht, Vorbereitung, Geduld und Geschicklichkeit; sie stützt sich auf die Kunst, andere tragende Kräfte als die Kommunisten einzusetzen, dazu auf Diskretion und Durchhaltevermögen, lauter Qualitäten, denen gegenüber die westliche Diplomatie mit ihrer notorischen Süffisanz und Geschwätzigkeit, kurzatmigen Effekthascherei und Zerstrittenheit den kürzeren ziehen muß.

Militärische Stärke allein genügt nicht, um dem Willen eines Landes, einer Gruppe von Ländern, einer Zivilisation Geltung zu ver-

---

* Zitiert nach einer Sammlung von Suwarin-Artikeln, »L'Observateur des deux mondes«. Paris 1982.

schaffen. Das beweist das Zurückgedrängtwerden des Westens in der ganzen Welt zwischen 1950 und 1970, also in den zwei Jahrzehnten, als die Überlegenheit bei den Demokratien lag. Wenn sie es damals nicht geschafft haben, der UdSSR ein dauerhaftes Gleichgewicht aufzuzwingen, wie sollten sie es heute können? Die Geschichte hat der realistischen Intelligenz, der Entschiedenheit und der Skrupellosigkeit den Vorzug gegeben. Wie sollte dieser Vorzug nicht immer deutlicher werden, da jetzt nicht nur die List, sondern auch die Stärke auf der kommunistischen Seite zu finden ist?

11. Langzeitperspektive und Erinnerungsvermögen

Innen- oder Außenpolitik kann und darf sich nicht völlig von dem abhängig machen, was bisher geschehen ist. Die Vergangenheit auf sich beruhen lassen kann die beste und die schlechteste Lösung sein: die beste, wenn man bei der Analyse die überholten Elemente wegläßt, um sein Vorgehen nach den aktuellen auszurichten; die schlechteste, wenn man in eine törichte Blindheit für die Lehren der Geschichte verfällt, weil das zur Wiederholung früherer Fehler führt. Nicht zu merken, daß er es mit einer neuen Lage zu tun hat, ist ein schwerwiegendes Versagen bei einem Diplomaten. Doch eine alte Lage, in der er sich zu seinem Schaden schon einmal befunden hat, nicht wiederzuerkennen, das ist noch unverzeihlicher.

Die Sowjets lassen sich das selten zuschulden kommen. Sie merken sich alle Reaktionen oder ausgebliebenen Reaktionen des Westens, sagen wir ruhig des Gegners, weil sie uns stets als den Gegner betrachten, auch in Zeiten der sogenannten friedlichen Koexistenz. Moskau kennt alle ausgefahrenen Geleise, in die sich die Demokratien immer wieder begeben, sobald sie sich mit einer Herausforderung konfrontiert sehen. Ihre Reaktion läuft häufiger auf Verwirrung und Verzicht hinaus als auf Gegendruck und eindeutige Forderungen. Der Kreml weiß das. Er hat es ja beobachtet bei der Erdölkrise von 1973, bei der sowjetisch-kubanischen Expansion in Afrika, nach der Mißachtung der Schlußakte von Helsinki, nach der Revolution im Iran, bei den Bürgerkriegen in Mittelamerika und der Polemik nach der Unterdrückung in Polen. Die Sowjets wissen auch, daß ihre Wirtschaft seit 1921 immer wieder von westlicher Hilfe profitiert hat, konkreten Handlungen also, die sehr viel mehr bedeuten als alle antikommunistische Rhetorik. Sie wissen, daß ihre Wortbrüche und Aggressionen vom Westen niemals mit beharrlichen Repressionen beantwortet worden sind, ja, nicht einmal zu einer endgültigen Einstellung der Finanz- und Technologiehilfe geführt haben. Sie wissen das, vor allem aber wissen sie, daß die Menschen im Westen das nicht wissen, daß deren öffentliche Meinung und sogar deren Regierungen es vergessen haben, vergessen und vergessen werden, so daß man sich im Wiederholungsfalle auf ihre grenzenlose Vertrauensseligkeit immer wieder verlassen kann.

Die großen Themen der diplomatischen Offensiven der Sowjets sind schon in den ersten Jahren der kommunistischen Herrschaft angeschlagen worden. Die geistige Grundstruktur der Vorschläge, die von den Demokratien bei jeder Wiederauflage als neu empfunden werden, liegt seit langem fest, ebenso wie die Techniken, die es der UdSSR erlauben, aus allen Verträgen mit dem Westen einseitige Vorteile zu ziehen. Die Auseinandersetzungen zwischen den westlichen Ländern nach 1970 um die Berechtigung der wirtschaftlichen Entspannung oder nach 1980 über die Frage, ob man dabei bleiben sollte, hatten für uns den Charme ganz neuer Erwägungen. Dieselbe wirtschaftliche Zusammenarbeit war aus sowjetischer Sicht nur die Verwendung eines bewährten alten Rezepts. »Wir brauchen dringend technische Hilfe der Vereinigten Staaten und Kanadas ... Wenn die Amerikaner ihre Zusagen einhalten, bedeutet das für uns einen ungeheuren Vorteil ... Die Vereinbarungen und die Konzessionen mit den Amerikanern sind für uns von außerordentlicher Bedeutung ... Ich bin der Ansicht, daß es von ungeheurer Bedeutung ist, das amerikanische Kapital heranzuziehen für den Bau ... der Erdölleitung in Georgien. Der Sohn (und Geschäftspartner) von Hammer hält sich in Rußland auf. Er ist im Ural gewesen und hat sich entschlossen, dort die Industrie wieder aufzubauen ... Müßte man Hammer nicht auch für den Elektrifizierungsplan interessieren, damit er uns nicht nur Brot gibt, sondern uns auch elektrische Ausrüstungen (natürlich auf Kredit) liefert? ... Mit den Deutschen läuft die Annäherung im Handel gut. Mit Italien beginnt sie: Es bietet uns einen Kredit an ...« Diese Sätze stammen aus dem Jahre 1921! Sie sind den Aktennotizen entnommen, die Lenin an die Mitglieder des Politbüros bzw. an die beiden Sekretäre des Zentralkomitees, Molotow und Michailow, sandte*. Sie zeigen, daß die Sowjetführer sehr früh ihre Ziele vor sich sahen: im Bedarfsfall ihrer Wirtschaft jeweils von den kapitalistischen Ländern aufhelfen zu lassen, wenn möglich auf deren Kosten oder jedenfalls zu günstigen, subventionsähnlichen Kreditbedingun-

---

* Lenin, Vollständige Werke, 5. Auflage, Band 44 und 53 der russischen Ausgabe.

gen. Die kapitalistischen Länder geben sich als Gegenleistung entweder mit ihrem eigenen Kinderglauben an eine wunderbare Demokratisierung des Kommunismus durch die Segnungen des Handels oder mit Versprechen zufrieden, in der Außenpolitik Zurückhaltung zu üben, woran sich die UdSSR jedoch nie gehalten hat und sich auch nicht zu halten beabsichtigte, was sie im übrigen mit lobenswertem Zynismus fast immer in kaum verhüllter Form erklärt hat. Sie wußte ja im voraus, daß die westlichen Staaten ihre Reinfälle bald vergessen haben und mit Begeisterung in die alte Rolle der tumben Wohltäter zurückfinden würden, solange Moskau sich dazu herbeiließ, einige Repliken ein wenig abzuwandeln. So ging es 1921, 1928, 1947 und vor allem seit 1970. Die Bilanz der Vorgeschichte und eine klare Vorstellung von der Zukunft, naheliegenderweise gestützt auf die einander ergänzende Vergeßlichkeit und Kurzsichtigkeit des Westens, erlaubten es Moskau, jede westliche Bemühung um ein *linkage*, also um die Koppelung von Wirtschaftshilfe an außenpolitische Mäßigung, Ausbreitungsstop des Sowjetimperiums und Aufgabe der Destabilisierung anderer Länder, im Keim zu ersticken. Für Moskau gehen politische Ziele ja stets wirtschaftlichen vor. Lenin hat selber schon bald nach dem Staatsstreich vom Oktober 1917 erkannt, wie wirtschaftlich unfruchtbar der Sozialismus ist, welche unermeßlichen Möglichkeiten er dagegen als Welteroberungsmaschine bietet. So darf der Kommunismus zwar von Zeit zu Zeit seinem chronischen Versagen in der Wirtschaft abhelfen, indem er bei den Ländern, deren Wirtschaft besser funktioniert, Kredite, Lebensmittel und Industriegüter abzapft, doch es widerstrebt ihm, für diese vorübergehende materielle Erleichterung ein größeres politisches Ziel aufzugeben. Außerdem ist das überflüssig: Die Sowjets wissen ja, daß jede Anwandlung, für die Hilfe Gegenleistungen zu verlangen, im Westen von kurzer Dauer ist. Sie beharren also auf ihrem politischen Vorteil und verlassen sich darauf, daß die Wirtschaftshilfe irgendwann wieder einsetzt, sobald aus den »Sanktionen«, die man ihnen androht, der übliche Streit zwischen den Demokratien geworden ist.

Bleibt dieser Streit einmal aus oder läßt er auf sich warten, geben also die Demokratien nicht nach, so sind die Sowjets durchaus bereit, auf einen wirtschaftlichen Vorteil vorläufig zu verzichten, um sich die Möglichkeiten zur politischen Expansion nicht schmälern zu lassen. So ging es 1947 beim Marshallplan. Damals boten die Vereinigten

Staaten durch ihren Außenminister George Marshall Europa die Mittel zum wirtschaftlichen Aufbau an: *ganz* Europa, einschließlich Osteuropas und sogar der UdSSR. Zunächst zeigte sich die Sowjetunion im Gegensatz zu ihrem späteren Verhalten, als sie die amerikanische Großzügigkeit als ein teuflisches Manöver des Imperialismus und der »Trusts« brandmarkte, an diesem Angebot durchaus interessiert. Stalin schickte sogar Molotow zu Gesprächen mit den Außenministern Großbritanniens und Frankreichs nach Paris. Doch er merkte bald, daß die Annahme der Marshallplanhilfe den fast abgeschlossenen Prozeß der festen Einbindung der Satelliten in den kommunistischen Block in Europa behindern würde, ja, das totalitäre System in der Sowjetunion selber erschüttern könnte. Die USA hatten ja für ihre Kreditgewährung zur Bedingung gemacht, daß sich die Empfängerländer miteinander über die Art der Verwendung einigten und ihre Volkswirtschaften aufeinander abstimmten. Das war der Embryo des späteren Gemeinsamen Marktes. In den Augen der Sowjetführer bedeutete es die Schaffung eines gesamteuropäischen Konsultations- und Vereinbarungssystems, eine Verflechtung der Wirtschaftstätigkeit und eine gegenseitige Durchdringung der Gesellschaften; auf jeden Fall wäre die totalitäre Herrschaft über die Satellitenländer zerbrochen, und selbst der Kreml wäre in Schwierigkeiten geraten. Wie hätten die Tschechoslowakei, Polen, Ungarn oder Rumänien, wie hätte Ostdeutschland der Anziehungskraft eines Westeuropas widerstehen können, das 1950 den kräftigsten Wirtschaftsaufschwung seiner ganzen Geschichte begann? Um sie zu zwingen, im sowjetischen Machtbereich zu verbleiben und die graue Misere des Alltags hinzunehmen, die mit dem sozialistischen Wirtschaftssystem einhergeht, mußte man sie gewaltsam und restlos vom Westen abschotten. So lehnte die UdSSR für sich selber die Marshallplanmittel ab und zwang auch ihre Satelliten zur Ablehnung. Ein Ultimatum Stalins untersagte vor allem der Tschechoslowakei, die sich bis zur letzten Minute Illusionen gemacht hatte, die Annahme der Marshallplan-Hilfe. Man mag einwenden, es sei die erste Pflicht einer Nation, keine politischen Bedingungen für eine wirtschaftliche Zusammenarbeit hinzunehmen. Das sei der Preis der Unabhängigkeit. Aber in diesem Falle handelte es sich um das genaue Gegenteil: Die UdSSR wollte ihre Hand auf den Ländern behalten, deren Unabhängigkeit sie unter Verletzung der gleich nach dem Zweiten Weltkrieg eingegangenen Verpflichtungen zerstört hatte. Was sie wollte, waren die Marshallplangelder und zugleich der Erhalt der absoluten Herrschaft über ihr eben zusammengerafftes europäisches Imperium, das auch nicht durch die Andeutung politischer Bedingungen erschüttert zu werden drohte (die Amerikaner hatten zu keiner Zeit welche gestellt), sondern durch die bescheidene Öffnung der Grenzen, die für eine Koordinierung der Wirtschaftstätigkeit erforderlich war. 1947 haben die Sowjets über die Wirtschaftshilfe nicht das Recht aller auf Unabhängigkeit gestellt, was normal gewesen wäre, sondern ihr eigenes Recht auf imperialistische Unterdrückung.

Sie haben recht behalten, und ihre Langzeitperspektive hat sich einmal mehr als klug gewählt erwiesen, denn fünfundzwanzig Jahre später haben die westlichen Staaten in einem neuen Anlauf der UdSSR und ihren Satelliten wiederum Kredite, Getreide und Technologie angetragen. Außerdem ging mit dieser massiven Wirtschaftshilfe 1975 in der Schlußakte von Helsinki die offizielle Anerkennung der unrechtmäßig erworbenen Gebiete des Sowjetimperiums einher; durch das Verbleiben der Roten Armee in Mitteleuropa nach dem Kriege und durch die verschiedenen kommunistischen Staatsstreiche war dieser Teil des Kontinents der totalitären Sphäre einverleibt worden. Die westlichen Staaten haben zwischen diesen beiden Geschichtsabschnitten keine Verbindung hergestellt, haben sich nicht klargemacht, daß für Breschnew, der in diesem Punkt Stalins Politik intelligent fortsetzte, *die Entspannung der Marshallplan ohne dessen Nachteile* war und noch den Zusatznutzen hatte, daß die Eroberungen international abgesegnet wurden. Den Sowjetführern war das durchaus klar. Sie erblickten in der Entspannung den zweiten Teil einer unvollendeten Operation, die Frucht geduldigen Durchhaltens. Man darf ja nicht vergessen, daß auch die Schlußakte von Helsinki eine Idee der Sowjets war, die sie mit bohrender Insistenz an die fünfzehn Jahre lang immer wieder vorgebracht hatten, unermüdlich in jeder westlichen Demokratie »Überzeugungsarbeit« leistend, bis 1975 der Erfolg da war.

Es ist ein Paradestück der Langzeitperspektive, daß es Moskau gelungen ist, den Demokratien in zwei Etappen, 1945–50 und 1970–75, die Gebietsgewinne abzuringen, die es sich von dem am 23. August 1939 abgeschlossenen Deutsch-Sowjetischen Pakt versprochen hatte. Indem er Hitler freie Hand ließ, den größten Teil Europas zu erobern, durfte Stalin darauf rechnen, als Lohn etliche Gebiete im Osten und Norden an sich zu bringen oder behalten zu können. Hitler beging den Fehler, die Sowjetunion anzugreifen, bevor er Großbritannien niedergerungen hatte, was er im Sommer 1941 noch einmal hätte versuchen können, als die Vereinigten Staaten noch nicht in den Krieg eingetreten waren. So machte er Stalin gegen dessen Absicht zum Verbündeten der demokratischen Mächte. Das Paradox ist, daß Stalin und seine Nachfolger aus ihrer unfreiwilligen Beteiligung am Krieg gegen die Nationalsozialisten den gleichen, ja noch mehr Gebietsgewinn zogen als den aus dem Bündnis mit ihnen erhofften.

Die Erfolge der Sowjetdiplomatie sind nicht das Ergebnis einer besonderen Genialität der Männer im Kreml. Sie erklären sich aus dem konsequenten Festhalten an einer Methode, zu der vor allem die Kontinuität im Vorgehen, die ständige Nachprüfung der Angemessenheit dieses Vorgehens, vor allem aber die Hinnahme des langsamen Vorankommens als Grundlage für solide, nicht mehr rückgängig zu machende Resultate gehören. Die Diplomatie der Demokratien dagegen, so intelligent die Verantwortlichen sein mögen (wobei ihre Intelligenz allerdings zumeist außerhalb des politischen Feldes zur Geltung kommt), ist eine nicht kontinuierliche Diplomatie. Wegen des häufigen Wechsels der Regierungsmannschaften erlebt man immer wieder, daß die Gründe, aus denen die Vorgänger eine Entscheidung getroffen haben, in Vergessenheit oder Mißkredit geraten. Außerdem muß die demokratische Diplomatie der Öffentlichkeit ständig rasche, spektakuläre Erfolge bieten. Um so eher läßt sie sich von der Sowjetdiplomatie hereinlegen, die auf den Langstrecken gewinnt, denn in allem, was Moskau tut, das Ergebnis langfristiger Berechnung zu sehen, ist für die Staatsmänner im Westen ein Ausfluß absurden Verfolgungswahns. So galt es im Westen während der ersten Erdölkrise 1974 ebenso wie 1980 nach dem Einmarsch in Afghanistan als geschmacklos, zu meinen, die Sowjets seien auf eine mittelbare Schwächung Europas aus, das bekanntlich zu einem guten Teil auf das Erdöl aus dem Mittleren Osten angewiesen ist. Dabei findet man in Andrej Sacharows Buch »Mein Land und die Welt«[*] einen Hinweis, der sich auf eine Zeit lange vor den Erdölkrisen bezieht, auf die Übernahme der Kontrolle über den Jemen und Afghanistan und

---

[*] Deutsche Ausgabe: Wien 1975.

den Beginn der Destabilisierung der Emirate und Saudi-Arabiens nämlich: »Ich denke oft an die folgende Anekdote: *Im Jahre 1955 erklärte ein hoher Beamter des Ministerrats der UdSSR einer im Kreml versammelten Gruppe von Wissenschaftlern:* ›Von jetzt an‹ (also nach der eben beendeten Ägyptenreise von Schepilow, der damals dem Präsidium des ZK der KPdSU angehörte) ›beraten wir über die Neugestaltung der sowjetischen Politik im Nahen Osten. *Langfristig ist das Ziel die Ausnutzung des arabischen Nationalismus, um Schwierigkeiten in der Erdölversorgung der europäischen Länder herbeizuführen und sie auf diese Weise gefügiger zu machen.*‹ Heute, da die Weltwirtschaft durch die Erdölkrise in Unordnung gestürzt ist, versteht man die ganze Heimtücke und die ›Realität des Erdöls‹ besser, die sich hinter der ›Verteidigung der gerechten Sache der arabischen Völker‹ verbirgt. Und dabei tut der Westen so, als glaube er tatsächlich, daß die UdSSR daran nicht beteiligt ist!«

Ich habe im Zitat die Wörter und Sätze herausgehoben, die beweisen, wie weit diese erste Konzeption zurückliegt gegenüber dem Zeitpunkt, da das Projekt 1973 Früchte brachte, außerdem die Klarheit der Problemanalyse und die Tatsache, daß hier auf höchster Ebene, nämlich im Kreml gesprochen wurde. Das Zeugnis stammt aus erster Hand, und der Zeuge ist wahrhaftig vertrauenswürdig. Daß erst ab 1973 unter den Mitteln zur Domestizierung Europas die drohende Energieknappheit und die Realität einer schweren, zu einem guten Teil aus der Verfünffachung des Rohölpreises entstandenen Wirtschaftskrise auftaucht, darf uns nicht vergessen machen, daß die Europäer einen Vorgeschmack des Kommenden bereits 1956 bekommen haben, als Nasser, der sich schon damals mit den Russen gut stellte, den Suezkanal verstaatlichte. Damals ging beinahe die gesamte Erdölversorgung Europas durch den Kanal. Die Auswirkungen dieser Verstaatlichung, der beschämende Ausgang der französisch-britischen Militärexpedition, die tiefe Verstimmung der Amerikaner, die ihre Verbündeten energisch aufforderten, das Abenteuer umgehend abzubrechen, sind bezeichnend für einen Ablauf, wie er fortan üblich wurde. Ich denke nicht daran, den Westen immer im Recht zu sehen. So versuche ich die Probleme in diesem Buch durchaus nicht anzugehen. Alle Gesellschaften in der ganzen Menschheitsgeschichte haben immer zugleich »recht« und »unrecht«, gerecht und ungerecht gehandelt. Doch ganz gleich wie ihre jeweils verschieden zusammengesetzten Bündel aus Lastern und Tugenden aussehen: Die einen Gesellschaften werden beseitigt, die anderen beseitigen. Warum und wieso?

Wenn die Sowjetunion den Südjemen zum Satelliten macht, in Afghanistan einrückt und sich bemüht, die Mächte auf der arabischen Halbinsel zu unterminieren, findet ein großer Teil der Weltöffentlichkeit, sie habe »unrecht«. Doch kaum jemand in den Demokratien neigt zu der Überzeugung, ja auch nur zu der Erwägung, diese verschiedenen Maßnahmen, so logisch sie sich ineinander fügen, könnten die Durchführung eines langfristigen Programms sein. Das ist es, was Sacharows Aussage uns klarmacht. Die kluge Verwirklichung der sowjetischen Pläne zahlt sich um so mehr aus, als die Demokratien sich weigern, sie zur Kenntnis zu nehmen und überhaupt einen Plan hinter dem langsamen, aber unaufhaltsamen Vordringen des Totalitarismus in der Welt zu erkennen. Dieses Vordringen ist nichts Künstliches, es stützt sich auf Realitäten, es nutzt die Schwächen, die Fehler, die Verwundbarkeit des Westens – daß er zum Beispiel in hohem Maße abhängig ist vom Erdöl aus dem Mittleren Osten oder aus Nordafrika, wo durch einen merkwürdigen Zufall die beiden erdölexportierenden Staaten, Algerien und Libyen, schon sehr früh zu den bevorzugten Partnern der Sowjetunion gehörten. Die Schwächen des Gegners nutzen und seine verwundbaren Stellen suchen – auch das ist durchaus nichts Besonderes. Die Überlegenheit des Kommunismus erklärt sich daraus, daß er »an nichts anderes denkt«, während die Demokratien sich damit nebenher, sporadisch und mit wechselnder Intensität beschäftigen. Sie erklärt sich ferner daraus, daß der Kommunismus nicht einen Augenblick aufhört, die nichtkommunistische Welt als den zu vernichtenden Feind anzusehen, während die Demokratien meinen, sie könnten sich ihre Rechte erkaufen, indem sie dem Kommunismus seinen Teil des Planeten nicht streitig machen. Sie vergessen dabei, daß der Kommunismus es sich nicht leisten kann, stehenzubleiben. Ohne Expansion stirbt er, weil er keines der inneren Probleme der von ihm geschaffenen Gesellschaften lösen kann. Man vermag sich gar nicht vorzustellen, womit sich der Staat in einer kommunistischen Gesellschaft beschäftigen sollte, wenn er die Expansion im Ausland nicht hätte. Die Nomenklatura würde vor Langeweile sterben, denn die stumpfsinnige Führung einer Wirtschaft, die untrennbar mit der Mittelmäßigkeit verheiratet ist, kann ihren Tätigkeitsdrang nicht befriedigen. Deshalb bestimmt auch nicht der Ausgang des Streites zwischen »Recht« und »Unrecht« der jeweiligen Handlungen den Sieger. Der Kommunismus ist die bessere Welteroberungsmaschine als die Demokratie, das wird den Ausschlag geben.

Die Demokratien neigen dazu, endgültige Verträge anzustreben, die der Welt auf Generationen eine Ordnung geben sollen. Sie möchten, daß endlich das Gleichgewicht der Mächte, die »internationale Gemeinschaft«, die »Struktur des Friedens« à la Kissinger erreicht wird, damit jedes Land sich zivilisatorisch betätigen kann mit Wirtschaftswachstum, kultureller Entwicklung, Erweiterung der Grundfreiheiten, Fortschritten bei der sozialen Gerechtigkeit. Alles soll einverständlich gehen, indem ein Weltparlament auf der Grundlage einer stabilen Ordnung die kleinen Konflikte schlichtet, die es noch geben könnte. Diese Vorstellung hat nach dem Ersten und nach dem Zweiten Weltkrieg den internationalen Konferenzen, den Friedensschlüssen und der Schaffung erst des Völkerbundes, dann der Organisation der Vereinten Nationen zugrunde gelegen; in der UN-Charta kommt die Philosophie des Fortschritts durch Zusammenarbeit in Stabilität ja deutlich zum Ausdruck. Diese Philosophie beseelte die westliche Seite noch 1975 bei den Vereinbarungen von Helsinki. Um zu erreichen, was sie als ein globales, dauerhaftes Gleichgewicht anstreben, haben sich die Demokratien seit vierzig Jahren stets bereit gezeigt, der Sowjetunion erhebliche Zugeständnisse zu machen, um ihr den eigenen guten Willen zu beweisen und sie zu gleichem Verhalten zu zwingen. Der Nachteil ist, daß alle diese Verträge, die in den Augen der Westmächte die krönende Kuppel der Stabilität darstellen, von den Kommunisten als Sprungbrett zur Destabilisierung angesehen werden. Die Kommunisten sind durchaus nicht darauf bedacht, den Wettlauf um die Weltherrschaft zugunsten des Wettlaufs um die Zivilisation aufzugeben, weil sie wissen, daß sie den letzteren schon verloren haben. Auch sie bemühen sich um Verträge, aber ihnen geht es um Garantien für sich, nicht für die anderen. Kaum ist eine Vereinbarung unterzeichnet, gehen sie dank ihrer aktiven Wachsamkeit irgendwo wieder zum Angriff über, nutzen die für das kommunistische Lager günstigen Bestimmungen und streichen in der Praxis die im Gegenzug eingegangenen Verpflichtungen. Die Verstöße gegen die Vereinbarungen von Helsinki sind noch jedermann gegenwärtig. Weniger deutlich erinnert man sich daran, daß Stalin nach dem Zweiten Weltkrieg keinen Augenblick verloren, sondern sofort die zum »Wiederaufbau« der Nachkriegswelt geschlossenen Verträge gebrochen hat, die Verträge von Teheran (Dezember 1943), Jalta (Februar 1945) und Potsdam (August 1945). Alle Waffenstillstandsvereinbarungen, alle Abkommen zwischen den Alliierten, alle Friedensverträge im Hinblick auf Deutschland, Polen, Ungarn, Bulgarien, Rumänien, Korea sind von den Sowjets gebrochen worden. Wie durch ein Wunder noch einmal davongekommen ist nur Österreich, und allenfalls kann man noch Finnland dazurechnen, das seinen Sonderstatus als Halbsatellit hat. Ebenso wurde 1973 in Indochina die Waffenruhe von den Kommunisten sofort gebrochen, und schon 1975 war Südvietnam von den Truppen Nordvietnams überrannt. Die Langzeitperspektiven sind nun einmal völlig verschieden: Die der Demokratien beruht auf dem Recht, für dessen Respektierung man sich vor allem auf die Loyalität oder pragmatische Zurückhaltung des Vertragspartners verläßt. Die der Kommunisten berücksichtigt nur das jeweilige Kräfteverhältnis und betrachtet Verträge als eines von vielen Mitteln, die ohnehin geringe Wachsamkeit des Gegners eine Zeitlang einzuschläfern. Sind Sowjetunion und Kommunistische Internationale in der Übermacht, so bemühen sie sich sofort, ihren Vorteil auszumünzen, Vertrag hin, Vertrag her; sind sie unterlegen, so ziehen sie sich eine Weile zurück, um möglichst bald wieder einen Anlauf zu nehmen. Außerdem wird jedes Segment der kommunistischen Operationen, und wenn es noch so lange erzwungenermaßen nicht verwendet werden konnte, sorgfältig frisch gehalten, um es zu gegebener Zeit in einer der nächsten Phasen einbauen zu können. Die Abschnitte der Vergangenheit werden also schließlich doch verbunden zu einem insgesamt kohärenten Vorgehen, das im Gegensatz zu dem der Demokratien niemals aufhört, solange es nicht wirklich zu Ende geführt worden ist.

12. Steter Tropfen höhlt den Stein

Da sie wissen, daß sie uns täuschen können, ohne uns je zu ernüchtern, betrachten die Kommunisten Rückschläge oder Zurückweisungen niemals als endgültig. Sie treten unermüdlich wieder an, bringen die gleichen Vorschläge, sorgen für die gleichen Unterwanderungen, unternehmen die gleichen Eroberungsversuche, bis sie an ihr Ziel gelangt sind, oder setzen etwas Gleichwertiges an die Stelle, das sich leichter verwirklichen läßt. Diese Zähigkeit beweisen sie in der Weltpolitik und jeweils in der Innenpolitik. Die Kommunistische Partei Frankreichs hat ebenso lange, zehn bis fünfzehn Jahre, geackert, bis sie das »Gemeinsame Programm« mit den Sozialisten zustande gebracht hatte, wie die Sowjetunion, bis sie von den westlichen Ländern die Zustimmung zu der schließlich in Helsinki beschworenen »Sicherheit und Zusammenarbeit in Europa« erlangt hatte. Die öffentliche Meinung und die Wähler im Westen lassen sich manchmal nicht mehr an der Nase herumführen, doch die Politiker sind stets zu großen Taten und Worten aufgelegt, sie stehen jeden Tag bereit, die trivialsten alten Hüte als glänzende intellektuelle Durchbrüche zu beweihräuchern. Auch dabei kann man sich getrost verlassen auf die Vergeßlichkeit der westlichen Staatsmänner, auf ihr Bestreben, mit den Kommunisten Verträge zu schließen, die sie für dauerhaft halten, auf ihre Furcht, als Störer des guten internationalen Einvernehmens dazustehen, wenn sie die gleichen Vorschläge zu oft ablehnen, selbst wenn diese den eigenen Interessen zuwiderlaufen. Bei der kommunistischen Taktik geht die konkrete Operation immer mit einer Propagandaaktion einher. Wird nichts aus der einen, hinterläßt jedenfalls die andere in den Gemütern ihre Spur und macht die Gegenseite bereitwilliger, den nächsten Vorstoß mit Entgegenkommen aufzunehmen.

So schlug die UdSSR 1958 einen Nichtangriffspakt zwischen den Ostsee-Anrainerstaaten vor, zwischen den Mitgliedsländern der NATO und des Warschauer Pakts sowie den Neutralen. Angesichts des Kräfteungleichgewichts zwischen diesen Ländern lief das auf den

Vorschlag einer totalen Beherrschung durch die UdSSR und die Verwandlung der Ostsee in ein sowjetisches Meer hinaus. Obwohl sich die Anrainerstaaten hüteten, sich von diesem hochherzigen Angebot verführen zu lassen, zumindest diejenigen, die frei entscheiden konnten, drang an das Ohr der entfernt lebenden Völker nur der Sirenenklang des Wortes »Nichtangriff«. Und wie sollte auf die Dauer nicht der Eindruck entstehen, ein Staat, der sich unablässig bemüht, Nichtangriffspakte zu schließen, könne nicht angriffslustig sein? Wenn es dafür noch einer Bestätigung bedurfte, kam sie bald darauf aus dem Munde von Marschall Bulganin: Die UdSSR schlug Norwegen die »Atomwaffenfreiheit« Nordeuropas vor; mit anderen Worten sollten Norwegen und Dänemark, die beiden skandinavischen NATO-Mitgliedsländer, sich aus diesem Militärbündnis zurückziehen. Das war ein erschreckend grob gestricktes Manöver, weil die UdSSR, selbst wenn sie ihre Gebiete an der norwegischen Grenze »atomwaffenfrei« machte, nichts von ihrer atomaren Schlagkraft aufgab. Als Werbegag war das Angebot dennoch von Nutzen, weil es zu der Vorstellung beitrug, Moskau sei doch irgendwie »gegen die Atombombe«. Der finnische Staatspräsident Kekkonen, für dessen Wiederwahl Moskau soeben gesorgt hatte, indem es seinen sehr aussichtsreichen Gegenspieler Honka vor der Präsidentenwahl von 1961 zum Verzicht auf seine Kandidatur gezwungen hatte, Kekkonen also schlägt 1963 erneut eine »atomwaffenfreie Zone« Skandinavien vor. Man kann nicht umhin, die Menschenfreundlichkeit zu bewundern, die den finnischen Präsidenten ausgerechnet in dem Jahr zu seinem Schritt bewegte, als Moskau versuchte, auf Kuba Raketen zu stationieren. Der krönende Abschluß dieses Feuerwerks kam achtzehn Jahre später, 1981, als die Sowjets, mit mehr Durchhaltevermögen als Phantasie begabt, ihr altes Lied wieder anstimmten und einmal mehr die atomare Neutralisierung Nordeuropas vorschlugen. Der Westen schien die verschimmelte Ware nicht wiederzuerkennen, die ihm in besseren Jahren schon mehrmals angeboten worden war. 1981 waren bessere Zeiten für die UdSSR angebrochen. Sie hatte es jetzt mit einem Norwegen zu tun, das angesichts der »Umkehr des Kräfteverhältnisses« zwischen Ost und West sehr viel weniger Widerstand leisten konnte. Mit Recht hatte sie also die Idee nicht zum alten Eisen geworfen. Keine Abfuhr entmutigt die UdSSR, wenn es darum geht, »Abrüstungspläne« ins Gespräch zu bringen, die nur den Westen abrüsten.

1957 legt der polnische Außenminister Rapacki der UN-Vollversammlung einen Plan zum Abzug der Atomwaffen aus Mitteleuropa vor, der so aussieht, daß die Vereinigten Staaten ihr ganzes Defensivsystem in Westeuropa aufgeben müßten, während das sowjetische Offensivsystem intakt bleibt. Breschnew unterbreitet Kissinger 1972 den Plan für eine Verzichterklärung der UdSSR und der USA auf den Einsatz von Kernwaffen gegeneinander. Diese »friedliche Bombe«, wie Breschnew in einem sprachlichen Geniestreich seinen Täuschungsversuch nannte, fiel zu einem Zeitpunkt, da die Sowjets mit den Amerikanern bei den Atomwaffen gleichgezogen hatten, bei den konventionellen Waffen aber überlegen geblieben waren. Die nukleare Abschreckung zu neutralisieren bedeutete demnach, daß die UdSSR überlegen wurde, zumal gegenüber den NATO-Streitkräften, die ohne den amerikanischen »Atomschirm« die Armeen des Warschauer Pakts nicht aufhalten konnten. Außerdem sollte der sowjetische Vorschlag Breschnew noch freie Hand für einen etwaigen Atomwaffenangriff auf China geben. Trotz der beinahe amüsanten Ungeheuerlichkeit seines Ansinnens blieb Breschnew dabei und brachte es mit unbeirrbarer Selbstsicherheit bei jeder Gelegenheit wieder vor; Kissinger hatte seine liebe Not, das Schlimmste zu verhüten, indem er ein Versprechen globaler gegenseitiger Zurückhaltung daraus machte. Er kommentiert diesen Vorgang mit den Worten: »Die Sowjetdiplomatie kennt kein Ausruhen.«[*] Sie stellt das Projekt als einen »bedeutenden Beitrag zur Entspannung« hin. Die Westmächte müssen es annehmen, plädieren die Sowjets, weil es zu einer »Klimaverbesserung« führt. Kaum ist eine Vereinbarung zustandegekommen, bringt der Kreml einen neuen Vorschlag, der für ihn noch günstiger ist, und betont, jedes Widerstreben des Westens würde zu einer »Klimaverschlechterung« führen. In gleicher Absicht haben die Sowjets, wie wir wissen, den Westen in den Jahren seit 1980 mit »Abrüstungsplänen« überschwemmt, die einer Aufstellung der Mittelstreckenraketen in Europa »Einhalt gebieten« sollten: Sie wollten ihre auf Westeuropa gerichteten Raketen behalten, wir sollten die Aufstellung der unseren, die erst auf dem Papier standen, unterlassen. Im Januar 1983 hat Juri Andropow aus der Wundertüte den Uraltvorschlag eines »Nichtangriffspakts« mit dem Westen

[*] Henry A. Kissinger, Memoiren, 1973–1974. Bd. 2. München 1982.

hervorgeholt. Alle diese Angebote, von den ältesten bis zu den jüngsten, entsprechen bei den Sowjets einer klugen Berechnung: Man muß der Weltöffentlichkeit die Überzeugung vermitteln, sie bemühten sich um Entspannung, muß die atomare Apokalypse als Schreckgespenst verwenden und dabei unablässig an der Entwicklung der eigenen strategischen Waffen weiterarbeiten. Nach den in einem Vierteljahrhundert erzielten Ergebnissen scheint die Methode nicht schlecht zu sein.

In diesem Lichte müssen wir die Rückschläge für die Kommunisten zu sehen lernen. Solche Rückschläge gibt es ganz sicherlich, doch die UdSSR betrachtet sie niemals als einen Endpunkt. Ihr entscheidender Trumpf, den sie ihrem totalitären System verdankt, ist die Tatsache, daß sie warten kann und zu warten bereit ist. Das hat sie zum Beispiel in Afghanistan bewiesen, wo sie nach dem Einmarsch auf einen unerwartet ausdauernden und heftigen Widerstand der Bevölkerung gestoßen ist. Zweieinhalb Jahre nach der sowjetischen Intervention waren die ländlichen Gebiete, in denen 85% der Menschen leben, nach Aussage eines im Frühjahr 1982 zurückgekehrten Reporters vom kommunistischen afghanischen Staat und der sowjetischen Expeditionsarmee nach wie vor nicht unter Kontrolle gebracht*. So entstand in Presse, Funk und Fernsehen die Klischeevorstellung von der »verfahrenen Situation«, in die sich die UdSSR gebracht habe, vom »Vietnam der Sowjets«. Der Vergleich hinkt: Die afghanischen Widerstandskämpfer sind nicht von einer Supermacht unterstützt und mit modernen Waffen ausgerüstet worden wie Nordvietnam von der UdSSR und zusätzlich von China; die Sowjetunion hat sich nicht mit einer öffentlichen Meinung im eigenen Lande auseinanderzusetzen, die diesen fernen Krieg ablehnt, nicht mit Medien, die tagtäglich mit den amtlich verkündeten Wahrheiten ins Gericht gehen, nicht mit jungen Männern, die den Militärdienst verweigern und ins Ausland gehen, was für den Staatsbürger eines kommunistischen Staates ja undenkbar wäre. Eine Demokratie kann einen Krieg nicht durchstehen, wenn sie nicht von der Meinung ihrer Bevölkerung getragen wird, selbst wenn sie dazu technisch auf dem Gefechtsfeld in der Lage wäre. Das haben die Vereinigten Staaten in Vietnam, die Franzosen in Algerien erlebt. Deshalb kann die Demokratie auch nicht die Zeit

---

*Gérard Chaliand in *L'Express* vom 16. Juli 1982.

für sich arbeiten lassen, es sei denn, die Öffentlichkeit im Lande sei von der Notwendigkeit der Auseinandersetzung zutiefst überzeugt. Das ist ihr ehrenvoller Vorzug und ihre Schwäche, nur selten ihre Stärke. Selbst Israel hat dieses Gesetz im Libanonkonflikt entdecken müssen, dem ersten der israelisch-arabischen Kriege, bei dem die Öffentlichkeit nicht mehr einhellig hinter ihrer Regierung stand. Weil die Union der Sozialistischen Sowjetrepubliken die öffentliche Meinung ausgeschaltet hat, oder jedenfalls deren Artikulation und Einfluß, kann sie sehr lange warten und eine Abnützungsbesetzung durchhalten, was den Vereinigten Staaten wegen der Notwendigkeit rascher und politisch akzeptabler Ergebnisse verwehrt war. In seiner Reportage kommt Gérard Chaliand denn auch zu dem Schluß: »Bei der Bewertung der derzeitigen Lage darf man einen entscheidenden Faktor nicht außer acht lassen: die Zeit. Die Sowjets haben noch nicht gezeigt, wozu sie militärisch fähig wären. Sie binden die afghanische Wirtschaft nach und nach in ihr System ein. Sie sind in Afghanistan, um dort zu bleiben.« Die Gleichgültigkeit der Weltöffentlichkeit ist dieser Verlängerung der zur Verfügung stehenden Zeit ebenso dienlich wie das Fehlen einer Meinung im eigenen Lande. Man verbrennt in Prag, Budapest, Ostberlin keine sowjetischen Fahnen, wie man während des Vietnamkrieges US-Fahnen in Rom, Paris, Bonn verbrannt hat. Die kommunistischen Satelliten sind keine kritischen Verbündeten, sondern stumme Kolonien. Die totalitäre Zwangsjacke macht Demonstrationen gegen den Sowjetimperialismus im Imperium selber unmöglich. Kein kommunistischer General de Gaulle, mit der Sowjetunion verbündet, dürfte sich eine Rede wie die des französischen Staatschefs in Phnom Penh erlauben, also wenige Kilometer von der afghanischen Grenze entfernt, sagen wir in Peschawar, eine heftige Anklage gegen die sowjetische Präsenz in Kabul vorbringen, so wie de Gaulle sie 1966 gegen die amerikanische Präsenz in Vietnam vorgebracht hat. Und in der Öffentlichkeit der demokratischen Länder selber geht die Verurteilung der Afghanistanbesetzung von einzelnen Gruppierungen und Personen aus; sie erreicht nicht ein Millionstel der Zündkraft und Massenbeteiligung der einstigen Demonstrationen gegen die Vereinigten Staaten. Die Sowjets werden zurückhaltend getadelt, die Amerikaner glühend gehaßt. Das werden sie auch jetzt noch bei jeder Gelegenheit. Gewiß, die UdSSR ist bei den Völkern in den Satellitenstaaten viel verhaßter als die USA bei den Völkern der mit ihnen verbündeten Länder. Doch dieser antikommunistische Haß in den kommunistischen Ländern sickert nur unter außergewöhnlichen Umständen einmal durch, und seine Wirkung ist begrenzt bzw. leicht in Grenzen zu halten. Die Demonstrationen gegen den Sowjetimperialismus im Westen sind eher symbolisch, und wenn dabei ausnahmsweise wie bei der Unterstützung des polnischen Volkes wirklich einmal Massen zusammenströmen, so verläuft sich das ganze folgenlos in wenigen Wochen. Im Falle Afghanistans haben sich nur dürftige Gruppen gefunden, die sich noch schneller in Luft auflösten, was den Vergleich mit Vietnam zusätzlich abwegig macht. Schon 1981 war Afghanistan nur noch etwas für auflagenschwache Informationsschriften oder Kolloquien unter Eingeweihten. Dabei bedenke man, daß Ende 1982 nach Auskunft des Hohen Kommissars für Flüchtlingsfragen die Anzahl der afghanischen Flüchtlinge über drei Millionen betrug, die meisten in Pakistan, eine halbe Million im Iran, und alle hatten seit dem Beginn der Sowjetisierung ihre Heimat verloren. Da Afghanistan 1978 etwa 13 Millionen Einwohner hatte, ist dieser Exodus prozentual so groß, als wären 12 Millionen Franzosen oder 60 Millionen Amerikaner geflohen. Er ist nur mit dem der Palästinenser zu vergleichen, hat aber bei den »Fortschrittlichen« in der Welt nicht zu vergleichbaren Protesten geführt. Selbst seriöse Mitteilungen, die beweisen, daß die Sowjets offenbar chemische und biologische Waffen gegen die afghanischen Widerstandskämpfer einsetzen, sind in der Öffentlichkeit auf Gleichgültigkeit gestoßen, auf das berufsbedingte Desinteresse in den Regierungsstäben ohnehin. Man sieht, auf wie schwachen Füßen die Gleichsetzung von Vietnam und Afghanistan steht, selbst wenn man die sehr verschiedenen Ursachen und Gründe der beiden Kriege außer acht läßt. Die Sowjets haben beliebig viel Zeit. Der anfängliche Mißerfolg ihres Unternehmens im Lande wird relativiert durch die Dauer, diesen unersetzlichen Stoff, über den nur verfügt, wem innenpolitisch kein Termin gesetzt ist.

Auch auf dem lateinamerikanischen Schauplatz hat die Sowjetunion ihr Durchhaltevermögen und ihre unerschöpfliche Fähigkeit bewiesen, beliebig oft bei Null wieder anzufangen. Ein Mißerfolg bedeutet für die Demokratien üblicherweise das Ende des Unternehmens, weil Opposition und öffentliche Meinung die Wiederholung von schlecht ausgegangenen Operationen so gut wie unmöglich machen. 1975 konnte die amerikanische Regierung nichts gegen die Kolonisierung von Angola durch die Sowjets und Kubaner unternehmen, weil der Kongreß nach dem Schrecken der Vietnamkatastrophe einfach nichts mehr hören mochte von einer militärischen Intervention in fernen Ländern, ganz gleich wo, und noch nicht einmal von einer politischen Stellungnahme. Ein Mitglied der Regierung Ford sagte mir damals im Vertrauen: »Wäre ich Kim Il Sung, würde ich morgen in Südkorea einmarschieren. Wir Amerikaner könnten nichts machen, wir würden nicht zu unseren Verpflichtungen stehen. Weder die Öffentlichkeit noch die Medien noch der Kongreß würden es gegenwärtig hinnehmen, daß amerikanische Truppen auf fremdem Boden kämpfen.« Ein totalitäres System dagegen, das nur sich selber Rechenschaft schuldet, kann eine liegengelassene Arbeit tausendmal wieder aufnehmen, zumal es die Möglichkeit hat, seine Mißerfolge dank der Pressezensur zu verheimlichen oder sie durch Propaganda zu beschönigen. In Südamerika ist das durchaus so gewesen. Mißerfolg der revolutionären Guerrillabewegungen in den sechziger Jahren in Bolivien, Peru und Venezuela. Mißerfolg sodann in Argentinien und Uruguay beim massiven Terrorismus, der nur dazu führte, daß Rechtsdiktaturen mit schauriger Härte ihrer Unterdrückungsmaßnahmen und ein halbamtlicher, unkontrollierter Gegenterrorismus entstanden. Mißerfolg schließlich bei dem Versuch, Chile in eine »Volksrepublik« zu verwandeln durch die Übernahme des innenpolitischen Machtmonopols, einer Macht, an die Salvador Allende zunächst legal, wenn auch nach Wählerstimmen in der Minderheit, gelangt war. Dieser Mißerfolg veranlaßte bekanntlich den Generalsekretär der Kommunistischen Partei Italiens, Enrico Berlinguer, 1973 zu seinen berühmten Aufsätzen über die Notwendigkeit des »historischen Kompromisses« mit der Mitte und der gemäßigten Rechten.

Nach dieser reichen Ernte von Mißerfolgen hätte jede andere Institution als die Weltzentrale des Kommunismus Lateinamerika abgeschrieben. Tatsächlich wurde das Relais Havanna auch auf Afrika umgepolt und die kubanische Kolonialinfanterie nach Äthiopien, Angola und noch ferneren Kriegsschauplätzen geschickt. Doch diese Umorientierung auf Afrika stellte nur eine Überprüfungsphase dar, durchaus kein Ausschließen einer Wiederaufnahme der Penetration in Lateinamerika. Moskau läßt sich ein Aufgeben niemals durchgehen. Jetzt, ab 1978, wählte man sich vor allem Mittelamerika und die

Karibik als Ziele mit den Ergebnissen, die in Nikaragua, El Salvador, Guatemala, Guyana, Jamaika, Grenada, Surinam festzustellen waren oder sind. Um auch hier ein Mißverständnis bei unvoreingenommenen Lesern zu vermeiden (gegen Voreingenommenheit ist ohnehin kein Kraut gewachsen): Ich betone, daß in meinen Augen die politische und soziale Lage der genannten Länder nur allzu oft die Volksaufstände, die dort aufgeflammt sind, erklärt und rechtfertigt. Was ich bestreite, ist die Behauptung, es gebe irgendeinen wesentlichen Grund dafür, daß die Übelstände, unter denen sie leiden, sie dazu führen müßten, Dominions der Sowjetunion zu werden. Sie dahin zu treiben ist ein Betrug, der ihre Schwierigkeiten nur noch vergrößert und vollends unlösbar macht. Die Krise ist echt, die Ummünzung der Krise in den Übergang zum Kommunismus ist künstlich. Im entscheidenden Augenblick kommt bei diesem Übergang das importierte Revolutionsengineering zum Zuge: terroristische Infiltration, von außen unterstützte Guerrillatätigkeit, politisches Komplott zur Erringung des Machtmonopols. Aus welchem Grunde sollte die Subversion ausgerechnet in Costa Rica aktiv geworden sein, der kleinen, sowohl im Hinblick auf ihren Lebensstandard als auch hinsichtlich ihrer ordentlichen demokratischen Praxis bemerkenswerten Musterrepublik *ohne Armee* in Mittelamerika? Oder man denke an Peru, wo das Volk kaum den Militärsozialismus, unter dem von 1968 bis 1979 das Bruttosozialprodukt um 60 % gefallen war, abgeschüttelt und sich mit dem Zentrumspolitiker Belaunde zum erstenmal seit zwölf Jahren einen legalen Staatschef gegeben hatte, als wie durch ein zufälliges Zusammentreffen ein Terrorismus losbrach, der nach Anzahl der Kämpfer, Organisation, Bewaffnung und Führung das »spontane revolutionäre Handeln« einer aufgebrachten Landbevölkerung mehr als dubios erscheinen läßt. Auch das ist ein schöner Beleg für das Stehvermögen der Sowjets und für das Axiom, daß in ihren Augen nichts jemals beendet ist, daß alles immer wieder neu begonnen werden muß und auch tatsächlich wird, so oft wie erforderlich und nach noch so langer Wartezeit.

So nimmt Moskau gleich nach dem Scheitern des Gaunerstücks der »Nelkenrevolution« in Portugal eine Frontschwenkung vor und richtet seine Bemühungen mit Erfolg auf die ehemaligen portugiesischen Kolonien inAfrika. Obwohl Angola oder jedenfalls der Teil von Angola, der sich von der Hauptstadt Luanda aus im Griff halten läßt, nur dank der Präsenz der sowjetisch-kubanischen Besatzungsmacht in den Händen der Kommunisten ist, hat Moskau es geschaft, nach und nach im Westen die Regierung in Luanda als die rechtmäßige Regierung erscheinen zu lassen (Frankreich hat zum Beispiel 1982 einen Kooperationsvertrag mit Luanda abgeschlossen), und zugleich betreibt der Kreml seit 1975 mit ameisenhaft emsiger Geduld die Errichtung des nächsten prokommunistischen Regimes im südlich an Angola angrenzenden Namibia, wo eine ergebene Organisation, die SWAPO (South West Africa People's Organization), ausgerüstet und finanziert wird, ein Pendant zur Polisario, die im Norden, am anderen Ende des Kontinents unterhalten wird. Ein weiteres Beispiel: Nachdem die Sowjetunion sich entschieden hat, Somalia aufzugeben zugunsten des größeren, mächtigeren, mehr Vorteile versprechenden Äthiopien, weil es unmöglich war, mit den beiden verfeindeten Nachbarländern verbündet zu sein, bemüht sie sich seit 1982, nach der Festigung der sozialistischen Macht in Äthiopien, wieder um Somalia. Unter ihrer Leitung und mit Hilfe kubanischer »Berater« werden als somalische »Aufständische« verkleidete Äthiopier gegen das antisowjetische Regime von Syad Barre nach Somalia geschickt. Moskau gibt das Spiel niemals endgültig verloren.

Was könnte diese Regel nachdrücklicher bestätigen als das sowjetisch-finnische Verhältnis? Unter den vielen Neuschöpfungen, die im Wortschatz der politischen Scheinheiligkeit auftauchen, erfreut sich der Ausdruck »Finnlandisierung« besonderer Beliebtheit und Langlebigkeit. Er weckt beim Hörer die vieldeutige Mischung aus Widerwillen und Angezogensein, in der vielleicht das Geheimnis der Wörter liegt, die sich halten. Kaum verhüllte Unterwerfung für die einen, tapferer Widerstand eines kleinen, zähen Volkes für die anderen, wirkt die Finnlandisierung auf die meisten Europäer als eine schwer faßbare, aber tröstliche Zwischenlösung, die es den Menschen erlaubt, sich an die unvermeidliche Knechtschaft zu gewöhnen. Vielleicht wird das Unglück eben doch gemildert durch Gewöhnung und durch das Vergessen der besseren Zeiten zuvor? Als schmerzloser Übergang, als gemütliches Vorzimmer könnte die Finnlandisierung so etwas wie eine Vorbereitungskur auf das »Glück in der Sklaverei« oder jedenfalls auf die Apathie sein, die gegen die Sklaverei unempfindlich macht.

Diese angenehmen Spekulationen gründen sich allesamt auf einen

Denkfehler. Sie unterstellen, Finnland habe die Finnlandisierung gewählt, und dabei war es die UdSSR, die sie nicht gewählt, sondern den Finnen mit Gewalt und Drohung aufgezwungen hat, weil sie jedenfalls vorläufig keine Möglichkeit sah, weiterzugehen. Die Finnlandisierung ist nichts als eine gescheiterte Sowjetisierung und in den Augen des Kreml eine vorläufige Lösung, an der irgendwann weitergearbeitet werden muß. Die Menschen im Westen begehen auch hier den üblichen Fehler: Sie verdrängen die Geschichte, einschließlich der jüngsten Vorgänge; sie machen sich die für Moskau günstigste, die von Moskau gewünschte Interpretation der Fakten zu eigen, indem sie ihre Diagnose auf Moskaus *Worte* und nicht auf Moskaus *Taten* stützen; vor allem aber glauben sie an das bekannte Trugbild vom dauerhaften Kompromiß, der um den Preis von einigen Konzessionen einen »Frieden für Generationen« sicherstellen wird.

Die Sowjetunion hat gegenüber Finnland die ganze Beharrlichkeit bewiesen, die ihre Außenpolitik kennzeichnet. Doch die Beharrlichkeit der Finnen war nicht weniger groß, und sie haben bei Berücksichtigung des grotesken Ungleichgewichts der Kräfte tatsächlich das Äußerste aus den schwachen Trümpfen herausgeholt, die ihnen Landesnatur und Weltlage gaben. Man darf mit Fug und Recht sagen, daß das finnische Volk die uneingeschränkte Bewunderung der freien Menschen für seinen Mut verdient. Doch ist es verwerflich, wie Olof Palme und Willy Brandt, die beiden geachteten Größen der Sozialistischen Internationale, bei jeder Gelegenheit zu erklären, die Finnlandisierung bedeute *keinerlei* Unterwerfung, *keinerlei* Einschränkung der nationalen Souveränität und könne damit das geeignete Klistier gegen das Siechtum Westeuropas sein. Daß die Finnen die Finnlandisierung erreicht haben, verdanken sie ihrem nicht vom leisesten Gedanken an Nachgeben getrübten Widerstand gegen die Sowjetisierung. Hätten sie sich gesagt: »Lassen wir uns doch finnlandisieren«, so wären sie nicht finnlandisiert, sondern sowjetisiert worden. Die Finnlandisierung war für sie nicht ein Ziel, sondern das teilweise Scheitern ihrer Bemühung um den Erhalt der nationalen Unabhängigkeit. Deshalb sind alle Gurus der »Selbstfinnlandisierung« in Wirklichkeit nichts weiter als Propagandisten und Wegbereiter des Sowjetimperialismus.

Dreimal wäre Finnland beinahe sowjetisch geworden: 1918, 1939 und nach dem Zweiten Weltkrieg. Das vom Zarenreich annektierte

Finnland macht sich den militärischen Zusammenbruch Rußlands 1917 zunutze und erklärt sich für unabhängig. Im Januar 1918 erkennen die Bolschewiken diese Unabhängigkeit an, so wie sie später auch die Georgiens, der Mongolei und Afghanistans anerkennen, indem sie nämlich zugleich durch ergebene Mittelsmänner eine »Revolution« im Lande anzetteln, um ein Regime sowjetischen Zuschnitts an die Macht bringen zu können. Trotzki schickt den als Rote Garde auftretenden finnischen »Revolutionären« massenhaft Waffen. Nach fünf Monaten heftiger Kämpfe behält der nationalgesonnene General Mannerheim die Oberhand und hat damit den ersten Sowjetisierungsversuch vereitelt. 1932 schließt die UdSSR in einem plötzlichen Anfall von Nachbarliebe mit Finnland einen ihrer unzähligen Nichtangriffs- und Freundschaftspakte, mit denen sie ja so freigebig ist wie Don Giovanni mit seinen Eheversprechen; ein KGB-Leporello könnte auf die Weise der Registerarie eine lange Liste von Bluthochzeiten besingen.

Der deutsch-sowjetische Pakt vom 23. August 1939 umfaßt ein geheimes Zusatzprotokoll, in dem das nationalsozialistische Deutschland anerkennt, daß Finnland »der sowjetischen Interessensphäre angehört«, im Klartext, Hitler läßt Stalin freie Hand, es zu vereinnahmen. Dieser, mit großartiger Länderverdauung gesegnet, beschließt, mit der Eroberung Ende Oktober zu beginnen, und er ist sogar taktvoll genug, den unverbrüchliche Freundschaft zusichernden Vertrag von 1932 vorher zu kündigen. Die Fortsetzung ist bekannt: Zum fassungslosen Erstaunen der Welt halten die Truppen des winzigen Finnland, nach wie vor von Mannerheim geführt, der Armee der riesigen Sowjetunion monatelang stand. Es kommt zu einem Kompromißfrieden im März 1940; Finnland muß der UdSSR einen Teil seines Staatsgebiets, die karelische Landenge und Teile Ostkareliens, abtreten. Der unentschiedene Ausgang ist für die Sowjetunion eine Niederlage, weil ihr Ziel die völlige politische und territoriale Annektion war, so wie in den baltischen Ländern.

Als sich Hitler im Juni 1941 gegen seinen Vertragspartner wendet und in die UdSSR einfällt, treibt der Haß auf die Sowjets Finnland ins deutsche Lager. So gehört es wie Italien, Bulgarien, Rumänien und Ungarn 1944 zu den Besiegten und muß, militärisch geschlagen, wenn auch weder am Ende seiner Kraft noch besetzt, einen Vertrag akzeptieren, der es weiteres Staatsgebiet kostet. Bewundernswerterweise hat die Sowjetunion auch hier aus ihrem unfreiwilligen Bündnis mit den Demokratien den Lohn bezogen, den sie sich von ihrer Komplizenschaft mit dem Nationalsozialismus erhofft hatte. Tatsächlich haben die Demokratien ja gegenüber der Sowjetunion nach 1945 Hitlers Zusagen eingelöst.

Halber Erfolg oder halber Mißerfolg? Die UdSSR ist jedenfalls entschlossen, sich damit nicht zufriedenzugeben. Schon bald bemüht sie sich, mit den anderweitig angewendeten oder in Anwendung befindlichen Rezepten Finnland zur »Volksdemokratie« zu machen. Im Frühjahr 1948, wenige Tage nach dem Staatsstreich in Prag, werden die Vorbereitungen zu einem Staatsstreich aufgedeckt, die von den an der Regierung beteiligten Kommunisten nach dem gleichen Muster getroffen worden sind: Ein Kommunist, Innenminister Leino, von seinem Gewissen getrieben, unterrichtet seine nichtkommunistischen Kabinettskollegen und den Oberbefehlshaber der Streitkräfte von dem Komplott. Die Armee entwaffnet die »politische Polizei«, den weltlichen Arm des bevorstehenden prosowjetischen Putschversuchs. Offensichtlich sind Verräter in Finnland schwer zu finden. Leino erklärt später ganz offen: »Ich kann jetzt bestätigen, daß es unmöglich ist, zwei Herren zu dienen, zugleich orthodoxer internationalistischer Kommunist und patriotischer finnischer Bauer zu sein.«* Der Held, der es auf sich genommen hatte, sein Vaterland vor der UdSSR zu retten und so dachte, wie er es später mit diesem Satz bewies, wurde prompt aus der Regierung ausgeschlossen, nachdem Schdanow, prominentes Mitglied des Politbüros der KPdSU, wütend interveniert hatte. Das war, objektiv gesehen, der Anfang der Finnlandisierung. Helsinki hatte die Entstehung einer Volksdemokratie vermieden, kam aber den Anweisungen Moskaus nach. Diese nach außen hin freiwillige politische Selbstaufgabe ist der Preis, den Finnland zahlen mußte, um sein Staatsgebiet bzw. das, was davon geblieben war, respektiert zu sehen und sein Eigenleben in einer nicht totalitären Gesellschaftsordnung führen zu dürfen. Nachdem dies feststand, mußten aber auch die Folgen hingenommen werden: Finnland erhielt nicht die Erlaubnis, Marshallplan-Hilfe anzunehmen; später, 1971, darf es nicht einmal die Aufnahme in die Europäische Wirt-

---

* Zitiert nach Claude Delmas, *La Finlandisation*. Bericht der 8. Studiengruppe der Association Française pour la Communauté Atlantique, 1977.

schaftsgemeinschaft beantragen, es bleibt bei einem Handelsabkommen. Moskau hat Finnland um diese Zeit mit zwei parallelen Pressekampagnen unter Druck gesetzt: eine in der sowjetischen, die andere in der kommunistischen französischen Presse, wobei das schwer verständliche, aber um so nachdrücklicher vorgebrachte Argument lautete, »jede Wirtschaftsvereinbarung oder Assoziierung mit der EWG stellt eine Bedrohung für die friedliche Außenpolitik Finnlands dar«*. Dank dieses Dazwischentretens konnte der ungehinderte Handelsaustausch von finnischen Heringen gegen Melonen aus der Charente noch vermieden und der »Frieden« in letzter Minute gerettet werden. Auch im Juli 1958 war das gerade noch gelungen. Der Sozialist Faggerholm hatte einen Wahlsieg errungen, der es ihm erlaubt hätte, eine Regierung ohne die Kommunisten zu bilden. Die Sowjets beriefen ihren Botschafter ab. Kekkonen, seit 1956 Staatspräsident, muß sich nach Moskau begeben und von Chruschtschow abkanzeln lassen, der, »ohne sich in die inneren Angelegenheiten Finnlands einmischen zu wollen«, größten Wert darauf legt, »daß es eine wohlgesinnte Regierung behält«. Faggerholm muß, obwohl er vom Wähler einen klaren Auftrag bekommen hat, auf das Amt des Ministerpräsidenten verzichten. Dieses Ereignis und der erzwungene Verzicht Honkas auf die Kandidatur gegen Kekkonen bei der Präsidentenwahl 1961 lassen keinen Raum für die einigermaßen beruhigende Interpretation der Finnlandisierung als Einschränkung der Souveränität in der Außenpolitik bei ungeschmälerter innerstaatlicher Souveränität. Die sowjetischen Diktate im Hinblick auf die finnische Innenpolitik sind ebenso häufig und einschneidend wie in der Außenpolitik. Sie erzwingen schon 1948 Leinos Abgang. Allerdings sind sie erst seit 1958 wirklich chronisch geworden. Zwischen 1948 und 1958 hat Moskau noch Mühe, seinen Willen in den inneren Angelegenheiten Finnlands durchzusetzen. Erst danach erfolgt die Eskalation, und zwar dank Kekkonen, der denn auch auf Lebenszeit Präsident bleiben darf und das Amt jedenfalls so lange behält, wie seine physischen Kräfte es ihm erlauben. So sind die sowjetischen Regeln beschaffen für eine fruchtbare und stets präsente Kontinuität aufmerksamer, zielstrebiger Diplomatie.

Diese Fallstudien zeigen die Folgerichtigkeit der kommunistischen

---

* *Prawda*, nach Delmas, a. a. O.

Außenpolitik. Augenblicke der sowjetischen Geschichte, die von westlichen Beobachtern nur selten miteinander in Verbindung gebracht und statt dessen als ein Neuanfang oder als Richtungswechsel bewertet werden, erweisen sich im Rückblick als Etappen eines seit langem sorgfältig geplanten Vorgehens. Die Entschlossenheit, Finnland zu absorbieren oder jedenfalls zum Vasallenstaat zu machen, ist beim Sowjetregime von Anfang an vorhanden. Der Einmarsch in Afghanistan war durchaus keine spontane Fehlentscheidung; es waren ihm Jahre der politischen und wirtschaftlichen Unterwanderung des Landes vorausgegangen. Die Guerrillatätigkeit in Lateinamerika und der Karibik, eine Zeitlang auf Sparflamme gedrosselt, um die sehr viel einträglichere Ost-West-Entspannung nicht zu gefährden, lebte sofort wieder auf, sobald diese Entspannung alle ihre Früchte getragen hatte. Das ununterbrochene Feuerwerk der Vorschläge für eine »ausgewogene« Abrüstung, für eine Neutralisierung Skandinaviens, für Nichtangriffspakte oder eine angeblich gleichwertige Reduzierung der Atomwaffenarsenale soll seitdem Westeuropa in eine Lage bringen, die der vor dem Atlantikpakt vergleichbar wäre, daß nämlich Europa ohne eigene Verteidigungsmöglichkeit und ohne amerikanischen Schutz die Knechtschaft nur durch Unterwürfigkeit abwenden könnte. Gegenüber solcher Eindeutigkeit der Zielsetzung und solcher Beharrlichkeit in der Durchführung nimmt sich die westliche Außenpolitik wie eine Folge von Improvisationen aus. Einige davon, der Atlantikpakt und der Marshallplan zum Beispiel, haben Bestand gehabt, obwohl ihre ursprüngliche Zielsetzung und Daseinsberechtigung in Vergessenheit geraten sind, was ihre Wirksamkeit sichtlich beeinträchtigt und ihre Fortentwicklung verhindert. Doch im allgemeinen haben die demokratischen Mächte in ihrer Außen- und Verteidigungspolitik der Konzentration und Ausdauer nur Verzettelung und Inkonsequenz entgegenzusetzen.

13. Wechsel in der Taktik: Kalter Krieg, Koexistenz, Entspannung

In seinen Memoiren vergleicht Henry Kissinger die Entspannung mit einem Drahtseilakt, den Amerika nur durchstehen konnte, wenn es die Verhandlung am einen Ende der Balancierstange und den entschlossenen Widerstand am andern in der Waage hielt. Nach seinen Worten war die Entspannung für ihn und Nixon im Anfang durchaus nicht, was Ende der siebziger Jahre aus ihr geworden ist, also die naive und simplifizierende Überzeugung, man könne alle Schwierigkeiten mit den Sowjets allein durch Verhandlungen, Konzessionen, Bekundungen guten Willens und ständige übereifrige Bereitschaft zum ersten Schritt überwinden. Nein, die Entspannung konnte, so der damalige Außenminister, ohne einen ihrer beiden Bestandteile nicht gelingen, also ohne allen Expansionsversuchen der Sowjetunion entgegenzutreten *und* ohne ständig mit ihr weiter zu verhandeln. Diese Mischung aus zwei entgegengesetzten diplomatischen Strategien war notwendig gemacht worden von der für die Menschheit neuartigen Lage, daß es zwei atomare Supermächte gab, deren politische Gegensätze nicht aufhebbar waren. Immerhin hatten die Demokratien ja schon vor dem Atomzeitalter am eigenen Leibe erfahren, welchen Schaden eine zu entgegenkommende Diplomatie stiften kann. Während der geopolitischen Auseinandersetzung vor dem Zweiten Weltkrieg hatten sie geglaubt, Hitler durch Zugeständnisse zur Mäßigung veranlassen zu können, doch er nutzte die so gewonnene Zeit zur Aufrüstung und konnte sie dann alle auf einen Streich vom europäischen Festland jagen. Das ist die Wahrheit, und die Wahrheit ist auch, daß vieles an der Entspannung uns diese Zeit katastrophaler Verblendung ins Gedächtnis ruft. Aber dabei dürfen wir laut Kissinger den Ersten Weltkrieg nicht vergessen, bei dem die europäischen Nationen in Machtblöcken mit Verträgen, Bündnissen, militärischer Sicherheit und wachsamer Festigkeit wohlversehen in den großen Krieg schlitterten, weil sie die Komponente Verhandlung zu sehr außer acht gelassen hatten. So ist der Gedanke der Entspannung mit ihren zwei Gesichtern entstanden, also zugleich ein Mechanismus ständiger Konsultationen, um die Katastrophe zu verhindern, und ein System von Maßnahmen, um jedem sowjetischen Übergriff entgegentreten zu können. Diese subtile, mehrdeutige, ungewohnte Außenpolitik hätte man der amerikanischen Öffentlichkeit erklären und in den Ost-West-Beziehungen verwirklichen können. Leider, bedauert der amerikanische Außenminister, werden wir niemals erfahren, ob sie Erfolg gehabt haben könnte. Denn kaum hatte sie erste Auswirkungen auf die Praxis der internationalen Beziehungen gehabt, kam ja die Watergate-Affäre und schlug ihren wichtigsten Protagonisten, den Präsidenten der Vereinigten Staaten, mit politischer Auszehrung. Es fehlte ihm seitdem einfach an der nötigen Autorität für beides, die Versöhnung und die Festigkeit. Das Herzstück der Maschine wanderte auf den Schrott, und der ganze Entspannungsmotor geriet zum alleinigen Vorteil der Sowjets unkontrolliert auf höchste Touren.

Auch ohne diesen Schicksalsschlag war die Entspannung dazu angetan, von der politischen Klasse zur falschen Zeit richtig verstanden zu werden. In den frühen sechziger Jahren sah der Kongreß, von Presse und Fernsehen ermutigt, in Nixon den »Falken«, der er ja tatsächlich gewesen war: Man verweigerte oder kürzte ihm die Mittel für eine Modernisierung der amerikanischen Waffensysteme, was den Sowjets Gelegenheit gab, die Vereinigten Staaten militärisch erst einzuholen, dann zu überflügeln. So verlor Washington die Werkzeuge der Festigkeit und damit die Möglichkeit für die eine Seite einer echten Entspannung, einer Entspannung, die nicht reine Augenwischerei gewesen wäre. Während Nixons erster Amtszeit verringerte der Kongreß die Verteidigungshaushalte um 40 Milliarden Dollar. Die Zerschlagung der Nachrichtendienste und der Spionageabwehr aus höchst achtenswerten moralischen Erwägungen schwächte die USA noch mehr. Hinzu kam, daß die verschiedenen Ministerien, Dienststellen, Behörden, »Agencies« und Teilstreitkräfte sich nicht auf eine gemeinsame Marschlinie für die SALT-Verhandlungen über die Begrenzung der strategischen Waffen einigen konnten, so daß die Vereinigten Staaten in der Person Kissingers ohne klaren Standpunkt an den Verhandlungstisch kamen. In der zweiten Hälfte des Jahrzehnts lief dann alles je nach Gusto in die verschiedensten Richtungen. Kongreß, Presse, Fernsehen, öffentliche Meinung, alle, die sich eben noch als »Tauben« aufgeführt hatten, hielten Kissinger vor, er habe sich hereinlegen lassen, habe die »Entspannung als Einbahnstraße« zum alleinigen Vorteil der UdSSR hingenommen, sei bis zur Selbsthypnose in die SALT-Kasuistik eingestiegen und eines Tages aufgewacht mit einem überall oder jedenfalls an etlichen bisher nicht betroffenen Stellen präsenten Kommunismus. Die gleiche Koalition aus Linksdemokraten und isolationistischen Konservativen, die 1975 für jede Bemühung, sich dem sowjetischen Fischzug in Angola entgegenzustellen, ein kategorisches »Nein« gehabt hatte, warf jetzt der Regierung Untätigkeit vor, erklärte laut, das State Department wärme dem Weltkommunismus den Stuhl. Kurz, in einem ersten Zeitabschnitt wollte die amerikanische Nation von nichts als Verständigung um jeden Preis hören, im zweiten von nichts als energischen Reaktionen und Forderungen ohne Zugeständnisse. Doch zu einer festen Politik fehlte es ihr jetzt an den Mitteln, die sie in der ersten Phase vernachlässigt hatte. Die Öffentlichkeit in Amerika und in der Welt hat jeweils immer nur einen der beiden Teile der Entspannung zur Kenntnis genommen, obwohl sie untrennbar zusammengehörten. Noch Jahre nach seinem erzwungenen Abgang habe ich Richard Nixon mehrfach selber diese komplexe Philosophie der Entspannung darstellen hören, so wie er und Kissinger sie gewollt hatten; nach seinen Worten gab es keine Möglichkeit, es jemals wirklich mit ihr zu versuchen.

Man mag diese kluge Definition der Entspannung, wie sie hätte sein können und nicht gewesen ist, bewundern, doch worauf es ankommt, ist letzten Endes, was dabei herausgekommen ist. Unter den Hindernissen, die der »echten« Entspannung im Wege standen, war eines von außen hinzugekommen: Nixons politischer Überlebenskampf und endlicher Sturz. Die anderen dagegen waren dem demokratischen System immanent. Daß Parlamente, Medien, Wähler nicht unfehlbar sind, nicht streng logisch, nicht voll informiert, nicht immer konsequent, nicht ganz aufrichtig – das gehört nun einmal untrennbar zum demokratischen Leben. So beruht die Führungskunst in der Demokratie zu einem guten Teil auf Überzeugungskraft. Selbst Nixons Amtsenthebung, so außerordentlich selten ein solches Ereignis in der Geschichte ist, gehört zur Funktionsweise der Demokratie. Daß eine zur Verteidigung der Demokratie berufene Außenpolitik von der Demokratie selber ruiniert wird, ist also eine natürliche Auswirkung der Gegebenheiten des Systems. Lassen sich diese

Gegebenheiten nicht ändern, so ist die Demokratie verloren. Lassen sie sich ändern, muß man sie berücksichtigen. Auch im kommunistischen System verbergen sich Schwächen. An uns ist es, sie zu nutzen. Haben wir das getan? Oder haben die Sowjets unsere besser genutzt als wir die ihren? Nur darauf kommt es an. Und wie steht es damit?

In einer Rede, die Henry Kissinger am 8. Oktober 1973 in Washington bei der Konferenz *Pacem in terris* gehalten hat, nannte er drei Imperative, an die sich die Vereinigten Staaten halten müßten, um die Entspannung überhaupt möglich zu machen:

»Wir werden jedes Land an dem Versuch hindern, global oder regional eine Vormachtstellung zu erringen;

wir werden uns jedem Versuch entgegenstellen, eine Politik der Entspannung zur Schwächung unserer Bündnisse zu nutzen;

wir werden reagieren, wenn das Nachlassen der Spannungen als ein Schirm verwendet wird, hinter dem man die Konflikte in den Problemzonen der Welt verschärfen kann.«*

Man braucht diese drei schönen Vorsätze nur aufmerksam zu lesen, um zu ermessen, was für eine Katastrophe statt dessen eingetreten ist: Alle drei bedrohlichen Möglichkeiten, die Kissinger als mit einem vernünftigen Verständnis von der Entspannung unvereinbar bezeichnet, sind inzwischen Wirklichkeit geworden.

Um zu verstehen, warum, fragen wir uns am besten, was Entspannung in der Sicht der Sowjets bedeutete, was sie von ihr erwarteten und was sie auf keinen Fall für sie werden durfte. Die totalitären Staaten machen es uns leicht, indem sie im voraus sagen und schreiben, was sie vorhaben. Üblicherweise, und das ist ja schon unser Fehler im Falle Hitler gewesen, mögen Demokraten diese sehr detaillierten Projekte nicht ernst nehmen, weil sie ihnen zu grob gestrickt erscheinen. Um so schlimmer der paradoxe Sachverhalt, daß sie so bereitwillig an die reinen Propagandaerklärungen der Kommunisten glauben, während sie den eigentlichen Lehrtexten skeptisch gegen-

---

* – *We will oppose the attempt by any country to achieve a position of predominance either globally or regionally;*
– *we will resist any attempt to exploit a policy of détente to weaken our alliances;*
– *we will react if relaxation of tensions is used as a cover to exacerbate conflicts in international trouble spots.*
Eigenzitat des Verfassers im zweiten Band seiner Memoiren, »Years of Upheaval«, Kapitel VII. New York 1982.

überstehen, von denen sie meinen, sie seien ein Ausdruck bloßer Geschwätzigkeit oder der Lust am Einschüchtern. Vor allem aber begegnet man ständig der Fehleinschätzung, die darin besteht, dem Totalitarismus die gleichen Zwänge und Gewohnheiten zu unterstellen wie der Demokratie, so daß man mit Kennermiene erklärt, solche Texte seien »innenpolitisch motiviert«, seien dazu bestimmt, diese oder jene »Richtung« im Apparat zu »beschwichtigen«. Dabei gibt es nur einen Weg, sich von bloßen Vermutungen zu lösen, daß man nämlich Lehre und Handeln vergleicht. Bei den Kommunisten entsprechen sie einander langfristig auf das vollkommenste.

Seit den ersten Jahren des Regimes haben die Sowjets unablässig verkündet, es sei Kampf gesetzt und werde Kampf bis zum äußersten sein zwischen Kapitalismus und Sozialismus um den Besitz dieser Welt. Moskau ist in diesem Kampf der Generalstab einer internationalen Organisation*, in der die kommunistischen Parteien der kapitalistischen Länder nur einer von vielen Teilen sind. Die Eroberung der Welt durch den Kommunismus kann zeitweilig durch Schwierigkeiten verlangsamt werden, kann taktische Rückzieher erforderlich machen, zum Beispiel die Parole vom »Aufbau des Sozialismus in einem Land«, die darauf hinzudeuten schien, daß die UdSSR auf den Export ihrer Revolution verzichtete. Doch auch dieses Zurückstecken war nur ein vorläufiges. Zur Eroberung gehören auch Phasen der Verständigung mit dem Kapitalismus, »friedliche Koexistenz« oder »Entspannung« genannt. Sie sind jedoch zwei Bedingungen unterworfen: Sie müssen für den Kommunismus mehr Vorteile bringen als für den Kapitalismus, und sie dürfen keine Pause in den Expansionsbemühungen des Kommunismus bedeuten. 1971, am Vorabend der Entspannung, betont Breschnew das in seinem Bericht vor dem XXIV. Kongreß der KPdSU geradezu feierlich: Kommunisten sind und bleiben Kämpfer. Zehn Jahre zuvor hat Chruschtschow in seinem Bericht vor dem XXII. Kongreß seine Vorstellungen von einer »friedlichen Koexistenz« dargelegt. Artikel 1: Die Sowjetunion verzichtet auf den Export der Revolution. Artikel 2: Da die Mächte des Imperialismus die Konterrevolution exportieren, müssen die Kom-

---

* Die Kommunistische Internationale kann jeweils offiziell existieren oder nicht, sie kann verschiedene Namen tragen (Komintern, Kominform); sie kann auch aus dem Organisationsschema gestrichen sein, aus der Realität jedoch nicht.

munisten zurückschlagen. Wörtlich: »Die Kommunisten werden alle Völker aller Länder dazu aufrufen, ihre Kräfte einzusetzen und, *gestützt auf die Macht des sozialistischen Systems in der Welt* (Hervorhebung von mir), den Feinden der Freiheit, den Feinden des Friedens eine energische Antwort erteilen.« Man exportiert also die Revolution nicht, exportiert sie aber trotzdem, um auf den Export der Konterrevolution zu antworten.

In seinem Kommentar zu dieser Aussage schreibt Philippe Robrieux in seiner »Histoire du Parti communiste«* mit berechtigtem Hohn: »Man konnte nicht klarer sagen, daß man jede Gelegenheit zum Angriff benutzen, aber jedesmal erklären würde, man verteidige sich nur. Eine alte Taktik in der Menschheitsgeschichte.« Derselbe Autor weist auf einen Abschnitt in der zitierten Rede hin, in dem Chruschtschow drohende Hinweise auf die Finanz- und gegebenenfalls Waffenhilfe der UdSSR an kommunistische Parteien und revolutionäre Bewegungen in der ganzen Welt unterbringt. Der Erste ZK-Sekretär erklärt: »Das Proletariat wird mächtige internationale Kräfte auf seiner Seite finden, die über alles Erforderliche verfügen, um ihm eine wirkungsvolle moralische und *materielle* Unterstützung zu gewähren.«

Mit der herrlichen Ausrede der lupenreinen »Verteidigung des Friedens« gehört auch der Einmarsch in Afghanistan zu den unzähligen Anwendungsfällen dieser Taktik. Die Sowjettruppen sind nach Moskauer Darstellung 1979 in Afghanistan nicht etwa eingedrungen, um ein verachtetes, schwankendes kommunistisches Regime vor dem Sturz zu bewahren, das seinerseits aus einem vom KGB inszenierten Putsch hervorgegangen war, sondern um auf eine Aggression des Imperialismus zu antworten. Im Lande geblieben sind diese Truppen dann, weil die imperialistische Aggression nicht aufhörte... Da in diesem Falle die »kapitalistische Aggression« gänzlich inexistent war und geblieben ist, stellt ihr »Aufhören« ein unlösbares metaphysisches Problem dar. Die Besetzung dürfte also noch eine ganze Weile dauern. Bei Chruschtschow ist es unbegreiflich, wie er zu dem Ruf eines Apostels der friedlichen Koexistenz und des »Tauwetters« werden konnte, und zwar allein durch Redensarten, in denen er stark war, und obwohl er der Mann der blutigen Unterdrückung in Buda-

---

* Band III. Paris 1982.

pest, des Baus der Berliner Mauer und der versuchten Atomraketenaufstellung auf Kuba ist. Die Sowjetisierung Kubas und damit das Eindringen der UdSSR in ein für die USA strategisch vitales Gebiet, hatte allerdings schon lange vor der Raketenaffäre begonnen. Trotz aller anders lautenden Legenden ist Fidel Castro durchaus nicht durch die Feindseligkeit der Vereinigten Staaten »in die Arme Moskaus getrieben worden«. In Washington hatte man den Sturz des vorhergehenden Diktators Batista durchaus nicht ungern gesehen und sogar indirekt dazu beigetragen. Castro hat sich Moskau schon im Februar 1960 genähert, zu einer Zeit, da seine Beziehungen mit den Amerikanern nicht schlecht waren, lange vor den ersten Versuchen zur »Destabilisierung« seines Regimes, lange vor den ersten Erwägungen für ein Embargo oder eine Blockade. Bereits im Sommer 1960 forderte Chruschtschow die Vereinigten Staaten auf ihrem eigenen Kontinent heraus, indem er die »Monroe-Doktrin«, nach der keine außeramerikanische Macht sich in inneramerikanische Angelegenheiten zu mischen hat, für hinfällig erklärte und laut und deutlich dem neuen Herrn in Havanna die aktive Hilfe seines schützenden Arms anbot. Erst im Januar 1961 bricht Washington die diplomatischen Beziehungen mit Kuba ab, zwei Jahre nach der Machtübernahme durch Castro, einen Castro, der sich inzwischen unwiderruflich und aus freien Stücken für das sowjetische Lager entschieden hat. Man sieht also, daß Chruschtschow eine sehr persönliche Art hatte, friedliche Koexistenz zu praktizieren: eine Koexistenz zwischen Friedensliebe und Kriegstreiberei, die eine in Worten, die andere in Taten. Napoleon Bonaparte war ein Freund der gleichen Persönlichkeitsspaltung: »Immer vom Frieden reden und den Krieg im Sinn haben«, war eine seiner bevorzugten Lebensregeln.

Wenn wir zögern, Kissinger zu folgen in seiner Auffassung, was die Koexistenz für die westlichen Staatsmänner hätte sein können und nicht war, sollten wir zu erkennen suchen, was sie für die Sowjetführer war, indem wir uns an ihre Stelle, in ihre Sicht der eigenen Interessen versetzten. Was erwarteten sie? Was haben sie erreicht? Bei jeder Verhandlung, bei jeder Neubestimmung einer Außenpolitik wägt man Vorteile und Zugeständnisse gegeneinander ab. Nach einigen Jahren kann man dann Bilanz ziehen und sehen, auf welcher Seite Erfolg oder Mißerfolg lag.

Welche Vorteile hatten sich die Sowjets ausgerechnet, als sie in den

Entspannungsprozeß eintraten, erst mit den Deutschen, dann mit den Amerikanern? Welche »Entspannungsziele« hatten sie?

In erster Linie ging es ihnen um die internationale Anerkennung der sowjetischen Gebietsgewinne aus dem Zweiten Weltkrieg und den Jahren danach, als zwischen 1945 und 1950 die Sowjetisierung Mitteleuropas vollzogen wurde.

In zweiter Linie kam es ihnen darauf an, auf dem Wege über Rüstungskontrollverhandlungen die günstige Stimmungslage der Amerikaner zu nutzen, um das militärische Potential der UdSSR zu verstärken.

In dritter Linie wollten sie von den kapitalistischen Ländern Finanzierung, industrielle Unterstützung und Handelsvorteile erlangen, um die Auswirkungen der mangelnden wirtschaftlichen Leistungsfähigkeit des Sozialismus zu kompensieren oder wenigstens zu lindern.

Welche Zugeständnisse oder Versprechungen hatten die Sowjets den westlichen Staaten als Gegenleistung anzubieten?

Zunächst einmal verpflichteten sie sich, die Amerikaner auf ihrem Hoheitsgebiet nachprüfen zu lassen, daß die Entwicklung ihres Militärpotentials nicht über das in den Verträgen über die Begrenzung der strategischen Waffen festgelegte Höchstmaß hinausging.

Ferner sagten sie den westlichen Staaten zu oder machten sie glauben, vor allem Nixon und Kissinger in den Jahren 1972 und 1973, daß sie ihre Politik weltweit zurückhaltender betreiben würden. Das war das berühmte *linkage*, die »Kopplung«; mit anderen, nämlich Sacharows Worten die »Unteilbarkeit aller Aspekte der Entspannung«. Amerikaner und Sowjets kamen insbesondere überein, ihren Einfluß geltend zu machen, um ihre jeweiligen Bündnispartner bzw. die Länder, mit denen sie privilegierte Beziehungen unterhielten, von Abenteuern, zumal militärischer Art, abzuhalten.

Und schließlich mußte die Sowjetunion im meistzitierten Abschnitt der Schlußakte von Helsinki die Verpflichtung zur Achtung der Menschenrechte und Grundfreiheiten in der UdSSR selber und in der gesamten sowjetischen Sphäre auf sich nehmen. Konkret sollte die Vereinbarung die Hindernisse für eine »freiere Bewegung der Personen und Gedanken« zwischen Ost und West aus dem Wege räumen, und zwar in beiden Richtungen. Diese unglaubwürdigen Versprechungen in einen ansonsten für die kommunistische Welt so durchgehend vorteilhaften Text aufzunehmen, mußte den Sowjets als eine notwendige Konzession erscheinen. Es ging darum, diejenigen im Westen zu beruhigen, die das Bedürfnis nach einer moralischen Rechtfertigung verspürten, mit der die »Entspannungsphilosophie« erst ihren Adelsbrief bekam.

Schon ein kurzer Blick auf die beiden Aufstellungen führt zu der Feststellung, daß für die Sowjets die Einnahmenspalte der Entspannungsrechnung unvergleichlich substantieller ist als die Ausgabenseite.

Der »dritte Korb«, um im Helsinkijargon zu sprechen, der also, in dem die Menschenrechte lagen, erwies sich fast vom ersten Augenblick an als löchrig. Der französische Staatspräsident Valéry Giscard d'Estaing, der auf Drängen Breschnews als Katalysator für die Helsinkikonferenz gewirkt hatte, indem er die widerstrebenden Amerikaner dazu brachte, ihrem Zusammentreffen zuzustimmen, sah seinen Eifer schlecht belohnt. Kurz nach der Konferenz glaubte er bei einem Staatsbesuch im Kreml in aller Unschuld beim ersten Abendessen einen Toast auf die Menschenrechte und Grundfreiheiten und auf die Verbesserungen ausbringen zu dürfen, die seine Gastgeber auf diesem Felde versprochen hatten. Die erbosten Sowjetführer hielten ihn daraufhin vom nächsten Morgen an in Quarantäne. So bedauerlich es sein mochte, alle Mitglieder des Politbüros waren plötzlich unpäßlich oder unabkömmlich. Den einen fröstelte es, der andere hatte Migräne, Breschnew mußte ständig husten, alle verschwanden von der Bildfläche. Die Welt erlebte das demütigende Schauspiel eines französischen Staatschefs, der zwei lange Tage mutterseelenallein durch ein leergefegtes Moskau irrte, anstatt stante pede nach Paris zurückzufliegen, und dann am dritten Tage einen jovial herablassenden Breschnew, der es sichtlich genoß, dem unverschämten Grünschnabel eine Lektion erteilt und zugleich seine schwach entwickelte Widerstandsfähigkeit erfahren zu haben. Das weitere ist bekannt: Die führenden Köpfe der »gesellschaftlichen Gruppen für die Anwendung der Vereinbarungen von Helsinki« in den Ostblockländern und der UdSSR verhaftet, ins Gefängnis geworfen, in Lager mit »verschärften Bedingungen« verbracht; das Recht auf Auswanderung, auf bloße Ausreise, auf die Eheschließung mit einem oder einer nichtsowjetischen Staatsbürger(in) weniger denn je gewährt; der freie Austausch der Ideen und Informationen ebenso eingeschränkt wie die Bewegungsfreiheit der Personen; die Störung der westlichen Sender nach einer kurzen Pause intensiver denn je – trotz aller eingegangenen Verpflichtungen. Und dann krönte die UdSSR das gelungene Werk der Liberalisierung und des Dialogs höchst sinnreich 1978 in Belgrad mit ihrem spektakulären Auszug aus der Kommission für Menschenrechtsfragen bei dem ersten der vorgesehenen regelmäßigen Treffen für die »Überprüfung der Anwendung der Vereinbarungen von Helsinki«. Die folgende Konferenz in Madrid ab 1980 wurde ebenfalls ein großer Erfolg für die Sowjets, die ihrer Methode treu blieben, sich schlicht und einfach zu weigern, über den Konferenzgegenstand zu sprechen. Selbst nach dem Beginn des »Kriegszustands« in Polen kamen die im Geschirr der Entspannung ergrauten Vertreter des Westens 1982 wieder nach Madrid, um in der Manege weiterzutraben und unter den belustigten Blicken der sowjetischen Delegation das längst faulig gewordene Heu der Menschenrechte zu kauen. Nicht nur waren die Jahre nach der Schlußakte von Helsinki durch eine schärfere Repression in den kommunistischen Staaten gekennzeichnet, die Sowjetregierung hatte sogar den genialen Einfall, sich auf die Entspannung zu berufen, um von den westlichen Regierungen und einem Teil der westlichen Presse zu fordern, und zwar mit Erfolg, sie sollten die Dissidenten nicht länger ermutigen. Präsident Ford weigerte sich, Solschenizyn zu empfangen, Präsident Giscard weigerte sich, mit Andrej Amalrik zu sprechen. Die Dissidenten waren bekanntlich Bürger, die von ihrer Regierung nichts weiter als die Einhaltung der Vereinbarungen von Helsinki verlangten, die von den westlichen Staaten unterzeichnet worden waren! Ein Paradox, das Kenner nicht überraschen wird: Die Sowjetunion hat auf dem Gebiete der Menschenrechte während der Blütejahre der Entspannung weniger Entgegenkommen gezeigt als in der Zeit unmittelbar davor, als Nixon und Kissinger zum Beispiel eine erhebliche Erhöhung der Zahl der Ausreisevisa und Auswanderungsgenehmigungen erreichten. Besonders grotesk bei diesem Kampf für die Menschenrechte war die Tatsache, daß Präsident Carter, um sich nach »rechts« und »links« gleich streng zu zeigen, die Demokratisierung und, bei mangelnder Folgsamkeit, entsprechende Sanktionen den nichtkommunistischen Diktaturen aufzuzwingen sich verpflichtet fühlte, dem Iran, Argentinien und Chile vor allem. Da die UdSSR sich nicht beeindrucken ließ, wurden damit diese Länder zur alleinigen Zielscheibe der internationalen Moralisierungskampagne.

Schon einmal hatte man im Westen an ein »Tauwetter« in der Sowjetunion geglaubt, zwischen 1956 und 1960, nachdem Chruschtschow die Verbrechen Stalins enthüllt hatte. Man machte sich nicht klar, daß dieser Bericht ebenso wie danach der Abdruck von »Ein Tag im Leben des Iwan Denissowitsch« in *Nowy Mir* den Stalinismus auf die Anklagebank bringen sollte, ohne das kommunistisch-leninistische System in Frage zu stellen*.

Es ist nichts als ein überflüssiges Schlaflied, wenn man darauf hinweist, daß Chruschtschow 1962, »indem er sich eine Träne abwischte«,** die Erlaubnis zur Veröffentlichung von »Iwan Denissowitsch« in der Zeitschrift gab, wenn man nicht hinzufügt, daß dieses Buch später in der Sowjetunion offiziell als »schädlich« bezeichnet und seine Publikation als Fehler, als eine »Folge des Voluntarismus in der Literatur« gebrandmarkt worden ist, so wie alles, was Chruschtschow neu eingeführt hatte, anschließend unterschiedslos mit den Schmähworten »Voluntarismus« und »Subjektivismus« belegt wurde. Die Zeitschrift ist aus den Bibliotheken entfernt worden, die bloße Erwähnung des Titels in der Sowjetpresse verboten.

Mehr noch: Die gleiche »Presse« beginnt 1976 unvermittelt den Nachruhm von Stalins Kulturgefangenenwärter, dem finsteren Schdanow zu beweihräuchern, den die *Prawda**** dem gnädigen Vergessen entreißt, um seine »Maßnahmen auf dem Gebiete von Wissenschaft und Kunst« zu preisen. Diese Maßnahmen bestanden unter anderen darin, die russische Biologie kaputtzumachen, indem er dem Scharlatan Lyssenko die unbeschränkte Macht über diese Disziplin gab, und die sowjetische Kunst, soweit vorhanden, indem er jeden Künstler eliminierte, der nicht nach dem Muster der einfallslosen Schinken des zwerchfellerschütternden Gerassimow und ähnlicher Wasserträger des »sozialistischen Realismus« malte, des »moralischen Massenvernichtungsmittels«, wie ihn André Breton genannt hat. Politisch, und das ist wichtig, bedeutet die Rehabilitierung des ausführenden Organs Schdanow eine Rehabilitierung dessen, der die Befehle gab: Stalin.

»Die Regierungen kommen und gehen, der Archipel bleibt«, lautet

---

* Vgl. Branko Lazitch, Le Rapport Khrouchtchev et son histoire. Paris 1976.
** Alexander Solschenizyn, Der Archipel Gulag. Bern 1976, Bd. III.
*** 10. März 1976.

die Überschrift des vorletzten Kapitels in Solschenizyns monumentalem Werk, dem »Archipel Gulag«. Denn, so absurd es klingt, so logisch ist es: Im selben Jahr, da er sich die Träne abwischte, unterzeichnete Chruschtschow eine Verordnung über die Neuorganisation der Lager (die jetzt »Kolonien« heißen) und führte darin eine Neuerrungenschaft ein: die Todesstrafe für »terroristische Akte gegen gebesserte Häftlinge«, also gegen Spitzel.

Uber den zweiten Punkt, den Verzicht der UdSSR auf weitere Expansionsbemühungen, haben wir uns bereits ausführlich geäußert (siehe 2. Teil). Hinsichtlich ihres mäßigenden Einflusses auf ihre Schützlinge braucht man nur auf die Militärexpeditionen und die destabilisierenden, terroristischen Aktivitäten von Castro und Ghadafi zu verweisen, um zu zeigen, wie sehr sich Moskau diesen Aspekt der Entspannung zur Herzensangelegenheit machte. Lehrreich war schon die semantische Entwicklung: Das französische Wort »détente« hat sich international durchgesetzt und als »Entspannung« die Gemüter sehr beeindruckt; seine diplomatische Ergänzung, das englische Wort »linkage« dagegen ist in der Sprache als Handlungsanweisung so unbekannt geblieben, daß man es jedesmal erklären muß, wenn man es in den Mund nimmt. Nach der hier schon behandelten Phraseologie der Sowjetführer hat der rege Krieg, den sie offen oder in allen möglichen Verkleidungen während der ganzen »Entspannungs«-Zeit überall in der Welt weitergeführt haben, nichts mit Imperialismus zu tun, sondern ist ein reiner Verteidigungskampf zum Schutze des Sozialismus gegen die Konterrevolution.

Beim ersten Punkt hatte Breschnew alle Veranlassung, sich 1976 in seinem Bericht vor dem XXV. Kongreß der KPdSU zu der Tatsache zu beglückwünschen, daß die Sowjetunion auf dem Wege zur militärischen Überlegenheit war. Wie wir sahen (ebenfalls im 2. Teil), fällt die Entspannung mit einem strategischen Stärkerwerden der Sowjetunion zusammen. Gleich nach der Ratifizierung des ersten Abkommens über die Begrenzung strategischer Offensivwaffen (SALT 1), während eben die Verhandlungen über SALT 2 begannen, waren die Sowjets darauf bedacht, die vereinbarten Verbote und Höchstzahlen zu umgehen. »Zwei Wochen nach dem Gipfel vom Juni 1973«, schreibt Kissinger, »führten die Sowjets ihre ersten MIRV-Versuche mit ihrer ICBM SS 17 durch, dem neuen Flugkörper, der die veraltete SS 11 ersetzen sollte. *Die Umkehr des strategischen Kräfteverhältnis-*

ses war nur noch eine Frage der Zeit.«* Diese Zeit war noch kürzer bemessen, als man geglaubt hatte. Schon 1979, im Jahr der Unterzeichnung des schließlich nicht ratifizierten SALT 2-Abkommens, gehen viele Fachleute im Westen davon aus, daß die Sowjets bis 1985 den Amerikanern je nach Zielen und Antriebs- und Steuerungsart im Verhältnis 3:1, 3:2, 2:1 oder sogar 7:1 überlegen sein werden. Die Zählweise für SALT 2 berücksichtigt jedoch nur die auf die Vereinigten Staaten gerichteten Flugkörper, also nicht die dem Abkommen nicht unterworfenen, auf Westeuropa gerichteten Flugkörper und in diesem Gebiet einsetzbaren Flugzeuge mit begrenzter Reichweite.

Wieso hatten es die Vereinigten Staaten dahin kommen lassen? Das erste, 1972 geschlossene SALT-Abkommen fror die *Anzahl* der auf amerikanischer und sowjetischer Seite erlaubten Raketen ein, enthielt aber keine Bestimmungen über ihre Größe. Die Sowjets brauchten also nur im gegebenen Rahmen ein Programm für Riesenraketen (SS 18) aufzulegen, um in Megatonnen überlegen zu werden, ohne gegen den Buchstaben des Abkommens zu verstoßen. So haben die Sowjets bei scheinbarer Gleichheit die strategische Überlegenheit gewonnen. Deshalb verlangten die Amerikaner denn auch gleich nach der Präsidentschaftsübernahme durch Jimmy Carter bei Wiederaufnahme der Verhandlungen im März 1977 in Moskau, die Anzahl der sowjetischen Riesenraketen vom Typ SS 18 müsse zur Wiederherstellung der Parität um die Hälfte gesenkt werden. Viele werden sich der theatralischen Szene erinnern, die darauf folgte: Die Russen »wurden böse«.

Chruschtschows Parole vom »Einholen und Überholen der Amerikaner« war befolgt worden, zwar nicht auf wirtschaftlichem Gebiet, wie Chruschtschow es gemeint hatte, aber dafür in der Rüstung. Doch das ist die rein militärische Betrachtungsweise, zu der eine politische Analyse hinzutreten muß. Die Sowjets, so meinen die Gegner einer Verstärkung unserer Verteidigung im Westen, haben durchaus nicht die Absicht, einen Atomkrieg gegen Amerika zu führen, bei dem sie selber zu drei Vierteln zerstört würden, und sie haben ferner nicht die Absicht, nach Westeuropa einzumarschieren. Das mag sein.

---

* Vgl. Henry A. Kissinger, Memoiren 1973–74. München 1982. Hervorhebung von mir. MIRV: Fernlenkwaffen mit Mehrfachsprengköpfen für verschiedene Ziele. ICBM: Interkontinentale ballistische Flugkörper.

Denn warum sollten die Russen Krieg führen, wenn sie ohne Krieg das meiste von dem bekommen können, was er ihnen bestenfalls einbringen würde? Sie betrachten ihre militärische Überlegenheit als ein Mittel politischer Herrschaft.

So haben die Sowjets es geschafft, die Vorteile der Entspannung einzuheimsen, ohne den Preis dafür zu zahlen. Diesen Preis haben die westlichen Staaten im übrigen sehr bald auch schon nicht mehr angemahnt, und inzwischen ist die bloße Erwägung einer solchen Mahnung zum Synonym für Provokation geworden. Die Fortsetzung der wirtschaftlichen Zusammenarbeit an die Achtung der Menschenrechte, den Rückzug der sowjetischen Truppen aus Afghanistan oder die Gewährung der Grundfreiheiten für die Polen zu koppeln, galt bald als Kriegstreiberei, als Imperialismus... Wie sollte der Kreml die Entspannung nicht als einen großen Sieg betrachten? Wie sollte Juri Andropow nicht bei seinem Amtsantritt die »Rückkehr zur Entspannungspolitik« gefordert haben?

Die Demokratien dagegen können schwerlich behaupten, sie hätten ihre »Entspannungsziele« erreicht, nämlich mehr Sicherheit für den Westen gegen Wirtschafts-, Technologie- und Finanzhilfe für den Osten, kein Nachgeben gegenüber der nuklearen Erpressung bei Vermeidung eines Atomkriegs, Dämpfung der weltweiten Aggressivität des Kommunismus und – Traum aller Träume – Achtung der Menschenrechte in den kommunistischen Staaten. Es ist für einen Staatsmann schwierig, sich in der verwirrenden Materie zurechtzufinden bei der Abwägung zwischen den Vorteilen einer Politik, wie er sie sich zu Anfang, bei der Betrachtung des zukünftigen Erfolges seines Vorhabens gedacht hat, und dem, was bei einer solchen Politik nun wirklich herausgekommen ist. Je mehr man ihn auf das letztere Gebiet führen will, das für die Regierten ja allein zählt, um so hartnäckiger weicht er auf das erstere aus, denn nur danach mag er sich beurteilt sehen. Ebenso wie Richard Nixon macht Henry Kissinger geltend: »Der Mißerfolg war nicht ein Mißerfolg der Entspannung, sondern erklärt sich aus der Art, wie die Entspannung von den verantwortlichen Politikern gehandhabt worden ist.«* Er spricht von ei-

---

* »*The failure was not of détente but rather of the management of détente by US policymakers.*« In *The New York Times*, August 1982. Zitiert nach *International Herald Tribune*, 23. August 1982.

ner »harten« Entspannung (*hardheaded*), wie er sie praktiziert hätte, wenn ihm das möglich gewesen wäre, und einer »weichen« Entspannung (*softheaded*), wie sie entgegen seiner Auffassung bzw. nach seinem Rücktritt praktiziert wurde. Nur: Seit wann beurteilt man eine Politik nach dem, was sie hätte sein können?

Ebensowenig wie Nixon oder irgendein anderer Staatsmann kann Kissinger ein solches Privileg für sich in Anspruch nehmen. In der Regierungskunst gilt die Regel, daß man sich nach den Ergebnissen bewerten lassen muß. Beim Handeln gibt es die Theorie nur im Handeln. Niemand wird eine erfolgreiche Politik verurteilen, weil die Vorstellungen, die sie bestimmt haben, falsch gewesen sind. Wie könnte man also eine erfolglose Politik loben, indem man darauf verweist, sie sei von richtigen Vorstellungen diktiert gewesen?

14. Zwietracht in den Westen tragen

Zwietracht zwischen seinen Gegnern, Rivalen, unter Umständen sogar seinen Partnern und Verbündeten stiften, das ist seit jeher ein besonders beliebtes Mittel der Diplomatie gewesen. Im marxistisch-leninistischen Sprachgebrauch heißt das »Ausnutzen der Widersprüche« des Kapitalismus und Imperialismus. Doch erst in den diplomatischen Beziehungen zwischen dem Kommunismus und den Demokratien sind die entscheidenden Verfeinerungen erreicht worden. Die wichtigste ist die Kunst des »divide et impera« als Einbahnstraße: Die Kommunisten können Zwietracht ins demokratische Lager tragen, nicht umgekehrt. Wenn sich in der kommunistischen Welt ein Bruch auftut, sind die westlichen Länder daran unschuldig, zumeist sogar höchst überrascht, und spät, vorsichtig oder überhaupt nicht versuchen sie davon zu profitieren. Die zweite Verfeinerung grenzt ans Wunderbare: Sie erklärt sich aus der Neigung der Demokratien, sozusagen automatisch aufeinander loszugehen, sobald sie es mit dem Totalitarismus zu tun bekommen. Die dritte Verfeinerung besteht in der Stetigkeit des Vorgangs, weil die spontanen Meinungsverschiedenheiten zwischen den Demokratien sowohl in den Perioden auftreten, da die totalitäre Aggressivität zunimmt, als auch dann, wenn die Kommunisten gerade eine Entspannung vorschlagen und durchsetzen. Wächst die totalitäre Bedrohung, gibt es Uneinigkeit über die Art, wie dem zu begegnen sei. Nimmt sie scheinbar ab, geht jede einzelne Demokratie in die Falle der Sowjets, die ihr die Überzeugung vermitteln, sie werde ihr »bevorzugter Gesprächspartner« sein. Alle diese Verfahren dienen dazu, Europäer und Amerikaner sowie die Europäer unter sich auseinanderzudividieren. In Europa hat sich Moskau mit Vorliebe der Schwachstelle Deutschland bedient. Indem sie sich in geradezu skandalöser Weise unter dem Deckmantel eines vorgeblich unabhängigen ostdeutschen Staates den durch sie vom Nationalsozialismus befreiten Teil Deutschlands aneignete und jeden Friedensvertrag, der eine Wiedervereinigung des Landes bedeutet hätte, strikt ablehnte, hat die Sowjetunion in Mitteleuropa eine Zone geschaffen, die verwundbar bleibt, solange das deutsche Volk geteilt lebt, und die jederzeit Erpressungsmöglichkeiten bietet. Das Thema »Zwietracht in den Westen tragen«, mit dem dieses Kapitel überschrieben ist, findet sich überall in meinem Buch, weil es zu allen anderen Verfahren zur Schwächung der Demokratien gehört. Die wenigen Beispiele, die ich im Zuge meiner Darlegungen hier geben will und durch etliche weitere in anderen Kapiteln ergänze, sollen vor allem zeigen, wie einzigartig die sowjetische Methode das machiavellistische Repertoire der klassischen Diplomatie bereichert hat.

So lautete auf militärischem Gebiet bei den SALT-Verhandlungen über die Interkontinentalraketen, bei denen das Rüstungsgleichgewicht zwischen Ost und West in Europa kein Thema war, das immer wieder vorgetragene Argument der europäischen Regierungen, dies sei ein unerträgliches »Kondominium« der Sowjets und Amerikaner »über die Köpfe der Europäer hinweg«. Als die Vereinigten Staaten sich dann Europas annahmen und dort Mittelstreckenwaffen als Antwort auf die gegen Westeuropa gerichteten SS 20 stationieren wollten, die von den Sowjets während der SALT-Verhandlungen aufgestellt worden waren, protestierten die Europäer *auch* gegen US-Raketen oder die Neutronenbombe auf ihrem Territorium, obwohl gerade das die Antwort auf ihre bohrenden Fragen wegen des »Kondominiums« war. Schließlich sollte dadurch ja die Autonomie der Verteidigung Europas gestärkt werden.

Wir haben erlebt, daß es für den Kreml ein Kinderspiel war, alle diese Auseinandersetzungen anzuheizen. Nachdem Europa auf den Anspruch verzichtet hatte, die Sowjets sollten die Vereinbarungen von Helsinki und den Grundsatz der Gegenseitigkeit bei der Entspannung respektieren, versuchte es eine Arbeitsteilung durchzusetzen, bei der, wie Kissinger es spöttisch ausgedrückt hat, Europa die Versöhnung übernahm und den Vereinigten Staaten die Festigkeit überließ. Eine solche Arbeitsteilung schmeichelte zudem der alten Wunschvorstellung der Europäer, sie könnten eine eigenständige Rolle zwischen Ost und West spielen, ohne sich mit einer »Blockpolitik« identifizieren zu müssen. Diese löbliche Absicht verschärfte das Ungleichgewicht zwischen den zwei Welten, weil der Osten tatsächlich nach wie vor ein Block ist mit der ganzen Durchsetzungskraft, die eine einheitliche Konzeption und Führung bieten, während das demokratische Lager niemals ein Block gewesen ist. Daß Europa eine eigenständige diplomatische Rolle zu spielen wünscht, ist aller Ehren wert; die Art allerdings, wie es dazu gelangen will, ist kein Ruhmesblatt. Denn es ist eine klägliche Eigenständigkeit, von der Feststellung auszugehen, daß sich Verbündete leichter behindern lassen als der Gegner, die eigene Familie leichter ruinieren als die Nachbarn, kurz, daß es einfacher ist, sich von seinem Arzt »unabhängig« zu machen als von seiner Krankheit. Jedesmal, wenn ein wesentlicher Gegenstand der Konfrontation zwischen Ost und West auftaucht und die Geschlossenheit des Westens von vitaler Bedeutung wäre, eilen die Europäer zu den Amerikanern, um sie dringend zu ersuchen, ja geradezu kategorisch aufzufordern, Zurückhaltung und Wohlwollen gegenüber den Sowjets zu zeigen, und sie eilen zu den Sowjets, um ihnen zu versichern, daß die amerikanische Aggressivität sich dank ihrer Vermittlung schon legen werde. Die Sowjets wiederum schmeicheln geschickt der Eitelkeit der Europäer und bestärken das eine oder andere Land mittlerer Größe in der Überzeugung, es erfreue sich »privilegierter Beziehungen« mit Moskau und könne eine Stellung »über den Blöcken« einnehmen. Ganz von diesem Ehrgeiz durchdrungen, neigt das so zum Objekt Moskauer Verführungskünste gewordene Land fortan dazu, in den Vereinigten Staaten den heimtückischen Behinderer seiner Weltgeltung zu erblicken.

In Moskau ist diese Taktik alles andere als neu, sondern geradezu Routine geworden. 1967 zum Beispiel, bevor die »Ära der Entspannung« begann, äußerte Breschnew gegenüber Ulbricht und Gomulka, dem damaligen Herrn über Polen: »Nehmt mal de Gaulle. Ist es uns hier nicht gelungen, ohne jedes Risiko eine Bresche in den imperialistischen Besitzstand zu schlagen? De Gaulle ist unser Feind, und das wissen wir. Die Kommunistische Partei Frankreichs wollte uns, engstirnig und aufgrund ihrer partikulären Interessen, gegen de Gaulle aufwiegeln. Was haben wir erreicht? Daß im Herzen Europas die Amerikaner geschwächt wurden und daß diese Schwächung weitergehen wird.«*

Moskaus ganze Kunst besteht darin, die Europäer in eine Lage zu bringen, die so beschaffen ist, daß die Verteidigung ihrer Würde und

---

* Erwin Weit, Ostblock intern, 13 Jahre Dolmetscher für die polnische Partei- und Staatsführung. Hamburg 1970.

Selbstachtung wunderbar mit der Wahrung der sowjetischen Interessen einhergeht. Das Ringen zwischen Amerikanern und Europäern im Jahre 1982 um die Erdgasleitung ist eine Illustration für diese großartige Parallelität. Ich habe diesen exemplarischen Vorgang schon im 6. und 9. Kapitel behandelt. Hier möchte ich im Hinblick auf die Ehre, auf die sich die Europäer so oft berufen, darauf zurückkommen.

Jedes europäische Land hat sein Festhalten an der Erdgasleitung mit der Berufung auf die nationale Ehre und auf die Notwendigkeit der »Vertragstreue« gerechtfertigt. Das schloß allerdings aus, daß man der UdSSR die gleiche Verpflichtung zumutete, denn man erteilte ihr die Absolution für mehrere außerordentlich schwere Verstöße gegen die Grundsätze der Entspannung, ohne sich deshalb selber als seiner Verpflichtung ledig zu betrachten. Die These der Europäer bedeutete ferner, daß der Grundsatz der Vertragstreue nur gegenüber der Sowjetunion heilig zu halten war, nicht gegenüber den Vereinigten Staaten. In der Polemik über diese ganze Affäre unterließen die Europäer nämlich jeden Hinweis auf die bestehenden Verträge zwischen den amerikanischen Lizenzgeberfirmen und den europäischen Unternehmen, die eine für den Bau der Erdgasleitung erforderliche Technologie an die UdSSR liefern sollten. Diese Verträge waren nun aber denkbar eindeutig. Die Europäer hatten sie aus freien Stücken unterschrieben. Es stand ihnen also nicht zu, sich über eine Beeinträchtigung ihrer nationalen Souveränität zu beschweren, als die Vereinigten Staaten – vielleicht zu Unrecht, das ist eine andere, politpsychologische Frage, aber juristisch jedenfalls mit vollem Recht – auf die Einhaltung dieser Verträge pochten, in denen allen ausdrücklich stand, die Bestimmungen des *Export Administration Act* von 1949 seien einzuhalten. Die europäischen Unternehmen hatten sich dazu in voller Kenntnis dieses Gesetzes verpflichtet, dessen Bestimmungen vollkommen eindeutig sind. Im Vertrag zwischen der französischen Firma Alsthom und General Electric zum Beispiel war vereinbart, daß Alsthom General Electric zusicherte, keine Exporte von »A«-Artikeln an Staaten der »Gruppe Y« ohne vorherige Genehmigung durch das *US Office of Export Administration* vorzunehmen. »Y« ist der Codebuchstabe für eine Ländergruppe, zu der die UdSSR gehört, und »A« bezeichnet die strittigen Rotoren und Turbinen, für die sich die Vereinigten Staaten ein Embargorecht vorbehielten. Alsthom und weitere französische, britische und deutsche Firman sowie europäische Tochtergesellschaften amerikanischer Unternehmen hatten sich entschlossen, das Risiko auf sich zu nehmen, unter Umständen keine Genehmigung für den Verkauf dieser Artikel an die UdSSR zu bekommen. Die Firmen hatten sich ausdrücklich bereiterklärt, »sich über diese Bestimmungen, einschließlich etwaiger Ergänzungen und Änderungen, informiert zu halten und sie zu respektieren«.* Die europäischen Regierungen, ob sozialistisch oder konservativ, haben ihre Öffentlichkeit also belogen, indem sie ihr die Tatsache verschwiegen, daß durch ausdrückliche Zusagen die von europäischen Firmen gefertigten Teile vertraglich einem Embargo unterlagen, weil es sich um Gegenstände aus dem Katalog der strategisch wichtigen Güter handelte. Diese Regierungen haben in ihren Ländern den Eindruck erweckt, die Vereinigten Staaten wollten ihre Souveränität beschneiden; es klang, als ob der amerikanische Präsident es sich plötzlich in den Kopf gesetzt hätte, Frankreich oder Großbritannien den Verkauf von Tomaten oder Fahrrädern an die Sowjets zu verbieten. Die Europäer konnten die *politische* Beurteilung des Sachverhalts durch die Vereinigten Staaten als unangemessen empfinden, konnten geltend machen, nach ihrer Überzeugung sei die Weltlage nicht derart gespannt, daß die Anwendung der Embargoklausel auf diese als strategisch angesehenen Güter gerechtfertigt sei – sie hatten nicht das Recht, sich zu entrüsten und so zu tun, als wüßten sie nichts von der Existenz dieser Klausel, und sie durften sich nicht auf »Vertragstreue« berufen, um gerade dagegen zu verstoßen.

Unterdessen machten das Sacharow-Komitee, die Internationale Gesellschaft für Menschenrechte in Frankfurt, etliche Gewerkschaftler und eine Handvoll Journalisten darauf aufmerksam, daß die zum Bau der Erdgasleitung eingesetzten Arbeitskräfte wahrscheinlich zu einem großen Teil aus Gulag-Sträflingen bestünden, Zwangsarbeitern

---

* Der englische Text dieser Vertragsklausel lautet auszugsweise: »... *to facilitate the furnishing of data under this agreement. Alsthom hereby gives its assurance, in regard to any General Electric origin data, that unless prior authorization is obtained from the US Office of Export Administration, Alsthom will not knowingly ... export to any country group Y any direct product of such technical data if such direct product is identified by the code letter A. Alsthom further undertakes to keep itself fully informed of the regulations (including amendments and changes thereto) and agrees to comply therewith.*«

also, wie es einer langen kommunistischen Tradition bei solchen Großvorhaben entspricht. Die französische Regierung geriet sogleich ins Zittern und litt offensichtlich unter Gedächtnisschwund (hatte die politische Klasse in Europa wirklich den »Archipel Gulag« vergessen?) und beauftragte ihren Botschafter in Moskau, den Sachverhalt in Sibirien zu »untersuchen«. Ein Kommentator, der mit der Frage vertraut war, schrieb: »Endlich ein Anlaß für ungetrübte Heiterkeit im Politbüro.«* Wenn man weiß, daß die in Moskau akkreditierten Diplomaten sich nur in wenigen genau begrenzten Gebieten frei bewegen dürfen, kann man sich vorstellen, wie ungestört der französische Botschafter seine »Untersuchung« führen konnte, die natürlich ein totgeborenes Kind war. Dafür entsandte *L'Humanité*, als Zentralorgan der KPF, die Sitz und Stimme in der Regierung hat, so etwas wie eine französische Regierungszeitung, zur Ergänzung der Bemühungen des Botschafters einen Journalisten aus ihrer bekannt unabhängigen und unparteiischen Redaktion nach Sibirien. Die Reportage in *L'Humanité*** war dazu angetan, auch die empfindlichsten Gemüter zu beruhigen. Man erfuhr, daß die Arbeiter an der Erdgasleitung sich ihrer Aufgabe nicht nur völlig freiwillig widmeten, sondern auch Spitzenlöhne bezogen und mit einer der großen Tage der »strahlenden Zukunft« unter Stalin würdigen realsozialistischen Begeisterung am Werk waren. Außerdem konnte man dem Artikel entnehmen, daß die Arbeiten durchaus nicht in Rückstand geraten waren, ganz im Gegensatz zu den Behauptungen westlicher Tatsachenverdreher. Und mit der amerikanischen Technologie hatten die Sowjets ohnehin nichts im Sinn, sie konnten ohne weiteres darauf verzichten und Rotoren und Turbinen selber bauen, sogar in besserer Qualität als der amerikanischen. Kurz, sie kauften aus reiner Nächstenliebe im Westen.

Einige Skeptiker sprachen zwar immer noch von einem Unterschied, den man zwischen politischen und kriminellen Sträflingen machen müsse. Gehörten die Zwangsarbeiter an der Erdgasleitung zur ersten oder zur zweiten Kategorie? Heilige und unheilbare Unschuld! Wieder verwendete man demokratische Unterscheidungen für Sachverhalte im kommunistischen System. Für wen hatten Solschenizyn

---

* Jérôme Dumoulin in *L'Express* vom 13. August 1982: »Le Goulag et le gazoduc.«
** 27. August 1982.

oder Bukowski eigentlich geschrieben? Wußte man denn immer noch nicht, daß kein kommunistisches Regime jemals eine solche Großbaustelle ohne zur Arbeit gezwungene Menschen betreiben kann? Wenn es dem kommunistischen Staat an Gratisarbeitskräften fehlt, so setzt er zum Beispiel eine »Kampagne gegen den Hooliganismus«, also das »Rowdytum« in Gang, die es ihm erlaubt, die paar hunderttausend Sklaven zusammenzubringen, die er braucht. Die Verhaftungswellen halten ständig an die drei Millionen Sowjetbürger in den Arbeitslagern. In seinem »Führer durch die Gefängnisse und Konzentrationslager in der Sowjetunion« bietet Avraham Shifrin eine Karte der Lager, aus der hervorgeht, daß die Trasse der Erdgasleitung erstaunlich genau Region um Region an ihnen vorbeiführt*. Nach der Berechnung von Wladimir Bukowski in »Wind vor dem Eisgang«** ist bei Unterstellung einer mittleren Haftdauer von fünf Jahren und einer Rückfallquote von 20 bis 25 % insgesamt etwa ein Drittel der Bevölkerung durch die Lager gegangen. Dieser hohe Prozentsatz von Kriminalität wird vom Staat künstlich erhalten, und zwar vor allem aus wirtschaftlichen Erwägungen. Unter »vom Staat künstlich erhalten« versteht Bukowski natürlich nicht, daß der Staat Straftaten provoziert, sondern daß er plötzlich das Vorhandensein einer außerordentlich großen Anzahl von angeblichen Rechtsbrechern in der Sowjetgesellschaft feststellt, von »Schmarotzern«, »Hooligans«, »Vagabunden«, sobald er Massenverhaftungen vornehmen will, um Arbeitskräfte zu beschaffen. Denn die Lagerinsassen sind für den sowjetischen Produktionsapparat unentbehrlich. Kuba und Vietnam zahlen einen Teil ihrer Schulden an die UdSSR, indem sie Kontingente von durchaus nicht freiwilligen Arbeitern schicken, so wie in der Antike zum Tribut des Besiegten an den Sieger stets eine gewisse Anzahl von Sklaven gehörte. Es dürfte nicht ausgerechnet in der Macht eines französischen Botschafters stehen, mit einer von Paris bestellten unsinnigen »Untersuchung« einen tief in der kollektivistischen Wirtschaftsweise der Sowjetunion verwurzelten Brauch abzuschaffen, ohne den der Kommunismus nicht über-

---

* Avraham Shifrin, UdSSR-Reiseführer, nach Städten, Gebieten und Bezirken geordnet durch Gefängnisse und Konzentrationslager in der Sowjetunion. Uhldingen-Seewies 1980.
** Berlin 1978.

leben könnte. »Wenn man plötzlich eine Generalamnestie verkünden würde«, meint Bukowski, »würde man eine wirtschaftliche Katastrophe auslösen.«

So sehr der Streit um die Erdgasleitung zu Meinungsverschiedenheiten Anlaß geben, so schwierig er beizulegen sein mag, eines ist gewiß: Er ist so gelaufen und so ausgegangen, wie es den Vorstellungen der Sowjets entsprach, über alles Erwarten gut sogar. Nicht nur hat das Projekt in keiner Weise gelitten, sondern im Westen eine Auseinandersetzung hervorgerufen, die der atlantischen Gemeinschaft einen verheerenden Stoß versetzt hat, einen mehr.

Die Sowjetunion streicht damit einen Gewinn ein, den ihr die Achtung des Selbstbestimmungsrechts der Völker in Polen nicht gebracht hätte. Man muß zugeben, daß so herrliche Überraschungen kaum zum Wohlverhalten ermutigen. Innerhalb von zwei Jahren das afghanische Volk blutig unterdrücken, das polnische Volk knebeln und nach diesen Taten nicht Repressalien erleben, sondern, nach den Worten des französischen Außenministers, eine »zunehmende Entfremdung« zwischen Washington und Europa, das muß die Sowjetführer wahrhaftig übermütig und selbstsicher stimmen. Das Schönste an der Kombination ist, daß der Kreml die Partie nicht einmal selber spielen, nicht die geringste Anstrengung machen mußte. Die gewohnten Mechanismen des internen transatlantischen Streits sind von selber in Gang gekommen, die Spannungen zwischen Europa und den Vereinigten Staaten haben sich geradezu routinemäßig, ganz spontan verschärft, bis fast zum Bruchpunkt, der im Juli 1982 im Grunde erreicht war, als der französische Minister von *divorce*, also von Entfremdung, ja »Scheidung« sprach*.

Daß Moskau in Polen, in Afghanistan, in seiner eigenen Wirtschaft Schwierigkeiten hat, schlägt also in seiner Bilanz nicht sehr zu Buche, wenn sich jede Krise im Osten als Schwächung des Westens auswirkt. Den aggressiven und subversiven Handlungen, die den kommunistischen Einflußbereich vergrößern, kann der Westen weder durch Rückeroberung, die ohnehin und häufig zusätzlich durch Verträge ausgeschlossen ist, begegnen, noch kann er sie mit Wirtschaftssanktionen beantworten, deren bloße Erwähnung die Demokratien be-

---

* Im französischen Fernsehprogramm *Antenne II* am 21. Juli 1982. Siehe *Le Monde* vom 23. Juli 1982.

ängstigt, entzweit und schwächt. So kommt das sowjetische Expansionssystem dank der Unfähigkeit unserer Demokratien zum Zusammenhalten in den Genuß einer automatischen Prämie, wie sie in dieser perfekten Form, wenn man sich die übrigen Großreichdiplomatien in Vergangenheit und Gegenwart ansieht, ohne Beispiel ist.

15. Der »Kampf für den Frieden«

Die Kommunisten sind groß darin, angestammte Gefühle wie das Nationalgefühl oder menschenfreundliche Absichten wie den Kampf gegen den Rassismus zu benutzen und in Werkzeuge für den totalitären Expansionsdrang umzuschmieden, obwohl sie selber, wenn sie einmal an der Macht sind, weder die nationale Unabhängigkeit der beherrschten Länder noch die Menschenrechte achten. Um ihre Art des Kampfes zu führen, um für den Totalitarismus die Kräfte aufzufangen, die von den Menschen für so viele gerechte Anliegen in der Welt, gegen so viele Leiden und Ungerechtigkeiten aufgebracht werden, haben die Kommunisten seit jeher »parallele« Massenorganisationen geschaffen, *front organizations,* wie sie auf Englisch genannt werden, die also nicht offiziell kommunistisch sind, aber von den Kommunisten kontrolliert werden, den kommunistischen Losungen scheinbar spontan folgen und sich in den Dienst der von der Sowjetunion oder der örtlichen KP gesteuerten Propaganda stellen. Für alle und alles gibt es solche Organisationen, für Frauen, Jugend, Studenten, ehemalige Kriegsteilnehmer, Schülereltern, Künstler, Nachbarschaftshilfe, Fremdenverkehr und so weiter, und es ist ihnen allen gemeinsam, daß sie in nach außen sichtbaren Ehrenämtern nichtkommunistische Persönlichkeiten vorzeigen, die von idealistischen, zuweilen ein wenig naiven Gefühlen bewegt sind, während das oder die machtausübenden Ämter, häufig das des Generalsekretärs, einem Vertreter der KP vorbehalten bleiben. Die Masse der kleinen Mitläufer und Mitglieder muß aus möglichst vielen Nichtkommunisten bestehen. Diese übliche Aufteilung der Posten wird zum Beispiel in Frankreich von der »Bewegung gegen Rassismus und für Völkerfreundschaft« (MRAP) eingehalten, die hinter der ehrenwerten Fassade des Antirassismus das Engagement ihrer Mitglieder auf die von der Internationale festgelegten jeweiligen politischen Ziele lenkt. Im übrigen braucht man nur einen Blick auf die Situation in den verschiedenen Ländern mit dem Auf und Ab, den propagandistischen Kursänderungen dieser Bewegungen zu werfen, um festzustellen, daß sie sich in einem guten Dutzend Ländern mit bestürzender Gleichzeitigkeit ihre Themen vornehmen. Nur die Kommunisten sind zu so wohlkoordinierten Kehrtwendungen in kürzester Zeit fähig.

Das Thema »Kampf für den Frieden« nimmt einen zentralen Platz im Aufbau der Bewegungen, Komitees, Massenorganisationen und Demonstrationsveranstaltern ein, die insgesamt zur einseitigen Verstärkung der sowjetischen Macht beitragen. Das Thema spricht Gefühle an, die berechtigt und achtenswert, ja, unentbehrlich sind: die Angst vor dem Atomkrieg, die Ablehnung des Krieges schlechthin, den Wunsch nach einem drastischen Abbau der Rüstungen und Konfliktgefahren. Das Thema mobilisiert neben den kommunistischen Parteien und Gewerkschaften einen erheblichen Teil der Sozialistischen Internationale, der britischen Labourpartei, der Kirchen verschiedenster Konfession in allen Ländern, der Umweltschützer, und es beschäftigt unzählige nirgends organisierte Menschen. Ein großer Teil der Führer und Anhängermassen dieser politischen oder geistigen Familien folgt aufrichtigen Überzeugungen, selbst wenn diese nicht immer von unanfechtbaren Informationen genährt werden. Ein sehr viel kleinerer Teil, der eher der »Sauerteig« ist, besteht aus kommunistischen Agenten, Agitationsprofis und Spezialisten für Massenmanipulation. Bei den Friedensdemonstrationen, die im Herbst 1981 in und auf Bonn marschierten, konnte jeder, der an den Kundgebungen aktiv teilzunehmen wünschte, ganz gleich, wo er in der Bundesrepublik wohnte, sich eine Spesenpauschale für die Fahrt und für den Aufenthalt in der Bundeshauptstadt geben lassen. Wer bezahlte das? Besser gefragt, wer konnte das bezahlen? Nicht die Deutsche Kommunistische Partei, die es bei Wahlen mit Mühe auf ein halbes Prozent der Stimmen bringt und auf äußerst bescheidene Beitragseinnahmen rechnen kann.

Das Geheimnisvolle ist jedoch nicht die Finanzierung, an der im Grunde eben nichts Geheimnisvolles ist, sondern das Geschick, mit dem die Kommunisten es fertigbringen, daß so viele Menschen im Westen sich überzeugen lassen, daß sowjetische Expansion gleichbedeutend ist mit Frieden. Der Gedankengang, der sie dahin führt, beruht auf dem Axiom, daß »Friedensfeinde« alle sind, die sich der Ausbreitung des Sozialismus in der Welt entgegenstellen. Der Sozialismus ist seinem Wesen nach friedfertig. Er verlangt gar nicht mehr, als friedlich weiterzukommen, ohne Widerstand zu finden. Erst wenn man ihm Widerstand leistet, wofür er ja nichts kann, ist der Frieden in Gefahr. So hat nicht die Rote Armee mit dem Überschreiten der afghanischen Grenze den Frieden gestört, sondern die Afghanen mit ihrem Widerstand gegen die Rote Armee. Alle Kampagnen »für den Frieden« wollen die Abrüstung im Westen, nur im Westen. Als der Generalsekretär der KPF die Insel Réunion besuchte, ein französisches Departement im Stillen Ozean, schlug er natürlich vor, »den Indischen Ozean zu einem Meer des Friedens zu machen«, was aus seinem Munde nur eines bedeuten konnte: die Räumung des Indischen Ozeans von allen französischen und amerikanischen Luft- und Seestreitkräften, die er damit einlud, Platz zu machen für die sowjetische Flotte als einzig möglicher Garantin des »Friedens«. Und solche loyalen guten Dienste bleiben nicht den offiziellen Vertretern vorbehalten. Im August 1982 gründen die neutralen europäischen Staaten, allen voran Österreich und Schweden, ein Komitee für Abrüstung in Europa, das sich, wie man den Zeitungen entnehmen konnte, zum Ziel gesetzt hatte, einen neuen Anstoß zu geben für das Madrider Treffen der Konferenz über Sicherheit und Zusammenarbeit in Europa, das im November seine Arbeiten über die Ergebnisse der Vereinbarungen von Helsinki wieder aufnehmen sollte, nachdem es bekanntlich wegen der starren Haltung der Sowjets in die Sackgasse geraten war. Nach dem Text, den das Komitee der Neutralen vorlegte, ist es sonnenklar, daß an dieser verfahrenen Situation allein die westlichen Länder, und zwar vor allem die Vereinigten Staaten, schuld haben, »weil sie den Krieg nicht verhindern, sondern gewinnen wollen«. So entsteht der Eindruck, daß in den Augen der Neutralen die einzige Macht, deren Verhalten seit einigen Jahren friedfertig war, die UdSSR ist, und daß »Abrüstung« nur als »Abrüstung im Westen« verstanden werden kann.

Wie ist diese ungeheuerliche Gleichsetzung von rüdestem sowjetischen Expansionsdrang mit »Friedenswillen« möglich geworden? Sie ist das Ergebnis einer langen, zähen Propaganda- und Infiltrationstätigkeit.

Kein Mensch auf der Erde ist heute gegen den Frieden. Es geht deshalb überhaupt nicht darum, daß alles für den Frieden getan werden muß, sondern darum, wie die Kommunisten das Wort »Frieden« als Kriegsersatz benutzen. Auf seinen Kern reduziert, lautet der Rat, den die Kommunisten der Menschheit geben, sie solle ihren Angriffen keinen Widerstand leisten. Natürlich kann man das den Ländern, die sich der Kommunismus untertan machen will, nicht so roh und unverhüllt sagen, auch wenn sie politisch noch so unreif oder verblendet sein mögen. Ein wenig Taktik muß schon hinzukommen. Man muß die bourgeoisen Regierungen, die Presse und die Öffentlichkeit im Kapitalismus davon überzeugen, daß der Kommunismus nur dann bedrohlich wirkt und wird, wenn er sich angegriffen fühlt. Wenn dieser nützliche Trugschluß den Geistern durch ständige Wiederholung erst einmal eingehämmert worden ist, kann man es als selbstverständlich hinstellen, daß die Schuld an allen Spannungen beim Westen liegt. Jeder Friedensfreund muß also auf die demokratischen Regierungen Druck ausüben, damit sie die notwendigen Abrüstungsschritte unternehmen, die dann automatisch zu entsprechenden Schritten bei den Kommunisten führen, weil diese ja nur zu froh sind, mitziehen zu können, wenn man ihnen den rechten Weg weist. Dieses Programm ist deshalb so wirkungsvoll, weil nur die demokratischen Regierungen leicht zu beeinflussen sind; nur sie stehen unter dem ständigen Beschuß der Medien und der öffentlichen Meinung, nur sie müssen darauf Rücksicht nehmen. Die angeborene Chancenungleichheit von Demokratie und Totalitarismus wird auf diesem Gebiet wie auf so vielen ganz deutlich. Die kommunistischen Propagandisten haben in den demokratischen Ländern so gut wie freie Hand, ihre Fähigkeiten einzusetzen und ihr Anliegen voranzutreiben. Sie nutzen alle erlaubten Möglichkeiten, die ihnen die Demokratie bietet, und dazu ohne großes Risiko etliche unerlaubte. Die Demokratien haben keine Aussicht, das gleiche mit umgekehrtem Vorzeichen zu tun. Sie dürfen es sich nicht herausnehmen, für ihre Sache in den totalitären Staaten zu werben, dort Sympathisanten zu sammeln, geduldig den Teig von Presse und Öffentlichkeit zu kneten, geschweige denn, dort Parteien zu unterhalten. Die Kommunisten in den demokratischen Ländern dagegen dürfen sich damit beschäftigen, die Regierenden direkt oder über geschickt in ihre Umgebung plazierte, oft recht seltsame Umsetzer zu bearbeiten, und es steht ihnen der Einfluß auf diese Regierenden durch Presse und Wähler offen. Keine Massenbewegung westlicher Herkunft könnte in der Sowjetunion lanciert werden, um die Machthaber zu drängen, sie sollten es mit der einseitigen Abrüstung probieren, um zu sehen, ob der Westen nachziehe. Kein Parlament ist da, das den vom Moskauer Verteidigungsministerium vorgelegten Militärhaushalt ablehnt oder kürzt. Solche Gedankenspiele werden schon durch ihre bloße Erwähnung ad absurdum geführt. Da die Friedenskämpfer keine Möglichkeit haben, die totalitäre Macht auch nur in Winzigkeiten zu erschüttern, finden sie es schließlich einfacher, ihren Eifer ganz auf den durchlässigen Stoff der Demokratie zu konzentrieren. Es ist bequemer, irdene Töpfe zu zerschlagen als eiserne, auch wenn sich in diesen das gefährliche Gift befindet. Das vorsintflutliche Theater, seine eigenen Angriffe als reine Verteidigung auszugeben, wird vom Kommunismus mit der Überlegenheit dessen gespielt, der es bei den anderen inszenieren darf und nicht zulassen muß, daß andere es bei ihm spielen. Wie bei allen Zirkelschlüssen kommt dabei nur das ursprüngliche Postulat heraus, das nie bewiesen wird, aber zum Beweis alles übrigen dient: Da der Kommunismus Frieden bedeutet, warum sollte man tun, was doch absurd und ein Widerspruch in sich wäre, nämlich Propaganda für den Frieden in der festen Burg des Friedens machen?

Man kann den Sowjetführern die verdienstvolle Ausdauer nicht absprechen, die dazugehört, Jahr für Jahr eine Sache zu vertreten, an die man nicht glaubt. Denn weder Lenin noch Stalin noch ihre Nachfolger, weder Mao noch Castro noch irgendein anderer kommunistischer Machthaber haben jemals an den Pazifismus geglaubt. Für sie ist er immer nur eine der zahlreichen Formen des der demokratischen Zivilisation eigenen Kretinismus gewesen, bestens geeignet zur Schwächung dieser Zivilisation. Wenn man durch die unendlichen Weiten der Werke führender Kommunisten wandert, vor allem Lenins und Maos, die ohne Zweifel selber und spontan geschrieben haben, stellt man bei jeder Zeile fest, daß der Krieg im Zentrum ihres ideologischen Systems steht. Auch wenn man ein kläglicher Marx-Kenner ist, kommt man nicht um die Beobachtung herum, daß der Sozialismus ohne revolutionäre Gewalt nicht verwirklicht werden kann. Das gehört zu den Rudimenten der Lehre. Der Kapitalismus, so wird uns gesagt, führt zum Krieg, der mehr oder weniger verkappt, mehr oder weniger erklärt die internationale Projektion des Klassenkampfes ist. Der Sozialismus kann demnach den Kapitalismus in der Form einer Klasse innerhalb jedes Landes oder als Staatengruppe auf Weltebene nur abschaffen, indem er Gewalt einsetzt oder mit Gewaltanwendung droht und dabei genügend Trümpfe in der Hand hat, um seinem Willen Geltung zu verschaffen. Keine »Entspannung« hat jemals etwas an diesem Grundgesetz der Geschichte geändert, was Breschnew 1976 vor dem XXV. Kongreß der KPdSU noch einmal betont hat mit den Worten: »Die Entspannung gilt ebenso wie die friedliche Koexistenz nur für die Beziehungen zwischen Staaten. Sie setzt die Gesetze des Klassenkampfs nicht außer Kraft und kann sie auch niemals außer Kraft setzen.« Im Klartext heißt das: Die Entspannung ist eine Methode für die offizielle Diplomatie, unterbricht aber in keiner Weise die Ausbreitung des Kommunismus durch Kampf. Breschnew hat sich den Satz sicherlich von Suslow schreiben lassen, so daß er das Gütesiegel der Orthodoxie trägt; Suslow war ja der »Intellektuelle« im Politbüro, mit anderen Worten einer der ideologischen Tiefkühlschränke, in denen die heiligen Gebote des Sozialismus durch die Zeiten aufbewahrt werden.

So hat der Kreml auch die Unterdrückung in Polen als eine Episode in diesem permanenten Krieg betrachtet, nicht etwa als eine vorübergehende Einschränkung der Grundfreiheiten oder einen Rückschlag bei der Heraufführung des »demokratischen Sozialismus«. Um einer so rührend lächerlichen Vorstellung anzuhängen, muß man die Einfältigkeit der sozialdemokratischen »Philister« haben, wie Lenin sie so gerne nennt. Auf Lenin geht ja der unantastbare Grundsatz zurück, daß der Krieg ein geschichtliches Gesetz ist. »Der sozialdemokratische Pazifismus ist nichts weiter als eine Nachahmung des bourgeoisen Pazifismus«, schreibt der Führer der Bolschewiki. »Alle bourgeois-pazifistischen und sozialpazifistischen Redefeuerwerke gegen Militarismus und Krieg sind nichts als Illusionen und Lügen.« Im Oktober 1914 sagt er es in einem Brief an Schljapnikow: »Die Parole Frieden wäre gegenwärtig falsch. Das ist eine Parole für Philister und Popen. Bürgerkrieg lautet die proletarische Parole.« Und in einem Artikel, 1916 in der Schweiz geschrieben: »Die Sozialisten können nicht gegen jeden Krieg sein, ohne aufzuhören, Sozialisten zu sein. Sie können niemals Gegner des revolutionären Krieges sein.« Nie haben sich die Kommunisten von diesem Dogma abgewendet, jedenfalls nicht in der Praxis.

Ganz anders klingt es in der Propaganda und den Vorschlägen, mit denen die Demokratien aus dem Gleichgewicht gebracht werden sollen. Die Friedenssehnsucht beim Gegner wird zum Hebel, mit dem man ihn zu der Überzeugung bewegen kann, sich nicht zu verteidigen sei der beste Weg, den Krieg zu vermeiden. Der Pazifist merkt schließlich, daß er der einzige potentielle Aggressor ist, und zieht daraus den Schluß, wenn er sich vor aller Welt seiner Verteidigungsmittel entblöße, schaffe er jede Kriegsgefahr aus der Welt. Die Sowjets haben sehr früh festgestellt, welche Möglichkeiten ihnen diese hochherzige Einstellung bot. Schon 1922, bei der Vorbereitung der Konferenz von Genua, des ersten internationalen Treffens, an dem die UdSSR teilnahm, beschloß Lenin um den Preis einer blitzartigen Kehrtwendung, die Schule machte, das Stichwort Frieden gegenüber den bürgerlichen und sozialdemokratischen Regierungen einzusetzen. Bis dahin hatte die Kommunistische Internationale alle Abrüstungsvorschläge, die seit dem Ende des Ersten Weltkriegs gemacht worden waren, verurteilt. Der Delegationsleiter, Kommissar des Auswärtigen Tschitscherin, ein Bolschewik der ersten Stunde, erhält von Lenin Anweisung, der Konferenz »ein umfassendes Friedensprogramm« zu unterbreiten. Er ist so bestürzt, daß er bei seinem Chef zurückfragt: »Mein Leben lang habe ich gegen diese kleinbürgerlichen Illusionen gekämpft, und jetzt zwingt mich das Politbüro auf meine alten Tage, sie zu vertreten ... Könnten Sie mir präzise Anweisungen dazu geben?« Schon am nächsten Morgen kommen sehr präzise Anweisungen, um Tschitscherins ungelegenen Anfall intellektueller Redlichkeit zu heilen, und die Erklärungen dazu haben auch am Ende des 20. Jahrhunderts nichts von ihrer Frische eingebüßt: »Genosse Tschitscherin«, schreibt Lenin, »Sie sind allzu nervös ... Sie und ich haben im Zeichen des Programms unserer revolutionären proletarischen Partei gegen den Pazifismus gekämpft. Das ist klar. Aber sagen Sie mir doch, wo und wann die Partei es je abgelehnt hätte, *den Pazifismus zu benutzen, um ihren Feind, die Bourgeoisie, zu spalten?*«* Der Feind, den es zu »spalten« gilt, umfaßt im übrigen die Sozialistische Internationale ebenso wie die Bourgeoisie, was Lenin im übrigen Text seiner Anweisung ganz deutlich macht.

Damit ist die Methode gefunden. Sie wird von den Sowjets fortan bei allen »Friedensoffensiven« befolgt. Lenin formuliert mit schöner Klarheit den Grundsatz: »Das Zentralkomitee gibt der Delegation

---

* Hervorhebung von mir. Der Briefwechsel (vom 15. und 16. Februar 1922) ist in der *Literaturnaja Gaseta* vom 5. November 1972 zum 100. Geburtstag Tschitscherins veröffentlicht worden.

folgende Generaldirektive: Sie hat sich zu bemühen, den Graben zwischen dem friedliebenden Lager der Bourgeoisie und deren aggressivem und reaktionärem Lager so weit wie möglich zu vertiefen.« Sodann weist Lenin seine Delegation für Genua an, »alles mögliche und unmögliche zu tun, um den friedliebenden Flügel der Bourgeoisie zu stärken und, sei es auch nur geringfügig, dessen Erfolgsaussichten bei den Wahlen zu verbessern – das ist die erste Aufgabe; die zweite ist die Spaltung der bourgeoisen Länder, die gegen uns zusammenstehen – das ist unsere politische Doppelaufgabe in Genua. Auf keinen Fall dürfen kommunistische Ansichten vorgetragen werden.« Die Kunst, sich in den Wahlprozeß der demokratischen Länder einzumischen, so stellt man mit Bewunderung fest, ist also auch in jenen weit zurückliegenden Zeiten kräftig entwickelt. Mit der gleichen frühen Beherrschung der Irreführungstechniken, in denen sie es nach dem Zweiten Weltkrieg zu klassischer Meisterschaft bringen wird, ergreift die Sowjetregierung im Dezember 1922 die Initiative zur Einberufung einer »regionalen Abrüstungskonferenz«, die Estland, Litauen, Lettland, Polen und Finnland am Verhandlungstisch in Moskau zusammenführt: fünf Länder, von denen die Geschichte zeigt, wie sie in den Folgejahren von der Sowjetunion mit Beweisen ihrer Friedfertigkeit verwöhnt worden sind.

Lenin hat gezeigt, wie man den Frieden zu einem Werkzeug des Krieges machen kann. Seine Nachfolger haben zusätzlich gemerkt, daß es nicht genügte, die Parole auszugeben; man mußte darüber hinaus an Ort und Stelle beim Gegner in jedem in Frage kommenden Land die pazifistischen Bewegungen organisieren und in eine internationale Friedensbewegung einbringen. Dafür brauchte man nur die von der Demokratie gebotenen Möglichkeiten benutzen, das Recht auf Bildung von Vereinigungen, auf freie Meinungsäußerung, auf Verteilung von Informationsmaterial, auf Veröffentlichung von Zeitungen, auf Abhaltung von Kongressen, auf Straßendemonstrationen, auf Grenzübertritt, auf Eröffnung von Bankkonten, auf Anmietung von Räumen und Veranstaltungssälen, auf Sammeln und Verteilen von Geld, auf Entgegennahme von Geld über diskrete, von den Behörden nicht überwachte Kanäle. Das sind nur einige von tausend Möglichkeiten, die den »Friedensfeinden« von den totalitären Regimen natürlich nicht gelassen werden. Zielscheibe der verschiedenen pazifistischen Wellen, die den Westen seit der Vervollkommnung dieser Taktik überrollt haben, war im übrigen immer die Demokratie als solche. 1932 denkt die »Friedensbewegung« von damals, nach ihrem Gründungsort »Amsterdamer Bewegung« genannt, gar nicht daran, Worte gegen Hitler zu finden, der unmittelbar vor der Macht steht. Sie greift nur die kapitalistischen Demokratien an. Nach dem Deutsch-Sowjetischen Pakt vom August 1939 hämmert die sowjetische Propaganda, getreulich von den Kommunisten im Westen verbreitet, dem Proletariat ein, es müsse den »imperialistischen Krieg« verweigern und sogar sabotieren, also den Krieg der Demokratien, der »Plutokraten der City« gegen Hitlerdeutschland. Nach dem Zweiten Weltkrieg bekommt diese Friedensbewegung europäische Dimensionen. Ihre Protagonisten tragen mit Erfolg die Vorstellung in die Öffentlichkeit, die Presse und alle möglichen politischen Kreise, daß »die Amerikaner den Krieg wollen«, ganz im Gegensatz zur Sowjetunion, dem bekannten Hort des Friedens; diese Kampagne des »Stockholmer Appells« läuft ausgerechnet zur Zeit des Koreakrieges an, eines Krieges, der aus einem von Moskau betriebenen und kaltblütig in Szene gesetzten kommunistischen Angriff entstanden ist. Trotzdem gelangen nicht wenige sehr einflußreiche Europäer zu der Überzeugung, das Heil für sie liege nunmehr in der Neutralität. Diese Einstellung trägt insbesondere zum Scheitern der geplanten europäischen Armee, der Europäischen Verteidigungsgemeinschaft (EVG) bei; Frankreich gibt ihr den Gnadenstoß, und zwar durch eine bezeichnende Koalition, in der die Kommunisten die Gaullisten benutzen, um den französischen Nationalismus im Sinne der sowjetischen Interessen zu steuern. (Ich wollte eigentlich vom Benutzen der *Uneigennützigkeit* der Gaullisten sprechen, doch diese Tugend war nicht immer ungeschmälert vorhanden bei den Männern, die Arm in Arm mit den Kommunisten die EVG auf dem Altar des Gaullismus opferten.) Bei ihren Friedensoffensiven fehlt es den Sowjets nicht an Realismus und nicht an Erfolgen. Sie geben sich nicht damit zufrieden, im Westen eine bloße defätistische Stimmung, ein bloßes Klima zu unterhalten; sie bewirken Greifbares, lassen politische und strategische Vorhaben abwürgen, deren Verwirklichung das demokratische Europa stärker machen würde. 1954 ging es um die EVG. Ab 1979 geht es um die Aufstellung von Mittelstreckenwaffen in Westeuropa. Die Kampagne gegen die NATO-Nachrüstung fällt zusammen mit dem Erscheinen der dritten Inkarnation der pazifistischen Bewegung im Westen. Jedes Auftreten der Bewegung geht mit einer Verhärtung der sowjetischen Diplomatie einher. Die »Amsterdamer Bewegung« macht sich 1932 ans Werk, als die UdSSR noch nicht ihre »Wende« gegen den Faschismus und für eine Volksfront mit vaterländischen und nationalistischen Untertönen vollzogen hat, als die kommunistischen Parteien in den einzelnen Ländern noch in einem bürgerkriegsähnlichen, antibourgeoisen, antimilitaristischen Verhalten befangen sind und die Sozialdemokraten mehr befehden als die Faschisten. Man läßt die Bewegung sofort einschlafen, als Stalin das Signal zur Neuorientierung gibt, zur Annäherung an die bürgerlichen Regierungen und zur Verpflichtung der kommunistischen Parteien im Westen, sich mit den sozialistischen und Mitteparteien zu sogenannten Volksfrontmehrheiten zusammenzutun. Ebenso geht es mit der Friedensbewegung von 1949, die sich genau zum Zeitpunkt des Überfalls auf Südkorea entwickelt, bald nachdem die UdSSR in den Kalten Krieg eingetreten ist und seit 1947 das Kominform gebildet, die Berliner Blockade inszeniert und den kommunistischen Parteien im Westen befohlen hat, offensiv gegen die Regierungen der ersten Nachkriegszeit vorzugehen. Doch Anfang der achtziger Jahre verspürt die UdSSR wieder das Bedürfnis nach einer Kursänderung und nach einer Ablenkung von dem kriegerischen, repressiven Bild, das ihr Vorgehen in Polen und Afghanistan, ihre vielen unverhohlenen Verstöße gegen die Entspannung und ihre vor den Blicken der Nachbarn kaum mehr zu verbergende Hochrüstung bieten. Und schon entsprießen dem fruchtbaren Boden der westeuropäischen Demokratien endlose Prozessionen von Friedenspilgern, Züge von jammernden Büßern, die sich an die Brust schlagen und Andropow im Chor um Gnade anflehen. Vielleicht wird er angesichts dieser Zeichen aufrichtiger Reue voller Nachsicht den blutrünstigen westlichen Führern noch einmal vergeben?

Bei der Inszenierung, mit der die Sowjets die friedensbegeisterten Menschen irreführen, ist nicht die Friedensbegeisterung zu tadeln, sondern die Irreführung. Wie gerechtfertigt sind tiefer Haß auf den Krieg und bedingungslose Friedenssehnsucht nach dem Ersten Weltkrieg! Was könnte man einzuwenden haben gegen die Ächtung des Atomkriegs nach dem Zweiten Weltkrieg? Nichts ist auszusetzen an den Absichten der Teilnehmer an den »Friedensmärschen«, die Anfang der achtziger Jahre fordern, ihr Erdteil dürfe nicht mit Atomwaffen gepflastert werden. Doch diese Absichten behalten nichts von ihrer ursprünglichen Qualität, wenn sie selber zu Werkzeugen des Krieges werden, derer sich die Sowjetunion bedient, um das demokratische Lager zu schwächen, bevor sie es angreift, oder damit es sich ergibt, ohne angegriffen worden zu sein. Man mußte schon Stalins unvergleichliche Selbstsicherheit haben, um 1948 im Westen die UdSSR als Vorkämpferin für einen »dauerhaften Frieden« und die Vereinigten Staaten als Kriegstreiber hinzustellen, nachdem Moskau eben die von ihm »befreiten« Länder direkt oder indirekt vereinnahmt hatte, ganz im Gegensatz zu den Amerikanern, deren Truppen nach der Zerschlagung des Nationalsozialismus unverzüglich wieder über den Atlantik abgezogen waren. Nachdem er Mitteleuropa von einem Totalitarismus in den nächsten geführt hatte, mußte es für Stalin ein erheiternder Vorgang sein, als er sich den verführerisch harmlosen Titel, den Inbegriff der Wortverdrehung für das neugegründete Zentralorgan des Kominform ausdachte: »Für den dauerhaften Frieden, für die Volksdemokratie«*. Eine gute Portion Humor brauchte das Politbüro sicherlich auch, um nach 1980 die Friedensmarschierer in Westeuropa unter seine Obhut zu nehmen, als Stalins Nachfolger eben mehr denn je den Einsatz und die Verstärkung ihrer Militär- und Polizeimacht betrieben hatten.

Soche Erfolge lassen sich allerdings nicht mit bloßen Worten erzielen. Dazu müssen zwei weitere Bedingungen erfüllt sein: die Übernahme der Schlüsselfunktionen in den Parallelorganisationen durch Kommunisten und die Lenkung der Finanzierung solcher Organisationen durch Moskau und seine Vertreter im Westen.

In der Amsterdamer Bewegung werden die beiden wichtigsten Posten, Vorsitz und Generalsekretariat, durch ein glückliches Zusammentreffen mit zwei Männern besetzt, die vom kommunistischen Apparat vereinnahmt und gelenkt sind: dem Schriftsteller Henri

---

* Der Titel stammt tatsächlich von Stalin. Der kommunistische italienische Delegierte bei der Gründungssitzung des Kominform, Eugenio Reale, den Schdanow über die Schaffung des neuen Organs informierte, erinnert sich noch an seinen Einwand: »Aus journalistischer Sicht kann ich mir schlecht vorstellen, wie ein italienischer Arbeiter zum Zeitungshändler sagt: ›Geben Sie mir für den dauerhaften Frieden für die Volksdemokratie ...‹ Schdanow schmetterte die Kritik ab mit der schlichten Erklärung: ›Den Titel hat sich Genosse Stalin selber ausgedacht.‹« (Persönliche Mitteilung von Eugenio Reale an Branko Lazitch.)

Barbusse, den die Tscheka-Muse damals zu seinem widerwärtigen »Stalin« inspirierte, und durch einen gewissen Louis Giberti, bei dem Fritz Adler, dem Generalsekretär der Sozialistischen Internationale, solche Zweifel kamen, daß er sie in seiner Naivität in einem Brief vom 12. Juli 1932 vor Henri Barbusse ausbreitete, als könne er ausgerechnet ihm damit etwas Neues sagen. »Der Name Giberti«, schreibt der Sozialistenführer, »genügt, um die Einheitsfrontmanöver der Bolschewisten zu enthüllen.« Im weiteren erklärt Adler, er wisse nicht, wer Giberti zum Sekretär des Weltkongresses gegen den Krieg gemacht habe – eine bedauerliche Unwissenheit bei jemandem, der mit dem Mann verhandeln soll. Doch er kenne, schreibt er, genau die Anweisung von Willi Münzenberg, einem hochrangigen Mitarbeiter der Komintern, dem Giberti unterstand: »Die Aufgabe der kommunistischen Vertreter in den Massenorganisationen ist es, dafür zu sorgen, daß der Sekretär einer der Ihren ist.« Diese Regel behält für das ganze restliche Jahrhundert Gültigkeit. Fünfzig Jahre nach Amsterdam will es der Zufall, daß der Präsident des Weltfriedensrates, der Inder Romech Chandra, seit 1951 dem Zentralkomitee der Kommunistischen Partei Indiens angehört und das Parteiorgan *New Age* geleitet hat, bevor er die Vertretung der Partei im Nationalen Friedensrat übernommen hat. Dann ist es aufwärts gegangen: Vom Nationalen Friedensrat wechselt Chandra in den Weltfriedensrat, zunächst als einfaches Mitglied, ab 1966 als Generalsekretär und schließlich als Präsident.

Die Machtstellungen müssen in allen Friedensbewegungen mit erklärten oder verkappten Kommunisten besetzt sein. Um so wichtiger ist es, sie mit einer großen und möglichst eindrucksvollen Phalanx von Nichtkommunisten zu umgeben. Das ist das Alibi, das Barbusse in seiner Antwort auf Adlers Brief auch prompt vorbringt: »Das Exekutivbüro ist in seiner großen Mehrheit nichtkommunistisch.« Die Kommunisten geben sich in der Folge ständig größte Mühe, reichlich Nichtkommunisten an die Rampe zu setzen, doch es fällt ihnen immer schwerer, eindrucksvolle Männer an sich zu binden, weil der Mißkredit, in den die marxistische Ideologie geraten ist, die Heroen des Geistes aus den Massenorganisationen vertrieben hat. In die Amsterdamgruppe brachten keine Geringeren als André Gide, Romain Rolland, Paul Langevin, Albert Einstein, Heinrich Mann, Bertrand Russell, Theodore Dreiser, John Dos Passos und Upton Sinclair ihr weltweites Ansehen ein. Um 1950, zur Zeit des Stockholmer Appells, brauchte man nur hinzuschauen und fand unter den Petitionen so ruhmreiche Namen wie Picasso, Joliot-Curie, Eluard ... Fünfzig, dreißig Jahre später hindert uns die Ehrfurcht vor dem intellektuell nachlassenden reifen Alter daran, die Liste der nichtkommunistischen Gallionsfiguren der pazifistischen Bewegung, die doch die Welt der Wissenschaft, der Literatur und der Kunst vertreten sollen, abzudrucken. Die Bewegung hat diesen qualitativen Prestigeverlust durch eher quantitative Neuzugänge ersetzt: die christlichen Kirchen jeder Konfession, die Umweltschützer, die Erben der speziellen Sensibilität aus der Zeit der Jugendrevolten zwischen 1960 und 1970, zu einem erheblichen Teil also Menschen, die nie unter einem totalitären System gelebt haben und deshalb nur die Fehler der demokratischen Gesellschaft sehen, allein diese Fehler in der Welt von heute überhaupt sehen – die echten und etliche eingebildete Fehler. Es ist nicht sicher, ob mit diesem Zulauf der zugleich vielfältiger gewordenen Klientel die internationale kommunistische Bewegung nicht sogar reichlich dafür entschädigt worden ist, daß sie die meisten echten Intellektuellen verloren hat. Ein weiterer Gewinn für sie ist die Tatsache, daß die Sozialistische Internationale seit dem Beginn und trotz des Scheiterns der Entspannung Standpunkte vertritt, die immer mehr in die Nähe der Anliegen und Interessen der Sowjetunion rücken.

Die hohe Wertschätzung, die der KGB traditionell für die Intellektuellen hegt, veranlaßt ihn gelegentlich, ihnen eine aktive Rolle zuzuweisen als die des *potiche,* des auf den Thron gehobenen Dummen August, wie es der Schriftsteller Vercors, der selber einer war, genannt hat. Diese Ehre ist, um nur einen zu nennen, vor einiger Zeit einem dänischen Autor namens Arne Petersen zugefallen. Damit geraten wir zugleich in die Finanzierungsprobleme der »Werke des Friedens«. Dieser Petersen hatte 1981 in der dänischen Presse wiederholt große und teure Anzeigenseiten gekauft, aus denen dann die blauen Wolken eines bewegten Manifestes aufstiegen für ein Projekt, das die Leser dieses Buches bereits kennen: die »atomwaffenfreie Zone in Nordeuropa«. Dieses Schlachtroß zieht Moskau mit schöner Regelmäßigkeit aus dem Stall, um es den skandinavischen Ländern zu verkaufen, damit die Ostsee endlich ein sowjetisches Meer wird. Das Manifest des Arne Petersen war eine Petition, für die ein eigenartiges »Komitee für Zusammenarbeit für Frieden und Sicherheit« verantwortlich zeichnete. Dieses Komitee war 1974 nach einer in Moskau abgehaltenen »Friedenskonferenz« ins Leben gerufen worden; es war eine typische parakommunistische Organisation, die allerdings vom dänischen Durchschnittszeitungsleser nicht als solche erkennbar war. Die Kosten der Großanzeigen wurden, wie der dänische Geheimdienst bald feststellte, denn auch von der Sowjetbotschaft getragen, was zur Ausweisung von Wladimir Merkulow führte, einem KGB-Offizier, der als 2. Botschaftssekretär fungierte. Petersen hatte auch ein Pamphlet gegen die britische Premierministerin Margaret Thatcher veröffentlicht, zu dem ihm Merkulow den Text geliefert hatte. Er informierte Merkulow ferner über die »progressiven« dänischen Journalisten und die verschiedenen Möglichkeiten, sie zu manipulieren.* Petersen war natürlich beileibe kein Mitglied der Kommunistischen Partei Dänemarks! Er hatte sogar ausdrückliche Anweisung, ihr nur ja nicht beizutreten. Es gibt im Westen viele Agenten zur Bearbeitung der Öffentlichkeit mit der gleichen Aufgabenstellung wie Arne Petersen, sich als selbstloser Protestler zu betätigen. Die »Progressiven« werden darauf erwidern, solche Beeinflussungen im entgegengesetzten Sinne gebe es in der westlichen Presse sicherlich auch. Selbst wenn die Annahme zutrifft, ist die Partie immer noch ungleich. Denn damit sie gleich würde, müßten atlantische »Beeinflusser« nicht in der westlichen Presse, sondern *in der sowjetischen Presse* Kampagnen führen können. Damit stehen wir schon wieder mit einem Bein auf dem trügerischen Grund der falschen Gleichsetzungen, auf den wir noch öfter geraten werden.

Die Finanzierung der kommunistischen Parteien und Massenorganisationen im Westen durch die Sowjetunion ist ausreichend bekannt: daß es sie gibt, wie weit sie geht und über welche Mechanismen. Sie wird, außer natürlich von den Kommunisten selber, nur noch von Scheinheiligen und Unbelehrbaren bestritten, was zugegebenermaßen noch eine ganze Menge Leute bedeutet. Manche von ihnen erklären, die nichtkommunistischen Parteien im Westen hätten ja auch verborgene Finanzquellen. Das ist ein weiteres schönes Beispiel für die falsche Gleichsetzung: Erstens haben in mehreren Demokratien, und zwar auch in sehr großen, Gesetze die Beziehungen

---

* Pressemitteilung des dänischen Justizministeriums vom 17. April 1982.

zwischen Politik und Geld saniert; zweitens und vor allem kann man Wahlkampfspenden von den Arbeitgebern, den Gewerkschaften, der Regierung oder zugeschanzte Erträge aus anrüchigen Geschäften *innerhalb* eines Landes nicht mit *ausländischen* Geldern vergleichen, die von einer feindlich gesonnenen Macht gezahlt werden, um die Unabhängigkeit des Landes zu untergraben. Im einen Falle handelt es sich um ein Verkommen der politischen Moral, im anderen um eine Beeinträchtigung der Sicherheit des Staates. Die kommunistischen Parteien und die von ihnen gepäppelten Organisationen treiben in aller Öffentlichkeit einen Aufwand, der um ein Mehrfaches größer ist, als ihre offiziellen Einnahmen ihn erlauben würden. Wenn die äußeren Anzeichen des Reichtums einer Privatperson in schreiendem Widerspruch zu ihrem erklärten Einkommen stehen, glaubt die Steuerbehörde der betreffenden Person nicht. Aber obwohl die kommunistischen Organisationen den gleichen bestürzenden Unterschied vorführen, tun Presse und Politiker, als glaubten sie ihnen. Dabei ist allen klar, was da vor sich geht, und sie kennen die verschlungenen Pfade, über die den Getreuen von der Sowjetunion entweder direkt oder durch zugeschanzte Geschäfte geholfen wird. Die üppige Finanzausstattung der Friedensbewegungen wäre ohne diese Hilfe unerklärlich, und es wird auch kaum ein Hehl daraus gemacht. »Da der Kongreß nicht subventioniert wird«, erklärt Barbusse am Vorabend des Amsterdamer Treffens, »muß er sich hinsichtlich aller Ausgaben sozusagen selbst tragen ... Es wird von den Teilnehmern kein Pflichtbeitrag erhoben.« Das ist wirklich eine feine doppelte Buchführung! Zu unserer großen Erleichterung haben die Historiker inzwischen herausgefunden, auf welchen Wegen das erforderliche Geld über die KPF bis zu der Bewegung gelangte. Die Wahrheit kommt manchmal sogar aus dem Munde der sowjetischen Propagandisten: In ihrem Bulletin vom Februar 1982 erinnert die Agentur Nowosti daran, daß »1961 ein sowjetischer Friedensfonds gegründet worden ist ..., der finanzielle Hilfe für Organisationen, Bewegungen und Personen bereitstellt, die für die Stärkung des Friedens kämpfen.« In der *Prawda* vom 30. April 1982 veröffentlicht Juri Schulow, der Präsident des Sowjetischen Friedenskomitees, einen bewegenden Artikel, aus dem hervorgeht, daß 80 Millionen Sowjetbürger ihr *freiwilliges* Scherflein für den sowjetischen Friedensfonds abgeliefert haben, also letzten Endes, verehrte Leser, für uns, die Unterdrückten des kriegslüsternen Kapitalismus. Wie sollten wir nicht zu Tränen gerührt und dankbar gewesen sein, als einen Monat später die *Prawda* vom 31. Mai der Welt verkündete, daß auch die sowjetische Landbevölkerung uns helfen wollte; »ganze Kolchosen beschlossen, einen Tag für den Friedensfonds zu arbeiten«.

Diese Methode der sogenannten freiwilligen Geldschöpfung ist altbewährt und erlaubt die Behauptung, die Mittel des KGB seien in Wirklichkeit der Ertrag humanitärer Sammlungen. Doch so großzügig der sowjetische Werktätige mit seinem Lohn umgehen mag, seine milden Gaben bedürfen der Ergänzung, die manchmal recht pikant ausfällt. Ich möchte nicht den Eindruck entstehen lassen, daß ich mich auf Dänemark versteife, aber der Zufall will es, daß dieses Königreich seit 1975 ebenso wie das der Niederlande zu einer Drehscheibe des »Friedens« geworden ist. Anfang März 1982 führt Ingmar Wagner, Vorsitzender der Vereinigung »Dänemark-UdSSR«, Sekretär der Bewegung »Frieden und Sicherheit« und Mitglied des Politbüros der dänischen KP, eine kommunistische Delegation in die Sowjetunion, wo Tschernenko, einer der Nachfolgekandidaten für Breschnew, die Gruppe empfängt. Während Wagners Abwesenheit wird in seiner Villa eingebrochen. Am 18. März verhaften die Polizisten der dänischen Drogenbrigade einen jungen Mann, den sie als Dealer in Verdacht haben. Sie finden bei ihm den Schlüssel zu einem Schließfach im Kopenhagener Hauptbahnhof. Anstelle des erwarteten Drogenvorrats finden sie darin zu ihrer größten Überraschung einen Handkoffer mit 30000 DM in bar und Quittungen auf den Namen... Wagner in Höhe von 150000 DM. Und die Scheine der Geldbündel tragen die Nummern von Banknoten, die von der Bonner Regierung kurz zuvor der ostdeutschen Regierung zum Freikauf von politischen Gefangenen übergeben worden sind. Dieser immer sauber abgerechnete Menschenhandel bildet ja seit langem eine sprudelnde Devisenquelle für das kommunistische Deutschland. So erpressen die Kommunisten den Westen und stecken das Lösegeld in den politischen Kampf gegen die Demokratien. Das ist ein hübsches Beispiel für die Art und Weise, wie der Totalitarismus seine eigenen Schwächen nutzt, um sich stärker zu machen. Da der Kommunismus seinen Untertanen kein menschenwürdiges Leben bieten kann, muß er sie gewaltsam an der Ausreise hindern. Da er ihnen nicht erlauben kann, nach Belieben zu gehen, weil sonst zu viele gehen würden, holt er noch etwas heraus, indem er sie verkauft. Und mit dem so eingenommenen Geld finanziert er dann, exemplum docet, den »Kampf für den Frieden«.

Andere haben es lange vor den Kommunisten verstanden, eine bestimmte Art der Kriegführung »Frieden« zu nennen. Im Jahre 341 vor unserer Zeitrechnung versuchte Demosthenes den Athenern die Augen zu öffnen für die »Friedensoffensiven« Philipps von Makedonien: »Unser Gegner, der die Waffen in der Hand trägt und beträchtliche Kräfte um sich schart, schmückt sich mit dem Worte Frieden und begeht dabei kriegerische Handlungen«, sagte er zu ihnen. Auch Philipp hatte übrigens seine Afghanen oder Tschechen, denn, so hören wir von Demosthenes, »hat er nicht zu den unglücklichen Einwohnern von Oreos gesagt, er schicke ihnen Truppen aus Freundschaft, um über sie zu wachen?« Man muß von Sinnen sein, warnte der Redner, um »eine Lage als Friedenszustand zu betrachten, die Philipp die Möglichkeit gibt, wenn er alles übrige an sich gebracht hat, uns in unserem Lande anzugreifen... Das heißt etwas so zu nennen, was für ihn sicherlich Frieden ist, aber durchaus nicht für uns.« Auch Philipp unterhielt »Friedensfreunde« bei den Athenern, die einen bloß naive Gemüter, andere Ignoranten oder Gleichgültige, andere wiederum, die aktivsten, bezahlte Agenten, so wie bei uns. Ihre Aufgabe bestand darin, überall und ständig zu erklären, Philipp wolle den Frieden und die Athener den Krieg. »Genau das ist es«, lesen wir noch in der »Dritten Philippika«, »was er mit diesem ganzen Geld kauft.«* Auch darum waren Demosthenes' Worte in den Wind gesprochen, wie es der Fortgang der Dinge bewies.

---

* Demosthenes: Dritte Philippika, §§ 6–8 passim.

16. Ideologische Kriegführung und Desinformation

Die ideologische Kriegführung ist die Kunst, zu befreien, um zu knechten; genauer, angeblich zu befreien, um besser zu knechten, Freiheit zu predigen, um Knechtschaft aufzuzwingen. Eine solche Definition gilt für politische Ideologien. Wenn manche Religionen um der Erlösung willen Sklaverei auferlegen, gibt es keinen Widerspruch zwischen ihrem Handeln und ihrer Lehre, weil die Sklaverei in diesem, die Erlösung im anderen Leben statthat. Der Widerspruch in sich bei den politischen Ideologien dagegen, wenn sie das Glück allein für diese Welt versprechen, liegt auf der Hand. Gewiß, auch die politischen Ideologien versuchen einen Gegensatz zwischen jetzigem und künftigem Leben zu konstruieren, um die Härte des jetzigen mit der Glückseligkeit des künftigen zu rechtfertigen. Doch die religiöse Zukunft wird von der politischen immer durch einen unüberbrückbaren Unterschied getrennt sein: Die eine liegt jenseits des Todes und entzieht sich jeder Beobachtung; die andere fällt in die historische Zeit. Selbst wenn die menschliche Geduld mehrere Generationen verstreichen läßt, bevor sie urteilt – geurteilt wird früher oder später, und zwar aus konkreter Anschauung. Deshalb ist der beliebte Vergleich zwischen religiösem und politischem »Glauben«, besonders kommunistischem »Glauben«, höchst approximativ. Der Dualismus von Zeit und Ewigkeit, von natürlicher und übernatürlicher Welt, auf den der religiöse Glaube aufbaut, kann nicht als Grundlage für die politische Ideologie dienen, die diesen Gegensatz ja gerade aufheben und die Menschen aus der Ergebenheit reißen will, zu der sie die Hoffnung auf das Jenseits veranlaßt. So erwiesen sich die politischen Ideologien, indem es ihnen gelingt, die Menschen in Knechtschaft und Elend zu führen, als besonders geschickt, findiger als die schlimmste Priesterherrschaft, weil sie uns das Glück für dieses Leben versprechen und ihren Absolutismus trotz der annähernden Gleichzeitigkeit von Verherrlichung des Ideals und dessen Widerlegung durch die Erfahrung durchsetzen.

Dieser Erfolg wird erklärlicher, wenn man bedenkt, daß die totalitäre Propaganda sich vor allem an die öffentliche Meinung im Ausland wendet. Gewiß, Propaganda ist eine politische Waffe von hoher Bedeutung, wenn es um die Erringung und Festigung totalitärer Macht geht. Das hat niemand besser vorgeführt als der Mann, der es als erster gesagt hat: Hitler. Doch ist die Herrschaft einmal aufgerichtet, genügt die Gewalt des repressiven Apparats, um Freiheiten und Kritik auf Null zu halten. Dann ist die staatliche Propaganda bei den Bewohnern des eigenen Landes nicht mehr darauf aus zu überzeugen, sondern kann sich damit begnügen, sie zu demütigen: als albern pathetisch beschwörender Singsang, als Antithese zur Wirklichkeit. Auf Dauer dagegen bleibt die Propaganda eine wirksame Waffe in der Außenpolitik, im Dienste der imperialistischen Expansion, weil ihre fernen Zuhörer von ihr in das paradiesisch unberührte Zwischenreich argloser Gläubigkeit geführt werden, wo die Ideologie allein auftritt, ohne unmittelbare Vergleichsmöglichkeit mit der Wirklichkeit. Ideologischer Kampf, psychologische Kriegführung, Lüge, Desinformation, Einschüchterung wirken ständig verunsichernd auf Öffentlichkeit und Regierungen der demokratischen Länder ein; die Adressaten sind zumeist eine leichte Beute für eine Kunst des Betrügens, die im Reich des totalitären Denkens besonders gute Entwicklungsbedingungen vorfindet und es zu wahrer Perfektion bringt.

Die ideologische Kriegführung ist für die totalitären Regime eine Notwendigkeit, für die Demokratien eine Unmöglichkeit. Sie gehört wesensmäßig zum Geist des Totalitarismus, ist dem demokratischen Geist dagegen verwehrt. Um ideologische Kriegführung betreiben zu können, muß man zunächst einmal eine Ideologie haben. Die Demokratien haben aber nicht eine, sondern tausende, hunderttausende. Demokratie manifestiert sich ja gerade in der gegenseitigen Kritik der verschiedenen Gruppen, die in dem von ihr gebotenen Rahmen die politische und kulturelle Vielfalt der Gesellschaft freier Bürger bilden. Unser System wird von außen von der kommunistischen Propaganda geschmäht, im Innern in Frage gestellt unter legitimer Berufung auf die demokratischen Rechte, die der Verschiedenartigkeit Raum geben. Die vielen Gruppierungen und Interessen und die Kritik sind ja die Existenzgrundlage der Demokratie. Zugleich bringen sie die Demokratie in Gefahr, sich von außen manipulieren zu lassen und mehr Kraft auf innere Auseinandersetzungen als auf die Wachsamkeit gegenüber äußeren Bedrohungen zu verwenden. Was zivilisatorisch eine innere Kraft ist, wird zur Schwäche gegenüber einer totalitären Macht, dem Kommunismus, dessen Daseinsberechtigung und Überlebenschance in der Vernichtung der Demokratie in der Welt liegt.

Die häufig geäußerte Vorstellung, man müsse einen »ideologischen Gegenangriff« führen, beruht auf einem Irrtum, auf einer abstrakten und zum Glück falschen Gleichsetzung von Demokratie und Totalitarismus. Die Propaganda ist ihrer Natur nach ein totalitäres Werkzeug. Sie setzt einen fest geschlossenen, homogenen Apparat voraus, der auf eine zum Schweigen gezwungene Gesellschaft gegründet ist. Zur Propaganda gehört ein Land, das mit nur einer Stimme spricht. Die Herren über die moderne Propaganda haben »eindimensionale« Kommunikationssysteme geschaffen. Die Demokratien können solche Systeme nicht einrichten, ganz einfach, weil sie Demokratien sind. Bei ihnen findet jede These sogleich Widerspruch. Die Propaganda kann dort immer nur die »offizielle« Meinung des Staates sein, und die wird von Parteien, Gewerkschaften, Kirchen, Verbänden, Zeitungen, Sprechern der Intellektuellen sogleich zerpflückt. Wie könnte eine dergestalt im eigenen Lande von vornherein in Frage gestellte Propaganda die totalitären Mächte aus der Entfernung beeindrucken? Es gehört zu den Treppenwitzen der Philosophiegeschichte, daß Herbert Marcuse das Epitheton »eindimensional« ausgerechnet für die demokratischen Gesellschaften eingeführt hat, deren ganzes Wesen eine geradezu unendliche Fragmentierung des Lebens und Denkens der Menschen bewirkt, während das neue Modewort genau und allein auf die totalitäre Kultur paßt.

Es ist demnach sinnlos, nach einer demokratischen Gegenideologie zu suchen, mit der sich die totalitäre Ideologie zurückdrängen ließe. Die demokratische Gegenideologie ist ein Mythos. Die Demokratie darf sich nicht in die Kategorien totalitären Denkens sperren lassen und ein antithetisches Spiegelbild dieses Denkens schaffen. Ideologie ist Lüge, totalitäre Ideologie ist totale, auf alle Aspekte der Wirklichkeit bezogene Lüge. Dem freien Denken zu raten, es solle sich verteidigen, indem es einen Aberwitz des Gegenhaltens zum System erhebt, heißt ihm empfehlen, sich umzubringen, um nicht umgebracht zu werden. Es mag stimmen, daß nichts für die Zerstörung eines Hirngespinsts wirksamer ist als ein anderes Hirngespinst, doch es stimmt eben auch, daß die demokratische Zivilisation nur überleben sollte und überhaupt kann, indem sie der Ideologie das freie Denken, der Lüge das Erkennen der Wirklichkeit, der Propaganda nicht eine Gegenpropaganda, sondern die Wahrheit entgegensetzt.

In dieser Form des Widerstands leisten die Demokratien allerdings nicht viel. Von vornherein benachteiligt, weil es sehr viel verlangt ist, einer Utopie mit Fakten Einhalt zu gebieten, haben es die Demokratien auch schwer, sich gegen die Fälschung dieser Fakten durch den Kommunismus zu wehren. Propaganda und Desinformation haben im Dienste der ideologischen Kriegführung ein doppeltes Ziel: falsche Bilder von der kommunistischen Realität und den Absichten der Führung zu vermitteln sowie in der nichtkommunistischen Welt die Tatsachenverdrehungen und plausiblen Erfindungen zu verbreiten, die besonders geeignet sind, Verwirrung zu stiften.

Mehr als seine Vorgänger bemüht sich der totalitäre Imperialismus um Selbstrechtfertigung durch die willkürliche Behauptung seiner moralischen und praktischen Überlegenheit über alle anderen Regime. Die Vorstellung, daß man berechtigt ist, seinen Nachbarn zu zerstören oder zu annektieren mit der Begründung, man regiere besser als er, taucht als durchgehender außenpolitischer Grundsatz erst mit den großen Totalitarismen des 20. Jahrhunderts auf. Die frühen Utopisten bauten ihre intellektuellen Modelle perfekter, ergo totalitärer Gesellschaft eher als Klöster auf, die vor jeder Ansteckung von außen schützen sollten, denn als Zentren aktiver Ausbreitung und expansiver Umerziehung. Dem eigenen Regime die Aufgabe der Welterlösung zuzuweisen, ist neueren Datums. Der »revolutionäre Messianismus« der Franzosen am Ende des 18. Jahrhunderts war kurzlebig und brachte nur theatralische, ungeschickte Gesten hervor, die ein cäsarischer Diktator mühelos übernehmen konnte, um Eroberungskriege nach uraltem Muster darauf zu gründen. Der religiöse Expansionsdrang des Islam und des Christentums, auch wenn territoriales Gewinnstreben und politischer Ehrgeiz mit ihm einhergingen, verlief sich bald und brachte nur eine Fülle kleiner Mächte und völlig verschiedener Zivilisationen hervor. Das Amalgam von Glaube und Gier erlangte nie die verheerend verbindende Eindeutigkeit der totalitären Ideologie. Der Grundsatz der Freizügigkeit für Menschen und Waren führte nur zur Beseitigung des wirtschaftlichen Protektionismus. Erst der moderne Totalitarismus brachte die Vorstellung auf, das in seiner Sicht schlechtere Regime müsse zugunsten des besseren, des seinen nämlich, abtreten. Natürlich haben alle, die sich für das Phänomen der politischen Macht interessierten, von Anbeginn der Philosophie an die Eigenarten und Vorzüge der verschiedenen Regierungs- und Gesellschaftsformen untersucht. Es kam auch vor, daß ein Land stolz auf seine Institutionen war, wenn es sie mit anderen verglich, oder häufiger, sich im Nachteil sah, wenn es den Vergleich mit den als besser empfundenen Institutionen eines benachbarten oder entfernten Landes anstellte. Doch vor den totalitären Machthabern von heute hat niemand verkündet, die unterstellte Überlegenheit des eigenen Gesellschaftssystems begründe das Recht, ja, die historische Pflicht, alle anderen zu vernichten und zur politischen Gleichschaltung des Erdkreises zu schreiten. »Ihr dürft nur überleben, wenn euer System das beste von allen ist« – dieser absurde Lehrsatz führt zur ständigen verbalen Konkurrenz, zum marktschreierischen Wettstreit zwischen den Regimen mit ihren echten oder vermeintlichen Vorzügen und Nachteilen. Diese Reklamesucht verwandelt Regierungskunst in Geschwätz, läßt die politischen Systeme heute in Wort und Tat als Rivalen dastehen und führt zu einem zutiefst sinnlosen Propagandakrieg. Das heißt, einen Sinn hat dieser Krieg durchaus: Er nützt dem zu Lüge, Verstellung und Einschüchterung am besten gerüsteten Regime. Man kann ihm nur mit den gleichen Waffen entgegentreten, und die Demokratie verfügt über diese Waffen nicht. Da der Kommunismus sich als das einzige vollkommene Regime hinstellt und daraus das Recht ableitet, alle anderen zu sklavischer Nachahmung zu zwingen, ist es für die Systeme, die noch nicht vereinnahmt worden sind, vergebliche Liebesmüh, ihre Vorzüge aufzuzählen, um ihre Daseinsberechtigung nachzuweisen. Denn damit übernehmen sie die Spielregeln des Totalitarismus und geraten in das mörderische Getriebe seiner Propaganda; sie akzeptieren die unerfüllbare Prämisse, die diabolische Herausforderung: in jedem Augenblick ihre absolute Vollkommenheit nachweisen zu müssen, andernfalls jedoch nach nunmehr eigener Bekundung den Tod zu verdienen. Welche Zivilisation hätte sich im Lichte eines solchen Anspruchs je als legitim empfinden dürfen?

Der Anspruch übersteigt die Möglichkeiten der Demokratie schon deshalb, weil der Kommunismus es ablehnt, sich an ihm messen zu lassen, und vermöge der hermetischen Abgeschlossenheit, wie sie für totalitäre Gesellschaften bezeichnend ist, über die praktischen Mittel verfügt, sich den Blicken und der Einwirkung der anderen zu entziehen. Die kommunistische Grenze ist ein Einwegspiegel, durch den man schaut, ohne gesehen zu werden. So kann man beim andern einwirken, ohne daß dieser in das Imperium, also auf die Menschen, einwirken kann, selbst wenn er auf den Staat einwirkt. Die Kommunisten können auf die Staaten, auf die Gesellschaften und *in* die Gesellschaften außerhalb des Imperiums einwirken. Es ist die normalste Sache von der Welt, daß sie in diesen Gesellschaften präsent sind und die verschiedenen Gruppierungen ansprechen und bearbeiten. Je demokratischer diese Gesellschaften sind, um so freier und offener können die Kommunisten dort agieren. Die Demokraten dagegen können keinen unmittelbaren Kontakt aufnehmen mit der Gesellschaft in einem kommunistischen Land, mit Gruppierungen, Bürgern und der anonymen Öffentlichkeit. Recht und Möglichkeit dazu besteht nur mit den offiziellen Organen, dem Staat. Die Gesellschaft bleibt völlig abgeschirmt. Von der reflektierenden Seite des Spiegels her erblicken die kapitalistischen oder als kapitalistisch betrachteten Gesellschaften beim Blick auf die kommunistische Welt immer nur ihr eigenes Bild. Unsere Art, die kommunistische Welt zu sehen, ist von jeher nur ein Spiegelbild unserer eigenen Dispute gewesen. Kommt dann, sagen wir, die Zerschlagung des Ungarnaufstands, der Chruschtschow-Bericht, eine über das normale Maß hinausgehende Hungersnot in der UdSSR, die Enthüllung des Gulag oder der Überrüstung, so hat die Vorstellung des Westens davon nur äußerst geringen Erkenntniswert. Man bedient sich der Informationen vor allem als Eingruppierungsmaßstab für die innere Auseinandersetzung innerhalb und zwischen den Demokratien. Das Mißtrauen zwischen den Rivalen auf dem gleichen politischen Felde ist stärker als die gemeinsame Furcht vor dem Gegner, der dieses Feld erobern könnte. Auf dem Schiff der Demokratien ist die zwanghafte Beschäftigung mit dem Intrigenspiel um die Kommandobrücke und die Rettungsboote so ausgeprägt, daß das eigentliche, gemeinsame Risiko des Schiffbruchs zur Nebensache wird. Angesichts der Zerschlagung der Gewerkschaft Solidarität in Polen oder der Veröffentlichung des »Archipel Gulag« ist die »Linke« im Westen weniger von den Leiden der Opfer des Kommunismus betroffen als von der unangenehmen Tatsache, daß die »Rechte« im Westen diese »negativen Aspekte« des Sozialismus ausschlachten könnte. Als die britische Labourpartei im September 1982 bei ihrem Parteitag in Blackpool mit Zweidrittelmehrheit beschließt, in ihr Regierungsprogramm die einseitige Abrüstung des Vereinigten Königreichs aufzunehmen, ist diese Herausforderung gegen die Vereinigten Staaten gerichtet, denen sie signalisiert, daß der Abscheu der Labourmitglieder vor den Amerikanern größer ist als ihr Wunsch nach dem Fortbestand Großbritanniens. Wer hätte nicht schon einmal erwogen, die Vernichtung eines gehaßten Mitmenschen mit dem eigenen Tode zu bezahlen? Es gehört zu den Vorteilen, die der Kommunismus genießt, daß die demokratischen Kräfte sich über ihn zerstreiten und er nur gewähren zu lassen und allenfalls ein wenig nachzuhelfen braucht, um seinen Einfluß und seine Macht laufend zu vergrößern. Warum hätten die Sowjets zum Beispiel 1982 in Genf bei der Wiederaufnahme der Abrüstungsverhandlungen irgendein Entgegenkommen zeigen sollen, wenn die Labourleute und die meisten europäischen Sozialisten, die Friedensbewegungen, die Kirchen, die Grünen und Alternativen in Deutschland unablässig in dem gewünschten Sinne arbeiteten: für die Aufschiebung der Stationierung von Mittelstreckenwaffen in Westeuropa? Zum einen hatten die Sowjets ihre Raketen längst aufgestellt, zum andern sahen sie, daß unzählige Eiferer im Westen für sie tätig waren, indem sie alle Kraft daransetzten, die Verstärkung der NATO zu verhindern. Es war in sowjetischer Sicht ein Gebot der Klugheit abzuwarten, ob alle diese vom Himmel gesandten Strömungen nicht von selber den gewünschten Erfolg brachten. Wie soll man nicht beeindruckt sein von der Zerbrechlichkeit der demokratischen Gesellschaften, wenn man sieht, daß die Politik der Bundesrepublik bei nur geringfügig anderem Wahlausgang von dem 5 %-Stimmenanteil der Grünen hätte abhängen können, und wenn man erlebt, daß Holland und Belgien monatelang keine Regierung und damit keine Möglichkeit hatten, angesichts einer akuten Bedrohung eine Entscheidung zu treffen?

Das erste Ziel der kommunistischen Propaganda ist also, nach außen ein geschöntes Bild von den sozialistischen Ländern und ein getrübtes von den anderen zu vermitteln; das zweite ist, die nichtkommunistischen Länder über die wahren Absichten der kommunistischen Außenpolitik zu täuschen, zum Beispiel, wie wir sahen, die Fortsetzung der Welteroberung als »Kampf für den Frieden« zu tarnen. Beim dritten Ziel geht es um das unerkannte Eingreifen in die

Innenpolitik der nichtkommunistischen Länder durch die Irreführung der Öffentlichkeit mit Falschmeldungen: das sind im technischen Vokabular des KGB die »Desinformation« oder die »aktiven Maßnahmen«. Die Logik dieser Maßnahmen, die als solche im Rahmen der schlichten Täuschungsmanöver bleiben, führt allerdings weiter zu in der Tat sehr »aktiven« Maßnahmen: zu »Destabilisierung«, Subversion, Terrorismus, von denen noch zu sprechen sein wird.

Beim ersten dieser Ziele brauche ich nicht noch einmal einzugehen auf die meisterhafte Art, wie es ständig erreicht wird. Das ist eine bekannte Geschichte, Tausende von Büchern und Artikeln sind erschienen, um die simple Wahrheit zu verkünden, daß die Hauptschwierigkeit nicht in der Aufdeckung des Sachverhalts liegt, sondern in der schieren Unbegreiflichkeit der Tatsache, daß es den Kommunisten so glänzend gelingt, die Wahrheit zu verstecken. Wieso sind mit den gleichen Methoden mehrere Generationen von Menschen im Westen hereingelegt worden, oft sogar dieselbe Generation zweimal hinsichtlich der Zustände in verschiedenen Ländern? Die Verschleierung der Hungersnot und der Massenvernichtung in der UdSSR in den dreißiger Jahren ist eine der Meisterleistungen der kommunistischen Propaganda und Zensur. Als diese gigantische Täuschung zwanzig Jahre später mit Mühe ans Licht gebracht worden war, machte das die Weltöffentlichkeit in gar keiner Weise gefeit gegen einen Rückfall, diesmal zum Thema China, der Realität im Reich der Mitte zwischen 1959, dem Beginn des »großen Sprungs nach vorn«, und 1976, dem Todesjahr Maos. Vor der Menschheit, und mochte sie noch so gutgläubig sein, das wirkliche Schicksal von achthundert Millionen Mitmenschen verborgen zu halten, das ist wahrhaftig keine Kleinigkeit. Wie viele Journalisten, »Experten«, prominente Besucher, Polittouristen, naive Diplomaten standen kläglich hinters Licht geführt da, als Maos eigene Weggefährten die Schrecken dieser furchtbaren Zeit schilderten! Nur um einer gewissen Vollständigkeit halber seien die kleinen Fische Kuba und Nikaragua erwähnt, bei denen die Leichtgläubigkeit der Welt nicht ganz so monumental war. Diese bemühte Rückfälligkeit erinnert mich immer wieder an eine Stelle im »Big Con« von David Maurer. »Con« steht hier, wie alle Leser dieses Klassikers wissen, für *confidence game*, das Spiel des *confidence man*, also für Betrug, der auf dem Vertrauen aufbaut, das man dem Betrüger entgegenbringt. Etliche Opfer dieser gerissenen Gauner sind so dazu prädisponiert, sich hereinlegen zu lassen, daß sie sich durch keine böse Erfahrung davon abbringen lassen. »Ein Zahnarzt im Staate New York«, schreibt Maurer, »der zu seinem Glück eine reiche Frau geheiratet hat, ist schon mehr als ein halbes Dutzend mal auf den Leim gegangen. Er ist bei den Bauernfängern zu einer Art Institution geworden. Zwei von der Sorte begegnen einander auf der Straße. ›Hast du was an der Angel?‹ fragt der eine. ›Nichts‹, sagt sein Kollege. ›Ach‹, schlägt der andere vor, ›warum gehst du nicht einfach zum Zahnarzt rauf und legst ihn rein? Zwanzig Riesen sind doch bei dem immer drin.‹«* Ich will den Leser an dieser Stelle nicht noch einmal auf das weite Feld der westlichen Leichtgläubigkeit führen. Man kann den stets neuen Erfolg der kommunistischen Propaganda bei der Irreführung der Massen nur bewundern. Die Überzeugung, daß es sozialistische Paradiese und die strahlende Zukunft irgendwo schon wirklich gibt, hat erheblich zur Spaltung der demokratischen Gesellschaften beigetragen. Daß diese Lügen dann der Probe durch die Zeit nicht lange standhielten, hinderte nicht, daß sie Früchte getragen hatten, ja, ich fürchte sogar, sie haben die Gemüter noch beeindruckt, als keiner mehr an sie glaubte – aus verschiedenen Gründen und auf verschiedene Weise. Zunächst einmal hat die Aufdeckung von Greueln und Mißerfolgen, wenn sie später erfolgt, nicht die gleiche Wirkung wie die sofort bekannt werdende Wahrheit. Daß man 1956 endlich in vollem Umfang zur Kenntnis nehmen mußte, was es mit dem Terror der Stalinzeit auf sich gehabt und wie das Sowjetsystem die Lage der Werktätigen nicht verbessert, sondern verschlimmert hatte, so daß Zehntausende von Bauern und Arbeitern dem Hunger und den Verfolgungen zum Opfer fielen, das war für die Demokratien nur noch von historischem Interesse und hinderte nicht, daß öffentliche Meinung und Politik im Westen von der zwischen den Weltkriegen verbreiteten goldenen Legende des Kommunismus schon durchdrungen und beeinflußt *waren*.

---

* *One dentist from New York State, fortunately having married very well, has been played against the big store more than half a dozen times. He has become somewhat of an institution among grifters. One meets another on the road and asks, »Do you have anything good in tow?« »No«, says his colleague. »Well«, suggests the other, »why not go up and rope that dentist? He'll always go for twenty grand.«* David W. Maurer, The Big Con. New York 1940.

Die praktischen Auswirkungen der von der Sowjetpropaganda in jenen Jahren betriebenen Täuschung haben also die Innenpolitik der westlichen Länder trotz der späteren Demaskierung dauerhaft verändert, weil die Linke zum Kampf oder jedenfalls zur Sympathie für den totalitären Sozialismus veranlaßt wurde. Daß die Öffentlichkeit 1976 erfuhr, daß Maos »großer Sprung nach vorne« 1959 zu einer unvorstellbaren Hungersnot geführt hatte, der mindestens sechzig Millionen Chinesen zum Opfer gefallen waren, und daß die sogenannte »Kulturrevolution« ein von Mao gewollter Ausbruch blutiger Barbarei gewesen war, änderte nichts mehr an der Tatsache, daß die Menschen im Westen von 1960 bis 1975 von dem Bild eines »fortschrittlichen« China geprägt waren, eines herrlichen, angeblich nichtstalinistischen Kommunismus, einem Vorbild für die Entwicklung, dem alle Länder der Dritten Welt nacheifern sollten. Die »maoistische« Ideologie hatte erheblichen Einfluß auf das politische Klima jener Jahre, auf die Einstellungen, auf die Gefühle, und sie trug bei zur fanatischen Kritik am Kapitalismus – genau zu der Zeit, da dieser den Lebensstandard der werktätigen Massen so verbesserte wie noch nie. Daß Abrechnungen in der Führungsbürokratie nach Maos Tod den »Maoisten« im Westen plötzlich Gelegenheit gaben, an der Stelle des strahlenden Eldorados ihres Irrglaubens plötzlich einen tiefen dunklen Abgrund voller Elend und Torheit zu erblicken, änderte nichts mehr an den schwerwiegenden Auswirkungen der chinesischen Illusion. Einmal mehr hatte eine Lüge von planetarischen Ausmaßen fünfzehn Jahre lang die politische Auseinandersetzung, ja, das Nachdenken über das Los der Menschheit auf Abwege geführt, weil als Bezugsgröße in diese Debatte ein gezinktes Element, eine nicht vorhandene Gegebenheit eingeführt worden war: der angebliche Erfolg der sozialistischen Wirtschaft in China, die Legende vom zivilisatorisch hochstehenden chinesischen Kommunismus. Auch die Massenflucht aus Kuba kann inzwischen getrost das Standbild Castro gestürzt haben, das schon von vielen im Laufe der Jahre zusammengekommenen Informationen angeschlagen war – der Diktator hat trotzdem den Gang der Geschichte in Lateinamerika und Afrika verändert. Daß sein hohes Ansehen, dank dessen ihm dies gelungen ist, völlig unverdient war, bestätigt nur die Nützlichkeit einer guten Propaganda und ihre Wirkung, wenn die Kommunisten sie betreiben; es macht uns noch einmal deutlich, daß die nachträgliche

Erkenntnis der Wahrheit den von langer Ahnungslosigkeit in den Demokratien angerichteten Schaden kaum mehr mindert. Man braucht in der Politik nicht die reine Erkenntnis, sondern die Erkenntnis im Hinblick auf das Handeln, und es nützt nicht viel, den richtigen Sachverhalt zu erfahren, wenn das falsche Handeln schon stattgefunden hat.

Außerdem haben die späten Enthüllungen die Eigenschaft, bei denen, die sie zur Kenntnis nehmen müssen, eher Verärgerung als Umdenken zu bewirken. Die Menschen, die zwischen 1970 und 1980 an die Entspannung geglaubt hatten, fanden sich danach nur ungern bereit, deren Scheitern zuzugeben. Sie werden also ihre Überzeugung nicht ändern, sondern sich noch mehr darein verrennen. Diplomaten, Politiker und Politologen, die geschlagene zehn oder fünfzehn Jahre lang ganz auf die Entspannung gesetzt haben und nach deren Bankrott in ihren Ämtern blieben oder jedenfalls einigen Einfluß ausübten, konnten auch ihr Publikum nicht zu einer besonders kritischen Revision der Vorstellungen veranlassen.

Noch weniger bewußt, also auch weniger auffallend, ist die Tendenz zum Beibehalten der Denkgewohnheiten nach dem Wegfall der Prämissen. Viele, denen die Wahrheit über den Kommunismus aufgegangen ist, halten sich trotzdem an eine Logik der Kräfteverhältnisse zwischen »rechts« und »links«, die aus der Zeit stammt, als der Kommunismus und die totalitären Staaten ihnen noch als Quellen sozialen Fortschritts erschienen. Die Denkschemata, die in einem Dreivierteljahrhundert ideologischer Propaganda entstanden sind, überleben das Dementi durch die Fakten und den Schiffbruch der Überzeugungen. Sie werden von Generation zu Generation tradiert als mündliche oder schriftliche Überlieferung, als schwimmende Wracks, als weiter mitgespülte Stämme einer in Mißkredit geratenen Philosophie, die dennoch die geistigen Mechanismen blockiert. Wie gesagt: Die nachträglichen Enthüllungen haben nur geringe Wirkung. Der emotionale Schock, die Entrüstung, das Entsetzen angesichts des Gräßlichen sind nicht dieselben, wenn man die Ereignisse sofort und »live« oder hinterher, »in Aufzeichnung« erfährt.

Nun kann man einwenden, daß die Naziverbrechen, von denen die allermeisten Menschen erst nachträglich erfahren haben, trotzdem heftige Entrüstung erregt haben. Tatsächlich sind sie fast auf einmal und sehr bald entdeckt worden, denn die schrecklichsten Ereignisse fallen in die Jahre 1942 bis 1944, und für die Europäer der Jahre 1944/45 war das Gegenwart. Der militärische Zusammenbruch des Dritten Reiches hat dafür gesorgt, daß die Entdeckung rasch und vollständig erfolgte, was gerade in der Raffung die Wirkung auf die Gemüter besonders stark machte. Hätte Deutschland den Krieg gewonnen oder von den Alliierten einen Verhandlungsfrieden unter Beibehaltung seiner Souveränität und damit seiner Vertuschungsmöglichkeiten erlangt, so hätte man, wie Alain Besançon bemerkt, zwanzig oder dreißig Jahre lang immer nur neue Bruchstücke der Wahrheit über die Vernichtungslager erfahren. Die Wirkung wäre geringer gewesen, und die internationale Stellung von Hitlers Nachfolgern hätte 1970 oder 1980 darunter ebensowenig gelitten wie die der Erben Stalins und Maos unter der späten Exhumierung des Unfaßbaren.

Wenn man von der Macht der Presse und des Fernsehens spricht, vergißt man leicht, daß solche Mächte nicht im luftleeren Raum tätig sind, sondern daß für die Ausübung ihres Einflusses auf die Öffentlichkeit, ja für ihre bloße Existenz etliche praktische Bedingungen erfüllt sein müssen. Manche Regime enthalten sie ihnen vor, andere nicht. Die letzteren, die mit der Information offen umgehen, müssen die härtesten Schläge einstecken, während bei den ersteren überhaupt keine Auseinandersetzung stattfindet. Die Weltöffentlichkeit, den Vorgang von weitem verfolgend, neigt zu der Vermutung, daß nur die Regime, die mit der Presse mehr oder weniger loyal umgehen, unrecht tun. Während des Vietnamkrieges waren in Saigon und an den Kampforten ständig an die tausend Journalisten aller Nationalitäten, vor allem natürlich amerikanische Berichterstatter anwesend. Jeder bemühte sich, die anderen auszustechen, und suchte, für seinen Beruf völlig legitim, nach der exklusiven Meldung, dem Bild, dem geheimen Vorgang, mit denen er seinen Kollegen eine Nasenlänge voraus sein konnte. So hat man zu recht festgestellt, daß dieser Krieg der erste in der Geschichte war, der live vom Fernsehen übertragen und Stunde für Stunde in Artikeln beschrieben wurde mit der Folge seiner ständigen schrecklichen, für die Weltöffentlichkeit und vor allem die Amerikaner eindrucksvollen Präsenz. Afghanistan dagegen ist seit dem Einmarsch der Sowjets im Dezember 1979 von der übrigen Welt so gut wie isoliert. Kein Mensch könnte sich vorstellen, daß tausend Journalisten, Fernsehreporter und Photographen dort

Tag und Nacht unterwegs wären, um den Fakten nachzuspüren, die ihnen die Behörden vorenthalten möchten. Glaubwürdige Informationen gelangen nur durch Männer zu uns, die sich unter außerordentlichen Risiken in das Land schmuggeln lassen; ansonsten sind wir auf Berichte von Flüchtlingen und nicht nachprüfbare Gerüchte angewiesen. So bleiben die Fernsehschirme, die während des Vietnamkrieges täglich Feuer und Blut in die Wohnstuben trugen, Wochen und Monate stumm und leer zum Thema Afghanistan, weil es einfach an Material fehlt. Die Zeitungen bringen einzelne Meldungen, so daß man im Sommer 1982 scheibchenweise erfuhr, daß es in Kabul schwere Attentate gegeben hatte, daß die Besatzungstruppen wahrscheinlich von hunderttausend auf zweihunderttausend Mann verstärkt worden waren, daß die Sowjets mit großer Wahrscheinlichkeit biochemische Kampfstoffe gegen den Widerstand eingesetzt hatten, daß die Anzahl der allein nach Pakistan geflohenen Afghanen auf über zweieinhalb Millionen angestiegen war, woraus man schließen konnte, daß die Leiden und Greueltaten vollends unerträglich geworden waren. Doch während in Vietnam das kleinste Spähtruppunternehmen zum Weltereignis geworden ist, kommen ungleich bedeutendere Tatsachen wie die hier genannten in Afghanistan allenfalls in unauffälligen Mitteilungen ans Licht, die nur bei manisch antisowjetisch eingestellten Menschen Interesse finden. Nehmen wir als Hypothese an, beide Kriege seien gleich verwerflich oder gleich gerechtfertigt. Stellen wir sie moralisch auf die genau gleiche Ebene. Es bleibt die Tatsache, daß materiell hinsichtlich der Erfassung und Weitergabe der Informationen Vietnam- und Afghanistankrieg zweitausend Jahre auseinanderliegen. Die amerikanischen und südvietnamesischen Behörden traten Tag für Tag vor das Tribunal der Weltmeinung, dem dicke, ständig auf den neuesten Stand gebrachte Akten vorlagen und in dem die amerikanische Öffentlichkeit durchaus nicht der nachsichtigste Richter war. Die Sowjetunion schafft es, die Weltöffentlichkeit von Informationen so vollständig abzuschneiden, daß sie mangels konkreter Anhaltspunkte für die Entrüstung am Ende in stumpfe Gleichgültigkeit verfallen ist, wie es in Moskaus Absicht und Berechnung lag. Die Wirkung der Fernsehinformation auf die »innere« öffentliche Meinung in der UdSSR läßt sich vollends sehr leicht durch Vorauswahl und Dosierung steuern.
Im September 1982 lieferte das Massaker an tausend palästinensi-

schen Zivilisten, über das sofort von allen Fernsehstationen der Welt berichtet wurde, dem ganzen Erdkreis den Anblick der von libanesischen Falangisten ermordeten Frauen, Kinder und Greise. Jeder erinnert sich an das Mitleid und den Abscheu, die diese Tat hervorrief; der Zorn richtete sich vor allem gegen die israelische Regierung, der von einem israelischen Untersuchungsausschuß schuldhaftes Nichteingreifen oder sogar passive Mittäterschaft vorgeworfen wurde. Wenige Monate zuvor, im Februar 1982, war in der syrischen Stadt Hama ein religiöser Aufstand von der Armee in einem Blutbad erstickt worden. Die Zahl der Opfer wird auf mindestens mehrere Tausend geschätzt, manche kommen sogar beim Vergleich verschiedener Quellen auf vierzigtausend. Selbstverständlich ist aber im Syrien von Präsident Assad, dem Verbündeten der UdSSR, kein ausländisches Fernsehteam an den Ort des Schreckens gelassen worden, ja, es durfte überhaupt kein ausländischer Journalist sich einbilden, aus eigener Anschauung berichten zu dürfen. Die Nachricht vom Massaker in Hama gelangte nach und nach auf Umwegen in die Welt und verlor sich in wenigen dürren Meldungen, die natürlich nicht annähernd die gleiche Entrüstung auslösten wie die Schreckensbilder aus Westbeirut einige Monate später.

Bei dieser Nebeneinanderstellung geht es nicht darum, die eine Untat mit der anderen zu entschuldigen, was in anderer Form eine Untat darstellen würde, wie sie parteiische Geister mit Vorliebe begehen. Ich spreche von dem sehr nüchternen Vorgang, daß die von den Demokratien und im weiteren Sinne von nichttotalitären Staaten begangenen Fehler und Verbrechen im Propagandakrieg auf sie zurückfallen, während die totalitären Regime hinter der Mauer der Geheimhaltung sich für ihre Fehler und Verbrechen vor der Weltöffentlichkeit so gut wie nicht verantworten müssen und einen unvergleichlich niedrigeren politischen Preis dafür bezahlen. Selbst wenn man den moralischen Nachsichtszuschlag außer acht läßt, der so gut wie durchgehend jedem totalitären Regime gewährt wird, das sich auf den Sozialismus beruft, gibt die Ungleichheit bei der *materiellen* Informationsverbreitung allein schon dem Totalitarismus eine bessere Ausgangslage in der ideologischen Auseinandersetzung.

Diese bessere Ausgangslage hat es, um eine wenig bekannte Leistung zu erwähnen, die durchaus des Gulag oder des Hitlerschen Holocaust würdig ist, möglich gemacht, daß die Ausrottung der tibetischen Bevölkerung und die Zerstörung der tibetischen Kultur durch die Chinesen über einen Zeitraum von zwanzig Jahren von der Welt so gut wie nicht zur Kenntnis genommen worden ist. Keine unerwünschte Information störte die Chinabegeisterung im Westen zwischen 1959, dem Jahr des Einrückens der chinesischen Armee nach Tibet, und 1980, dem Jahr, in dem nach einer politischen Kursänderung in Peking tibetische Flüchtlinge in Indien und Nepal die Erlaubnis zur Einreise in ihr Heimatland erhielten, um ihre Familien oder was davon geblieben war, zu besuchen. Jedenfalls drang kein Bericht in die Weltöffentlichkeit, der ausführlich genug gewesen wäre, um die Menschheit aus ihrer Gleichgültigkeit aufzurütteln. Ein paar Bilder, ein paar Artikel hier und da, Aussagen von Flüchtlingen – das ging fast unbemerkt unter. Natürlich wollte man auch nicht unbedingt etwas erfahren, und schon das ist ein nachdenklich stimmendes Beispiel für die Art, wie Geschichte als Geschehen zur Kenntnis genommen wird: Zur gleichen Zeit, da der Vietnamkrieg zum Gegenstand der Entrüstung des Universums wurde, geschah wenige tausend Kilometer entfernt ein fast perfekter Völkermord, ohne daß die Menschen etwas davon erfuhren. Der Ausdruck »Völkermord«, der allzuoft leichtfertig verwendet wird, ist in diesem Falle durchaus angebracht. Ein Völkermord ist nicht irgendein Massaker, so schrecklich, so verbrecherisch es sein mag. Es ist ein von einem Staat, einer Behörde kaltblütig angeordnetes, vorbereitetes und ausgeführtes Massaker, das man nicht irgendwelchen noch so unverzeihlichen Ausschreitungen einer kriegführenden Armee zuschreiben kann. Denn erst *nach* der Eroberung von Tibet machte sich die chinesische Besatzungsmacht an die physische und kulturelle Auslöschung einer wehrlosen Bevölkerung, die keinen, außer moralischen, Widerstand mehr leistete. Als 1980 nach der Liberalisierung die Heldentaten dieses Unternehmens revolutionärer Emanzipation bekannt wurden, ließ auch diese späte Enthüllung die Menschen kalt. Ich habe jedenfalls nichts gehört von Demonstrationen vor den chinesischen Botschaften in den Hauptstädten der großen Demokratien. Kein Marsch zog in Paris den üblichen Protestweg von der Place de la Nation zur Bastille. Kein Alternativer, kein Pazifist, kein Antiimperialist raffte sich dazu auf, die Reise irgendwelcher chinesischer Würdenträger in unseren Breiten ein wenig zu komplizieren. 1980 legte der französische Staatspräsident Giscard d'Estaing sogar Wert darauf, im Anschluß an einen Staatsbesuch in China sich als Tourist Tibet anzuschauen, ohne sich in irgendeiner Weise beklommen zu fühlen. Wieder einmal hatte es eine kommunistische Macht fertiggebracht, die negativen Auswirkungen einer Handlungsweise, unter der das Ansehen eines westlichen Landes auf hundert Jahre gelitten hätte, fast auf Null zu reduzieren. Dabei war die Tat furchtbar genug gewesen. Aus Berichten von Tibetern, die in ihr Land gefahren und nach Nepal, Bhutan und Nordindien zurückgekehrt sind, geht hervor, daß man, so unglaublich das klingt, die Anzahl der Opfer im Vergleich zur Gesamtzahl der seinerzeit im Lande Gebliebenen auf vier Fünftel schätzen muß. Es gibt etliche Familien mit sechs Kindern, von denen nur eines überlebt hat. Neben dem Morden haben auch die beiden anderen Stützen eines durchgreifenden Kommunismus gewirkt: Hungersnot und Zwangsarbeit. Von etwa tausend Neuflüchtlingen, die 1981 nach Indien und Nepal gelangt sind, haben mindestens ein Drittel die Jahre seit 1959 ohne Unterbrechung in Gefängnissen verbracht, über die Hälfte hatten Arbeitslagerhaft erlebt. Die Arbeitsbedingungen waren so hart bei Tag und Nacht, die Ernährung so schlecht (eine Handvoll »Tsampa«, das landesübliche geröstete Gerstenmehl, als Tagesration), daß nach Aussage der Davongekommenen bei jedem Appell nach der Rückkehr ins Lager mehrere an Erschöpfung Gestorbene fehlten. Besonders hatten es die Liquidierer auf die Mönchsorden abgesehen. Die zweihundert Mönche, die in Osttibet im Kloster Seschen zurückgeblieben waren, wurden am selben Tage umgebracht – ein Beispiel unter vielen. Die Chinesen folterten die Mönche und Gläubigen, die nicht zum Abschwören bereit waren. Wenn ihre Opfer unter der Tortur lautlos die Lippen bewegten und damit zu erkennen gaben, daß sie beteten, wurden sie zu Tode geprügelt. Einem meiner Verwandten, einem Fachmann für die tibetische Sprache, hat ein Augenzeuge berichtet, er habe monatelang Tote in ein riesiges Massengrab zu werfen gehabt. Als man ihn einmal beschuldigte, die Leichname nicht sorgfältig gestapelt zu haben, wozu offenbar ein gewisses Maß maoistischer Schulung erforderlich ist, mußte er in die Grube hinuntersteigen und wurde in letzter Minute gerettet, bevor er in den verwesenden Leibern versank.

Die wütende Entschlossenheit, mit der tibetischen Kultur aufzuräumen, tobte sich mit geradezu aberwitziger Heftigkeit aus, vor allem, als die Roten Garden der »Kulturrevolution« der Besatzungsarmee ihre »spontane« Unterstützung liehen. Man stelle sich vor, die Nationalsozialisten hätten in Italien alle historischen Gebäude außer dem Petersdom in Rom zerstört, in Frankreich alle Kathedralen und alle Kirchen außer Notre-Dame von Paris, die nur verschont worden wären, um ausländischen Besuchern zu beweisen, wie schamlos an den Haaren herbeigezogen die Gerüchte von angeblichem Vandalismus seien; man stelle sich vor, es sei außerdem die Pariser Nationalbibliothek verbrannt worden. Damit hätte man genau die Situation in Tibet. Über dreißigtausend Klöster und Gebetshäuser sind dort zerstört worden, Hunderttausende von »Xylographen«, Holzdruckstöcken zur Vervielfältigung der überlieferten Schriften, sind als Brennmaterial oder zum Bau von Lagerhütten verwendet worden. Die großen Klöster Seschen, Zongsar, Kathog und Dzoschen wurden dem Erdboden gleich gemacht; wo sie gestanden haben, sind jetzt Wiesen, so daß niemand mehr vermuten könnte, daß hier einmal die kostbarsten Monumente tibetischer Architektur standen. Von Ganden, Turfu, Mindroeing und Palpung sind nur Ruinen geblieben. Verschwunden ist auch das fünfstöckige Kloster Riwoscheh im Khangebiet, das Tausende alter Handschriften barg. Über hunderttausend zum Verheizen vorgesehene Xylographen der großen Druckerei in Dersche wurden durch eine Volkserhebung gerettet, deren Niederschlagung auf Anweisung aus Peking im letzten Augenblick unterblieb. Erhalten geblieben ist außerdem das einzige in der ganzen Welt bekannte tibetische Bauwerk, der Potala von Lhasa, dessen Beseitigung zu auffällig gewesen wäre.

Ich habe den Fall Tibet etwas breiter dargestellt, weil er neben vielen anderen das Gerede von der »Allmacht der Medien« und der allzu großen Informationsfülle, unter der die moderne Menschheit angeblich leidet, erheblich relativiert. Die Medien sind ein Spiegel der ihnen gnädig gewährten Freiheit. Sie konzentrieren sich auf die Länder, zu denen sie Zugang haben, und es ist unvermeidlich, daß sie den Eindruck entstehen lassen, nur in diesen Ländern geschehe etwas Wichtiges, und seien es Verbrechen gegen die Menschlichkeit. Da sie aus naheliegenden Gründen blind sind, wenn es um Länder geht, zu denen man ihnen den Zugang verwehrt oder in denen sie nicht unbehindert auf die Suche nach Informationen gehen können, geschieht es, daß sie jahrzehntelang ganze Bereiche der Zeitgeschichte, die Ausmerzung von Millionen Menschen und ganzer Kulturen nicht zur Kenntnis nehmen und bringen. Vielleicht ist diese indirekte Propaganda, die den Blick der Informierenden allein auf die »kapitalistischen« Länder lenkt, weil ihnen die anderen unzugänglich bleiben, die wirkungsvollste Form der kommunistischen Propaganda. Angebotene Informationsmenge und Schärfe der daraus folgenden etwaigen Verurteilung erklären sich weniger aus der Bedeutung des Ereignisses als vielmehr aus der relativen Schwierigkeit der Berichterstattung. Da die Hälfte der Erde verbotenes, verstecktes oder geschontes Gebiet ist, wird die andere Hälfte automatisch das einzige Gebiet, in dem die Presse von Minute zu Minute alles verfolgt. In dieser Hälfte, in den nichtkommunistischen Ländern also, begegnet man natürlich nicht nur demokratischen Regimen, sondern vielen Diktaturen oder Fassadendemokratien, doch diese haben bei weitem nicht die Möglichkeiten der totalitären Systeme, die Information vollständig und auf die Dauer zu unterdrücken, die Wirklichkeit der Kenntnisnahme, der konkreten Beobachtung durch die Medien zu entziehen. So entsteht Stück für Stück, Tag für Tag ein Zerrbild unserer Welt.

Doch das ist nur der gleichsam passive Teil der Propaganda der totalitären Regime, das Ergebnis ihrer unvergleichlichen Begabung zur Sicherstellung der Nichtinformation. Es gereicht den kommunistischen Machthabern durchaus zur Ehre, daß sie sich mit diesem gleichsam institutionellen Vorteil der unfehlbaren Erzeugung von Schweigen nicht zufriedengeben. Als Perfektionsfanatiker wollen und können sie darüber hinausgehen; sie ergreifen die Initiative und gehen sogar zum Angriff über. Das ist der aktive Teil der ideologischen Kriegführung.

Tatsächlich benutzen die Sowjets den Ausdruck »aktive Maßnahmen« für mehrere zur Verwirrung der öffentlichen Meinung in den nichtkommunistischen Ländern bestimmte Techniken. Die aktiven Maßnahmen sind oft ziemlich grob gestrickt, mit Vorliebe verwendet man gefälschte Dokumente wie im November 1981 das vorgebliche Schreiben von Ronald Reagan an Juan Carlos von Spanien, in dem der Präsident den König in beleidigender Form aufforderte, sein Land schleunigst in die NATO zu führen und mit den widerstrebenden Parteien hart umzuspringen. Diese Forderung, durch eine erstaunlich »undichte Stelle« in die Presse und zugleich zu den Diplomaten der KSZE in Madrid gelangt, sollte den spanischen Stolz gegen die amerikanische »Einmischung« mobilisieren und Spaniens NATO-Beitritt abwenden helfen. Ich weiß nicht, welcher geistig zurückgebliebene KGB-Mitarbeiter diesen im Wortsinne unglaublichen Text zusammengebraut hat; jedenfalls hat er seinen Dienst damit blamiert, wo man wissen mußte, daß keine der von der Verfassung eingeräumten Befugnisse dem König von Spanien die Möglichkeit gab, in dieser Sache irgendeine Rolle zu spielen. Die Abwegigkeit des Briefes sprang also ins Auge. Zu ihrem Glück arbeitet die mit der »Desinformation« betraute KGB-Hauptabteilung sonst besser. Fälschungen sind auch nur eine von vielen Waffen der Informationsverwirrung, die darin besteht, Öffentlichkeit, Presse, Regierungen und wirtschaftliche Entscheidungsträger von dem zu überzeugen, was im Interesse der Sowjetunion liegt. Die Wirksamkeit direkter Propaganda läßt ja bald nach, weil jede amtliche Quelle nach einiger Zeit auf Skepsis stößt. Die viel geschicktere Desinformation benutzt so gut wie immer nichtsowjetische, nach Möglichkeit nichtkommunistische Quellen. Eine Glanzleistung war zum Beispiel in der Anfangszeit der Entspannung, die für die Sowjetunion günstigen Thesen im Westen von angesehenen Vertretern des »Großkapitals« und »reaktionärer« Tendenzen vorbringen zu lassen. Oder die christlichen Kirchen, die angesichts des nachlassenden geistlichen Einflusses auf die moderne Gesellschaft nervös werden, von innen her von einem Ersatzthema zu überzeugen, das »besser ankommt« als religiöse Verkündigung: vom »Kampf für den Frieden« oder, in der Dritten Welt, von der »Theologie der Befreiung«. Ein Bischof macht sich dabei immer besser als ein Presseattaché der Sowjetbotschaft. Eine gute Desinformation benutzt die geheimen Sehnsüchte, Ängste und Bedenken im Westen und in der Dritten Welt, wirft Köder aus, die von den Betroffenen geschluckt werden, bis sie freiwillig die ganze Mühe der Formulierung und Verbreitung auf sich nehmen. Es ist tatsächlich so, daß der Westen unablässig »Selbstdesinformation« betreibt, wie Michel Heller das genannt hat.* Immerhin wäre es gewagt, sich nur auf die Spontaneität der Massen zu verlassen; man muß im Umfeld der Entscheidungs- und Kommunikationszentren Mittelsmänner für »Infiltration« und »Einflußnahme« plazieren oder die bewährten al-

---

* Michel Heller, »La désinformation, moyen d'information«, in *Politique internationale*, Nr. 10, Winter 1980/81.

ten Doppelagenten, die als Desinformationsverbreiter tätig sind und aus Überzeugung, Eigeninteresse oder Naivität handeln. Naivität, zumal wenn sie mit einer Portion Eitelkeit einhergeht, erklärt viele »gelenkt« wirkende Verhaltensweisen; man braucht gar nicht immer gleich an eine systematische weltweite Infiltration durch sowjetische Agenten zu denken, auch wenn ich denen nicht zu nahe treten will, indem ich behaupten würde, Infiltration gebe es nicht oder kaum. Ich sage, daß auch die besten Agenten (und die bei uns tätigen sind großartig und zahlreich) ihre Desinformation nur an den Mann bringen, indem sie auf der vorhandenen Klaviatur der Gesellschaft spielen, in der sie tätig werden, so wie die Regierungskunst darin besteht, sich der menschlichen Leidenschaften zu bedienen, wie man sie vorfindet. Desinformation stützt sich auf ein vorhandenes Gefühl, auf die Angst vor der Atombombe zum Beispiel, und erweist ihre Stärke erst darin, wie sie Argumente unterbringt, die dieses Gefühl anheizen. Einer der großartigsten Erfolge dieser Art war die Kampagne gegen die Neutronenbombe. Da diese Waffe besonders geeignet war, die Überlegenheit der sowjetischen Panzerverbände zu gefährden, war es verständlich, daß der Kreml alle Buschtrommeln seiner Propaganda schlug, um zu verhindern, daß sie in Europa bereitgestellt würde, und es ist nicht weiter erstaunlich, daß vor allem die kommunistischen Parteien im Westen und die von ihnen gelenkten Organisationen eine wilde Kampagne entfesselten. Man benötigte aber ein Bild, das die Phantasie ansprach, der Intelligenz schmeichelte und das Gewissen beunruhigte, und zwar nicht nur bei den der Sowjetunion ohnehin günstig gesonnenen Strömungen in der Öffentlichkeit. Man fand das Schlagwort von der »kapitalistischen« Neutronenbombe, die gegen das Menschenleben gerichtet ist und die Gebäude intakt läßt. Eine genaue Beschreibung hätte lauten müssen, daß diese Waffe die Soldaten tötet und die Zivilbevölkerung und ihre Städte verschont, weil sie feste Stoffe zerstörungsfrei durchdringt und die Panzerbesatzungen umbringt, aber präzise genug ist, nicht das ganze Kampfgebiet zu zerstören und zu verseuchen. Trotzdem wirkte die Wortschöpfung »kapitalistische Waffe« Wunder. Ich habe von dieser Kampagne schon gesprochen. Hier kommt es mir auf die Feststellung an, daß ein Teil der westlichen Informationsmultiplikatoren sich spontan in ihren Dienst stellte. In etlichen Medien und Zeitungen übernahm man blauäugig dieses Argument, aus Gesinnungsverwandtschaft, zumeist jedoch aus schierer Denkfaulheit, weil man der Sache nicht auf den Grund gehen mochte. Man machte sich nicht die Mühe, sich zu fragen oder dem Publikum zu erklären, warum die NATO es für erforderlich hielt, über die Neutronenbombe zu verfügen, und warum die UdSSR so großen Wert darauf legte, daß dies nicht geschah. Das Ergebnis ist bekannt: Angesichts der Schwierigkeiten mehrerer europäischer Regierungen, die Erregung in der Öffentlichkeit über die neue Waffe zu zerstreuen, gab Präsident Carter eines schönen Tages bekannt, er verzichte auf ihre Herstellung und damit auch auf ihre Stationierung in Europa. Diese exemplarische Kampagne und ihr durchschlagender Erfolg verdienen es, in den Annalen der Desinformation festgehalten zu werden. Durch das rein ideologische Reizwort »kapitalistisch«, das mit dem Gegenstand geradezu idiotisch wenig zu tun hat, gelingt es der kommunistischen Propaganda, breite Strömungen in der öffentlichen Meinung auf ihre Seite zu ziehen, einen Teil der Presse einzuschüchtern, etliche Medien zu täuschen und dafür zu sorgen, daß wir, *die Demokratien selber*, eine Maßnahme erst verachten und dann zu Fall bringen, die der militärischen Überlegenheit der Sowjets gegenüber dem Westen Abbruch tun könnte.

Die Ungleichheit der »Terms of Trade« in der ideologischen Auseinandersetzung wird hier besonders deutlich. Denn eine Desinformationskampagne wie die, der die Neutronenwaffe zum Opfer fiel, kann nur Erfolg haben oder überhaupt geführt werden in einer demokratischen Gesellschaft, wo es die vielen Meinungen überhaupt gibt, die der Informationsverwirrer gegeneinander aufzuhetzen vermag. Das gelingt ihm um so leichter, je weiter ihm die Türen zu dieser Gesellschaft offenstehen und er im Lande auf eine erste Unterstützung rechnen kann. Die Demokratien dagegen verfügen über keines dieser hochentwickelten Propagandamittel, dieser mühelosen Zugänge und wohlgesonnenen Helfer in den totalitären Gesellschaften. Daß die Waffen so ungleich sind, liegt zumindest in diesem Falle nicht an einer unterschiedlichen Fähigkeit der Menschen, sondern an der fundamentalen Verschiedenheit der Systeme.

Welchen Teig könnten westliche Beeinflussungsagenten in der Sowjetgesellschaft wohl kneten, in welche Schlüsselstellungen könnten sie gelangen? Die bloße Vorstellung ist ja schon absurd, es gäbe in Moskau proamerikanische Parteien, den Multis wohlgesonnene Kirchen, Rundfunkhäuser, in denen man sich die These einer Notwendigkeit der Verstärkung des NATO-Bündnisses zu eigen macht, Alternative und Grüne, die einseitige Abrüstung predigen, Tarnorganisationen, die in Wort und Schrift westliche Ansichten vertreten, Demonstranten, die mit immer neuen Umzügen die Straßen füllen, so daß der Sowjetregierung nichts übrig bleibt, als sich zum Abbau der SS 20 bereitzufinden. Eine solche Fabel hat keinen Reiz. Politikfiktion muß jedenfalls ein Quentchen Wahrscheinlichkeit enthalten.

Man mag einwenden, westliche Sender strahlten ja in die kommunistischen Länder aus. Gewiß. Doch es wäre abwegig, in dieser Rundfunkinformation einen Faktor zu sehen, der zwischen Ost und West »das Gleichgewicht herstellt«. Die westlichen Sendungen für Osteuropa stellen kein Gegenstück zur kommunistischen Desinformation in Westeuropa dar, weil sie nicht *die sowjetischen Medien selber* manipulieren, also Journalisten der kommunistischen Länder dazu veranlassen, von sich aus antikommunistische Artikel zu verfassen. Zum Desinformieren muß man in das Gemeinwesen integriert sein, und in dieser Hinsicht gibt es keine »Chancengleichheit« zwischen Ost und West. Außerdem senden die Sowjets und andere kommunistische Staaten, ohne gestört zu werden, ins Ausland. Radio Moskau betreibt auf Kurzwelle für die ganze Welt Dienste in über achtzig Sprachen. Quantitativ gesehen ist also »Parität« gegeben, doch in der Art der Sendungen besteht völlige Disparität. Die sowjetischen Sendungen sprechen ihre Hörer im reinen Propagandastil an, mischen verbale Aggression und Aufhetzung zur Gewalt, treiben vor allem in den eruptivsten Gebieten der Dritten Welt zum bewaffneten Aufstand. Auf diesem wie so vielen Gebieten werfen die Sowjets den anderen Ländern vor, was sie selber tun, indem sie behaupten, die westlichen Sender forderten ihre Völker zum Ungehorsam auf, was dann als Vorwand für das Stören des Empfangs dient. Es wird der Stimme Amerikas und Radio Free Europe wohl mit Recht vorgeworfen, sie hätten 1956 die antikommunistische Leidenschaft der ungarischen Aufständischen angeheizt, die dann vom Westen der sowjetischen Unterdrückung überlassen wurden. Doch außer diesem oder gerade als Reaktion auf diesen beschämenden Vorfall geht seither Information vor psychologischer Kriegführung, bei der Stimme Amerikas, Radio Free Europe, Radio Liberty und natürlich ohnehin beim Internationalen Dienst der BBC, bei der schon die Unterstellung, sie könnte sich für Propaganda hergeben, absurd wäre. Das allerdings macht diese Sender für den Kommunismus so ärgerlich, weil Kommunismus und Information nicht zusammenpassen. Die Hörer in den Ostblockländern, im Reich der Lüge von Amts wegen lebend, nehmen Information aus anderen Quellen gerade dann begierig auf, wenn sie objektiv und nicht mit ideologischer Propaganda versetzt ist. Was sie haben wollen, weil sie ihnen völlig fehlt, ist Information als Rohstoff. Dafür sind sie von geradezu hemmungsloser Aufnahmebereitschaft. Die englischen und schweizerischen Sendungen für die besetzten Gebiete im Zweiten Weltkrieg und seither die westlichen Sendungen für die kommunistischen Länder sind zweifellos hinsichtlich der Reichweite des Gesagten und nach dem Kosten-Nutzen-Verhältnis die größten Erfolge in der jüngeren Geschichte der Massenkommunikation. Das erklärt Moskaus Angriffe auf diese Sendungen während der Spannungszeiten im Ost-West-Verhältnis und das Drängen auf ihre Einstellung in Zeiten der Entspannung.

Die Demokratie ist durch die Wahrheit überlegen, selbst wenn sie aus Mangel an Selbstbewußtsein diese Überlegenheit im Umgang mit dem Kommunismus nicht oft genug ausspielt. Die Kommunisten müssen schon deshalb Desinformation betreiben, weil die kommunistische Propaganda im Originalzustand kein Vertrauen findet. Um so praktischer ist es für sie, Zugang zu den westlichen Informationsquellen mit ihrem bürgerlichen Qualitätssiegel zu haben, um die Märchen und Vorurteile verbreiten zu können, mit denen sich die Gemüter am wirkungsvollsten in einem für die Ausbreitung des Totalitarismus günstigen Sinne beeinflussen lassen.

Die Methode hat offenbar so gut wie keine Schwachstellen, denn obwohl sie nun so oft unverändert angewendet worden ist, hat sie nach wie vor Erfolg. Zwei Beispiele aus dem Katalog der Erfolge mögen für diese konstante Wirkung stehen, eines aus dem Jahre 1952, das andere aus dem Jahre 1978. Die sowjetischen Spezialdienste haben wenig Phantasie, die westlichen Medien wenig Erinnerungsvermögen: Warum sollte man das Verfahren wechseln? 1952 übergab eine gaullistische Persönlichkeit, mit einer zur Beruhigung des Mißtrauens also höchst geeigneten Etikette versehen, der französischen Tageszeitung *Le Monde* sehr geheimnistuerisch ein angebliches Geheimdokument, den »Fechteler-Bericht«, so genannt nach dem amerikanischen Admiral, dem die Sowjets die Fälschung unterschieben wollten. Der Text, der die strategischen Absichten der Amerikaner im Mittelmeerraum darstellte, strotzte von Kriegslüsternheit, so daß die Leser darin den Beweis erblicken mußten, die Vereinigten Staaten seien auf den bewaffneten Konflikt aus. Gerade das war von den Fälschern gewollt. *Le Monde* veröffentlichte in ihrer Ausgabe vom 10. Mai 1952 den ungeheuerlichen »Fechteler-Bericht«. Der Schwindel kam sehr bald ans Licht. Trotzdem stützten sich die sowjetische Presse und ihre Agenturen weiterhin auf das geheimnisvolle Dokument, »die Enthüllung eines konkreten Planes für den Krieg gegen die Sowjetunion«, und die kommunistischen Zeitungen im Westen übernahmen den Refrain, wobei sie darauf hinwiesen, diese »Enthüllung« sei ja in einem »großen unabhängigen Blatt« erschienen und damit zweifelsfrei als authentisch erwiesen. Das Betrugsmanöver von 1978 fand ein erheblich größeres Echo und wirkte auch länger. Diesmal handelte es sich um eine »praktische Anweisung« von keinem geringeren als William Westmoreland, dem ehemaligen US-Generalstabschef. Der berühmte General empfahl darin, die amerikanischen Geheimdienste sollten sich der im Westen tätigen ultralinken subversiven Organisationen bedienen, um die Interessen der Vereinigten Staaten in denjenigen befreundeten Ländern zu wahren, wo die Kommunisten drauf und dran schienen, an die Macht zu gelangen. Kurz, die Vereinigten Staaten sollten die Terroristengruppen unterwandern und dazu drängen, solche verbündeten demokratischen Regierungen, die sich zu großer Nachsicht mit dem Kommunismus schuldig gemacht hatten, in Schwierigkeiten zu bringen. Zu einem Zeitpunkt, da sich mehrere europäische Demokratien mit dem Problem eines ständig bedrohlicheren Terrorismus herumschlugen und man wagte, die Möglichkeit einer sowjetischen Unterstützung für diesen Terrorismus anzudeuten, wollten die Urheber der Fälschung die öffentliche Meinung davon überzeugen, daß die Drahtzieher der terroristischen Vereinigungen in den amerikanischen Geheimdiensten säßen. Der Einfall war genial, aber schwer an den Mann zu bringen. Doch die Vorsehung ließ die gute Sache nicht im Stich, und es befand sich plötzlich durch ein Wunder der spanische Journalist Fernando Gonzalez im Besitz der Fälschung, die feierlich als »top secret« deklariert war. Dieser Gonzalez hatte die Veröffentlichung für den 23. September 1978 in der spanischen Wochenzeitung *El Triunfo* vorgesehen. Doch mit einer in den Annalen der Presse einmaligen Selbstlosigkeit verzichtete *El Triunfo* freiwillig auf die Exklusivität und überließ die Erstveröffentlichung der Fälschung als Vorpremiere der »linksunabhängigen« Madrider Tageszeitung *El País*, die den Text vertrauensvoll in ihrer Ausgabe vom 20. September brachte. Da Fernando Gonzalez Kommunist war und der kubanischen Botschaft nahestand, war es klüger, die Fälschung zu »waschen«, indem man sie mit dem Weißmacher eines »unabhängigen großen Mitte-Links-Blattes« behandelte. Die unbefleckte Empfängnis klappte hervorragend, denn von *El País* aus überwand das Machwerk mit einem Sprung die Pyrenäen und tauchte schon drei Tage später in *Le Monde* wieder auf. Dann schlängelte es sich in die Niederlande und fand Aufnahme in der Zeitschrift *Vrij Nederland* vom 7. Oktober 1978, in Italien am 16. Oktober in *L'Europeo*, in Griechenland am 20. Oktober in *To Vima*, die sogar ausdrücklich die »unbestreitbare Echtheit« des Dokuments herausposaunte und den Titel fand: »Eine geheime amerikanische Anweisung für die Destabilisierungsbemühungen in Westeuropa«. Jetzt, und darin erwies sich die eigentliche Kunst der Desinformation, konnte die sowjetische Agentur Nowosti die Meldung bringen und als Quelle diese verschiedenen hoch angesehenen nichtkommunistischen Presseorgane zitieren. Die schiere Logik veranlaßte sodann Nowosti und etliche ihrer Sprachrohre im Westen, weiterzudenken und die amerikanischen Geheimdienste direkt für die Ermordung des Christdemokraten Aldo Moro durch die Roten Brigaden, die Terrorakte der baskischen ETA und, da man schon einmal dabei war, später für die Besetzung der Großen Moschee in Mekka durch ein Kommando bewaffneter Fanatiker im Jahre 1979 verantwortlich zu machen.

Eine vollständige Aufzählung aller Techniken und Maßnahmen der Desinformation würde vielbändige Enzyklopädien füllen, zumal die Arbeit wirklich weltweit betrieben wird. In Asien zum Beispiel wurde das pakistanische Malariainstitut, das seit zwanzig Jahren von internationalen Gesundheitsorganisationen und mit Hilfe amerikanischer Wissenschaftler der University of Maryland arbeitete, 1982 plötzlich beschuldigt, es züchte eine besondere Art von Mücken, deren todbringender Stich für einen vom CIA geplanten Krieg in Afghanistan als bakteriologische Waffe genutzt werden solle. Dieser absurde Vorwurf, von der *Literaturnaja Gaseta* am 2. Februar 1982 erhoben, wurde blindlings von dem üblichen Kreis der »unabhängigen« Blätter übernommen, darunter so ehrwürdigen Organen der nichtkommunistischen Presse in Asien wie die *Times of India* und die *Pakistani Daily Jang*. Kaum bekannt geworden, führt die »Meldung« zu antiamerikanischen Unruhen in Lahore. Die armen Forscher, die in dem Institut an der Malariabekämpfung arbeiten, müssen mit ihren Mücken schleunigst das Weite suchen, um nicht gesteinigt zu werden. Der Zwischenfall mit seiner ganzen Aufregung kommt wie gerufen, um die sich gerade verbreitenden Gerüchte über den tatsächlichen Einsatz von biochemischen Waffen durch die Kommunisten in Afghanistan, Laos und Kambodga zu übertönen. Und das ist durchaus nicht der einzige Fall von defensiver Desinformation. Im gleichen Jahr 1982 gelingt es den Kommunisten, einen UN-Bericht über die Wirtschaftskatastrophe in Vietnam abmildern und in Teilen völlig in rosa Farben umschreiben zu lassen, weil die Verantwortung der unfähigen Nomenklatura von Hanoi allzu deutlich wurde. Diese konstruktive Zensur war schon deshalb einfach zu erreichen, weil die Beamten aus der Sowjetunion und den prosowjetischen Staaten in den Vereinten Nationen auf zahlreiche Schlüsselposten gelangt sind.* Das geht so weit, daß in einem anderen Bericht der Weltorganisation die von der Presse und den Agenturen im Westen verbreiteten Meldungen als »grob unrichtig« qualifiziert werden, während die Ostblockblätter für die Objektivität ihrer Reportagen und ihre »beständige Unterstützung« für die Vereinten Nationen gelobt werden!**

Außerhalb des harten Kerns der »aktiven Maßnahmen«, der vom Mantel der defensiven Desinformation umhüllt wird, findet man die schwer greifbaren Schichten der *unbestimmten Desinformation*, die man auch »Stimmungsmache« nennen könnte. Das ist die Grauzone, wo die Information nach Flohmarktmanier vertrieben wird, wo die Lügen schweben und nach einem Redakteur suchen, wo man hört, daß der »Ausschuß für die Verteidigung der polnischen Intellektuellen« in Genf auf einer von der CIA organisierten Sitzung gegründet wurde, oder daß die Israelis den libanesischen Staatspräsidenten Beschir Gemayel nur haben wählen lassen, um ihn eine Woche später

---

* Vgl. den ausführlich dokumentierten Artikel von Thierry Wolton, »ONU: l'infiltration soviétique«, in *Le Point*, 4. Oktober 1982.
** Bernard D. Nossiter, UN Officials Criticize News Coverage by West, »New York Times Service« in *International Herald Tribune*, 16./17. Oktober 1982.

ermorden zu können, denn natürlich mußte man Israel dieses tatsächlich von Syrien gesteuerte Verbrechen anlasten. Wenn er aus diesen Nachrichten schöpft, betreibt der Westen »Selbstdesinformation«, und zwar natürlich ohne es zu merken. Als Opfer der »unbestimmten Desinformation« nimmt man die Prämissen der kommunistischen Sicht von der Welt als gegeben hin. Ich entnehme meinem Zettelkasten das nächstbeste Beispiel unter Hunderten; es ist vielleicht gerade deshalb recht instruktiv, weil es relativ harmlos ist.

Am Samstag, 1. März 1980, werden die 13-Uhr-Informationen des staatlichen Rundfunkprogramms France-Inter von Yves Mourousi, einem erfahrenen Profi, moderiert. Ein kuweitischer Journalist erklärt aus Anlaß der Reise von Giscard d'Estaing in die Emirate am Persischen Golf, daß erstens die Präsenz der Sowjets in Afghanistan keine Gefahr für seine Region bedeutet, daß zweitens die Amerikaner diese Gefahr an die Wand malen, um den Westen wegen der Ölquellen zu beunruhigen und das wiederum zur Verschärfung ihrer »Intervention« auszunutzen, und daß drittens die Reise Giscards eine gute Sache ist, weil sie den arabischen Ländern des Mittleren Ostens helfen wird, dem amerikanischen Druck standzuhalten.

Wo kommt dieser kuweitische Journalist her und wofür steht er? Großes Geheimnis. Die von der Sowjetpropaganda gewünschten Thesen werden auf diese Weise über den französischen Rundfunk als »Standpunkt der Kuweitis« verbreitet und als erwiesen mitgeteilt, ohne Einschränkung oder Vorbehalt, geschweige denn Gegendarstellung.

Die prosowjetischen Klischees haben Asylrecht, oft genug Heimatrecht in den Medien der Länder, die der Kommunismus vernichten will. Handelt es sich um staatliche Medien, erstreckt sich die Regierungsaufsicht nicht auf diesen Mißbrauch der Meldungen aus dem Ausland. Die nicht greifbare Desinformation kann sich dort unter Rechtsregierungen ebenso tummeln wie unter Linksregierungen. Die »bürgerliche« Presse sorgt, eher aus Bequemlichkeit als aus Böswilligkeit und oft unwissentlich, in erheblichem Maße für den Kundendienst und die Aufarbeitung der überholtesten Produkte der sowjetischen Desinformation, natürlich gratis, so daß Moskau keinen Pfennig ausgeben muß.

Gewiß, nur mit ehrenamtlichen Helfern läßt sich die ganze Arbeit nicht schaffen. Die »Organe«, wie der KGB in den einschlägigen Kreisen häufig genannt wird, verfügen zur Stärkung des missionarischen Eifers über sehr reichlich bemessene Finanzmittel. Längst hat man die verschlungenen Wege aufgedeckt, über die das nährende Manna in den Westen und die Dritte Welt gelangt: kommunistische Parteien, Tarnorganisationen, verständnisvolle Zeitungen, diskrete Freunde, ergebene Gesinnungsgenossen. Während ich dies schreibe, lese ich in den Morgenzeitungen des 8. Oktober 1982, daß die westlichen Nachrichtendienste in Luxemburg eine von Ostdeutschland geschaffene »Strohfirma« aufgedeckt haben, die zur Weiterleitung von Finanzmitteln an den Verlag der griechischen Kommunisten bestimmt ist. Dieses Unternehmen, die »Société pour le développement de la presse et de l'imprimerie«, hat in Griechenland den sogenannten »Außenverlag« der Kommunisten »ermutigt«, indem es die prosowjetische der beiden in Griechenland tätigen KPs mit 2 300 000 Dollar versorgte. An der Spitze der luxemburgischen Gesellschaft steht seit ihrer Gründung im Jahre 1977 ein gewisser Karl Raab, der sich als Bankier bezeichnet und Mitglied des ZK der SED ist. Die »Société pour le développement de la presse et de l'imprimerie« des Herrn Raab hat nach Aussage der Geheimdienstsprecher jahrelang nicht nur die griechischen Genossen, sondern auch zahlreiche andere Zeitungen, Periodika und Medien in ganz Europa für die Verbreitung prosowjetischer Thesen bezahlt. Das griechische Parlament griff die Angelegenheit auf, und es wurden internationale Recherchen eingeleitet. Ich habe nirgends gelesen, daß sie zu etwas geführt hätten. Die Luxemburger Filiale ist nur eine winzige Masche in einem riesigen multinationalen Netz. Verschiedene ernstzunehmende Autoren haben dieses Netz in allen Einzelheiten beschrieben. Der himmelweite Unterschied zwischen dem großspurigen Auftreten der Kommunisten im Westen und ihren bescheidenen vorzeigbaren Einkünften beweist schon, wie kräftig dieses Netz ist. Zeitungen und Politiker in den Demokratien sind allerdings taktvoll genug, so zu tun, als sei das »Geld aus Moskau« ein Märchen, so wie sie zu glauben vorgeben, die kommunistischen Führer lebten wirklich von ihrem offiziellen Parteigehalt, das bekanntlich dem Facharbeiterlohn entspricht. Das ist auch so ein Treppenwitz der Desinformation, den nur die braven Ahnungslosen möglich machen – aber das ist ja ohnehin die Regel. Könnte die Desinformation im Unglaubwürdigen so weit gehen, wenn bei den Opfern nicht eine so große Vertrauensseligkeit vorhanden wäre?

Alle Geheimdienste aller Länder, wird man einwenden, haben ihre »aktive Abteilung«, ihre Brigade für *dirty tricks* und bemühen sich natürlich nach Kräften um Desinformation. Doch wieder darf man nicht vergessen, daß die demokratischen und auch die nichtkommunistischen nichtdemokratischen Gesellschaften in verschiedenem Maße, von ganz leicht bis relativ schwierig, zugänglich und durchlässig sind, was bei den totalitären Gesellschaften eben überhaupt nicht der Fall ist. Ein westdeutscher Raab kann keine »Société pour le développement de la presse« in Kiew eröffnen und sich daranmachen, Geld über die Redaktionen auszustreuen. Über welche Redaktionen überhaupt? Die kommunistische und die freiheitliche Presse haben ja nur den Namen gemein. Hinzu kommt, daß die westlichen Nachrichtendienste in regelmäßigen Abständen im eigenen Lande angegriffen und demaskiert werden, was vom demokratischen Standpunkt heilsam ist, aber zugleich ein Vorteil für ihre Gegner. Der französische SDEC zerfiel 1965 nach der Ben-Barka-Affäre geradezu, der Bericht des »Senate Intelligence Committee« legte 1975 auf Jahre die Tätigkeit des CIA lahm, die italienische Regierung baute in den siebziger Jahren auf Drängen der Linksparteien den SID wegen Verdachts der Sympathie für Staatsstreichpläne der Rechten weitgehend ab, so daß in den folgenden sechs, sieben Jahren die Terroristen der Roten Brigaden freie Hand hatten, ihre Landsleute von der Polizei so gut wie ungestört zu ermorden. Ich will durchaus nicht behaupten, alle diese Dienste hätten sich nicht des Amtsmißbrauchs, törichter Operationen und eindeutiger Verbrechen schuldig gemacht. Sie hatten es verdient, zur Raison gebracht zu werden, das will ich gern konzedieren. Das hindert nicht, daß ein solches öffentliches Mißgeschick dem KGB niemals widerfährt.

So ist der ideologische Krieg ein Einbahnunternehmen, wobei man besser von Lügenkrieg sprechen sollte, weil alle Ideologie Lüge ist. Die Hauptlüge ist die Gleichstellung von Kommunismus mit Fortschritt, mit Verteidigung der Armen, mit Kampf für den Frieden, und die Gleichstellung aller Gegner des Kommunismus mit »Reaktionären«, mit »Konservativen«, mit »der Rechten«. Das glauben gemacht zu haben ist der große Erfolg der Desinformation.

Den Demokraten steht im Grunde kein Gegenmittel zur Verfügung. Die Kommunisten unterminieren die Welt unter Berufung auf ein Gesellschaftsmodell, das die Adressaten ihrer Propaganda nicht am eigenen Leib erlebt haben, und das die, welche es erleben, nicht kritisieren, geschweige denn verändern können. Unzulänglichkeiten in nichtkommunistischen Systemen führen zu Veränderungen der Machtstruktur, zum Wechsel des Regimes, zum Verschwinden von Gesellschaftsklassen. In der totalitären Welt dagegen verpufft die destabilisierende Wirkung der Unzufriedenheit wegen des perfekten Polizeiapparats. So steht die nichtkommunistische Welt ständig im Scheinwerferlicht der Kritik, und zwar der Kritik der Kommunisten und der Selbstkritik; ihre echten, unterstellten oder übertrieben ausgemalten Fehler werden als absolut gesehen, als auf Erden einmalig und unverwechselbar, weil die Fehler des kommunistischen Universums sich nicht Tag für Tag dem Vergleich stellen müssen und allenfalls abstrakt zur Kenntnis genommen werden von denen, die nicht in dem Universum leben. Lebt ein Volk aber darin, hat es die konkrete Erfahrung gemacht, so führt kein Weg mehr hinaus.

Im ideologischen Krieg ist es das Ziel der kommunistischen Propaganda, die Demokratie überall zu zerstören, wo sie existiert, und überall unmöglich zu machen, wo sie existieren könnte. Der Kommunismus hat die Mittel dazu. Die Propaganda der demokratischen Länder dagegen hat nicht die Mittel, den Kommunismus zu zerstören. Die Demokratie kann sich bestenfalls bemühen, sich selber zu schützen, und selbst das gelingt ihr nur in bescheidenem Maße oder gar nicht.

17. Umfunktionieren und Vereinnahmen

Ein Verkehrsmittel sich aneignen, das man nicht selber zu bauen brauchte, und zwar mitsamt der Besatzung, die man nicht auszubilden brauchte, den Fahrgästen, die durchaus ihr eigenes Reiseziel haben, dem Treibstoff, den man nicht zu bezahlen braucht, und dann zu einem ganz anderen als dem ursprünglich vorgesehenen Ziel reisen – das ist eine Piraterie, wie sie vom Kommunismus auf politischem Gebiet mit Vorliebe geübt wird. Die List ist dabei wichtiger als die Gewalt, besser gesagt, sie wird jeweils als erste eingesetzt. Erst nach Verführung und Überredung folgen Einschüchterung, Drohungen, schließlich Terror, und am Ende des Weges, auf dem es nur selten eine Umkehr gibt, steht das Machtmonopol. Politpiraten arbeiten ebenso wie die Luftpiraten mit Umdirigieren und parasitärem Ausnutzen des Vorhandenen. Sie erobern von innen her – wenn auch zu Beginn weniger brutal und erkennbar als später – Realitäten, die sie nicht geschaffen haben. Sie machen sich selbstlose Bestrebungen, existierende Institutionen und Gemeinschaften zunutze, die dem Kommunismus nichts verdanken, ziehen sie in ihren Kreis, übernehmen und nutzen ihre Parolen, setzen Kraft und guten Willen der Mitglieder für sich ein und führen sie unauffällig in den Pferch, wo die Tarnorganisationen beieinander sind.

Was sich bei der technologischen Ausbeutung, bei der Industriespionage, beim wirtschaftlichen und finanziellen Schröpfen des Westens als reines Schmarotzen darstellt, wird zum aktiven, offensiven – wenn auch nicht weniger parasitären – Verhalten, sobald es um die Unterwanderung und Manipulation der terroristischen Bewegungen geht, durch welche die künftigen Opfer des Weltkommunismus destabilisiert und wehrlos gemacht werden sollen. Das ist das ideologische und politische Parasitenverhalten bei der Vereinnahmung der Blockfreien-Bewegung, der Sozialistischen Internationale, der Öko- und Friedensbewegungen, der Vereinten Nationen (deren Ausgaben fast ganz von den kapitalistischen Staaten getragen werden), vor allem der UNESCO. Vereinnahmung auch bei den revolutionären nationalistischen Bewegungen in der Dritten Welt, der Interparlamentarischen Union, wo die »Abgeordneten« aus den Ostblockländern gleichberechtigt mit wirklich aus freien Wahlen hervorgegangenen Volksvertretern tagen, und des Weltkirchenrats, wo die Zulassung des Klerus der orthodoxen Kirchen den Einzug eines kräftigen Kontingents von KGB-Popen möglich gemacht hat, die dem sowjetischen Geheimdienst die Stimme der Diener Gottes leihen, um die einseitige Abrüstung des Westens zu predigen.

Natürlich betreiben die kommunistischen Parteien der nichtkommunistischen Länder nach Kräften Unterwanderung und Vereinnahmung, indem sie die legalen Möglichkeiten nutzen, die ihnen die bürgerliche Demokratie bietet, vor allem aber, indem sie über diese Möglichkeiten hinausgehen und weniger demokratische Methoden verwenden, um an die Schalthebel der politischen, administrativen, finanziellen Macht zu gelangen, oft ganz unauffällig, aber so gut wie immer über das Maß an Einfluß hinausgelangend, das ihnen nach ihrem Wählerstimmenanteil zustehen würde. 1974/75 bemüht sich die Kommunistische Partei Portugals, das Wasser der Nelkenrevolution auf ihre Mühlen zu leiten und Portugal in eine Volksdemokratie zu verwandeln, obwohl sie niemals mehr als 10 % bis 15 % der Wähler für sich gewonnen hat. Die Kommunistische Partei Frankreichs tritt 1981 nach ihrer schwersten Wahlniederlage seit dem Kriege in die Regierung ein und benutzt diese Stellung (die ihr der Staatspräsident nach der Verfassung natürlich durchaus einzuräumen berechtigt war, auch wenn sie dem Geiste des Wählervotums nicht entsprach) zum sofortigen diskreten oder ganz ungenierten Griff nach den Schlüsselstellungen in Verwaltung und öffentlich-rechtlichen Körperschaften, wobei es ihr besonders um den Einfluß auf Staatsrundfunk und -fernsehen zu tun ist, nach Möglichkeit in der Form direkter Aufsicht, zumindest aber durch die Einschüchterung der Journalisten. So hinterläßt jede Beteiligung der KPF an der Macht ihre unverwischbaren Spuren im Staatsapparat ebenso wie in den regionalen und kommunalen Gebietskörperschaften. In ihrer gewohnten engelsgleichen Unschuld halten sich die Sozialisten, wenn sie mit den Kommunisten zusammenarbeiten, noch etwas darauf zugute, daß sie »ihnen die Hände gebunden haben«, und argumentieren, es »sei besser, sie dabei als draußen vor der Tür zu haben« und so zu neutralisieren, weil die Sozialisten ihnen ja zahlenmäßig überlegen seien. Dabei wird gern vergessen, daß in einer richtig zusammengesetzten Herde die Schafe immer zahlreicher sind als die Schäfer und Hunde. Etliche historische Beispiele belegen, daß in allen Ländern, wo es der jeweiligen kommunistischen Partei gelungen ist, sich das Machtmonopol zu sichern, diese Partei anfänglich ganz in der Minderheit war. Schon der Aufbau einer Gewerkschaft wie der französischen CGT, die nach dem Leninschen Modell strukturiert ist, um jede innere Demokratie zu unterdrücken, bietet ein eindrucksvolles Beispiel für die Vereinnahmetechnik und die Schaffung eines Instruments zum Ausüben von Druck auf die verantwortlichen Politiker. Die französischen Sozialisten haben es im Frühjahr 1982 am eigenen Leibe erfahren bei den großen Streiks in der Automobilindustrie, die so sehr zum sozialistischen Wirtschafts- und Währungsdebakel beigetragen haben. Es war ein Kinderspiel für die Kommunisten, ihre verbale Regierungssolidarität mit der aktiven Destabilisierung dieser Regierung zu verbinden.

Nun haben nicht alle kommunistischen Parteien im Westen das Glück, wie die KPF 1981 freundlich zur Regierungsbeteiligung eingeladen zu werden, nachdem sie bei den Wahlen verloren haben. Eine von der Macht ferngehaltene KP ist immer zu auffällig und oft zu sehr in Verruf; sie kann Moskau allenfalls als schweres Geschütz dienen, nicht als Waffe für diskrete Operationen. Außerdem trifft Moskau in der Kommunistischen Internationale häufig auf Schwierigkeiten, und die naiven Vettern von der Sozialdemokratie sind manchmal leichter zu manipulieren als die Bruderparteien.

Deshalb ist das wahre, das eigentlich lohnende Ziel die Vereinnahmung von Organisationen, die anfänglich nicht nur nichtkommunistisch, sondern oft sogar antikommunistisch waren oder jedenfalls ausdrücklich mit den Kommunisten nichts zu tun haben wollten.

Antikommunistisch ist schon von ihrer Entstehungsgeschichte her die Sozialistische Internationale, die Sozialdemokratie, das rote Tuch für Lenin und für Stalin, der bekanntlich der KPD 1932 Anweisung gab, unter der Hand mit Hitler gemeinsame Sache gegen die SPD zu machen. Ebenso geht es in Spanien: Zu Beginn der Zweiten Republik, in den Jahren 1931 bis 1933, gilt die Sozialistische Partei den Kommunisten als »sozialfaschistisch« und wird entsprechend behandelt. Der Ausdruck »Sozialfaschisten« wurde dann von den französischen Kommunisten übernommen, um Léon Blums Sozialistische Partei zu kennzeichnen. Die politischen Richtlinien der Kommunisten sind international, ergo sind es auch die Schlagworte, nur daß den Historikern des Kommunismus, die ihn zumeist nur in einem Lande studieren, gelegentlich die Gleichzeitigkeit des Wechsels von Politik und Terminologie in allen Ländern entgeht. So geschah es Ende der dreißiger Jahre, als taktische oder strategische Erwägungen die kommunistischen Parteien zu »Volksfront«- oder »Linksunion«-Experimenten veranlaßten. Solche Bündnisse werden von den Kommunisten gebrochen, sobald ihnen das in ihrem Interesse zu liegen scheint, und zwar so schroff, daß die Sozialisten jedesmal ungläubig und verblüfft dastehen. Seit 1970 hat Moskau allerdings im Zeichen der profitablen »Entspannung« neben dem Wechselbad (für das jeweils die nationale KP zuständig bleibt) eine Kunst des Einfangens der Sozialistischen Internationale entwickelt, die man als eine geniale Neuerung bezeichnen muß. 1971 versteckt Breschnew in seinem mehrstündigen Rederitual vor dem XXIV. Kongreß eine diskrete Einladung an die Sozialdemokraten, mit denen die KPdSU, so ihr Generalsekretär, zur »Entwicklung der Zusammenarbeit« beim »Kampf für Frieden, Demokratie und Sozialismus« bereit sei. Was könnte löblicher sein? Sofort machen sich denn auch eine nach der andern die Delegationen der westlichen sozialistischen Parteien mit der Bereitwilligkeit nach Moskau auf den Weg, die es dem Kreml bei seinen Beziehungen zu den Demokratien so leicht macht. Tatsächlich braucht Moskau ja nur Gesprächsbereitschaft zu signalisieren, ohne die leiseste Zusage, den bescheidensten Beweis guten Willens oder den Schatten eines Entgegenkommens zu bieten, ja, es darf getrost ein offensichtliches Täuschungsmanöver sein – die westlichen Staatsmänner müssen in so gut wie allen Fällen schleunigst darauf eingehen, wenn sie von ihrer eigenen Öffentlichkeit nicht den Vorwurf hören wollen, sie ließen eine Chance für Verständigung und Frieden aus. 1972 eröffnet eine Delegation der Sozialistischen Partei Belgiens den Reigen, indem sie mit der sowjetischen KP eine Vereinbarung über Abrüstung schließt, das heißt praktisch, über die Schwächung der NATO, deren Mitglied Belgien ist: Es gehört ja zum guten Ton, daß die westlichen Unterhändler als unerschrockene Verteidiger der Sicherheit ihrer Völker niemals ausgerechnet von der UdSSR verlangen, bei der Abrüstung den ersten Schritt zu tun.

Auf die Belgier folgen in Moskau die Vertreter der norwegischen, dänischen, niederländischen und spanischen Sozialisten, die in den Jahren 1973 bis 1977 mit der KPdSU ähnliche Vereinbarungen abschließen, die von Kommissionen der Labourpartei und der SPD gebilligt und vertieft werden. 1975 reist François Mitterrand mit einer Delegation der französischen Sozialistischen Partei nach Osten. Die höchsten sowjetischen Würdenträger, unter ihnen Suslow und Ponomarew, finden sich ein, und schließlich sogar Breschnew, der vor Mitterrand eine großartige Show abzieht, geradezu besessen von Friedensliebe. Ein gemeinsames Kommuniqué der KPdSU und der französischen PS wird im Anschluß an diese Begegnung veröffentlicht; da steht unter anderem zu lesen: »Die Delegation der Sozialistischen Partei Frankreichs hat ihre Anerkennung für den konstruktiven Beitrag der Sowjetunion zum internationalen Entspannungsprozeß zum Ausdruck gebracht. Beide Delegationen haben festgestellt, daß Imperialisten und Reaktionäre in ihren Bemühungen fortfahren, den Geist des Kalten Krieges wieder zu wecken.« Man kann die Sowjets nur bewundern, wie es ihnen gelingt, ihre Auffassung und ihr Vokabular vom Führer einer großen westlichen Partei übernehmen zu lassen, der sich bereitfindet, sein eigenes Lager ohne Einschränkung zu verurteilen. Mit den »Imperialisten« und »Reaktionären«, die »den Geist des Kalten Krieges wieder erwecken«, können ja nur die Amerikaner gemeint sein oder die westlichen Länder ganz allgemein, zumindest diejenigen, die nicht bereit sind, allen sowjetischen Forderungen nachzukommen.

1976 wird Willy Brandt zum Vorsitzenden der Sozialistischen Internationale gewählt. Von diesem wichtigen Datum an braucht Moskau nicht mehr mit den verschiedenen nationalen Sozialistischen Parteien zu verhandeln, sondern tritt in Kontakt mit der Internationale selber. Eine sehr bezeichnende Auswirkung der neuen, von Brandt eingeführten Linie ist die Entscheidung, die mittel- und osteuropäischen sozialistischen Parteien im Exil, die bislang an den Kongressen als nicht stimm-, aber redeberechtigte Beobachter teilnehmen durften, aus der Internationale auszuschließen. Nach dieser mutigen Säuberung macht sich die erneuerte Sozialistische Internationale an die Schaffung etlicher Arbeitsgruppen, die sich mit den Möglichkeiten der Abrüstung beschäftigen sollen. Schon 1979 begibt sich eine offizielle Delegation der Sozialistischen Internationale, die »Arbeitsgruppe für Abrüstungsfragen«, in den Kreml, den sie als erste Abordnung dieser Internationalen seit 1917 betritt. Ebenfalls schon 1979 macht sich die »Sorsa-Gruppe« an die Arbeit, genannt nach dem Vorsitzenden der Sozialdemokratischen Partei Finnlands, der sich dieser für ihn maßgeschneiderten Aufgabe mit unermüdlicher Unterstützung durch die sowjetischen Westspezialisten Sagladin, Ponomarew und Arbatow widmet. Der Überfall auf Afghanistan Ende Dezember 1979 kann das Vertrauen der Sozialistischen Internationale auf den Friedenswillen der Sowjets nicht weiter erschüttern. Schon bald entsteht eine weitere, die Palme-Kommission nämlich, die den amerikanischen Imperialismus anprangert, die Neutronenbombe verurteilt und gegen die Aufstellung von Mittelstreckenraketen in Westeuropa zu Felde zieht. Wenige Monate nach dem sowjetischen aggressiven Akt gegen Afghanistan begibt sich Palme, der zehn Jahre zuvor auf den Straßen von Stockholm gegen die amerikanische Präsenz in Vietnam demonstriert hat, nach Moskau, um mit Arbatow zu prüfen, wie den kriegslüsternen Umtrieben der Vereinigten Staaten und der übrigen Mitglieder des Nordatlantikpakts begegnet werden könnte. 1981 bildet sich in Kopenhagen die »Scandilux«-Gruppe, der fünf sozialdemokratische Parteien aus den NATO-Ländern Norwegen, Dänemark, Niederlande, Belgien und Luxemburg angehören, um gegen die NATO-Nachrüstung und gegen den Bau der französischen Neutronenbombe* tätig zu werden. Den Uyl, der niederländische Sozialistenführer, verlangt sogar einseitige Abrüstungsschritte. Im Juli 1981 ist Willy Brandt nach Moskau gereist, was ihm Komplimente der Agentur Nowosti eingebracht hat, besonders für seine Unterstützung des »friedensfördernden Vorschlags«, eine atomwaffenfreie Zone in Nordeuropa zu schaffen, also das alte trojanische Pferd der Sowjets hereinzulassen. Nowosti hätte hinzufügen können, daß Brandt zugleich auf die Sozialistische Partei Spaniens, die von der SPD erhebliche politische und finanzielle Unterstützung erfuhr, Druck ausübte, sie solle gegen den NATO-Beitritt Spaniens agieren, und zwar trotz der abweichenden Überzeugung von Generalsekretär Felipe Gonzalez. Man mag von den Thesen dieser diversen Arbeitsgruppen halten, was man will, man mag sie sogar gutheißen. Eines allerdings läßt sich nicht leugnen: Innerhalb weniger Jahre sind die

---

* Was von *L'Humanité* am 9. November 1982 mit besonderer Genugtuung gemeldet wird.

veröffentlichten Äußerungen der Sozialistischen Internationale über die Vereinigten Staaten, über die Rüstungsbeschränkung, über die Schuld an den internationalen Spannungen, über die NATO, über die Verteidigung Europas und über die Ost-West-Beziehungen nahezu deckungsgleich geworden mit den Ansichten der Sowjetunion.

Ähnlich entwickelte sich die Politik der Sozialistischen Internationale im Verhältnis zur Dritten Welt. Auf den Kongressen von Genf 1976 und Vancouver 1978 beschloß die Internationale die aktive Unterstützung der nationalen Befreiungsbewegungen und der Aufstandsbewegungen gegen die Diktaturen in der Dritten Welt. Jeder Demokrat konnte diesen Resolutionen nur zustimmen. Immerhin wäre zu erwarten gewesen, daß die Sozialistische Internationale eine eigenständige Linie verfolgen und in der Dritten Welt, wo immer dies möglich sein könnte, an politischen Lösungen mitarbeiten würde, die weder militärisch-faschistischen Diktaturen noch einem sowjetisch-kommunistischen Totalitarismus à la Stalin oder Castro Vorschub leisteten. Davon war keine Rede. Die Sozialistische Internationale hatte nichts Dringenderes zu tun, als auf die schüchtern im Entstehen begriffenen demokratischen Regime und auf alle Bestrebungen nach solchen Regimen einzudreschen. Dagegen machte sie sich vorbehaltlos die kommunistische Definition dessen zu eigen, was in der Dritten Welt »fortschrittlich« sei. In Nikaragua, in El Salvador drücken die Verantwortlichen der Sozialistischen Internationale beide Augen zu angesichts der Installierung oder der versuchten Installierung totalitärer Regime; um so nachdrücklicher verurteilen sie die Anhänger der pluralistischen Demokratie. Fidel Castros offizielles Organ *Gramma* begrüßt in seiner französischsprachigen Ausgabe vom 21. November 1982 begeistert die vom Vorstand der Sozialistischen Internationale am 8. November in Basel angenommene Entschließung zur Lage in Lateinamerika. Diese Entschließung enthält tatsächlich nicht ein Wort, das Andropow und Castro nicht unterschreiben könnten. Ich komme auf Nikaragua und El Salvador noch zurück; hier will ich nur darauf hinweisen, daß die von der Sozialistischen Internationale neuer Art vorgebrachten Thesen mit den Thesen Havannas und Moskaus identisch waren.

Kurz vor den Wahlen in El Salvador am 29. März 1982 hat Carlos

Rangel* sehr einleuchtend darauf hingewiesen: »Ich empfinde die Haltung etlicher Zeitgenossen als unbegreiflich, die keine Kommunisten sind, sich aber mit den Kommunisten völlig einig sind nicht nur in der Argumentationsweise gegen die Abhaltung von Wahlen in El Salvador, sondern auch in der Variation dieser Argumente, die sich ja ständig ändern. Erst hat man uns versichert, Wahlen wären ein Hindernis auf dem Wege zum Frieden im Lande, dann, sie hätten keinerlei Aussagekraft, und schließlich, sie seien eine Gefahr, weil sie von den Rechtsextremisten gewonnen werden könnten. Jedes dieser Argumente widersprach den beiden anderen. Wie ist es möglich, daß die Sozialistische Internationale sie gelehrig übernommen hat, so wie sie von der kommunistischen Propaganda nacheinander gebracht wurden?« Hinzu kam das Argument der Wahlbeeinflussung und -fälschung, das völlig abwegig war, weil erstens noch niemals ein Land je Quadratkilometer so viele ausländische Beobachter hatte wie das winzige El Salvador, und weil zweitens die an der Macht befindliche Christsoziale Partei des Napoleon Duarte zwar mit 40 % der Stimmen am besten abschnitt, aber nicht die Mehrheit erreichte, die sie an die Regierung gebracht hätte, was bei verfälschten Wahlen selten ist. Jeder weiß, daß die Guerrilleros und die Kommunisten, die zum Wahlboykott aufgerufen hatten, an diesem Tage eine schwere Niederlage erlitten, weil die Bürger von El Salvador in Massen zur Wahl gingen, oft unter Lebensgefahr. Das hinderte die großen Männer der Internationale nicht, schon in der folgenden Woche wider alle Evidenz zu behaupten, diese Wahlen seien völlig wertlos, weil verfälscht. Daß die extreme Rechte des Major d'Aubuisson 25 % der Stimmen bekam – ein ungeheuerlicher Anteil, den ich als außerordentlich bedauerlich empfinde –, veranlaßt jedoch zu der Frage: Wer ist daran schuld? Ist gerade dieses Ergebnis nicht der Beweis, daß die Guerrillabewegung beim Volk nicht so angesehen ist, wie die internationale Linke behauptet? Jedenfalls war das einzige Argument, das die Internationale nicht bringen durfte, der Hinweis auf angeblichen Wahlbetrug. Ich will hier keine moralische Wertung dieser offensichtlichen Lüge vornehmen, sondern den Leser nur zu konstatieren bitten, daß

---

* In einer Sendung des venezolanischen Fernsehens zu diesen Wahlen. Vom gleichen Autor und zum gleichen Thema, vgl. *Du bon sauvage au bon révolutionnaire*, 1976, und vor allem *L'Occident et le tiers monde*, 1982, beide Paris.

bei dieser wie bei vielen anderen Gelegenheiten die mächtige Sozialistische Internationale eine Auffassung vertritt, die der Moskaus gleicht wie ein Ei dem andern. Überdies wartet man vergeblich aus dem Munde ihrer Sprecher auf eine klare Verurteilung des Sowjetimperialismus in Afrika und der von ihm dort eingeführten Elends- und Unterdrückungsregime. Ausgerechnet im Verlaufe eines Jahrzehnts, in dem sich der sowjetische Expansionsdrang mit der allgemein bekannten Heftigkeit Geltung verschafft hat, ist der Ausdruck »Imperialismus« für die Sozialistische Internationale wieder allein gleichbedeutend mit »US-Imperialismus« geworden. Man darf also festhalten, daß die internationale kommunistische Bewegung es in reichlich zehn Jahren geschafft hat, die Sozialistische Internationale zu ihrer Ansicht zu bekehren, sowohl hinsichtlich der Abrüstung und des Kräftegleichgewichts in Europa als auch im Hinblick auf die politischen Systeme, die man in der Dritten Welt zu unterstützen oder nicht zu unterstützen hat.

Dieser Wechsel der Sozialdemokratie in das Propagandalager der kommunistischen Dritte-Welt-Politik ist um so überraschender, als das Unvermögen kommunistischer Regime und ihrer fortschrittlichen Vettern, die Länder der Dritten Welt aus der Unterentwicklung herauszuführen, eine der traurigsten Erfahrungen der Nachkolonialzeit darstellt. Die »Volksdemokratien« der Dritten Welt verschlimmern und bringen gleichsam System in das Elend, die Unordnung, die Unfähigkeit und Korruption, und zwar bei krassen Privilegien einer Minderheit. Die im kapitalistischen Bereich verbliebenen Länder erzielen ganz verschiedene Ergebnisse: zuweilen katastrophale oder schlechte, zuweilen mittelmäßige, zuweilen akzeptable und sogar sehr gute. Im kommunistischen und »fortschrittlichen« Bereich sind die Ergebnisse durchweg trostlos, und zur chronischen Wirtschaftsmisere tritt noch die unvermeidliche Ergänzung der totalitären Unterdrückung, häufig gewürzt mit einem von oben verordneten Personenkult, den ein ganzes Volk dem Größenwahn eines unabsetzbaren Despoten sklavisch zu leisten hat. Auch die »fortschrittlichen« Länder, die ohne unmittelbare Einflußnahme Moskaus kollektivistische und bürokratische Methoden eingeführt haben, sind ins Elend geraten, das sich oft kraß abhebt von dem relativen Wohlstand der an der Marktwirtschaft festhaltenden Nachbarländer, und sei deren Lebensstandard noch so bescheiden. Der Zustand der kapitalistisch organisierten Dritten Welt verdient scharfe Kritik, aber eben nicht nur Kritik. Der Zustand der sozialistischen Dritten Welt dagegen verdient so gut wie nur Kritik. Die neue Tendenz der Sozialistischen Internationale seit 1976 läßt sich also schwerlich mit dem Wunsch erklären, den Lebensstandard der Armen zu heben, und noch weniger, scheint mir, mit der Absicht, der politischen Demokratie mehr Geltung zu verschaffen. Die Umorientierung der Sozialistischen Internationale ist um so unbegreiflicher, als unter den Industriestaaten gerade die Sowjetunion durch ihre außerordentlich bescheidene Wirtschaftshilfe für die Entwicklungsländer auffällt. Die westliche Wirtschaftshilfe *allein* im Jahre 1980 war umfangreicher als die von den Sowjets während eines *Vierteljahrhunderts*, von 1955 bis 1979, geleistete Wirtschaftshilfe. Und diese peinlich sparsamen Hilfsleistungen gehen nur an Länder, die Moskau politisch einzuspannen beabsichtigt. Bei der Militärhilfe dagegen sind die *bezahlten* sowjetischen Exporte eindrucksvoll: Von 1972 bis 1981 hat die Sowjetunion der Dritten Welt doppelt soviel Waffen verkauft wie die Vereinigten Staaten.* Gewiß, die wacklige Wirtschaft in Kuba, Vietnam, Äthiopien kostet Moskau viel Geld, aber das sind Ausgaben, die dem Wohl des Imperiums dienen. Angesichts der traurigen Bilanz des Kommunismus in der Dritten Welt muß man der politischen Geschicklichkeit seine Reverenz erweisen, mit der es der UdSSR gelungen ist, trotzdem so großen Eindruck zu machen, daß sie sich als Vorkämpferin der armen Völker hinstellen kann. Nächst der prosowjetischen Kursänderung der Sozialistischen Internationale stellt die Beeinflussung der Blockfreienbewegung einen brillanten diplomatischen Erfolg im unauffälligen Steuern und Vereinnahmen dar.

In der Zeit zwischen der 1. Konferenz der Blockfreien 1961 in Belgrad, bei der die vom indischen Premierminister Jawaharlal Nehru vertretene echte Blockfreiheit vorherrschte, und der 6. Konferenz 1979 in Havanna ist die Bezeichnung »blockfrei« zur glatten Lüge geworden. Schon die Entscheidung für Havanna als Konferenzort, die Wahl von Fidel Castro, dem Hauptausführungsorgan der Sowjetstrategie, zum Führer der Bewegung beweisen, wie weit es mit dem Ideal der Blockfreiheit gekommen war. Diese 6. Konferenz wurde,

---

* *Le Monde,* 20. August 1982. Siehe auch den 1981 erschienenen Bericht des Londoner »Institute for Strategic Studies«.

wenige Monate vor seinem Tod, zu Titos letztem großen Kampf: Er tat alles, um die Sowjetisierung einer Gemeinschaft zu verhindern, die er zusammen mit Nehru gegründet hatte. Doch es war verlorene Liebesmüh: Die Ausschaltung der letzten unabhängigen Länder besiegelte die Zugehörigkeit der »Blockfreien« zum Sowjetblock. 1970 in Lusaka hatte es mit der Ablehnung einer Verurteilung des sowjetischen Einmarsches in die Tschechoslowakei begonnen, dann, 1973, durfte Castro bei der Konferenz in Algier ungestraft die Parolen der UdSSR verbreiten, indem er nicht nur die Vereinigten Staaten, sondern beflissen der gerade gültigen Moskauer »Linie« folgend, auch China verurteilte. Einerseits haben die Blockfreien mit der Zeit immer mehr offen kommunistische Länder, bewährte Satelliten der Sowjetunion in die Bewegung aufgenommen, andererseits haben sie immer häufiger solche Länder abgewiesen oder zum Austritt veranlaßt, die keine Lust zeigten, sich zu *fellow travellers* des Kommunismus herzugeben. Geschaffen, um die Völker, vor allem die jungen Nationen der Dritten Welt zusammenzuführen, die sich aus dem Ost-West-Konflikt herauszuhalten wünschten, ist die Blockfreienbewegung inzwischen zu einem Anhang des Ostens degeneriert. Die Feindseligkeit gegenüber den Vereinigten Staaten und dem Westen ganz allgemein ist zum wichtigsten politischen Antrieb geworden, die Vorstellung von einer sozialistischen Dritten Welt zur beherrschenden Ideologie. Diese traurige Entwicklung ist deshalb so absurd, weil sich parallel dazu bei den Blockfreien und der Sozialistischen Internationale eine gegen den alleinigen Ost-West-Gegensatz gerichtete Doktrin des »Nord-Süd-Dialogs« durchgesetzt hat, die von ihren Vorkämpfern selber zerstört wird, indem sie in der Praxis so handeln, wie es den politischen und strategischen Interessen des Ostens dienlich ist. Die Bemühungen Indiens, bei der 7. Konferenz 1983 in Neu-Delhi die prosowjetischen Exzesse der Bewegung zu dämpfen, sollten ihr nur den Anschein der Neutralität zurückgeben, ohne den eine Mitläuferorganisation ihre eigentliche Wirkung verliert.

Mit der Vereinnahmung der Blockfreien ging eine weitere Offensive einher, unterstützt von der ebenfalls längst unterwanderten UNESCO, nämlich auf breiter Front die Informationsfreiheit einzuschränken und die Informationsmittel zugunsten der totalitären oder zumindest diktatorischen Regierungen neu zu verteilen. Am Anfang dieser Mißbrauchskampagne finden wir wie üblich ein legitimes Anliegen: den Wunsch der jungen Staaten der Dritten Welt, über nationale Informationsorgane zu verfügen. Der Nationalismus ist ja eine der authentischen Kräfte, deren Energie der Sowjetimperialismus mit Vorliebe ableitet, um seine Herrschaft aufzurichten, natürlich langfristig zu Lasten der Unabhängigkeit der vor seinen Karren gespannten Nationen.

Der erste offene Angriff wird 1976 bei der Blockfreienkonferenz in Colombo geführt. Er richtet sich gegen die ausländischen Presseagenturen und Zeitungen. Tatsächlich sind ja mit ganz wenigen Ausnahmen die national verbreiteten Zeitungen, Rundfunk und Fernsehen in fast allen sogenannten blockfreien Ländern dem Staat unterstellt. Die Regierungen dieser Länder haben damit zumeist auf ihren Territorien auch keinerlei Schwierigkeiten. Doch es stört sie, daß ihre Tätigkeit und die Alltagsrealität in ihrem Staat der ganzen Welt von einer Handvoll internationaler Zeitungen und Nachrichtenmagazine vermittelt werden, vor allem aber durch die wenigen großen Agenturen: United Press, Associated Press, Reuter, France-Presse. Im Grunde wäre es ihnen am liebsten, wenn nur rein nationale Quellen die Erlaubnis und, wichtiger noch, die praktische Möglichkeit hätten, das gewünschte Bild ihres Landes der Außenwelt zu vermitteln.

Seit Juli 1975 hat Indien bereits den Weg gezeigt, indem es alle ausländischen Journalisten, die sich weigerten, Reportagen oder Depeschen den Behörden zur vorherigen Genehmigung vorzulegen, des Landes verwies. Noch Ende Juli 1976 mußte ein eben eingetroffener Korrespondent des *Guardian* das Land wieder verlassen, nachdem er fast zwei Monate lang schikaniert worden war und nicht einen einzigen Text an seine Redaktion hatte absetzen können! Frau Gandhi bezeichnete das als eine gerechtfertigte Behandlung, »weil die englische Presse kolonialistisch geblieben ist«. Das war ein besonders abwegiger Vorwurf im Falle des *Guardian*, des großen Vorkämpfers für die Entkolonialisierung früher und für die Belange der Dritten Welt heute.

Doch das macht nur um so deutlicher, was in Colombo verlangt wird: Jede Nation der Dritten Welt ist Herr über ihr Image; sie hat das alleinige Recht zu ihrer Darstellung nach innen und außen. Natürlich läuft das auf ein Bild nach dem von den jeweiligen Machthabern gewünschten Muster hinaus. Jede Information, jede Reportage, jede noch so kleine Meldung, jede Statistik, die nicht autorisiert aus dem Lande selber stammt und diesem Muster widerspricht, ist eine Äußerung des Imperialismus oder des Neokolonialismus.

Die Organisation, die diesen Grundsatz verwirklichen soll und deren Schaffung natürlich das auf dem Wege schon fortgeschrittene Indien zu betreiben hat, soll ein Zusammenschluß der Agenturen der Dritten Welt sein, der die Aufgabe hat, die aus den jeweiligen Ländern stammenden und mit ihrem Freigabestempel versehenen Informationen zu verbreiten. Die Verfahrensregeln sind bei einer Vorbereitungskonferenz in Neu-Delhi festgelegt und in Colombo ratifiziert worden: Die regierungsamtlichen Agenturen sollen fortan im Lande das Informationsmonopol haben, und zwar auch für Auslandsnachrichten. Berichte von Korrespondenten der Weltpresse über ein Land sind nur für den Gebrauch außerhalb dieses Landes bestimmt. Neue Gesetze werden dafür sorgen, daß man die Verfasser verhaften kann, wenn ihre Darstellung als entstellend oder feindselig anzusehen ist. Die Informationsmedien werden verstaatlicht. Diese Richtlinien haben schon im voraus die moralische Rückendeckung durch die UNESCO erfahren, deren lateinamerikanische Ländergruppe bei ihrer Sitzung in San José (Costa Rica) vom 12. bis 21. Juli 1976 entsprechende Entschließungen annahm, obwohl sie alle, wie auf den ersten Blick zu erkennen ist, gegen die Charta der Vereinten Nationen verstoßen. Auf meine Einwände gegen diese Art der Zensierung der Dritten Welt erwiderte ein brillanter marokkanischer Intellektueller mir ein paar Wochen vor Colombo: »Niemals veröffentlichen die großen Zeitungen eine Depesche der Presseagenturen von Tansania oder Ghana, niemals! Immer werden nur die Multis der Information, AFP, UP usw. zitiert. Warum? Und warum sollten wir darauf nicht reagieren?« Ach, es genügt eben nicht, zur Begründung das Zauberwort »Multi«, das schlagendste aller Schimpfwörter, in die Debatte zu werfen. Zunächst einmal sind Presseagenturen technisch, wirtschaftlich, finanziell gesehen keine »Multis« in dem Sinne, wie Nestlé oder Philips welche sind. Sie investieren kein Kapital, treiben keinen Technologietransfer, versorgen sich, von wenigen Mitarbeitern abgesehen, nicht auf dem Arbeitsmarkt der Länder, in denen sie ihre Büros unterhalten. Es gibt einfach Berufe, die per definitionem ein internationales Netz brauchen, und zu ihnen gehören die Nachrichtenagenturen. Eine Agentur, die keines hätte, wäre wie eine Luftlinie, die nur ihren Heimatflughafen bedient. So gesehen wäre der Weltpostverein der ungeheuerlichste aller »Multis«. Soll man ihn deswegen auflösen? Vor allem aber abonniert eine Zeitung den Dienst einer Agentur – was bekanntlich alles andere als gratis ist – mit um so mehr Aussicht auf Rentabilität, je umfassender das Nachrichtenangebot ist, also je internationaler, je weiter in aller Welt verzweigt der Dienst. Das Blatt mag sich auf die Nachrichtenbelieferung durch ein, zwei, vier Agenturen abonnieren, was schon zu häufigen Mehrfachmeldungen führt, darüber hinaus wäre es ruinös und überflüssig. Es sind ja nicht nur die afrikanischen oder die lateinamerikanischen Agenturen, die ihre Mühe haben, mit den vier großen mitzuhalten; auch europäische Agenturen wie ANSA (Italien) oder EFE (Spanien) gehen nur selten siegreich aus dem Wettbewerb hervor. Und obwohl Japan zur Gruppe der Knechte des »Imperialismus« gehört, wird die Agentur Kyodo von der europäischen und amerikanischen Presse nicht besonders oft zitiert. Außerdem sind das alles Scheingefechte, denn jedem Beobachter ist klar, worum es eigentlich geht: Dieser angebliche Kampf gegen den »Neokolonialismus« in der Information soll Monopole für regierungsamtliche Agenturen vom Typ TASS oder »Neues China« schaffen, die ja denn auch weder in Colombo noch von der UNESCO unter den Bösewichten genannt werden, zweifellos wegen ihrer bekannten Objektivität und weil man in ihnen eine Art Vorbild sieht.

Bei den Faschisten ist die Zensur jedenfalls ehrlich genug, sich nicht als progressiv auszugeben. Die besondere Scheinheiligkeit der Blockfreien besteht darin, eine Domestizierung der Information als Demokratisierung darzustellen. Das ist höchst bequem: Man bringt die Kräfte des Fortschritts der ganzen Welt auf seine Seite, indem man erklärt, man verstaatliche die Presse, um sie der Macht des Kapitals zu entziehen, und dann unterwirft man sie der Macht der Staatspolizei. Und wenn nun diese ganze »Entkolonialisierung« der Information nur ein Ausfluß der Empfindlichkeit der »Machteliten« in den Entwicklungsländern wäre, ihrer Neigung, sich auf Lebenszeit berufen zu fühlen, und durchaus nicht der Interessen der Völker? Wie viele dieser Führer der blockfreien Länder vertreten denn wirklich die Völker, die sie regieren? Welch ein Gegensatz! Da erheben die blockfreien Staaten immer lauter ihre Stimme – und sie tun es zu Recht. Aber die Völker der gleichen Staaten versinken immer mehr ins Schweigen. Ihr wirkliches Leben wird den Blicken der Fremden, der Berufsjournalisten und gelegentlichen Reisenden immer mehr entzogen. Ihre Stimme kann sich innerhalb und außerhalb ihres Landes immer weniger Gehör verschaffen. Und das Bild der Welt, das sie selber empfangen, wird ebenso wie das von ihnen in die Welt gesandte von den offiziellen Zensurstellen immer stärker gefiltert. Für die meisten Menschen auf unserem Planeten sind schon jetzt die unersetzlichen und unschätzbaren BBC World News, die aus dem Londoner Sendezentrum rund um die Uhr nicht nur auf englisch, sondern in vielen anderen Sprachen in die Welt gehen, die einzige vertrauenswürdige Informationsquelle für die Vorgänge in ihrem eigenen Land. Man kann Rundfunkwellen den Grenzübertritt nicht verwehren und braucht einen aufwendigen Störrdienst wie die UdSSR, um ihren Empfang zu verhindern.

Wenn das, was die Entwicklungsländer als das Abschütteln des Imperialismus und Kolonialismus des Westens bezeichnen, darin bestehen sollte, die Staatsinformation einzuführen, so hieße das nichts anderes, als von den Zivilisationen ihrer ehemaligen Kolonialherren gerade das Schlechteste zu übernehmen und das Beste zurückzuweisen. Es wäre, als hätte das Europa der Renaissance, um sich von dem erdrückenden kulturellen Einfluß der Antike zu »befreien«, beschlossen, die griechische Demokratie und das Römische Recht zu verwerfen und Sklaverei und Säuglingsmord zu übernehmen. Wenn man darüber hinaus bedenkt, daß die Vereinbarungen von Helsinki über den freien Austausch der Gedanken und Personen von der UdSSR nicht angewendet worden sind, so wird einem deutlich, daß das Recht auf Information, wie es von der UN-Charta und der Allgemeinen Erklärung der Menschenrechte vorgesehen ist, von vielen Staaten immer weniger geachtet wird. Die Entwicklung geht in Richtung auf immer stärkere Einschränkungen. Beispiele für die Wende zu einer liberalen Praxis sind selten, und die Verluste werden von den Gewinnen nicht ausgeglichen: Da die überwältigende Mehrheit der herrschenden Regime totalitär oder autoritär ist, ergibt sich gleichsam mechanisch, daß nur die Fehler und Rückschläge der freiheitlichen Gesellschaften und des kapitalistischen Systems Tag für Tag von den Informationsmedien dieser Gesellschaften selber herausgestellt werden, und natürlich außerdem noch von denen ihrer Gegner.

Die Dritte Welt hat einen legitimen Anspruch darauf, ihr eigenes, selbständiges Informationsnetz aufzubauen. Vielleicht braucht gerade sie angesichts ihrer unermeßlichen Probleme mehr als alle anderen Länder echte Information und nicht Propagandamärchen über die eigene Lage. Die Sowjetunion jedoch nutzt die Empfindlichkeit der Dritten Welt aus, sie mischt sich mit aktiver Beihilfe der UNESCO ein, indem sie den Weg in ein weltweites System der tendenziösen Informationskontrolle absteckt. Der Fremdenhaß als typischer Auswuchs des Nationalismus veranlaßt die »Nomenklatura« der Dritten Welt zum Liebäugeln mit dem »sowjetischen Modell« der Informationspolitik, weil man sich damit am ehesten vor unabhängiger Berichterstattung schützen kann, die allen, auch den demokratischen Machthabern, und den Diktatoren natürlich allemal, zutiefst zuwider ist.

Diese Gemeinsamkeit der Interessen gibt 1981 in Paris die Schubkraft für eine neue Kampagne bei der UNESCO, deren skandalöse Rolle als Trojanisches Pferd der Kulturfeindlichkeit ganz deutlich wird. Tatsächlich ist es ja paradox, daß die Vereinten Nationen und in Paris ihre »kulturelle« Organisation, die UNESCO, sich dieser Verdummungspolitik zumindest nicht widersetzen. Pikant an der Strategie ist, daß die demokratischen Länder in den Vereinten Nationen für ihre eigene Verdrängung bezahlen. Mit »kapitalistischem« Geld wird die prosowjetische Propaganda in der Welt finanziert. 1979 haben die Vereinigten Staaten ein Viertel der Ausgaben der Vereinten Nationen bestritten, die immerhin einhundertvierundfünfzig Mitgliedsländer hat. 1975 war es sogar noch ein Drittel. Ein solcher Beitrag läßt sich rechtfertigen mit dem Reichtum der Amerikaner, aber man kann eigentlich nicht verlangen, daß sie es sich auf unbegrenzte Zeit gefallen lassen, daß die Sonderorganisationen der Vereinten Nationen von der UdSSR und ihren Satelliten umfunktioniert werden. Zu diesen Institutionen gehört auch die Internationale Arbeitsorganisation, die so sehr unter den Einfluß des Ostens geraten war, daß die nichtkommunistischen westlichen Gewerkschaften sich eine Zeitlang daraus zurückgezogen haben.

Doch am unverhülltesten ist die Vereinnahmung wohl bei der UNESCO. Die internationalen Beamten aus den Ostblockländern müssen dort in eindeutigem Widerspruch zu ihrem Status weiterhin der Regierung ihres Entsendungsstaates gehorchen. Wer sich weigert, muß bei der Heimkehr mit Verhaftung und Gefängnisstrafe rechnen. Die UNESCO weiß das nur zu gut, weil dies bei ihren Beamten mehr als einmal vorgekommen ist. So ist man verblüfft, daß die Ausarbeitung des Vorbereitungsberichts der UNESCO zum Thema »Informationsfreiheit« einem französischen Hochschullehrer anvertraut wurde, der KP-Mitglied ist, was ihm natürlich als sein gutes Recht freisteht und als seine Entscheidung in einer Demokratie selbstverständlich zu respektieren ist. Fragen allerdings kann man sich, ob die UNESCO richtig gehandelt hat und zuverlässig auf eine unparteiische Arbeit rechnen darf, wenn sie die Abfassung des Berichts dem Vertreter einer Ideologie überlassen hat, die noch niemals und nirgends mit Informationsfreiheit oder auch nur Informationsvielfalt vereinbar gewesen ist.

Ich habe zu den jedenfalls in Frankreich nicht sehr zahlreichen Zeitgenossen gehört, die gegen diese als fortschrittlich verkleidete Verdummungspolitik protestierten.* Interessant zu beobachten war die Reaktion von *L'Humanité,* dem Zentralorgan der KPF, das sogleich gegen mich einen langen Artikel von einer selbst für dieses häufig beleidigend formulierende Blatt bemerkenswerten Aggressivität veröffentlichte.** Schärfe und Promptheit der Erwiderung in der kommunistischen Presse sind stets der Beweis, daß man den Finger auf einen empfindlichen Punkt gelegt hat, auf ein wichtiges Element der Strategie der kommunistischen Bewegung, und daß es für die Partei oder die Sowjets oder beide besonders unangenehm ist, Licht auf ein sorgfältig eingefädeltes Unternehmen fallen zu sehen. Die Einflußnahme auf die Information in der Dritten Welt ist für den Sowjetimperialismus ja eine langfristig angelegte, entscheidend wichtige Operation; dabei sollte die Manipulation der UNESCO und der Blockfreien der breiten Öffentlichkeit weder zu früh noch zu deutlich zur Kenntnis gelangen.

Die Vereinnahmungen, von denen bislang die Rede war, müssen einem geradezu auffallen, wenn man nicht absichtlich die Augen vor ihnen verschließt. Beim Ausnutzen und gegebenenfalls Anregen des Terrorismus durch die Sowjetunion dagegen liegt es in der Natur der Sache, daß sie sich gesicherter Beobachtung entziehen. Die Unterstützung der verschiedensten Spielarten des Terrorismus kann Mos-

* »L'Internationale du mensonge«, in *L'Express*, 7. März 1981.
** »Revel au pays des sorcières«, in *L'Humanité*, 10. März 1981.

kaus Absichten nur dienlich sein, soweit sie unbeweisbar bleibt oder sich zumindest jederzeit ableugnen läßt. Außerdem gehört es zu den Grundkenntnissen des Metiers, wie man Terroristen über etliche Mittelsmänner Geld und Waffen so zukommen läßt, daß ihre Herkunft sich im Dunkel verliert; das gilt vor allem für Terroristen in leicht zugänglichen und verwundbaren demokratischen Ländern, wo der fortschrittlich gesonnene Teil der Öffentlichkeit häufig das Recht auf Gewalt als ein Grundrecht empfindet. Da es im übrigen ein uraltes Rezept aller Regierungen ist, ihre inneren Schwierigkeiten auf von außen gesteuerte Verschwörungen zurückzuführen, haben gerade kluge, zurückhaltende Kommentatoren und Politiker lange Zeit grundsätzlich ihre Zweifel angemeldet, wenn es um das Ausmaß der sowjetischen Verantwortung bei der Ausbreitung des Terrorismus seit 1970 in Europa und spätestens seit 1960 in Lateinamerika ging.

Immerhin paßten mit der Zeit die immer zahlreicheren Verdachtsmomente so genau zusammen, daß der Unterschied zwischen den privaten und öffentlichen Äußerungen der Politiker und Journalisten geringer wurde. Privat hatten sie längst ihrer Überzeugung Ausdruck verliehen, aber öffentlich war es erst ab 1980 mit ihrer Zurückhaltung vorbei. Damals sprach der italienische Staatspräsident Sandro Pertini offen von der Zusammenarbeit der Sowjets mit den Roten Brigaden, und der portugiesische Sozialistenführer Mario Soares von der sowjetischen Hilfe für den »militärischen Flügel« der ETA im Baskenland. *Le Monde* hat noch 1977 mit einer Großzügigkeit, bei der deutlich eine gewisse Sympathie mit dem westdeutschen Terrorismus herauszuhören war, den Anhängern der Baader-Meinhof-Gruppe seine Spalten geöffnet; 1982 dagegen macht sich das Blatt vorbehaltlos die Ergebnisse einer Untersuchung zu eigen, nach der das Attentat vom 13. Mai 1981, das den Papst um ein Haar das Leben gekostet hätte, von den Sowjets mit Hilfe ihrer bulgarischen Vasallen eingefädelt worden ist.* In einem Leitartikel in *Le Point*** schreibt Olivier Chevrillon, obwohl er durchaus nicht zur Überinterpretation neigt: »Die vielen Kommentare zu den Verbrechen in der Rue des Rosiers und der Avenue La Bourdonnais lassen einen Aspekt des Terrorismus von heute außer acht, obwohl man nur hinzusehen braucht wie bei

---

* *Le Monde*, 23. September 1982.
** *Le Point*, 30. August 1982.

dem gestohlenen Brief bei Edgar Allan Poe. Der Terrorismus bleibt natürlich, was er immer gewesen ist, eine Form des Wahnsinns, doch ist er nicht auch zum ungewollten Helfer einer bestimmten Außenpolitik geworden? Indem die Sowjets Pistolenhelden aller Schattierungen reichlich mit Waffen und Rubeln versehen, sind sie offenbar bemüht, sich ein zusätzliches Druck- oder Erpressungsmittel gegen die europäischen Demokratien zu verschaffen.«

Die französischen Sozialisten, die sich lange für ausländische Terroristen einsetzten, weil sie in ihnen Rächer einer angetasteten Ehre, Männer des Widerstands gegen die Unterdrückung, Kämpfer für die Freiheit erblickten, sprachen plötzlich ganz anders, als sie an die Macht gelangt waren und die Internationale des Terrorismus Frankreich als Betätigungsfeld entdeckte. Im Juli 1981 verglich der französische Innenminister, der Sozialist Gaston Defferre, die Mörder der baskischen ETA noch mit den Männern der französischen Résistance gegen die deutsche Besatzungsmacht, womit er für die junge spanische Demokratie wirklich einen sehr taktvollen Vergleich fand. Und mit dem Takt eines Elefanten im Porzellanladen verkündete er im Mai 1982, die Rote-Armee-Fraktion befände sich im Kampf »gegen die Ungerechtigkeiten ihrer eigenen Gesellschaft«, mit anderen Worten gegen die Bundesrepublik Deutschland, die zur Zeit der Mordserie von Sozialdemokraten, erst Brandt, dann Schmidt regiert wurde.*
Mit solchen Äußerungen bestätigte und übernahm der Minister genau die Argumente, mit denen die Terroristen üblicherweise ihre Verbrechen gegen ein demokratisches Regime rechtfertigen. Nach dem Attentat in der Rue Marbeuf in Paris dagegen, als sich Terrorismus großen Stils auch in Frankreich abzeichnet, spricht Defferre eine ganz andere Sprache: »Die Waffen«, erklärt er in *Paris-Match*, »werden von den Ostblockländern geliefert. Diese Länder, die mit unserer Politik nicht einverstanden sind und Spionage betreiben, haben unser Regime angreifen wollen, aber mit ihren Methoden, denen des Terrorismus.«**

Erst seit der Übernahme der Verantwortung für die Ordnung im Lande hatte der angesehene Politiker gemerkt, was für jedermann seit langem zu sehen gewesen war: daß eine sozialistische Demokra-

---

* Interview im Programm France-Inter des französischen Rundfunks, 11. Mai 1982.
** *Paris-Match*, 29. April 1982.

tie zu den bevorzugten Zielscheiben des Terrors gehört. Als man ihn nach dem Blutbad im Judenviertel der Rue des Rosiers zum Thema einer möglichen Zusammenarbeit zwischen den Mördern und östlichen Geheimdiensten befragte, antwortete Präsident François Mitterrand im August 1982 geradezu suggestiv geheimnisvoll: »Man könnte sich die Frage stellen ...« In der Tat könnte man sich die Frage stellen, warum die politische Klasse in Westeuropa sich so zaghaft zu der Erkenntnis durchgerungen hat, daß der internationale Terrorismus bei den Sowjets offene Ohren findet. Jedenfalls ist es bezeichnend, daß Anfang der achtziger Jahre diese Erkenntnis allen wie von selber kam.

Es gibt so viele Spielarten des Terrorismus, daß es absurd wäre, sie alle auf einen Ursprung zurückführen zu wollen. Es wäre auch praktisch und psychologisch selbst für Spezialisten der Destabilisierung wie die Sowjets auf die Dauer nicht möglich, in so vielen verschiedenen Ländern einen blutigen Terror künstlich zu unterhalten. Jeder Terrorismus keimt erst einmal im eigenen Boden, was nicht bedeutet, daß er deshalb schon moralisch akzeptierbar wäre: Der Terrorismus gegen eine Demokratie, gegen eine der am wenigsten ungerechten Gesellschaftsformen, kann hausgemacht sein, ohne deshalb gerechtfertigt zu sein. Neben den Terroristen, die für Demokratie oder Vaterland gegen Diktaturen oder Besatzer kämpfen, stößt man auf totalitäre Terroristen, die nicht mehr und nicht weniger wollen, als ihre Zwangsvorstellungen einer riesigen Mehrheit aufzuzwingen, die nichts damit zu tun zu haben wünscht und das mit dem Stimmzettel auch bewiesen hat. In jedem Falle aber muß ein Terrorismus, der sich ausnutzen lassen soll, seine Wurzeln im Lande haben. So bleibt wirklich nur die Feststellung, daß es auch hier der UdSSR und ihrer kubanischen Zweigniederlassung für Lateinamerika gelungen ist, sich zu den verschiedenen spontan entstandenen Terrorgruppen Zugang zu verschaffen, deren natürliche Kraft zu vergrößern, sie mit Material und Spezialisten zu versorgen und bei Bedarf ihre Führer in Ausbildungslagern in Osteuropa zu schulen, die seit etlichen Jahren allgemein bekannt sind. Die Palette der Möglichkeiten war groß, vom nahöstlichen Terrorismus bis zu den lateinamerikanischen Guerrillabewegungen über die Unabhängigkeitsfanatiker in Nordirland und Spanien und die blutrünstigen Paranoiker in Deutschland und Italien. Allein auf ihre eigene Logistik und Mitglieder angewiesen, hätte keine dieser Bewegungen, mit Ausnahme des arabischen Terrorismus, sehr viel ausrichten und sehr lange durchalten können. Die Paravents, hinter denen die Sowjetunion und ihre Vasallen sich verstecken können, sind zahlreich genug, um ihnen die Möglichkeit zu geben, die westlichen Länder, ohne jemals selber in Erscheinung zu treten, in einem Klima ständiger Unsicherheit zu halten, das ihren Absichten dienlich ist.

Kommunisten und Sowjetunion protestieren heftig und mit schöner Regelmäßigkeit gegen jede Andeutung, sie könnten ihre Finger im Spiel haben. Außerdem wird die Angelegenheit noch dadurch kompliziert, daß die UdSSR auch terroristische Aktivitäten im Westen schürt, die sich gegen die kapitalistischen Staatswesen und zugleich gegen kommunistische Parteien richten, deren Moskautreue zu wünschen übrig läßt, vor allem also die spanische und die italienische KP. Jedenfalls ist die Ideologie der Roten Brigaden, der Baader-Meinhof-Bande oder der baskischen ETA von marxistisch-leninistischen Vorstellungen reinsten Wassers beeinflußt.

Weil die Kommunistische Partei Italiens die Taten der Mörder öffentlich und unzweideutig verurteilt, woran kein Zweifel bestehen kann, ist sie höchst betreten, wenn ihr vorgehalten wird, deren theoretische Argumente stammten unmittelbar aus der kommunistischen Presse der fünfziger und sechziger Jahre. Der Aufruf zum Kampf gegen den bürgerlichen Staat, der als diktatorisch gilt, auch wenn er aus Wahlen hervorgegangen ist, gegen den »Monopolkapitalismus« des Staates, gegen die Multis und den »Imperialismus« sind Grundthesen jeder kommunistischen Propaganda. Rossana Rossanda, eine exkommunistische Linksdissidentin, hat das an Hand von Dokumenten nachgewiesen. In ihrem Blatt *Il Manifesto* analysiert sie die Botschaften der Roten Brigaden und gewinnt nach ihren eigenen Worten den Eindruck, im »Familienalbum« der KPI zu blättern. Sie begründet das, indem sie die Formeln der Terroristen den Formeln aus der theoretischen Zeitschrift der Partei, *Rináscita*, gegenüberstellt, natürlich aus Nummern der Zeit vor dem »Historischen Kompromiß«. Auch Alberto Ronchey, einer der besten politischen Beobachter Italiens, mußte sich heftige Beleidigungen des Zentralorgans der KPI, *L'Unità*, gefallen lassen.* Warum? In einem Leitartikel im *Corriere*

---

* *L'Unità*, 10. April 1978.

della Sera über die Ursachen den Terrorismus hatte Ronchey festgestellt, man habe sich ja nun ausführlich mit der nicht zu leugnenden Verantwortung der Christdemokraten beschäftigt, doch man müsse sich alle Parteien vornehmen, einschließlich der KPI. Die KPI aber trage, so Ronchey, eine erhebliche Mitschuld an der Entstehung des Klimas, das den Terrorismus erst möglich gemacht habe. Zunächst, weil sie von 1969 bis 1976 systematisch an der Destabilisierung einer Wirtschaft gearbeitet habe, die in den sechziger Jahren einen glänzenden Aufschwung genommen hatte. So sei Italien stark geschwächt in die Krise von 1973 gegangen. Sodann, weil sie in Schule und Universität den pseudorevolutionären Vandalismus mit inszeniert und damit die jederzeit mobilisierbaren Massen arbeitsloser Akademiker geschaffen habe, von denen viele eben auch deshalb keinen Beruf finden, weil sie keinen gelernt haben. Tatsächlich lehrt ja das staatliche italienische Unterrichtswesen nichts mehr, außer daß die Gesellschaftsordnung schlecht ist und um jeden Preis zerstört werden muß. Der Kommunismus hat eine ganze Generation geprägt, die wirklich geglaubt hat, daß alle, die nicht im sozialistischen Lager stehen, »Lakaien des imperialistischen Kapitalismus der Multis« seien. Die Roten Brigaden haben dann einfach den Leninismus ernst genommen und ihre logischen Folgerungen für das konkrete Handeln daraus gezogen, nicht zuletzt für die Destabilisierung der KPI, die nach ihrer Überzeugung in einen unwürdigen »Kompromiß« mit der Bourgeoisie abgesunken war.

Der Sekretär der KP-Landesgruppe Reggio-Emilia hat in der *Rináscita* vom 7. April 1978 einen Artikel über den historischen und ideologischen Hintergrund der Roten Brigaden veröffentlicht unter dem Titel: »Reggio, Wiege der Roten Brigaden«. Der Autor verweist darauf, daß mehr als ein Dutzend der in Turin verurteilten oder der Beteiligung an der Entführung und Ermordung von Aldo Moro beschuldigten Rotbrigadisten aus Reggio-Emilia stammen. »Mehrere junge Männer aus unserer Provinz«, schreibt er, »haben bei der Bildung des historischen Kerns der Roten Brigaden eine erhebliche Rolle gespielt ... Man muß zugeben, daß die Rotbrigadisten auch aus unseren Reihen kommen. Sie haben einen Prozeß von Krisen und von Brüchen mit der Generallinie, der Geschichte und Organisation unserer Partei durchgemacht.«

Die Roten Brigaden wurden von der KPI nachdrücklich verurteilt, aber es wäre falsch, daraus zu schließen, der Kommunismus lehne es grundsätzlich ab, sich des Terrorismus zu bedienen. Hier wie stets beim Marxismus-Leninismus gilt es zwischen Theorie und Praxis zu unterscheiden. Die Theorie billigt den revolutionären Terror und verwirft den individuellen. In der Praxis ist aber immer wieder zu beobachten, wie auch der individuelle Terror eingesetzt wird. Man denke nur an das Attentat von 1925 in der Kathedrale von Sofia auf König Boris und seine Regierung, an die Attentate der Stadtguerrilla in China, an die im Tonkin und in Saigon, an die Entführung von General Kutjepow und General Miller, natürlich an die Ermordung Trotzkis, ferner an die Liquidierung von Eugen Fried, dem »Berater«, den die Komintern dem Generalsekretär der Kommunistischen Partei Frankreichs von 1932 bis 1939 an die Seite gestellt hatte und 1943 in Brüssel töten ließ, an die Ermordung zahlreicher spanischer Sozialisten und Anarchisten, Andrès Nin zum Beispiel, während des Bürgerkrieges, und nicht zuletzt das Umbringen (unter dem Deckmantel der Résistance) von etlichen ehemaligen kommunistischen Abgeordneten, nur weil sie nach dem Hitler-Stalin-Pakt mit der Partei gebrochen hatten.

Es gerät auch leicht in Vergessenheit, daß die faschistoiden Diktaturen in Argentinien und Uruguay nicht zuletzt als Reaktion auf die Jahre terroristischer, über Kuba organisierter Destabilisierung in Lateinamerika zu erklären sind. Nach dem Blutbad in der Rue Toullier in Paris 1975 stellte es sich heraus, daß der venezolanische Terrorist »Carlos« mit drei kubanischen »Diplomaten« Kontakt gehabt hatte, die Frankreich daraufhin zum Verlassen des Landes auffordern mußte. Der Vorsitzende der Demokratischen Allianz Südwestafrika, Clemens Kapuno, ist 1978 von einem Agenten der SWAPO ermordet worden, einer Organisation, die ihre finanziellen und militärischen Verbindungen mit der UdSSR und mit dem kommunistischen Diktator im benachbarten Angola durchaus nicht verhehlt. In den sechziger Jahren stand Ulrike Meinhof in enger Verbindung mit der (verbotenen) KPD und gab mit ihrem Ehemann Klaus Röhl die Zeitschrift *Konkret* heraus, die diskret mit Geldern aus Prag finanziert wurde.* Es ist falsch zu behaupten, daß in der ideologischen und praktischen Tradition des Kommunismus nichts den Rückgriff auf den Terror erlaube.

Weder die wirtschaftlichen und sozialen Schwierigkeiten, die in Ita-

---

* Vgl. Ovid Demaris, L'Internationale terroriste. Paris 1978.

lien vor 1960 größer waren, noch die »Nichtregierungen« und die Korruption bei den Christdemokraten sind eine Erklärung für den Terrorismus, der absolut nichts mit einer »Entrüstung« oder »spontanen Erhebung« der Massen zu tun hat. Nein, der Terrorismus beruht auf der psychologischen Konditionierung, der freiwilligen Indoktrinierung und paramilitärischen Organisationsform kleiner fanatisierter Untergrundgruppen, die durchaus nicht auf die Unterstützung durch die Bevölkerung angewiesen sind: Die Menschen in Italien und Deutschland waren ihnen ja so gut wie ausnahmslos feindlich gesonnen.

Es ist nicht wahr, daß der Terrorismus in solchen Ländern »für die Freiheit« kämpft, so wie es nicht wahr ist, daß die Kommunisten für die nationale Unabhängigkeit der Völker der Dritten Welt und gegen den Neokolonialismus kämpfen. Sie haben ja den Beweis geliefert, indem sie gerade da die Macht an sich gerissen haben, wo die Unabhängigkeit seit langem gegeben und die Blockfreiheit gesichert war: in Äthiopien und in Afghanistan. Es ist auch nicht wahr, daß die Kommunisten für die Demokratie kämpfen. Auch dafür haben sie den Beweis erbracht mit ihrer Bemühung, die demokratischen Regime in Venezuela und Portugal abzuschaffen und die Demokratien überall, wo es sie noch gibt, zu schwächen. Gewiß, die Guerrilleros haben 1959 in Kuba und 1979 in Nikaragua jeweils eine Diktatur gestürzt, aber sie haben nur eine faschistische durch eine kommunistische Diktatur ersetzt. Wir sahen bereits, daß in Peru das Land 1979 nur zur Demokratie zurückzufinden brauchte, und schon begannen erstaunlich schlagkräftige terroristische Aktivitäten, die in den Jahren 1968–1979 die Militärdiktatoren verschont hatten – doch wohl, weil die Militärs zwar das Land ruinierten und das Volk verelenden ließen, sich aber zum Lager der kommunistenfreundlichen Dritten Welt hielten.

Welchen Beweggrund, um noch ein Beispiel zu nennen, mochte das Attentat gehabt haben, bei dem die baskische »ETA militar« *weniger als eine Woche nach den Parlamentswahlen, die der Sozialistischen Partei die absolute Mehrheit gebracht hatten*, den Kommandierenden General der Panzerdivision »Brunete« in Madrid ermordete? Die Tat konnte nur ein Ziel haben: die spanische Armee zu einem neuen Versuch der Abschaffung der Demokratie in Spanien aufzustacheln. Welche andere Absicht konnte die ETA verfolgen zu einem

Zeitpunkt, da die zukünftige sozialistische Regierung noch gar nicht an die Arbeit gegangen war? Hätte den baskischen Separatisten an einer noch weitergehenden Autonomie ihrer Provinz gelegen, so hätten sie die Amtsübernahme durch die neue Mehrheit abgewartet, hätten ihre Forderungen bekanntgegeben und neue Attentate erst durchgeführt, wenn ihr Verlangen unberücksichtigt geblieben wäre. Die Ermordung von General Roman zu dem gewählten Zeitpunkt dagegen konnte die Aussicht auf Erfüllung der Forderungen durch den zukünftigen spanischen Regierungschef nur schmälern, weil er sich nach diesem Verbrechen noch unbeugsamer geben mußte. Es gibt für dieses Attentat also keine plausible Erklärung außer dem Bestreben, die Demokratie zu zerstören.

Auffallend ist, daß auch hier eine sozialdemokratische Regierung durch das Unternehmen in Schwierigkeiten gebracht werden soll, und zwar bevor sie die Führung des Landes wirklich in die Hand genommen hat. So wird auch in der Türkei der Sozialist Bülent Ecevit von der terroristischen Welle als erster betroffen, nachdem die türkische Regierung eben, 1973, die Staatssondergerichtshöfe abgeschafft hatte, um ihre Entschlossenheit zu mehr Demokratie zu bezeugen. Ecevit sieht sich gezwungen, den Belagerungszustand zu verkünden, und muß nach einer Wahlniederlage einer Rechtsregierung Platz machen, die dem Terror auch nur ohnmächtig zusehen kann, bis der Staatsstreich von 1980 die Verfassung vorläufig außer Kraft setzt. So hat der türkische Terrorismus zunächst einmal die Demokratie untergraben, und die UdSSR hat davon doppelten Gewinn: In einem entscheidend wichtigen NATO-Mitgliedstaat hebt der Terrorismus die Demokratie aus dem Sattel, was die internationale Linke wenig rührt, weil der Terrorismus bei ihr immer erst einmal einen Sympathievorschuß hat. Dann, nachdem diese »Spannungspolitik« Erfolg gehabt hat und eine Militärdiktatur mit ihren Begleiterscheinungen Folter, Verhaftungen und Hinrichtungen die Macht übernimmt, kann man mit Fingern auf den türkischen Faschismus weisen und die plötzlich viel legalistischer und kritischer gewordene internationale Linke gegen ihn mobilisieren, kann eine beklagenswerte Lage ausnutzen, um die westliche Welt in Widerspruch mit sich selber zu setzen und ein Land, das für die Verteidigung Europas besonders wichtig ist, in Mißkredit zu bringen. Manche Demokratien sind mit dem Terrorismus fertiggeworden, ohne ihren Charakter zu verändern: Man denke an Venezuela, das Anfang der sechziger Jahre die sich auf Castro berufende Bewegung ausschaltete, oder an die Bundesrepublik Deutschland, der es gelungen ist, die Rote-Armee-Fraktion unschädlich zu machen. Doch das sind Ausnahmen. Denn darin liegt ja die tiefe Ungerechtigkeit des Terrorismus, daß die politischen Regime, in denen es ihm leicht gemacht wird, gerade diejenigen sind, wo er unangebracht ist: die Demokratien. Unangebracht, weil ja die Demokratien gerade die Regime sind, in denen gewaltlose Möglichkeiten der Opposition bestehen. Zugleich wird es dem Terrorismus dort leicht gemacht, weil die Demokratien auch die einzigen Regime sind, die es sich nur um den Preis der Selbstaufgabe erlauben könnten, eine engmaschige Polizeiüberwachung und Notstandsmethoden zu praktizieren, die nun einmal leider in den meisten Fällen notwendig sind, um dem Übel zu entgehen oder zu steuern. Eine Demokratie kann nicht jeden fünften Bürger als Polizeihelfer einsetzen, die Grenzen schließen, die Bewegungsfreiheit der Menschen im Lande einschränken, im Bedarfsfall die Bevölkerung eines Ortes wegschaffen, alle Hotels und alle Wohnungen in jedem Gebäude und auf jedem Stockwerk beobachten, stundenlang und ohne Erklärung alle Reisenden, ihre Wagen und ihr Gepäck genau filzen. Könnten die Demokratien solche totalitären Praktiken üben, würden sie sehr bald den Terrorismus im Lande unterdrückt und die Hilfe aus dem Ausland für diesen Terrorismus abgefangen haben. Die Demokratie kann aber nicht nur das nicht, sie kann ebensowenig zum staatlichen Gegenterror greifen, wie er in Argentinien rücksichtslos gegen die Guerrilleros und ihre angeblichen Helfer geübt worden ist und so viele unschuldige Opfer gefordert hat. Auch verträgt sich die Demokratie nicht mit den Methoden eines Terrorismus nach göttlichem Recht, wie er sich seit 1979 im Iran austobt. Nach Amnesty International belief sich die Anzahl der Hinrichtungen dort schon bis zum 31. August 1982 auf 4568. Es ist ein bitteres Paradox, daß die sogenannte Regierung des Iran jetzt Frankreich vorwirft, es arbeite mit einem nicht recht erkennbaren Antichomeini-Terrorismus zusammen, während der Chomeini-Terrorismus 1978 von uns Franzosen mit eingesetzt worden ist. Der Iran praktiziert Staatsterrorismus, indem er Diplomaten als Geiseln nimmt, indem er erschießt, foltert, steinigt, aber er klagt die Vereinigten Staaten und Großbritannien des Verstoßes gegen die Menschenrechte an, wenn in diesen Ländern iranische Demonstranten zur Prüfung der Personalien vorübergehend festgenommen werden!

Nein, die Demokratie ist nicht gut gerüstet gegen den Terrorismus, den eigenen oder den importierten. In Italien ist es ein von vornherein ungleicher Kampf gegen Killer, die sich als politische Überzeugungstäter ausgaben und nicht nur alle höchst legitimen Sicherungen nutzen, die das Rechtssystem für den Angeklagten vorsieht, sondern Richtern, die sie zu verurteilen wagen sollten, und Journalisten, die sich die Freiheit nehmen, etwas gegen sie zu schreiben, mit Ermordung drohen. Und diese Drohungen sind ja, wie immer wieder vorgeführt wird, keine leeren Redensarten. Zum Glück ist es dem italienischen Terrorismus nicht gelungen, die Demokratie zu zerstören, doch andere Länder haben sich nicht an die demokratischen Spielregeln halten können. Der Totalitarismus macht sich den Terrorismus zunutze, um die Demokratien in den Faschismus zu treiben und von da weiter in Richtung auf den totalitären Kommunismus. Daß demokratische Länder nicht demokratisch bleiben, daß andere, die es noch nicht sind, es nicht werden – das ist sein Ziel.

Ich kann nicht umhin, auch in diesem Zusammenhang an die Warnungen zu denken, die Demosthenes den Athenern zugerufen hat, um sie zur Wachsamkeit gegenüber Philipp von Makedonien zu veranlassen: »Er weiß doch genau«, heißt es da, »daß er alles andere sich untertan machen kann und trotzdem nichts Festes in der Hand hat, solange ihr eine Demokratie bleibt ... Betrachtet ihn also vor allem als den Feind unserer Verfassung, als den unversöhnlichen Widersacher der Demokratie; denn wenn diese Überzeugung nicht tief in eure Seelen gesenkt ist, werdet ihr die Vorgänge nicht mit der ganzen Aufmerksamkeit verfolgen, die sie verdienen.«*

Der Terrorismus in der Demokratie ist auf die ideologische Verbohrtheit von Minderheiten zurückzuführen, die zu wenig repräsentativ sind, als daß sie mit den gegebenen legalen Mitteln politisches Gewicht erlangen könnten. Ihre Verbrechen gehören in die Kategorie der Verbrechen gegen die Menschlichkeit, so wie die der Nationalsozialisten oder der Roten Khmer, und müssen entsprechend geahndet werden. Die Demokratie muß sich als im Krieg gegen den Terrorismus befindlich betrachten, so wie einst gegen den National-

---

* Demosthenes: Über die Angelegenheiten der Chersones. §§ 41 und 43.

sozialismus. Sonst würden der Druck des totalitären Sowjetimperialismus von außen und die krampfhaften Entartungserscheinungen des Terrors von innen der kleinen demokratischen Halbinsel Westeuropa nur noch eine sehr geringe Lebenserwartung lassen.

# Vierter Teil
Die geistigen Rahmenbedingungen für die Niederlage der Demokratien

18. Die Bruchlinien

Kein Sieger ohne Besiegten, und wenn der Verlierer offensichtlich nicht wegen seiner materiellen Unterlegenheit den kürzeren gezogen hat, so bleibt nur die Erklärung, daß er seine Mittel falsch eingesetzt hat oder daß es ihm an Selbstvertrauen mangelt. Hätten die Propagandatricks des kommunistischen Expansionsdranges solchen Erfolg haben können, wenn nicht bei den westlichen Ländern eine vorgegebene Neigung dagewesen wäre, auf sie hereinzufallen? Lange war der Westen im globalen Kräfteverhältnis überlegen, und auf etlichen Gebieten ist er das noch immer. Man sieht sich also geradezu gedrängt, hinter der Beflissenheit, mit der er immer wieder nachgegeben hat, weniger fehlende Stärke als fehlenden Weitblick und eine Neigung zum Kneifen angesichts des kaltblütig usurpierenden Gegners zu vermuten. Das geistige und moralische Universum einer Zivilisation bestimmt mindestens zur Hälfte die Art, wie diese Zivilisation sich in Schwierigkeiten verhält, allenfalls die andere Hälfte wird von den objektiven Gegebenheiten der Lage diktiert. Ihre Gleichgültigkeit, die es so leicht macht, die Demokratie zu manipulieren, erklärt sich zum einen Teil aus einem Versagen bei der Beurteilung der Tatsachen, also der richtigen Einschätzung der Bedrohung, der Entscheidung für bestimmte Gegenmaßnahmen, dem Begreifen der Methoden und dem bloßen Gespür für das Verhalten des Gegners; zum andern ist diese Schwäche eine Folge der Einschüchterung, mit der sich der Totalitarismus den Geist der Demokratie mühelos gefügig macht und ihn sogar davon überzeugt, er habe nicht einmal das Recht, fortzubestehen.

Ich weiß nicht, ob es übertrieben ist, die Hypothese zu wagen, unsere Demokratien seien dazu prädestiniert, hereingelegt zu werden. Dagegen bin ich sicher, daß unsere Gegner uns so sehen, und zwar seit langem. Ich will nicht von Adolf Hitlers verächtlichen und gefährlich zutreffenden Vorstellungen reden. Schon vor ihm, 1921, beweist Lenin in einer von vielen Äußerungen, wie hoch er die Politiker und politischen Denker des Westens einschätzt:

»Nach den Beobachtungen, die ich in der Emigration gemacht habe, muß ich feststellen, daß die sogenannten Gebildeten in Westeuropa und Amerika unfähig sind, den derzeitigen Stand der Dinge und das derzeitige Kräfteverhältnis zu verstehen; diese Gebildeten müssen als Taubstumme angesehen und entsprechend behandelt werden ...

Auf Grund dieser Feststellungen und im Lichte des permanenten Kampfes für die Weltrevolution ist es erforderlich, zu besonderen Vorgehensweisen zu greifen, die unseren Sieg in den kapitalistischen Ländern beschleunigen können:

a) *Um die Taubstummen zu beschwichtigen,* müssen wir die (fiktive) Trennung unserer Regierung und ihrer Institutionen von Partei und Politbüro, vor allem aber von der Komintern bekanntgeben und erklären, diese Organe seien politisch unabhängige Gremien, die auf dem Gebiet unserer Sozialistischen Sowjetrepublik geduldet werden. *Die Taubstummen werden das glauben.*

b) Wir müssen den Wunsch nach einer unverzüglichen Wiederaufnahme der diplomatischen Beziehungen mit den kapitalistischen Ländern auf der Grundlage vollständiger Nichteinmischung in ihre inneren Angelegenheiten zum Ausdruck bringen. Sie werden sogar sehr befriedigt sein und ihre Türen weit öffnen, durch die dann die Kuriere der Komintern und unsere Agenten im Gewande von Diplomaten, Kultur- und Handelsbeauftragten in diese Länder hineingelangen.«*

Angesichts der Erfolge des Sowjetimperialismus in den Jahren seit 1921 haben verständlicherweise weder Stalin noch Chruschtschow, weder Breschnew noch Andropow sich bemüßigt gesehen, diese Diagnose im geringsten in Frage zu stellen oder etwa die daraus abgeleiteten Methoden zu ändern. Warum sollte man auch von einer bewährten Formel lassen? Um so mehr, als es um die Expansion einer Gesellschaft geht, die nicht funktioniert. Das ist ja das Paradoxe an den Triumphen des Totalitarismus: Das schlechteste System demoralisiert das am wenigsten schlechte. Allerdings ist das auch wieder nicht besonders erstaunlich, wenn man bedenkt, daß die totalitäre Macht als einziges Ziel das eigene Überleben hat, also das ihrer No-

---

* Ein lange unveröffentlicht gebliebener, erst 1961 von Juri Annenkow in *Nowy Dschurnal* veröffentlichter Text. (Zitiert nach B. Lazitch und M. Drachkovitch, Lenin and the Comintern, Stanford 1972.)

menklatura, und die Vergrößerung des Imperiums. Der demokratische Politiker dagegen muß seinen Mitbürgern ständig beweisen oder jedenfalls den Eindruck vermitteln, daß er ihnen greifbare Vorteile bringt. Tag für Tag muß er etwas zu bieten haben. Langfristig gesehen wird das Gemeinwohl häufig in den Hintergrund gedrängt durch die Rivalitäten, die es kurzfristig unweigerlich auszufechten gilt, und zwar in allen Spielarten der Demokratie. Die Demokraten werden von der Ausrichtung des Systems auf die Innenpolitik dazu veranlaßt, Bedrohungen von außen zu verharmlosen, weil sie fürchten, diese könnten zuviel Kraft von den Aufgaben daheim, also von Wohlstand, Solidarität, Mitmenschlichkeit, Erkenntnis, Kultur abziehen. Da der Demokrat ahnt, daß sich die totalitäre Bedrohung nicht durch einen Kompromiß abwenden läßt, jedenfalls nicht durch einen Komproß in den herkömmlichen, diplomatischen Formen, leugnet er die Bedrohung lieber von vornherein. Er zieht sogar zornig gegen jeden vom Leder, der sie zu sehen und beim Namen zu nennen wagt. Da er mit Recht den Frieden über alle anderen Güter stellt, gelangt er zu der Vorstellung, er sei am ehesten durch den Verzicht auf die eigene Verteidigung zu erreichen, weil dieser das einzige Element ist, das er in der Hand hat, der einzige Beitrag, den er in beliebiger Menge in jede Verhandlung einbringen kann. Es ist einfacher, Zugeständnisse von sich selber als vom Gegner zu erlangen.

Längst scheinen die westlichen Diplomaten vergessen zu haben, daß die Kunst des Verhandelns im Grunde auf das Gegenteil hinausläuft. Am 16. März 1933, sechs Wochen nach Hitlers Machtübernahme, schlägt der britische Premierminister Ramsey MacDonald in Genf eine eindrucksvolle Reduzierung der französischen und britischen Streitkräfte vor. Einer der meistgelesenen Leitartikler der Linken, Albert Bayet, ein antifaschistischer Intellektueller und brillanter Autor und Hochschullehrer, dem der Larousse den Ehrentitel »rationalistischer Denker« gibt, schreibt damals: »Der Grundgedanke des Herrn MacDonald scheint zu sein, um jeden Preis die Aufrüstung des Deutschen Reiches zu vermeiden, und um sie zu vermeiden, müssen die vom Versailler Vertrag nicht abgerüsteten Völker erhebliche Reduzierungen akzeptieren.«

Wenige Tage später, nachdem Hitler vom Reichstag seine Ermächtigungen bekommen und der Welt das Programm der Nationalsozialisten verkündet hat, schreibt Albert Bayet nach der Schilderung der barbarischen Unterdrückung, die sich in Deutschland abzeichnet, ausdrücklich: »Dagegen sind die außenpolitischen Erklärungen des Kanzlers von betonter Zurückhaltung; es wäre ungerecht, dies nicht hervorzuheben.«

Längst vor Hitlers Machtergreifung hat der einflußreiche Leitartikler sich bemüht, jedem Ausnutzen des befürchteten Ereignisses durch die »Scharfmacher« zuvorzukommen: »Wenn die Hitlerbewegung im Preußischen Landtag die Mehrheit erlangt, wollen unsere Nationalisten, wie man hört, im ganzen Lande schlagartig eine Panikkampagne starten, von der sie sich Wunderdinge erhoffen.« Und Bayet fährt fort, daß die Franzosen glücklicherweise »rasch begreifen werden, daß mit deutlicher werdender Hitlerbedrohung es um so wichtiger ist, in Frankreich besonnen abwägende, gelassene Männer in der Regierung zu haben, die entschlossen sind, den Frieden zu erhalten ... Selbst wenn es Hitler also in einer verzweifelten Anstrengung gelingen sollte, seine zweihundertdreißig Sitze zusammenzubringen, wird Frankreich in diesem zutiefst bedauerlichen Ereignis nur einen Grund mehr erblicken, für Männer des Friedens zu stimmen.«*

Die Manie, Hitler trotz seines martialischen Auftretens einen geheimen Friedenswillen zu unterstellen, trübt damals nicht nur das Urteil von Idealisten, die zu sehr in ihrem System befangen sind, um noch klar denken zu können, sondern beeinflußt auch Berufsdiplomaten, die als politische Realisten gelten. In einem Bericht vom 29. Dezember 1932 hat André François-Poncet, der französische Botschafter in Berlin, mitgeteilt: »Die Auflösung der Hitlerbewegung macht Fortschritte« (am 30. Januar 1933 übernimmt Hitler die Macht, im März 1933 stimmen 44 % der deutschen Wähler für ihn). Noch drei Jahre später stellt er mit Vergnügen fest, »wie sehr der Führer *sich entwickelt hat* seit der Zeit, da er ›Mein Kampf‹ schrieb«, und er weist in einer Depesche vom 21. Dezember 1936 ausdrücklich darauf hin, es handele sich dabei um eine »unvermeidliche Entwicklung zur Mäßigung«. Überzeugt von seinen besonderen Einblicken, die er bei »häufigen Begegnungen mit Hitler« erlangt hat (auch hier

---

* Der Reichstagswahl waren Wahlen zum Preußischen Landtag vorhergegangen. Die Zitate von Albert Bayet sind entnommen aus Bertrand de Jouvenel, Un voyageur dans le siècle. Paris 1979.

der kindische Mythos von der magischen Kraft persönlicher Begegnungen!), liefert der Botschafter seiner Regierung hilfreich eindeutige Voraussagen: »Die Besetzung des Rheinlandes wird wahrscheinlich in den nächsten Wochen nicht erfolgen«, kabelt er Ende Februar 1936. Am 7. März 1936 läßt Hitler seine Bataillone ins Rheinland einmarschieren. Kaum ist diese Blamage vergessen, empfindet der Diplomat sich zutiefst erfreut von einem »Eindruck der Entspannung«, schon damals, den er dem Quai d'Orsay in einer Depesche vom 18. Februar 1937 nicht vorenthält. Ein beruhigendes Vorspiel, so eine schöne Entspannung ein Jahr vor dem Einmarsch der deutschen Wehrmacht in Wien und dem Anschluß Österreichs!*

François-Poncets Nachfolger in Berlin, Robert Coulondre, führt dann eine Form des Selbstbetrugs ein, die erst nach dem Zweiten Weltkrieg in den Beziehungen mit den kommunistischen Staaten große Mode wird und bleibt: die berühmte Unterscheidung zwischen »Falken« und »Tauben« im Kreml mit der selbstverständlichen Verpflichtung für uns, die »Tauben« nicht im Stich zu lassen. Coulondre, Menschenfreund und Menschenkenner, empfindet geradezu Mitleid mit den Qualen des Führers, den er, so berichtet er nach Paris, bei ihrer letzten Begegnung »außerordentlich unentschlossen« gefunden hat, hin- und hergerissen, der Ärmste, zwischen den »Harten« (Goebbels, Himmler, Heß) und den »Gemäßigten« (Göring, Funk, Lammers). Die letzteren, so teilt der französische Diplomat vertraulich mit, seien für »die Rückkehr des Reiches in den Kreis der Nationen«. Tatsächlich kostete diese wohlwollende Haltung, die einigen Nazigrößen zugeschrieben wird, sie keine besondere Selbstverleugnung, nachdem sie von den demokratischen Regierungen drei Monate zuvor bei der Münchner Konferenz alles zugestanden bekommen hatten. Coulondres Depesche stammt vom 1. Dezember 1938. Im März 1939 läßt Hitler die »Resttschechei« besetzen, am 3. September 1939 beginnt der Zweite Weltkrieg.

Es mag als wohlfeiler Hohn erscheinen, kluge, patriotisch gesonnene Männer anzuprangern, deren einziges Unrecht darin besteht, daß es ihnen an der nötigen Vorstellungskraft fehlte, so daß sie sie das neue, jedenfalls für sie neue politische Phänomen nicht begriffen:

---

* Die Zitate aus den diplomatischen Depeschen sind entnommen aus: Jean-Baptiste Duroselle, La Décadence 1932–1939. Paris 1979.

den Totalitarismus. Aber gerade weil sie klug waren, enthüllen ihre Irrtümer weniger eine persönliche Unfähigkeit als vielmehr das völlige Fehlen eines Interpretationsrahmens. Und schlimm ist, daß ein solcher Rahmen uns auch nach dem Kriege noch gefehlt hat bei der Beurteilung des kommunistischen Totalitarismus, und zwar trotz des Preises, den der Westen für die Verblendung der »Vorkämpfer der Entspannung« bezahlt hat, die einst auf den nationalsozialistischen Terror mit den »Geist von München« geantwortet hatten.

Das Nichtverstehen des Kommunismus ist allen Staatsmännern der Nachkriegszeit gemeinsam. Seine Besonderheit, die Gesetze, nach denen er funktioniert, sind ihnen unbegreiflich. Sie versuchen ihn immer wieder mit den psychologischen Eigenheiten seiner Führer zu erklären oder durch den Vergleich mit vertrauten Formen politischer Machtausübung: der Zarenherrschaft, der Französischen Revolution, einem »Sozialismus ohne Freiheit« oder mit aufgeschobener Freiheitsgewährung. »Roosevelt hat den Kommunismus nie begriffen«, sagt Averell Harriman, »er betrachtete ihn als eine Art erweiterten New Deal.«* Vielleicht wäre es besser gewesen, dem berühmten Diplomaten wäre diese Wissenslücke schon aufgefallen, als er sie vor Ort hätte schließen können. Erschütternd geradezu sind Roosevelts Bemühungen, beispielsweise bei der Konferenz von Teheran 1943, Stalin aufzuheitern, und sei es mit Witzchen auf Kosten der kleinen Eigenheiten Churchills. Nach drei Tagen, während derer der sowjetische Diktator eisig abweisend geblieben war, so erzählt Roosevelt, war es endlich so weit: »Stalin lächelte.« Großer Sieg für die Sache des Westens. Der Sieg war vollständig, als »Stalin laut und herzlich herauslachte. Zum erstenmal nach drei Tagen sah ich Licht ... Ich machte weiter, bis Stalin und ich zusammen lachten. Von da an nannte ich ihn Onkel Joe.«** Die Demokratie war gerettet. Die guten persönlichen Beziehungen, die selbst unter ähnlich denkenden und fühlenden demokratischen Staatsmännern nur einen ganz

---

* *Roosevelt never understood communism. He viewed it as a sort of extension of the New Deal.* Äußerung bei einem Fernsehinterview im Januar 1982 zum 100. Geburtstag von F. D. Roosevelt.
** Paul F. Boller Jr., Presidential Anecdotes. London 1981. Der Text lautet: *Stalin smiled. Finally, Stalin broke out into a deap, hearty guffaw, and for the first time in three days I saw light. I kept it up until Stalin was laughing with me, and it was then that I called him Uncle Joe.*

marginalen Einfluß auf einen Interessenkonflikt haben können, wirken künstlich und geradezu erbärmlich aufgesetzt, wenn die geistigen Welten und die Kulturen der Betroffenen Millionen Lichtjahre auseinanderliegen. Stalin hat sich vermutlich gesagt, ein einfältiger Mensch, der politisch etwas zu erreichen glaubt, indem er ihn zum Lachen bringt, sei es nicht wert, daß man ihn verärgert. Wenige Jahre später sehen wir Harry Truman auf den Spuren seines Amtsvorgängers; er vertraut 1948, im Rückblick auf die Potsdamer Konferenz, einem Journalisten an: »Ich habe Joe Stalin gut kennengelernt. Ich mag den alten Joe. Er ist ein anständiger Kerl. Aber Stalin ist ein Gefangener des Politbüros. Er kann nicht so, wie er will.«* Schon ist die völlig illusorische Unterscheidung von »Harten« und »Gemäßigten« wieder da, mit der die Sowjets immer wieder jonglieren, um Vorleistungen ohne eigenes Entgegenkommen herauszuholen. Die Wahnvorstellung erklärt sich daraus, daß die Menschen im Westen Regeln und Wirklichkeit der Demokratie auf die totalitären Systeme projizieren und damit einem Irrtum erliegen, der dem Anachronismus in der Geschichte entspricht, bei dem wir vergangenen Kulturen unsere eigene Art des Handelns und Denkens zuschreiben. Der Gedanke, es gebe im Politbüro Kämpfe in dem Sinne, wie es in der Demokratie Richtungskämpfe in der Regierungsmehrheit oder sogar in der Regierung selber gibt, geht fast immer einher mit der Überzeugung, der »Gemäßigte«, dessen mühsamen und riskanten Einsatz für die Entspannung wir Demokraten zu unterstützen geradezu verpflichtet sind, bemühe sich um die Liberalisierung seiner Gesellschaft, mit anderen Worten, sei der ersehnte Messias, der »den Kommunismus demokratisieren« wird. US-Botschafter Joseph Davies ist in seinen Erinnerungen** geradezu gerührt von Stalins selbstloser Kühnheit, mit der er »die Verfassung freiheitlicher gestalten will und damit ein enormes Risiko für seine persönliche Macht und seine führende Stellung im Politbüro in Kauf nimmt«. Die demokratischen Staatsmänner und ihre Diplomaten bleiben fortan fixiert auf diese Suche nach dem konzilianten »Partner«, auf den man sich stützen könnte und sollte, einerseits, um ihm gegen die Unbelehrbaren zu

---

* *New York Herald Tribune*, 13. Juni 1948.
** Mission to Moscow. New York 1941 (deutsch: Als USA-Botschafter in Moskau. Zürich 1943).

helfen, die ihm Knüppel zwischen die Beine werfen, andererseits, um vorteilhafte Vereinbarungen mit ihm zu treffen. Die Kommunisten haben diese unsere Schwäche früh erkannt und gelernt, sie auszumünzen. Kissinger beschreibt in seinen Memoiren mehrfach, wie der salbungsvolle Dobrynin, der Sowjetbotschafter in Washington, ihn, den Außenminister, bedrängt, er solle doch das Entgegenkommen zeigen, das den armen Breschnew vor dem Unwillen des Obersten Sowjets bewahren könnte. Der Botschafter erklärt sogar mehrere Male, Breschnew habe den Amerikanern zuliebe sein Vorgehen vor gewissen Politbüromitgliedern geheimhalten müssen. Will man ihn etwa auflaufen lassen? Wenn man nicht geradezu ein Herz aus Stein hat, muß man ihm doch die kleine Konzession machen, die es ihm erlaubt, vor seinen Kollegen dazustehen, ohne allzu sehr zu erröten! Schließlich geht es doch um die Zukunft der Entspannung ...

Und diese bauernschlauen Argumente kommen an, eine Zeitlang sogar bei Kissinger selber. Schon zwanzig Jahre vor ihm, 1953, hat Botschafter Charles Bohlen, der als einer der besten amerikanischen Kenner der Sowjetunion galt, in Malenkow, einem der Stalinnachfolger, einen Partner gewittert, der »dem Westen aufgeschlossener gegenübersteht als die anderen Sowjetführer«.* Man muß auf jedes Anzeichen achten, an dem man die Taube erkennen könnte, zum Beispiel die von Bohlen betonte Tatsache, daß »Malenkow nicht trinkt«. Allerdings fügt der Diplomat vorsichtigerweise hinzu: »Jedenfalls nicht bei den Empfängen.« Tatsächlich: Sollte es sich herausstellen, daß Malenkow sich heimlich einen auf die Lampe gießt, müßte sich die westliche Diplomatie natürlich andere Stützen suchen. Michel Heller, der diese Texte zitiert, kommentiert sie mit der Feststellung, daß »die westlichen Diplomaten und Politiker meinen, auf dem Umweg über dem Westen wohlgesonnene Sowjetführer Einfluß auf die Politik der UdSSR ausüben zu können«.**

Nicht nur, daß eine Komödie guter persönlicher Beziehungen die Logik eines Systems nicht ändern kann, das einem so gnadenlosen inneren Determinismus gehorcht wie der Kommunismus, die Komödie schlägt noch auf ihre naiven Erfinder im Westen zurück und hilft sie selber zu manipulieren. Stalin gelingt es, den schon genannten Bot-

* Charles E. Bohlen, Witness to History. New York 1973.
** »La désinformation«, in *Politique Internationale,* Winter 1980–1981, Nr. 10.

schafter Joseph Davies zu überzeugen, seine wohlbekannten liberalen Neigungen stießen bei etlichen Mitgliedern des Politbüros auf schroffe Ablehnung. Er bittet Davies, seine gefährdete Position zu stärken, indem er bei Roosevelt interveniere: Der US-Präsident möge doch dafür sorgen, daß er zwei zusätzliche Sitze in den Vereinten Nationen bekomme, für die Ukraine und Weißrußland. Und das geschah tatsächlich. Stalin hatte sich selber übertroffen, indem er dem amerikanischen Diplomaten vorgejammert hatte, ohne dieses kleine Trostpflaster wage er seinen ukrainischen und weißrussischen »Wählern« nicht mehr unter die Augen zu treten!

Hinter solchen tragikomischen Anekdoten, von denen man eine umfangreiche Sammlung zusammenstellen könnte, verbirgt sich ein ganzes Interpretationssystem, das seinerseits die Frucht der Konvergenz unseres Denkens zwischen sowjetischen Desinformationsbemühungen und unseren eigenen unsinnigen, aber nicht auszurottenden Vorstellungen ist.

Diese Vorstellungen lassen sich auf drei Hauptthesen zurückführen, die vielen Varianten einmal weggelassen. These eins ist, daß die »Liberalen«, »Reformer« und außenpolitisch »Gemäßigten« in den Ostblockländern jeden Augenblick die Macht verlieren könnten; der Westen muß ihnen helfen, sich zu halten, indem er ihnen Erfolge zu unserem Nachteil ermöglicht. These zwei ist, daß unser wirtschaftlicher Beitrag diese kommunistischen »Liberalen« stärken oder, Variante ad libitum, die »Harten« daran hindern wird, sich in verzweifelte, den Frieden bedrohende Abenteuer zu stürzen. These drei ist, daß die sowjetische Friedensliebe ja unterstellt werden kann, der Beweis des guten Willens also nur vom Westen erbracht werden muß, der entsprechende Verzichte als Unterpfand seiner friedlichen Absichten zu leisten hat.

In den Tagen nach Breschnews Tod im November 1982 betonten unzählige »Sowjetologen« und britische und französische Politiker, die von den Medien den lieben langen Tag über mit Fragen eingedeckt wurden, man müsse »die Gelegenheit nutzen«, müsse der Sowjetunion deutlich machen, wie gut wir es meinen. Die meisten schlugen zwei konkrete Maßnahmen vor: die unverzügliche Aufhebung des amerikanischen Embargos auf Technologietransfers in die Sowjetunion, selbst auf die Gefahr militärischer Anwendung hin (was auch sogleich geschah), sowie eine Verschiebung um ein Jahr bei der Aufstellung der Mittelstreckenraketen, deren Stationierung in Westeuropa das Gleichgewicht mit den in Osteuropa bereits stehenden sowjetischen Mittelstreckenraketen vom Typ SS 20 schaffen sollte.

Was für eine »Gelegenheit« sollte da eigentlich genutzt werden? Der Tod eines Ersten Mannes und seine Ersetzung durch einen anderen bedeutet ja zunächst einmal keinerlei Kursänderung. Die ersten Maßnahmen des neuen Verantwortlichen können allenfalls Rückschlüsse auf eine solche Änderung zulassen. In den sieben Jahren vor Breschnews Tod war die Außenpolitik der UdSSR aggressiv gewesen, nicht die der westlichen Länder. Anstatt die ersten Schritte selber zu tun, galt es also zu warten, ob und bis die Sowjets sie tun würden. Andropows Vergangenheit ließ nicht von vornherein auf Liberalismus und Freiheitsliebe schließen. Warum sollte man ihm einseitig Entgegenkommen zeigen, bevor er auch nur das geringste konkrete Anzeichen für seinen guten Willen geboten, ein einziges konziliant klingendes Wort geäußert hatte?*

Warum? Weil die Menschen im Westen, ganz gleich, was sie mündlich oder schriftlich äußern, im Grunde die These der Sowjetunion akzeptieren, was nämlich von ihnen zu halten sei, und nicht weit davon entfernt sind, sich selber als die eigentlichen Schuldigen am Scheitern der Entspannung zu empfinden. Wir sehen uns mit den Augen Moskaus, wir glauben an das Märchen vom kommunistischen Friedenswillen und akzeptieren den Vorwurf, die Aggressivität, die das weltweite Gleichgewicht bedroht, ginge von uns aus. Also ist es an uns, den ersten Schritt zu tun, wenn es sein muß bis zur einseitigen Abrüstung, um einen sowjetischen Eroberungsdrang zu dämpfen, der nicht aus der UdSSR kommt, sondern nur eine Reaktion auf unser Verhalten ist. Im besten Falle stellen wir Ost und West auf eine Ebene. Im schlimmsten sind wir der Ansicht, daß alle Kriegsgefahr, aller Expansionismus von der Erde verschwinden würden, wenn der Westen sich spontan seiner Verteidigungsmittel entledigen und jede Bemühung unterlassen würde, die Handlungen und das System der Sowjetunion in Frage zu stellen. Manchmal betrachten wir Demokraten, nicht ganz wenige von uns jedenfalls, die

---

* Zum Verhalten des Westens bei den kommunistischen »Nachfolgen« siehe 23. Kapitel.

das zu Ende denken, uns selber als unseren Feind, vielleicht unseren einzig wirklichen.

Liest man die Darlegungen mancher, vor allem deutscher Fachleute für Fragen der Strategie und der atomaren Kriegführung, so gewinnt man den Eindruck, daß für sie die militärische Bedrohung durch die Sowjets eine hypothetische Größe X darstellt, eine Art unfaßbares, kantisches »Ding an sich«; jedenfalls zunächst muß man die Existenz dieser Bedrohung oder zumindest ihre metaphysische Existenzmöglichkeit einräumen, um die visionären Phantasten nicht noch mehr zu reizen und Zeit zu gewinnen, sie durch gutes Zureden von ihrer Gespensterfurcht zu heilen. Nach und nach führt der »Fachmann« seine Leser dann auf ein Feld der Betrachtung, wo die sowjetische Gefahr sich verflüchtigt und nur noch die komplizierten Einzelheiten der Auseinandersetzungen zwischen den westlichen Verbündeten interessieren. Sobald man das eigentliche Ziel, die Sicherheit, in den Hintergrund treten läßt, wirken die Diskussionen um die Mittel, sie zu gewährleisten, in der Tat rasch absurd, die Wortgefechte lächerlich. In *Foreign Affairs* gibt Christoph Bertram, der Direktor des Londoner Institute for Strategic Studies, eine Darstellung der Ratlosigkeit der europäischen NATO-Mitgliedstaaten zum Zeitpunkt des Doppelbeschlusses und in den Monaten danach; mit keinem Wort erwähnt er die heftige Einschüchterungskampagne der Sowjets gegen die bei einem Scheitern von Verhandlungen vorgesehene NATO-Nachrüstung. Dabei war diese Kampagne mit Unterstützung durch die üblichen Helfer im Westen längst im Gange, längst hatte Moskau seine erschreckend brutalen Drohbriefe an alle beteiligten Regierungen gerichtet. Da dieser Sachverhalt aus der Faktendarstellung weggelassen worden ist, wird der Artikel zu einer Aufzählung von Beispielen kläglichen Gezerres und unbegreiflicher Inkonsequenz, die natürlich vor allem mit dem mangelnden Einfühlungsvermögen der Vereinigten Staaten in ihren Beziehungen zu Europa zu erklären sind.*

Auch beim Technologietransfer mit möglicher strategischer Anwendung oder bei der Lieferung von Maschinen, die der sowjetischen Industrie indirekt durch die Freisetzung eigener Kapazitäten eine

---

* C. Bertram: *Implications of Theater Nuclear Weapons in Europe,* Foreign affairs, Winter 1981/82.

entsprechend höhere Rüstungsproduktion erlauben, ist der Widerstand der Europäer und der amerikanischen Unternehmen gegen jede Einschränkung des *offiziellen* Transfers bekannt. Erstaunlicher ist der Widerstand gegen die Vorsichtsmaßnahmen, die zur Reduzierung des *heimlichen* Transfers erforderlich sind, also zur Unterbindung von Industriespionage und Technologieraub. Im November 1982 hat ein Bericht, einer von vielen, eines Unterausschusses des Senats der Vereinigten Staaten den ganzen Umfang dieses Raubs enthüllt, vor allem den Nutzen, den die sowjetische Rüstung insbesondere auf den Gebieten der Elektronik und der Lasertechnik daraus gezogen hat. Mit einem außerordentlich geringen Risiko, wenig Kosten und bescheidenem Forschungsaufwand können die Sowjets auf diese Weise ein gut Teil ihres Rückstands gegenüber der amerikanischen, europäischen oder japanischen Technologie aufholen, und zwar mit dem ältesten Verfahren der Welt, dem Diebstahl. Die Information über diese Art der Kriegführung, denn so muß man das Vorgehen nennen, sind durchaus nicht in den Archiven verstaubt, sondern auf beiden Seiten des Atlantik immer wieder von der Presse veröffentlicht worden. Seriöse und auflagenstarke Tages- und Wochenzeitungen haben ausführliche, genau dokumentierte Artikel darüber gebracht. Die Gefahr, ja, die katastrophalen Zustände sind also glaubhaft dargestellt worden. Als Washington jedoch Anfang 1982 die amerikanischen Universitäten mit aller Bescheidenheit ersuchte, die Besuche sowjetischer »wissenschaftlicher Missionen« in ihren Forschungseinrichtungen einzuschränken oder jedenfalls die KGB-Leute, ganz gleich, ob »Gelehrte«, »Studenten« oder »Ingenieure«, nicht länger nach Belieben in den Gebäuden herumlaufen zu lassen, gab es flammende Proteste der amerikanischen Wissenschaftskreise. Sie waren auch durchaus dagegen, in bestimmten Fällen die Veröffentlichung von militärisch relevanten Forschungsergebnissen aufzuschieben. Vergeblich wies die Regierung darauf hin, das Land blute technologisch aus, die militärischen Fortschritte der Sowjetunion in den letzten Jahren beruhten fast alle auf Arbeiten amerikanischer Wissenschaftler. Es half alles nichts. Die Mittel gegen den Raub, nicht der Raub selber verstießen eindeutig gegen den »Geist der Entspannung«.

Warum ist die Entspannung gescheitert? Weil sie in der Vorstellung der Menschen im Westen den Wegfall der sowjetischen Aggressivität und in der Vorstellung der Sowjets den Wegfall jeder westlichen Gegenwehr gegen ihre Aggressivität bedeutete. Doch wieso und warum haben wir im Westen so viele Jahre lang bewußt die Augen fest verschlossen vor der sowjetischen Expansion? Weil alle unsere Interpretationen des Sowjetkommunismus von einer Grundvoraussetzung ausgehen: Die Dinge werden schon von selber ins Lot kommen. Genauer gesagt: Wir meinen, der russische Kommunismus habe mit genügend inneren und äußeren Schwierigkeiten zu kämpfen, um allein dadurch gemäßigter zu werden. Wir müssen ihm dabei helfen, indem wir alle erdenklichen Vorleistungen erbringen, die seine Aggressivität schon bremsen werden.

Von dieser Grundvoraussetzung gehen die meisten Theorien über den Sowjetkommunismus aus. Sie macht sie unbrauchbar im Hinblick auf das praktische Handeln, auch wenn sie ansonsten manches Richtige enthalten mögen. Hier eine natürlich unvollständige Auflistung solcher beruhigender Prämissen:

1. Die Russen »respektieren den Status quo«. Also müssen wir sie verstehen, wenn sie in Ungarn oder in der Tschechoslowakei einmarschieren, die zu ihrem Gebiet gehören. – Die Theorie ist falsch, oder zumindest durfte man ihre praktische Anwendung nicht dem Gutdünken der Sowjets überlassen. Seit 1975 sind die Russen außerdem in Afrika, Südostasien, auf der Arabischen Halbinsel und in Afghanistan vorgedrungen.

2. Der permanente wirtschaftliche Mißerfolg zwingt das Sowjetregime, auf eine allzu ehrgeizige Außenpolitik zu verzichten und sich auf die Erhöhung des Lebensstandards seiner Bevölkerung zu konzentrieren. Indem der Westen ihm hilft, ins Konsumzeitalter einzusteigen, fördert er das Erblühen einer freundlichen Sowjetdiplomatie. – Man braucht wohl nicht noch einmal auf die Tatsache hinzuweisen, daß der Sowjetimperialismus gerade mit unserer wirtschaftlichen Hilfe weltweite Dimensionen angenommen hat.

3. Der moralische und ideologische Bankrott des Kommunismus wird dafür sorgen, daß sich alle Völker von ihm abwenden. – Schon 1970 hat Zbigniew Brzezinski im *New Leader* einen Artikel unter dem Titel »Der Kommunismus ist tot« veröffentlicht. Man vergißt dabei, daß der Verlust an moralischem Ansehen weder die Täuschung weiterer Länder noch eine Ausweitung der Macht verhindert.

4. Der Nationalkommunismus wird sich überall durchsetzen und

den Einfluß der Sowjets in der Welt in Grenzen halten. Der Titoismus wird Allgemeingut werden. – 1975, nach dem Fall von Saigon, hat die *New York Times* vorhergesagt, der vietnamesische Kommunismus werde bald antisowjetisch geworden sein.

5. Die Konvergenztheorie des »Wandels durch Annäherung«. Die gleichen wirtschaftlichen Realitäten werden in beiden Gesellschaftsordnungen die gleiche Rasse der Technokraten und Manager an die eigentlichen Schalthebel bringen. Daraus wird ein beiderseitiger Uniformisierungsprozeß entstehen. – Die Anhänger dieser Theorie übersehen die absolute Priorität der politischen und ideologischen Macht in der UdSSR.

6. Der Osthandel wird den Kommunismus zivilisieren. – Diese Vorstellung hat schon die erste massive Hilfe des Westens für die Sowjetunion in der Zeit nach 1922 möglich gemacht. Nach mehreren Jahren westlicher Großzügigkeit folgten in der UdSSR die Zwangskollektivierung von Grund und Boden, die Ausrottung der selbständigen Bauern, Hungersnot, Säuberungen und der Große Schrecken der dreißiger Jahre.

7. Der Konflikt zwischen China und der UdSSR wird an die Stelle des Konflikts zwischen den demokratischen Gesellschaften und dem Sowjettotalitarismus treten. – Die Erfahrung hat gezeigt, daß beide Konflikte durchaus nebeneinander bestehen können und daß die beiden totalitären Systeme ihre Spannungen ohne weiteres abzubauen vermögen.

8. Der Eurokommunismus bezeichnet das Ende der kommunistischen Weltkirche und ist eine Herausforderung an die UdSSR. – Kein Kommentar.

9. Die Moslems in der Sowjetunion sind ein Sprengstoff für das kommunistische System. Moskau wird sich mit den islamischen Ländern des Mittleren Ostens einigen müssen, um eine Explosion zu vermeiden. – Dabei vergißt man, daß es ein probates Mittel zur Beruhigung islamischer Nachbarländer gibt: den Einmarsch.

10. Die Russen bringen sich gerade durch ihren Expansionsdrang in Gefahr. In Afrika haben sie sich festgefahren. Afghanistan war für sie alles andere als ein Vergnügungstrip. Außerdem sind sie an etlichen Stellen, in Ägypten und Somalia zum Beispiel, gescheitert. – Die Russen haben Somalia freiwillig verlassen, um einen mächtigeren Klienten, Äthiopien, zu gewinnen. Ägypten ist niemals ein kom-

munistischer Staat gewesen. Ein Satellitenstaat zu werden oder sowjetische Berater im Lande zu haben, das sind zwei Paar Schuhe. Ägypten hat die Berater an die frische Luft gesetzt, weil sie sich als unfähig erwiesen hatten, ihm den Sieg über Israel zu verschaffen. Außerdem hat jeder Imperialismus seine Probleme. Mörder bekommen oft großen Ärger; ihre Opfer sind davon niemals lebendig geworden.

11. Die Russen sind »aus Schwäche« in Afghanistan einmarschiert. – Das ist die komische Variante der vorhergehenden These. Die armen Russen sind wirklich zu bemitleiden! Die Afghanen haben gewiß vor Freude getanzt bei der Vorstellung, welche moralische Verzweiflung sich hinter der sowjetischen Offensive verbarg.

12. Wenn wir Festigkeit an den Tag legen, »bekommen wir wieder den Kalten Krieg«. – Als ob es an uns läge, ob wir den bekommen! Von uns hängt nur ab, ob er immer weiter um sich greift oder nicht. 1950, zur Zeit des kommunistischen Angriffskrieges gegen Korea, hat die UNO nicht nur den Aggressor verurteilt, sondern Truppen entsandt. 1956, als es um Ungarn ging, hat die UNO den Einmarsch der Sowjets verurteilt und ... eine Untersuchungskommission gebildet. 1968, für die Tschechoslowakei, hat es nicht einmal mehr zu einer Kommission gereicht. Und die Russen wurden zu den Olympischen Spielen von Mexiko zugelassen. Wenn man die Ereignisse im Jahrzehnt 1975–1985 betrachtet, muß man wirklich fragen, was die immer ausgeprägtere Liebedienerei dem Westen eingebracht hat.

Keine dieser zwölf Illusionen ist ganz unberechtigt. Jede beruht auf einer teilweise richtigen Einschätzung der Fakten. Was fehlt, ist das *Ausnutzen* dieser Fakten. Die Schwächen der Sowjetunion sind sehr real, ebenso ihre Mißerfolge, Irrtümer und Voreiligkeiten. Nur, ich muß es noch einmal betonen: Während die UdSSR alle Schwächen des demokratischen Lagers nutzt, unterlassen es die westlichen Staatsmänner, die Fehlschläge des kommunistischen Lagers zu nutzen. Mehr noch: Sie halten es für ihre Pflicht, ihm zu helfen, sie zu überwinden. Die Sowjets haben sich nie bemüßigt gefühlt, ihre und zugleich unsere Außenpolitik zu führen, ihre und unsere Interessen zu vertreten. Es ist also nicht weiter erstaunlich, daß eine Auffassung von der Entspannung, die von ihnen ein so rührendes Verhalten erwartete, in den Bankrott führte. Vielleicht aber ist selbst das noch zu positiv ausgedrückt, denn von einer Auffassung zu sagen, sie habe in den Bankrott geführt, impliziert ja, daß sie auch Erfolg hätte haben können.

Alle diese Vorurteile und Verhaltensweisen haben zweierlei gemeinsam: Sie sind sehr alt, und sie sind bei der Linken und bei der Rechten gleich beliebt. Längst vor den falschen Beurteilungen, die in und nach dem Zweiten Weltkrieg an der Tagesordnung sind, kann man zum Beispiel gleich nach dem Ersten Weltkrieg erleben, wie ein Fridtjof Nansen, dieser Norweger, der ein guter Kenner der Sowjetunion und in Anerkennung der unermeßlichen Verdienste, die er sich um die hungernde russische Bevölkerung erworben hatte, sogar Ehrenmitglied des Moskauer Stadtsowjets war, zu dem Schluß gelangt, Lenin werde »den freien Markt wieder herstellen und zum kapitalistischen Warenverkehr zurückkehren«. Er ließ sich täuschen von dem Trugbild der »Neuen Ökonomischen Politik« (NEP), mit dem der politisch in die Ecke gedrängte Lenin Kapital und Technik aus dem Westen herausholen wollte. In die gleiche Falle tappte der große britische Premier Lloyd George, der am 10. Februar 1922 prophetisch verkündete: »Ich bin überzeugt, daß wir Rußland durch Handelsbeziehungen retten können. Handel hat einen mäßigenden Einfluß ... Meiner Meinung nach wird der Handel der Grausamkeit, der Gier und der Brutalität des Bolschewismus sicherer als jede andere Methode ein Ende setzen.«

War die Stalinsche Hölle der dreißiger Jahre nun ein Grund, mit solchen Äußerungen vorsichtiger und nuancierter zu sein? Durchaus nicht. Die »Sowjetologen« taten zum Beispiel 1945 durch die Feder von Sir Bernard Pares, dem damals angesehensten Hochschul-»Fachmann« für russische Fragen, kund und zu wissen: »Seit 1921 ist Rußland ein von Kommunisten regiertes Land, doch diese Kommunisten haben aufgehört, den Kommunismus zu praktizieren.«[*] Vergessen wir nicht, daß solcher Unfug das Denken der Staatsmänner beeinflußte, weil er von Experten verbreitet wurde, die oft als deren Berater fungierten. Ganz zu schweigen von den Kommunisten und den ihrer Rolle bewußten »Einflußagenten« im Westen, die ihr Teil dazu beitrugen, daß die verantwortlichen Politiker – konservative und christdemokratische, Männer der Mitte und Sozialisten, Demokraten und Republikaner in den USA – so gut wie durch die Bank, von

---

[*] Bernard Pares, Russia and the Peace. London 1945.

Nuancen abgesehen, in den großen Linien und langfristig die gleiche Außenpolitik führten. Vielleicht haben sie sich auch nur treiben lassen. In beiden Lagern begegnet man ja von Zeit zu Zeit Persönlichkeiten, die gegen den Strom schwimmen, Thatcher oder Reagan bei den Konservativen, Mitterrand oder Craxi bei den Sozialisten. Bemerkenswert ist allerdings, daß ihre Erklärungen als Äußerungen einer »harten« Politik gelten. Dabei fordern sie in der Regel nur das Mindestmaß dessen, was ein Staatsmann verteidigen muß, wenn er die Partie nicht aufgeben will. Die Abschnitte der Rede von François Mitterrand vor dem Bundestag bei seinem Staatsbesuch am 20. Januar 1983 zum Thema der Mittelstreckenraketen sind mit Recht als unzweideutig und mutig empfunden worden, obwohl er eher eine Ermahnung an die Adresse eines anderen aussprach als eine Entscheidung in eigener Sache; die Mittelstreckenraketen sollten ja nicht in Frankreich aufgestellt werden. Und was sagte der französische Staatspräsident? Nur dies, daß Westeuropa auf sein Nachrüstungsprogramm nicht verzichten dürfe, bevor Verhandlungen mit den Sowjets nicht wirklich zu einer definitiven, ausgewogenen Reduzierung des Arsenals der UdSSR geführt hätten. Mit anderen Worten, Mitterrand riet dem Westen, nicht alle seine Trümpfe wegzuwerfen, bevor die Diskussion überhaupt begonnen hatte. An was erinnerte er da, wenn nicht an die Grundregel der Diplomatie? Daß diese Grundregel, im Grunde nichts als ein Ausdruck gesunden Menschenverstands, so sehr in Vergessenheit geraten war, daß Mitterrands Äußerungen als unerhört scharf empfunden wurden, beweist, wie bescheiden unsere Kriterien geworden sind. Wenn Entschlossenheit, die als Norm gelten sollte, als besonderes Ereignis gewertet wird, so zeigt das nur, daß die Gewöhnung ans Zurückstecken schon die Norm geworden ist.

19. Eines der ersten Kapitel im Brevier der Feigheit: der Berliner Mauerbau 1961

Um die bemühte Untätigkeit der westlichen Diplomatie in ihren raffinierten Formen, wie sie nach dem Einmarsch in Afghanistan und der Wiederherstellung der totalitären Normalität in Polen entwickelt worden sind, zu rechtfertigen, hat es unseren Regierungen an geistreichen Begründungen nicht gefehlt. Die noch jetzt durchaus nicht abgeschlossene Liste reicht von der Berufung auf einen imaginären Teilungsvertrag von Jalta bis zum feierlich beschworenen Vertrauen auf die Segnungen der Entspannung; hinzu kommt der realistischere, wenn auch wenig rühmliche Hinweis auf unsere seit einiger Zeit deutlich gewordene und mit christlicher Demut hingenommene militärische Unterlegenheit. »Die Welt ist jetzt am Ende des Jahrhunderts nicht mehr die Welt der amerikanischen Vorherrschaft und nicht mehr die der zwei Blöcke«, singt der Chor nach jedem Vers des 59. Psalms, Davids Gesang, da Saul sein Haus umstellte, um ihn zu töten. »Laß an uns vorübergehen, Herr, den Kelch der Blöcke«, geht der Singsang, »wende ab den Dolch des Kalten Krieges und erquicke uns mit dem Tau des Dialogs zwischen Nord und Süd, oder Ost und Süd, oder Ost und Nord, oder Ost und Ost, oder West und West, ganz gleich, doch erlöse uns von den bösen Ost-West-Beziehungen.« Genügt es nicht tatsächlich, sie aus der Vorstellungswelt zu verdrängen, um Frieden zu finden?

Immer wieder wird die erschrockene Tatenlosigkeit des Westens angesichts der dreisten Aggressivität der Sowjetunion mit neuen Gegebenheiten erklärt, die angeblich seit etwa 1970 den Zustand der Welt verändert haben; es wäre unsinnig, sie nicht zu berücksichtigen.

Daß es Veränderungen gegeben hat, kann niemand leugnen. Wie sollte es auch anders sein? Interessanter ist die Frage, ob sie für uns günstig oder nachteilig waren. Viele amtierende oder ehemalige Staatsmänner im Westen machen nachdrücklich geltend, ihre Politik sei situationsgerecht gewesen, eine andere hätten sie vernünftigerweise gar nicht führen können, weil ihnen daran lag, die Sicherheit unserer demokratischen Länder zu stärken. Gleichzeitig bedienen sie sich einer seltsamen Logik, indem sie die Ergebnisse dieser Politik als

Argument benutzen, um uns klarzumachen, die Gegenangriffe und Repressalien von früher könnten wir uns jetzt nicht mehr leisten. Wieso zum Teufel hat uns dann ihre Außenpolitik, die doch die Demokratie in einer immer sichereren und stabileren Welt immer weniger verwundbar machen sollte, derart geschwächt? Wenn man den Herren glauben darf, ist es ja fortan ein Gebot der Klugheit, uns jedesmal ein bißchen tiefer zu ducken vor einem von Mal zu Mal brutaleren kommunistischen Gewaltakt. Seltsame Früchte einer so viele Jahre lang geübten diplomatischen Weisheit sind das, die so selbstzufrieden ist und so verächtlich auf das »Abenteurertum« der »Kalten Krieger« herabblickt ... Wenn man sich die Ergebnisse anschaut, war die Entspannung bestenfalls eine Fehlkalkulation. Allerdings würde ich sagen, wenn unsere gegenwärtige Schwäche die Folge einer bloßen Fehlkalkulation wäre, so hätte das geradezu etwas Beruhigendes. Sie wäre die Auswirkung einer Fehldiagnose und einer darauf folgenden falschen Behandlung, wäre einer vernünftigen Kritik zugänglich und damit, wenn es nicht schon zu spät sein sollte, einer Korrektur. Es war ganz gewiß weder abwegig noch unehrenhaft zu hoffen, die UdSSR werde durch ein System gegenseitiger Zugeständnisse und verstärkter Zusammenarbeit veranlaßt werden, Mäßigung zu üben und jedenfalls eine Zeitlang das bestehende Gleichgewicht zu respektieren. Unbegreiflich wird die Angelegenheit erst von dem Augenblick an, da die Demokratien trotz der bald vorliegenden Beweise, daß diese Rechnung zu ihrem Nachteil aufging und daß die Sowjetunion in ihrem Eroberungsdrang ihr Vertrauen mißbrauchte, indem sie ihre Expansionsbemühungen verdoppelte, die Augen vor dem Schaden fest geschlossen haben, den ein so offensichtlich ruinöses Geschäft ihnen brachte. Diese Entschlossenheit, mit der man sich im Westen, vor allem in der Bundesrepublik Deutschland, blind stellte, blieb noch lange erhalten, als es längst sonnenklar war, daß die westlichen Zugeständnisse durchaus keine Mäßigung bei den Sowjets zur Folge hatten. Man muß sich wirklich fragen, ob eigentlich die Entspannung gescheitert ist oder ob nicht der Zustand der Ohnmacht, in den uns die Entspannung gebracht hat, das eigentlich gesuchte Ergebnis war. Sehnen wir uns nicht insgeheim nach einer Lage, in der uns die Qual der Wahl zwischen Nachgeben und Hartbleiben ein für allemal erspart bliebe, ganz einfach, weil Widerstand außerhalb unserer Möglichkeiten läge? Vielleicht hat sich der Westen im tiefsten Herzen danach gesehnt, sich die Möglichkeit zur Entscheidung zu nehmen, um keine mehr treffen zu müssen? Und die Möglichkeit zum Widerstand, um sich nicht schämen zu müssen, keinen Widerstand leisten zu wollen? Diese mühsam erworbene Schwäche trägt ja ihren Lohn in sich: die bittere, aber befreiende Gewißheit, sich nicht schuldig zu machen. Sollte diese Erwägung etwas für sich haben, so dürften wir nicht von einem Scheitern, sondern von einem Erfolg der Entspannung für den Westen sprechen, weil sie ein ehrenhaft wirkender Umweg zur Ohnmacht wäre. Ein ungeheuerlicher, gewagter, schrecklicher Gedanke ist das, der sich aber immer wieder einmal aufdrängt angesichts so vieler gänzlich unbegründeter und unbegreiflicher Akte der Unterwerfung.

Tatsächlich hat es ja eine Zeit gegeben, da die Demokratien ohne Risiko Festigkeit hätten zeigen können und das nicht tun mochten. Die frühen Kapitel im Brevier der Feigheit sind schon vor langer Zeit geschrieben worden.

Um nur eines von vielen aufzuschlagen: Wir empfehlen dem Kenner und Liebhaber das Jahr 1961, weil beim Berliner Mauerbau besonders rührend zu beobachten ist, wie eifrig die westlichen Regierungen ihre eigene Niederlage betrieben und beschönigten. Man kann im Grunde nicht einmal von einem sowjetischen Gewaltakt sprechen, weil das Ausbleiben eines Widerstands der westlichen Alliierten den Kommunisten die Gewaltanwendung ersparte. Man könnte von einem Gaunerstück sprechen, wenn das Wort nicht unangebracht wäre für einen Vorgang, bei dem das Opfer von sich aus sein Eigentum hergibt, so daß der Dieb gar nichts mehr dazutun muß. Tragikomödie würde besser passen, wenn das Ganze nicht auch ein Possenspiel gewesen wäre, von dem der damalige Regierende Bürgermeister von West-Berlin und zukünftige Bundeskanzler Willy Brandt bitter sagte, es »habe den ganzen Ostblock von Pankow bis Wladiwostok zum Lachen gebracht«, so bemüht hatten die Westmächte dafür gesorgt, sich lächerlich zu machen.

Der Mauerbau läßt in einer ersten Fassung für Kammerorchester die zukünftige Entspannungssinfonie, das strahlende Meisterwerk des folgenden Jahrzehnts, anklingen. In der Archäologie der Unterwerfung ist die Affäre mit den bescheidenen romanischen Kirchen zu vergleichen, die das Vorbild für die großen Kathedralen der folgenden Jahrhunderte abgeben, aber für Liebhaber oft reizvoller sind. Im

Verlaufe des Mauersommers kann man im Zeitraffer alle Fakten beobachten, die zwanzig, dreißig Jahre lang die westliche Außenpolitik beeinflußt und beigetragen haben zu ihrer chronischen Anämie und zur gleichzeitigen Perfektionierung der sowjetischen Außenpolitik.

Charakteristisch an der Krise von 1961, und diesem Phänomen begegnen wir immer wieder, ist ein Bankrott der kommunistischen Welt am Start und eine Schwächung der demokratischen Welt am Ziel. Die Kommunisten errichteten die Mauer, um die Ostdeutschen daran zu hindern, durch Berlin, das einzige freie Schlupfloch zwischen den beiden Europas, nach dem Westen zu gehen. Daß so viele Ostdeutsche ihre Heimat verließen, war eine Auswirkung der mangelnden wirtschaftlichen Leistungsfähigkeit des sozialistischen Systems, die schon zu den Arbeiterunruhen des 17. Juni 1953 in Ost-Berlin geführt hatte. Inzwischen war die Zwangskollektivierung, die Enteignung der Bauern hinzugekommen. Die Geschichte zeigt, daß die Vergesellschaftung von Grund und Boden immer und überall eines der Hauptwerkzeuge totalitärer Versklavung gewesen ist und unausweichlich zur Verarmung der Bauern geführt hat. Zu Hunderttausenden strömen sie vor allem seit 1960 in den Westen, fast alle über Berlin, nicht nur Führungskräfte, Arbeiter, Techniker, sondern alteingesessene Mecklenburger Bauern, die nicht leibeigen werden wollen, wie es ihre Vorfahren gewesen sind. Von Januar bis Juni 1961 erreicht die Flut fast fünfzigtausend Auswanderer pro Monat, im Juli und August dann pro Woche, und von diesen Menschen sind zur Beschämung der Kommunisten und zum Schaden für ihren Staat fast die Hälfte noch keine fünfundzwanzig Jahre alt. Die Jungen haben den Sozialismus satt, so wie schon beim Arbeiteraufstand gegen den Sozialismus 1956 in Budapest die Jungen in vorderster Front in den Tod gingen. Das kommunistische Deutschland verliert 1961 sowohl das Gesicht als auch einen wesentlichen Teil seiner erwerbstätigen Bevölkerung. Die Erfahrung zeigt oder, besser gesagt, bestätigt mit schrecklicher Eindeutigkeit, daß eine sozialistische Gesellschaftsordnung von den Betroffenen abgeschüttelt wird, sobald man ihnen die Wahl zwischen dieser Ordnung und einer anderen läßt.

Doch nach den höchst beunruhigenden Regeln eines Rollentauschs, der seit dem Zweiten Weltkrieg allerdings so oft erfolgt ist, daß er uns schon vertraut vorkommt, tragen nicht die kommunistischen Staaten die Folgen ihres Bankrotts, sondern die westlichen

Länder. Nicht nur, daß die Demokratien die Schwächen und inneren Schwierigkeiten der kommunistischen Diktatur nicht auszunutzen verstehen oder überhaupt gewillt sind – sie gehen aus den meisten Krisen, die eigentlich die UdSSR teuer zu stehen kommen müßten, gedemütigt hervor. Das sowjetische Einflußgebiet wird auch nach dieser Krise von 1961 noch einmal stärker und größer, das der westlichen Länder schwächer und kleiner. Der einzige Unterschied zur späteren Entspannung ist, daß sich der Westen 1961 damit zufrieden gibt, den Gewaltstreich der kommunistischen Staaten hinzunehmen, und ihnen nicht noch zum Dank Wirtschafts- und Technologiehilfe leistet.

Ein weiterer charakteristischer Zug der westlichen Staatsmänner zum Zeitpunkt des Mauerbaus in Berlin und achtzehn Jahre später beim Einmarsch in Afghanistan ist, daß ihre Voraussagen und Lagebeurteilungen, soweit sie überhaupt in die Zukunft denken, ausnahmslos falsch sind. Sie sind unfähig, klare Indizien zu interpretieren und offenkundige Vorbereitungen zur Kenntnis zu nehmen. Der Blutverlust durch die Flucht seiner tüchtigsten Bewohner nach Westberlin war so stark geworden, daß Pankow, aber auch Moskau ihn nicht länger hinnehmen konnten. Hätten die westlichen Staatsmänner getan, was ihres Amtes war, hätten sie die verschiedenen möglichen Reaktionen der Kommunisten und die entsprechenden Gegenmaßnahmen durchgespielt. Dagegen versichert Brandt zum Beispiel noch Anfang August, die Sowjets würden niemals auf die Funktion Gesamtberlins als einer Stätte der Begegnung zwischen den beiden Deutschlands verzichten. Wieso eigentlich nicht? War es seines Amtes, eine solche Hypothese einfach auszuschließen? Hans Kroll, der Bonner Botschafter in Moskau, von Bundeskanzler Adenauer zur Berichterstattung zurückgerufen, verbürgt sich für die sowjetische »Friedensliebe«. Die alte Leier. Der französische Außenminister Couve de Murville hatte mit seiner unvergleichlichen Mischung aus anmaßender Gelassenheit und politischer Kurzsichtigkeit seinen Bonner Botschafter François Seydoux längst beruhigt mit der Versicherung, die Berliner Krise werde »ein Schlag ins Wasser« sein, bei dem nichts passieren werde.

Das gleiche Lied im Dezember 1979, als die sowjetischen Divisionen schon an der afghanischen Grenze zusammengezogen wurden und Moskau seit anderthalb Jahren in seiner Verzweiflung vor aller

Öffentlichkeit erfolglos bemüht war, ein einigermaßen standfestes Satellitenregime in Kabul einzusetzen: Die meisten westlichen Staats- und Regierungschefs schlossen die Möglichkeit einer Invasion einfach aus. Um so größer war ihre ganz naiv geäußerte Überraschung, als die Sowjets einmarschierten, oder aber die Verblüffung ließ sie wie Valéry Giscard d'Estaing für mehrere Wochen verstummen.

Die Überraschung, und das ist das dritte Charakteristikum, war schon am 13. August 1961 nicht weniger groß gewesen, als die Kommunisten in einer Nacht einen großen Teil der berüchtigten Mauer errichteten. Nicht nur hatte kein in Deutschland akkreditierter Diplomat es für nötig befunden oder Anweisung bekommen, seinen Urlaub zu verschieben; auch die Staatsoberhäupter, Premierminister und Außenminister hatten sich aufs Land oder an die See zurückgezogen, so synchron, daß die Nachwelt ihnen mangels politischer Weitsicht jedenfalls Liebe zur Natur attestieren muß. Adenauer erholte sich am Comer See. De Gaulle hat sich nach Colombey begeben; die Krise erscheint ihm zu unbedeutend, als daß sie die Rückkehr nach Paris rechtfertigen könnte. Der britische Premier MacMillan ist angeblich auf Moorhuhnjagd in Schottland, doch dabei kann es sich auch um eine Verwechslung mit dem Chef des Foreign Office, Lord Home, handeln. Der französische Premierminister Michel Debré beehrt ebenfalls irgendwo Gewässer und Wälder mit seiner Anwesenheit, desgleichen Couve de Murville und Eric de Carbonnel, der Leiter der Politischen Abteilung des Quai d'Orsay. Willy Brandt hat das Schöneberger Rathaus verlassen und ist mit dem Zug unterwegs ins Land, wo die Zitronen blühen; auf einem nächtlich einsamen Bahnhof wird der erschrockene Bürgermeister aus dem Abteil geholt und ins Flugzeug nach Berlin gesteckt. Ich weiß, der 13. August war ein Sonntag, und Mariä Himmelfahrt am 15. machte es für viele verlockend, einen Kurzurlaub einzulegen. Hitler hatte ja schon fünfundzwanzig Jahre zuvor das Gesetz formuliert, dessen Gültigkeit sich hier wieder einmal erwies: Wer die Demokratien vor vollendete Tatsachen stellen will, braucht nur am Wochenende zu handeln. Doch wie läßt es sich rechtfertigen, daß man nicht an Alarmierungsvorbereitungen, ein rasch arbeitendes Meldesystem, einen Apparat für unverzügliche Konsultationen gedacht hatte? Sorglosigkeit ist in solchen Fällen die zu erwartende Frucht der Unfähigkeit.

Im »privatwirtschaftlichen Bereich«, bei einer Zeitung zum Beispiel, würde man dieses Versäumnis als schweren professionellen Fehler ansehen. Im »öffentlichen Bereich« wird eine solche Leichtfertigkeit im Dienst als kluge Zurückhaltung, Umsicht, Nervenstärke und Beitrag zum Abbau der Spannungen gewertet. In Washington ist Außenminister Dean Rusk von der Bildfläche verschwunden; er wird erst bei einem Baseballspiel wiederentdeckt. Präsident Kennedy befindet sich an Bord seiner Jacht unweit der Familienresidenz in Hyannis Port. Erst am späten Vormittag, mehrere Stunden nach dem Ereignis, schickt ihm ein subalterner Beamter des Weißen Hauses einen Funkspruch mit der Aufforderung, sofort Land anzusteuern. Nachdem er am Ufer die Meldungen zur Kenntnis genommen hat, stellt Kennedy fest, daß von einer Blockade der Zufahrtswege von der Bundesrepublik nach Westberlin keine Rede ist. Er entscheidet beruhigt, der Zwischenfall sei es nicht wert, daß er seinen Aufenthalt in Hyannis Port abbricht. »Was mich betrifft«, erklärt er ein paar Tage später, »ist die Krise schon vorbei.«*

Damit sind wir bereits beim vierten bezeichnenden Zug, der uns auch 1981 bei der Verkündung des Kriegsrechts in Polen begegnet. Die westlichen Alliierten waren 1961 seit langem auf eine neue Berlinkrise gefaßt, aber auf eine ähnliche wie zuvor, also auf so etwas wie die Blockade von 1948. Als das sowjetische Vorgehen nicht dem entspricht, was sie sich vorgestellt haben, behaupten sie lieber, es sei nichts gewesen. So haben die Westmächte auch seit dem Sommer 1980 als einzigen Gegenzug des Kommunismus gegen die Gewerkschaft Solidarität »das Einrücken der Sowjetpanzer« erwogen, so wie in Prag 1968 und in Budapest 1956. Andere Abläufe haben sie sich nicht vorgestellt. Die Sowjets dagegen hatten nachgedacht und etwas gefunden. So war die Sowjetunion auch 1961 auf eine neue Lösung gekommen, die nicht etwa darin bestand, ganz Berlin von der westlichen Welt abzuschneiden, was die westlichen Alliierten ebensowenig hinnehmen würden wie 1948, sondern Berlin zu teilen, worauf sie nicht gefaßt waren. In beiden Fällen, Berlin 1961 und

---

* Ich stütze mich hier auf das hervorragende Buch von Curtis Cate, The Ides of August, New York 1978 (deutsch: Riß durch Berlin. Hamburg 1980), das diese Tage Minute für Minute schildert.

Warschau 1981, gingen einige westliche Regierungen tatsächlich so weit, sich dümmer zu stellen, als sie sein konnten, und erkennen zu lassen, daß sie dies nicht als eine sowjetische Initiative betrachteten und nur die Deutschen bzw. die Polen dafür verantwortlich machten.

Man könnte die Aufzählung der Verhaltensmuster bei den Westmächten fortsetzen. Man kann sich des Eindrucks nicht erwehren, es gebe da so eine Art prästabilierter Harmonie, natürlicher Komplementarität zwischen dem sowjetischen Aggressionswillen und dem westlichen Kapitulationswillen. So machen sich schon 1961 diejenigen politischen Berater der Staats- und Regierungschefs, die für Festigkeit plädieren, als lästige Mahner unbeliebt. Dean Rusk versteht es, Kennedy nach dem Munde zu reden, indem er ein eindrucksvolles Argument erfindet, das zu einem gerne benutzten, geradezu klassischen Zitat wird: Der Widerstand gegen den Angreifer sei gefährlich, weil er bei ihm eine heftige Reaktion auslösen könnte. Wenn man ihm entgegentritt, könnte der Aggressor aggressiv werden! Das ist die Regel, an die sich die ganze westliche Diplomatie fortan hält. Natürlich, wenn der sowjetische Gewaltakt einmal geklappt hat und die Resignation des Westens deutlich geworden ist, dann wird die Aggression in eindrucksvollen Kommuniqués lautstark verurteilt. So wurden die Rituale auch 1961 eingehalten. Es wurden nicht weiter präzisierte ohnmächtige Drohungen gestammelt, man könnte ja mit einem Handelsembargo reagieren, doch das war schon damals ein sanftes Säuseln, von dem sich die Sowjets ebensowenig beeindrucken lassen mußten wie nach der Besetzung Afghanistans und der Einführung des repressiven Militärregimes in Polen. General de Gaulle zog ein paar Tage nach dem Mauerbau, als er endlich nach Paris zurückgekehrt war, aus den Ereignissen schon die Lehre, die ihm am wichtigsten erschien; man müsse unverzüglich in Verhandlungen mit »den Russen« eintreten, um »die Spannungen abzubauen«. Als sei der Westen an den Spannungen schuld! Der General hatte den Grundsatz der Entspannung als erster so klar zum Ausdruck gebracht: Sobald der Gegner einem etwas mit Gewalt genommen hat, muß man überlegen, welche Konzessionen man ihm machen kann, damit er merkt, daß man von dem Schaden, den er einem zugefügt hat, nicht weiter getroffen ist, und daß man keinerlei Rachegefühle hegt. Als de Gaulle ein Jahr später, im September 1962, auf Staatsbesuch in die Bundesrepublik Deutschland reist, vermeidet er ostentativ den üblichen Abstecher nach West-Berlin ... Man darf »sie« um alles in der Welt nicht reizen!

Im Sommer des Mauerbaus blieb sogar die Bühne der feierlichen Auftritte, der Propaganda und der Symbole den Kommunisten zu ihrer großen Freude zugänglich. Im Juli 1961, als das Fieber in Berlin mit jedem Tage stieg, hielt die britische Regierung es nicht für angebracht, eine Englandtournee des sowjetischen Kosmonauten Juri Gagarin zu verschieben; er wurde als Held gefeiert, von der Königin zum Essen empfangen, von den Schulkindern bejubelt. Diese unerschütterliche Höflichkeit war eine Vorläuferin der Nachsicht, die 1980 etliche westliche Länder, unter ihnen nicht zuletzt Frankreich, zeigten, indem sie nach dem Einmarsch in Afghanistan ihre Teilnahme an den Olympischen Spielen in Moskau nicht absagten. Wir westlichen Demokraten sind groß darin, nicht nur die Interessen, sondern auch das Selbstgefühl der totalitären Staaten zu schonen. Der Kreml verläßt sich auch schon auf unsere Passivität, und 1961 haben mehrere Sowjetdiplomaten, darunter der Botschafter in Washington höchstpersönlich, nichts dabei gefunden, vor amerikanischen Journalisten bereits vor dem 13. August zu erklären, die westlichen Alliierten würden nicht reagieren.[*]

Nun kann man mit Recht einwenden, im Jahr darauf, 1962, hätten sich die Sowjets sehr zu Unrecht auf die Gleichgültigkeit des Westens verlassen, als sie auf Kuba Offensivraketen aufstellten. Die Reaktion der Amerikaner fiel bekanntlich energisch und eindeutig aus, die Sowjets steckten zurück, bauten ihre Raketen ab und verluden sie Richtung Heimat. Die Frage ist nur, ob man eine amerikanische Entscheidung in einer schieren Überlebensfrage besonders heldenhaft finden soll. Darf man einem Präsidenten, der sich der Dislozierung von Raketen in 150 km Entfernung von der Küste der Vereinigten Staaten widersetzt, übermenschliche Verdienste zuschreiben? Wäre nicht eher jeder, der eine solche Stationierung hingenommen hätte, als ein Versager oder Verräter angesehen worden? Tatsächlich läßt sich die resignierende Einstellung des Westens schon daran ablesen, daß wir unsere seltenen Notwehrreaktionen zu großartigen Taten hochstili-

---

[*] Artikel von Warren Rogers in der *New York Herald Tribune* vom 16. Juli 1981 und von James Reston in der *New York Times* vom selben Tage; zitiert wird Botschafter Menschikow.

sieren. Auch die damals oft geäußerte Ansicht, General de Gaulle sei trotz seines Antiamerikanismus doch ein treuer Verbündeter, weil er Kennedy in der Kubakrise der Solidarität Frankreichs versicherte, ist im Grunde ein Armutszeichen – wie bescheiden sind doch die Kriterien für die Treue zum westlichen Bündnis! Jedes Bündnis, wenn das Wort einen Sinn haben soll, bedeutet schließlich, daß man eher für seinen Verbündeten Partei ergreift als für den Gegner, der ihn angreift; was ist also so Großartiges daran, daß de Gaulle Moskaus Vorgehen nicht beifällig aufgenommen hat? Er konnte ja wohl nicht gut weniger tun, als seine im übrigen rein verbale Unterstützung für die amerikanische Selbstverteidigungsreaktion zu geben. Erstaunlich ist, daß man das als so besonders lobenswert empfindet. Allerdings steht zu befürchten, daß bei einer fünfzehn oder zwanzig Jahre später eingetretenen Raketenkrise um Kuba die Europäer nicht solidarisch zu den Vereinigten Staaten gestanden, sondern sie beschworen hätten, den Sowjets nachzugeben, um nicht »die Entspannung zu gefährden«. Die wirklichen Hochleistungen der Selbstverleugnung im Angesicht des Aggressors sind nun einmal nicht sofort zu vollbringen. Dazu gehört Training.

Dagegen wird man erwägen dürfen, ob die Kubakrise, bei der die Welt nach Ansicht bewährter Spezialisten an den Rand eines Atomkriegs geraten ist, überhaupt stattgefunden hätte, wenn die westlichen Alliierten, und zwar vor allem die Vereinigten Staaten, ein Jahr zuvor in Ostberlin nicht kapituliert hätten, so daß die UdSSR den Eindruck gewann, sie hätten nicht einmal mehr die Kraft, ihrem guten Recht oder ihrem Selbsterhaltungstrieb Geltung zu verschaffen.

Denn das eigentlich Erschreckende an der Tragödie des Mauerbaus ist ja, daß man für unsere Passivität nicht eine einzige der Scheinrechtfertigungen heranziehen kann, mit denen wir unser Verhalten gegenüber dem Vorgehen des kommunistischen Imperialismus zu bemänteln pflegen. Es gab schließlich ein Viermächtestatut, das die gemeinsame Zuständigkeit der vier Alliierten für *ganz Berlin* festschrieb, so daß der sowjetische Sektor durchaus nicht der UdSSR »gehörte«, ebensowenig wie der französische Sektor den Franzosen. Ostberlin gehörte also nicht etwa kraft irgendwelcher, selbst fälschlich unterstellter Jalta-Beschlüsse in den sowjetischen »Einflußbereich«. Die Demarkationslinie zwischen Westberlin und Ostberlin war eine Sektorengrenze, keine Grenze zwischen zwei Staaten. Einen Sektor der Stadt gewaltsam abzuschotten, stellte damit eine Vertragsverletzung durch eine der Besatzungsmächte dar. Eine militärische Reaktion unsererseits wäre also mit keinem der Probleme belastet gewesen wie fünf Jahre zuvor eine Intervention in Ungarn oder viele erwogene Vorgehensweisen bei späteren aggressiven Akten in anderen Weltgegenden. Mehr noch: Wir wissen inzwischen, daß die Westmächte nur ein Dutzend Panzer über die Sektorengrenze hätten schicken müssen, um die ostdeutschen Soldaten zu vertreiben, die da unter den Schmähungen ihrer Landsleute die »Schandmauer« errichteten, und die unbewaffneten Männer in Uniform wären abgerückt; sie hatten den Befehl ihrer sowjetischen Herren und Meister, so zu reagieren.

Diese überflüssige Kapitulation des Westens beweist im übrigen, wie sinnlos die Unterscheidung zwischen »Kaltem Krieg« und »Entspannung« ist. Das Schreckgespenst des »Kalten Krieges« oder der »Rückkehr zum Kalten Krieg« ist eine Waffe, die nach Afghanistan von den Befürwortern einer Entspannung à la russe eingesetzt wurde, um zu retten, was zu retten war. Wie hätten die Demokratien weniger tun und mit konzilianter Passivität mehr hinnehmen können, als sie es 1961 in Berlin getan haben, als man sich nach Meinung der Theoretiker der internationalen Beziehungen mitten im Kalten Krieg befand?

Kennedy hat bei dieser Gelegenheit sogar erfunden, was später als verhüllende Dekoration bei den Rückziehern zur Zeit der Entspannung immer wieder eingesetzt worden ist: den verbalen Widerstand nach den irreversiblen Fakten, die Verurteilung als »unannehmbar« von soeben brav angenommenen Tatbeständen. Im Juni 1963 tat er im Angesicht der Mauer seine berühmte Äußerung: »Ich bin ein Berliner.« Es ist doch erbaulich, daß die Geschichte von unserer vorsätzlichen Kapitulation vor allem diesen hochtrabenden Satz verzeichnet, mit dem der US-Präsident seine Solidarität beteuert, nachdem er den Kommunisten freie Hand gelassen hat, Berlin nach ihren imperialistischen Herrschaftserfordernissen zu zerschlagen. Ein passender Schluß für eine traurige Farce ist dieser nichtssagende Satz.

Im Krieg, sagt Sallust, kommt es vor allem auf die Klugheit an.*

---

* *Compertum est in bello plurumum ingenium posse* (Sallust, Die Verschwörung des Catilina, II).

Bei dieser Konfrontation von 1961 und den meisten vorhergehenden und folgenden haben sich die Sowjets einfach als klüger erwiesen als die Verantwortlichen im Westen. Nach einem Grundschema, das immer wieder zu erkennen ist, haben sie die Initiative ergriffen, haben die Demokratien überrascht und durften damit rechnen, daß man dort erst einmal von internen Auseinandersetzungen in Anspruch genommen sein würde. Sie beurteilten die Lage richtig, handelten rasch und gewannen, ohne kämpfen zu müssen. Gibt es einen besseren Beweis für die eigene intellektuelle Überlegenheit und ein größeres Vergnügen, als eine Schlacht zu gewinnen, die man gar nicht erst zu liefern braucht? Man bringt geradezu Verständnis auf für den unziemlichen Jubel der totalitären Staaten, als ihr Stück gespielt war, und für die Schamlosigkeit, mit der die deutschen und russischen Kommunisten 1971 das zehnjährige Bestehen der Mauer als einen großen Triumph des Sozialismus begingen. Sie hatten wirklich allen Anlaß dazu. Bei damals noch ungünstigem Kräfteverhältnis es fertiggebracht zu haben, formelle Vereinbarungen ostentativ mit Füßen zu treten, und das nicht nur ungestraft, sondern sogar mit der Folge, daß die Demokratien daraus entnahmen, es sei doch nichts aufrichtiger als die Friedensliebe der Sowjets, nichts dringender, als eine in jeder Hinsicht für den Kommunismus vorteilhafte Entspannungspolitik auf Stapel zu legen – das gibt wirklich das Recht, das Vergnügen auszukosten, sich dem glänzend hereingelegten Gegner überlegen fühlen zu dürfen. Deshalb glaube ich auch nicht recht an den »Minderwertigkeitskomplex«, der den Sowjets von den bedingungslosen Entspannungsfanatikern angedichtet wird, die ja ständig meinen, man müsse Moskau durch Beweise guten Willens »beruhigen«. Im Gegenteil, ich glaube an ein starkes, im Laufe der Jahre kräftig gewachsenes Überlegenheitsgefühl der Sowjetunion gegenüber den Westmächten; sie hat ja immer wieder gemerkt, wie leicht sich der Gegner an der Nase herumführen ließ.

Nachdem sie jahrelang gemeint hatten, gegen die Sowjets einen angeblichen »Kalten Krieg« zu führen, obwohl sie so viele Zugeständnisse machten, daß im Grunde die Entspannung schon vorweggenommen wurde, gaben sich die Westmächte später der Illusion hin, sie befänden sich in einer Periode der Entspannung, die doch nur ein einseitiger Kalter Krieg der Sowjets gegen sie war.

20. Der seltsame »Kalte Krieg«

In der Zeit der »Entspannung«, die unter diesem Namen mit Willy Brandts Ostpolitik kurz vor dem Jahrzehnt 1970–1980 begann, für die aber de Gaulle unbestreitbar seit der Mitte der sechziger Jahre als Wegbereiter gewirkt hatte, lautete der Refrain in den Äußerungen der Politiker, Politexperten und Journalisten, man dürfe nur ja nicht »in den Kalten Krieg zurückfallen«. Wer, und sei es noch so zurückhaltend, warnend auf einen weiteren Erfolg der sowjetischen Expansionspolitik in Afrika oder Asien hinwies, auf einen offenkundigen Verstoß gegen bestehende Verträge oder auf eine terroristische Destabilisierung mit verdächtiger Provenienz, reihte sich zu seiner eigenen Schande unter die »Kalten Krieger« ein, deren unausrottbaren Vorurteile noch nicht unter der Sonne der Entspannung dahingeschmolzen waren.

Rätselhaft an dieser Unterscheidung zwischen Kaltem Krieg und Entspannung ist wie bei etlichen anderen vorgefaßten Meinungen zu geschichtlichen Phänomenen der Ersatz von Wirklichkeit durch Worte, die mit dieser Wirklichkeit wenig zu tun haben. Durch die ständige Verwendung dieser Worte schafft man in der Öffentlichkeit eine Überzeugung, die sich auch durch den Hinweis auf den klaren Sachverhalt nicht erschüttern läßt. Aus sowjetischer Sicht hat es weder Entspannung noch davor Kalten Krieg gegeben. In den beiden Zeitabschnitten gab es die gleiche Politik der Konsolidierung des Besitzstandes und der diplomatischen und militärischen Expansion; die Methode war ganz die gleiche und stützte sich fast immer zu Recht auf die Passivität des Westens gegenüber unverhofften Gewaltakten sowie auf ein geschicktes Ausspielen der Demokratien gegeneinander, um ihnen bei fortdauernder Destabilisierung im Innern territoriale, militärische, wirtschaftliche Zugeständnisse gegen niemals gehaltene »Friedens«-Versprechen abzubringen. Daß die Sowjets dank diesem System ihre lohnendste Ernte in der sogenannten Entspannungsperiode in die Scheuern gefahren haben, erscheint unstrittig. Doch diese Periode ist für sie eher die Entfaltung der vorhergehenden als etwas völlig Neues. Und wenn ich sage, man müsse sich, um das zu merken, in die Perspektive der Sowjets stellen, so meine ich damit nicht das übliche Verfahren der westlichen Außenpolitik, daß man nämlich glaubt, was sie auf den internationalen Konferenzen äußern, sondern daß man nüchtern beobachtet, was sie getan haben, ihre Erfolge und Fehlschläge, denen man dann Erfolge und Fehlschläge der Westmächte gegenüberstellt.

Eigentlich sollte der Hinweis überflüssig sein, doch da bei diesem erstaunlichen Vorgang die elementarsten Fakten immer wieder schlicht vergessen werden, muß man doch wohl gleich zu Anfang daran erinnern, daß die Initiative zum Kalten Krieg, wenn es ihn denn gegeben haben soll, von den Sowjets ausging. Man sollte sich der Tatsache entsinnen oder bewußt werden, daß Stalin 1947 nach einer weit vorangetriebenen Sowjetisierung Ost- und Mitteleuropas den berühmten »Eisernen Vorhang« zwischen den (fortan) »zwei Europas« heruntergelassen und seinen kommunistischen Parteien im Westen, vor allem der italienischen und der französischen, Anweisung gegeben hatte, nach ihrem Ausscheiden aus den ersten Nachkriegsregierungen zu einer destruktiven, ja, aufrührerischen Opposition überzugehen. In den folgenden drei Jahren kamen die Berliner Blockade und der Überfall des kommunistischen Nordkorea auf Südkorea. Gegen diese beiden Aggressionen blieb der Westen völlig in der Defensive, ein Verhalten, das allerdings mit der lustvollen Selbstkasteiung, der man sich damals hinzugeben begann, von manchen bei uns schon als »Kalter Krieg« bezeichnet wurde. Die Luftbrücke zwischen Westdeutschland und Berlin machte die Blockade unwirksam, doch nicht die geringste Repressalie ließ die Sowjets für ihre Vertragsverletzung bezahlen. Ihr Scheitern bei diesem Versuch, ganz Berlin mit Gewalt nach Ostdeutschland einzugliedern, endete ganz einfach mit der Rückkehr zum alten Status. Das ist ja in den Ost-West-Beziehungen fast durch die Bank zu beobachten: Gewinnt die Sowjetunion, erweitert sie ihren Einflußbereich; verliert sie, fällt sie wieder auf den Stand vor dem Angriff. Ein Zurück gibt es so gut wie niemals. Zu den Ausnahmen gehört zum Beispiel der Verlust des Iran durch Stalin 1946. In aller Regel jedoch hat die UdSSR nicht dafür zu büßen, daß sie angegriffen und keinen Erfolg gehabt hat. Schon diese Regel erklärt ihr Vordringen seit 1945. Im Falle Korea war das Muster das gleiche: Die Kommunisten fallen in ein Gebiet ein, provozieren einen bewaffneten Konflikt, verwüsten ein Land, verursachen den Tod von Tausenden und Abertausenden, erreichen ihr Ziel nicht und ziehen sich auf ihre vorhandenen Besitzungen zurück, von denen sie kein Stückchen einbüßen. Die amerikanische Doktrin jener Jahre ist ja die der Eindämmung (*containment*) und durchaus nicht des Zurückdrängens (*roll back*), womit schon alles gesagt ist, was aber den Anhängern der Entspannung zwanzig Jahre später vielleicht immer noch zu kriegerisch klingt. Tatsächlich ist Kalter Krieg für den Kreml ein Synonym für *containment*, während Entspannung dem Begriff des *appeasement*, also des beschwichtigenden Nicht-Widerstandleistens der Westmächte entspricht. Und in der Praxis hat die Sowjetunion immer den Grundsatz durchgesetzt, daß sie das, was sie hat, behalten oder weiter vordringen darf, aber niemals zum Zurückstecken verurteilt werden darf.

Von Anfang an gleicht die Konfrontation zwischen Sowjetunion und Westmächten einem Fußballspiel, bei dem die eine, die Westmannschaft, im voraus darauf verzichtet, die Mittellinie zu überschreiten. Das bestmögliche Ergebnis eines solchen Spiels ist für die Westmannschaft ein Unentschieden, das demnach für die Sowjets das schlechtestmögliche Ergebnis ist. Die Sowjets können siegen oder unentschieden spielen, der Westen unentschieden spielen oder verlieren. Und selbst diese Regel gilt nur für den »Kalten Krieg«, denn zu Entspannungszeiten erscheint sie etlichen Menschen noch als zu günstig für ihr Lager, und die Bemühung um ein Unentschieden gilt ihnen als ein provozierendes Verhalten der demokratischen Länder.

Der Vietnamkrieg bildet keine Ausnahme von dieser Regel. Die Amerikaner haben sich dazu nur entschlossen, weil sie versuchen wollten, die nordvietnamesischen Kommunisten daran zu hindern, mit Gewalt Südvietnam zu erobern, dessen Unabhängigkeit durch das Genfer Abkommen von 1954 garantiert war. So kam es zu diesem Krieg, wie gewohnt also, und nicht etwa, weil die Südvietnamesen auch nur im Traum daran gedacht hätten, in das kommunistische Vietnam einzumarschieren, und die Amerikaner bereit gewesen wären, ihnen dabei zu helfen. Die politische Topographie, das juristische Schema entsprachen in allen Einzelheiten der Situation der zwei Koreas im Jahre 1950, und der Schuldige am Krieg kam aus dem gleichen Lager. Die bloße Entschlossenheit der Amerikaner, auch hier in Vietnam den Status quo zu verteidigen, ihre Zähigkeit beim Kampf um das Untentschieden, das sie dann schließlich doch nicht erreichten, haben genügt, sie in den Augen der Welt auf Dauer als »Imperialisten« abzustempeln. Nach dieser Definition ist Imperialismus also der Verteidigungskampf gegen feindliche Armeen, vorausgesetzt, es handelt sich um kommunistische Armeen, und für eine Bevölkerung, die vom Kommunismus nichts wissen will, wie sie es anschließend, nach der Besetzung durch die Truppen aus dem Norden, ja zur Genüge bewiesen hat. Früher war man ein Imperialist, wenn man Territorien besetzte, die einem nicht gehörten, wenn man unabhängigen Völkern eine Herrschaft aufzwang, die sie ablehnten. Heute ist man Imperialist, wenn man es wagt, sich solchen Handlungen entgegenzustellen, und man selber eine Demokratie, der Angreifer aber ein kommunistisches Land ist.

Zu keinem Zeitpunkt des Kalten Krieges haben die Demokratien, das wissen wir alle, sich die inneren Schwächen des Sowjetsystems zunutze gemacht, vor allem nicht bei den Aufständen der geknechteten Völker in Ostberlin 1953 und in Budapest 1956. Bei welcher Gelegenheit hat sich die republikanische US-Administration der Eisenhowerzeit, vor allem ihr Außenminister Dulles, der mit Vorliebe als »Handlungsreisender in Antikommunismus« dargestellt wird, bei welcher Gelegenheit haben sich die sehr antikommunistischen Regierungen der französischen Vierten Republik, die konservativen Regierungen Churchill und Eden in London härter und unversöhnlicher gezeigt als die Entspannungspolitiker der siebziger Jahre? Ich sehe nur einen Unterschied zwischen ihnen: Die einen haben lediglich darauf verzichtet, aus den im totalitären Imperium spontan aufbrechenden Schwierigkeiten Nutzen zu ziehen; die anderen haben darüber hinaus den Herren des Imperiums auch noch geholfen, solche Schwierigkeiten zu überwinden, indem sie ihnen mit Geld, Nahrungsmitteln und Verständnis unter die Arme griffen.*

Dabei hat der Westen schon mit Beginn des Kalten Krieges die für ihn tröstliche Gewohnheit angenommen, seine unentschiedenen Partien und gelegentlich sogar seine Niederlagen als Siege hinzustellen.

---

* Die von Außenminister John Foster Dulles mit Vorliebe verkündete Doktrin war die des »kalkulierten Risikos«, was seinen französischen Amtskollegen Georges Bidault zu der Bemerkung veranlaßte: »Er kalkuliert sehr viel und riskiert nichts.«

Auch hier ist der Berliner Mauerbau lehrreich: Es handelte sich um eine Machtprobe, und sie endete mit einer Niederlage. Die Westmächte haben nicht reagiert, sondern alle Kraft in die Bemühung investiert, Begründungen für ihr Nichtreagieren zu finden. Die Sowjets haben mühelos ihr Ziel erreicht, ohne eine Gegenleistung zu erbringen oder Sanktionen hinnehmen zu müssen. Trotz dieser wenig ruhmreichen Kapitulation gehen die Demokratien beinahe so weit, sich zu dem glücklichen Ausgang der Angelegenheit zu gratulieren: Die Rote Armee hat schließlich nicht ganz Berlin besetzt, oder? Sie hat die Zufahrtswege zur ehemaligen Reichshauptstadt nicht blockiert, oder? Mit so subtilen Argumenten könnte man sogar den Krieg von 1870/71 in einen französischen Sieg ummünzen. Denn Deutschland hat damals zwar Elsaß-Lothringen annektiert, aber nicht die Champagne, oder? In der Ausgabe 1971 des *New York Times Encyclopedic Almanac* kann man im biographischen Abriß über Kennedy nachlesen, daß dieser US-Präsident nach dem Bau der Mauer »die Reservisten einberief und Militärverbände an die Grenze in Marsch setzte, *bis die gespannte Lage aufhörte*«. (Hervorhebung von mir.) Grenze? Welche Grenze? Wenn es sich um die Grenze zwischen den beiden Teilen Deutschlands handelt, so besteht nicht der geringste Zusammenhang mit dem, was als Reaktion auf den Gewaltakt von Berlin erforderlich gewesen wäre. Und die Spannung? Was ist so verdienstlich daran, sie abklingen zu lassen, indem man von vornherein nachgibt? Gewiß, die Kapitulation der westlichen Alliierten schuf die Spannung aus der Welt, nicht aber die entstandene Lage, denn der von den Sowjets widerrechtlich erlangte Vorteil blieb ihnen. So wird eine Niederlage der Nachwelt als Sieg präsentiert. Der Satz ist Wort für Wort in *The Official Associated Press Almanac* 1973 übernommen worden.* Dabei kann man sich noch glücklich preisen, wenn die Siege des Sowjetimperialismus nicht als Anzeichen für die Schwäche der Sowjetunion angesehen werden, und zwar ausgerechnet von denen, zu deren Lasten sie gegangen sind. Eine solche Äußerung bildete im Sommer des Mauerbaus den Abschluß des rhetorischen Feuerwerks. »Bei einer Sitzung im State Department«, berichtet Curtis

---

* *The Soviet Union and East Germany sealed off escape from East to West Berlin. The President called up army reserves and dispatched military units to the border until the tense situation ceased.*

Cate, »wurde die These vorgetragen, die vom Ulbricht-Regime in Panikstimmung getroffenen Maßnahmen dürften nicht als wirklich aggressiv betrachtet werden ... Sie bewiesen ja, wie angeschlagen das Regime war ... Man mußte sie als einen Rückzug und als eine schwere Niederlage für den Kommunismus ansehen.« Diese Betrachtungsweise war nur ein Anfang; es fügten sich noch viele weitere zum Florilegium der Einfältigkeit der westlichen Diplomatie. Es werden dabei zwei Dinge miteinander vermengt. Natürlich ist es für eine Gesellschaft ein Zeichen der Schwäche, wenn sie eine Mauer bauen muß, um ihre Mitglieder am Fortlaufen zu hindern, wie es das kommunistische Regime in Ostdeutschland tun mußte. Doch dieses Bauwerk ungestraft gegen den Willen des gesamten westlichen Lagers und unter Mißachtung von Verträgen errichtet zu haben, ist alles andere als ein Zeichen der Schwäche: es ist ein Zeichen der Stärke.

Da die Menschen im Westen es bei solchen Gelegenheiten einfach nicht wahrhaben wollen, daß sie einen Rückschlag erlitten haben, fragen sie sich auch nicht, wie es sich nach einem Versagen gehört: Wer ist verantwortlich? Welche Lehren sind aus dem Mißerfolg zu ziehen? Nicht ein einziges Mal ist ein Regierungschef oder ein Minister im Westen zurückgetreten, nachdem seine Politik gegenüber Moskau gescheitert war, so wie der britische Premier Anthony Eden nach dem Fiasko von Suez 1956 oder Außenminister Lord Carrington 1982, weil er die Landung der Argentinier auf den Falkland-Inseln nicht vorausgesehen hatte. Reihenweise sind Fehlleistungen, die unendlich viel gravierender waren als diese harmlosen Affären, weil sie auf längere Sicht die schiere Existenz der demokratischen Zivilisation in Gefahr brachten, ungeahndet geblieben – ja, nicht einmal als solche angeprangert worden, weil sie die Beziehungen mit der kommunistischen Welt betrafen. Man hat sogar erlebt, daß eine Persönlichkeit das einflußreichste Amt der Welt bekam, nachdem sie ihr mangelndes Verständnis für das Phänomen Kommunismus eklatant bewiesen hatte. Tatsächlich hat Eisenhower als Oberbefehlshaber die Eroberung Mitteleuropas durch die Sowjetunion in den Jahren 1944 und 1945 ermöglicht. Nicht nur ist er für diesen Fehler nicht getadelt worden, sondern wurde wenige Jahre später zum Präsidenten der Vereinigten Staaten gewählt. Wie könnten die Verantwortlichen im Westen sinnvolle Lehren aus Ereignissen ziehen, die sie nicht als Erfolge der Sowjets ansehen mögen? Die Lehren werden ihnen aufgezwungen; selber ziehen sie nie welche. So lassen die Sowjets in ihre Aktionspläne mehr und mehr die so gut wie sichere Annahme eingehen, daß sich der Westen passiv verhalten wird. Bei jeder ihrer Unterdrückungs- oder Expansionsoperationen, von Ungarn bis zur Tschechoslowakei, von Afghanistan bis Polen, konfrontieren sie zugleich die Menschen eines östlichen Landes und die der westlichen Länder mit der vollendeten Tatsache. Die Menschen in dem östlichen Land sind nach diesem immer wieder verwendeten Drehbuch das mehr oder weniger Widerstand leistende Opfer, die westlichen Länder das schwächste Glied, der passive, nur leise murrende Zeuge und damit de facto der Komplize. Der Kreml weiß, daß das einzige Hindernis für die Unterdrückung die mutige Entschlossenheit des betroffenen Volkes sein könnte, auf keinen Fall die des Westens. Die Sowjets denken ja auch nicht daran, sich an die Demokratien zu wenden und ihnen zu erklären: »Das afghanische oder ungarische oder tschechische oder polnische Volk gehören auf unsere Seite, glaubt ja nicht, sie gegen uns einspannen zu können.« Nein, sie wenden sich ganz im Gegenteil an die geknechteten Völker, die Ostdeutschen 1953 und 1961, die Tschechen 1968, die Polen 1982, und machen ihnen klar: »Der Westen läßt euch im Stich und wird euch auch in Zukunft nicht helfen. Jeder Widerstand wäre sinnlos. Wenn ihr vernünftig seid, nehmt ihr die Führung durch die Apparatschiks, die wir für euch ausgesucht haben, hin und bemüht euch, so wenig schlecht wie möglich zu leben, indem ihr euch in euer Schicksal ergebt.« Wie könnte man einen so guten, so offensichtlich auf die Praxis gegründeten Rat in den Wind schlagen? Zwei Jahre nach dem Einmarsch der Sowjetarmee in Afghanistan ging die systematische Ausrottung der Bergbewohner unvermindert weiter, während im Westen die Frage einer Unterstützung der Widerstandskämpfer oder von Repressalien gegen die Sowjetunion längst vom Spielplan abgesetzt war. Drei Monate nach der Bekanntgabe des »Kriegszustands« in Polen war das Hauptproblem in der Diskussion zwischen den westlichen Regierungen, in welchem Maße zu welchem Zeitpunkt man bei den Mittelstreckenraketen Zugeständnisse machen sollte, um die Sowjetunion friedlich zu stimmen. Im Westen werden schon nach wenigen Wochen selbst rein verbale Reaktionen als unpassend, ja, schockierend empfunden. Als ihn ein Journalist nach dem gewaltsamen Durchgreifen in Polen im Dezember 1981 fragt, ob ihm etwaige wirtschaftliche

Sanktionen sinnvoll erscheinen würden, erklärt der französische Ex-Präsident Valéry Giscard d'Estaing zunächst einmal geradezu entrüstet: »Sprechen wir doch nicht von Sanktionen! Sprechen wir von *Maßnahmen.*« Selbst »Maßnahmen« ist schon ein ungewohnt hartes Wort. Der KGB wird gezittert haben.* Die Sowjets wissen: Jedesmal, wenn sie sich einen weiteren Vorteil verschaffen, ein weiteres Volk quälen, können sie auf die Untätigkeit und nach kurzer Zeit auf das Schweigen der westlichen »Großmächte« zählen, die sich den entsetzten Ausruf aus Corneilles Tragödie »Rodogune« zu eigen machen:
»So triste Farben muß man mit betrübtem Sinn
wegwischen, oder gleich den Vorhang gnädig ziehn.«
Abgesehen von ein paar Auftritten im Stil der Opera buffa wie dem Landeunternehmen 1958 im Libanon und 1961 in der Schweinebucht in Kuba, im Grunde sogar einschließlich dieser Unternehmen, war der »Imperialismus« des Westens während des Kalten Krieges rein defensiver Natur. Er war immer eine Reaktion auf eine sowjetische Offensive. Trotzdem haben diese Unternehmen ebenso wie die Destabilisierung des antiwestlichen Mossadegh-Regimes im Iran und des prokommunistischen Arbenz-Regimes in Guatemala die Vereinigten Staaten ein für allemal mit dem Kainsmal gezeichnet. Ich will die Berechtigung dieser Verurteilung nicht anzweifeln, sondern nur darauf hinweisen, daß solche Operationen von der UdSSR oder China oder Kuba und von allen kommunistischen Ländern, solange es sie gibt, einst und jetzt ständig durchgeführt werden, und zwar aus eigener Initiative in offensiver Form, nicht zu ihrer Verteidigung. Niemals aber ziehen sie sich eine so heftige und dauerhafte Verurteilung durch das Weltgewissen zu. Greift der Kommunismus an, so wird unterstellt, daß er sich verteidigt; verteidigt sich die Demokratie, so wird unterstellt, daß sie angreift. Das ist der für »Entspannung« und »Kalten Krieg« gleichermaßen gültige Grundsatz, der tatsächlich im Westen von großen Teilen der Öffentlichkeit, von Presse, Parteien und verantwortlichen Politikern akzeptiert wird.

---

* *Paris-Match,* Februar 1982. Giscards einstiger Premierminister Raymond Barre hat im September 1981 vor der Parlamentsfraktion der UDF auf scharf antisowjetische Äußerungen von Präsident Mitterrand mit der Erklärung reagiert: »Mitterrand gefährdet die traditionelle Freundschaft zwischen Frankreich und der UdSSR.« Das sind die Spätfolgen der krankhaften gaullistischen Vorstellungen, von denen im nächsten Kapitel die Rede sein wird.

Die übliche Interpretation der Kubakrise von 1962 ist ein besonders eindrucksvolles Beispiel dafür. Der Alarmzustand, den die Historiker als amerikanischen Sieg und als Demütigung der Sowjets herausstellen, war von seiten der Vereinigten Staaten eine rein defensive Maßnahme. Die eigentliche Initiative, die wahrhaftig offensiv war, nämlich die Stationierung sowjetischer Atomraketen auf Kuba, hatte der Kreml ergriffen. Und worin bestand die angebliche »Niederlage« der Sowjets? In der Zurücknahme der Entscheidung, die Raketen aufzustellen, also wie üblich im *straflosen Zurückgehen der UdSSR auf die Ausgangsposition*. Und wie errangen die Amerikaner ihren »Sieg«? *Indem sie zusagten, das Castro-Regime zu respektieren, und indem sie ihre Raketen aus der Türkei abzogen.* Tatsächlich bezahlt also bei diesem Handel der »Sieger« einen Preis, und der »Besiegte« kassiert mit der Unantastbarkeit Kubas und der Schwächung der NATO einen zweifachen Gewinn. Die UdSSR hat eine wahre Meisterschaft darin entwickelt, sich dafür bezahlen zu lassen, etwas *nicht* zu tun, das sie natürlich irgendwann später doch tut.*

Zwanzig Jahre später, 1982, bietet Präsident Reagan dem inzwischen ebenfall zum sowjetischen Satelliten gewordenen Nikaragua Wirtschaftshilfe an unter der Bedingung, daß das Land die Guerrillakämpfer in El Salvador nicht länger ermutigt und unterstützt. Das Weiße Haus wiederholt damit seinen Fehler von der Kubakrise 1962: Man gibt oder offeriert einen konkreten, handfesten, positiven Vorteil im Tausch gegen die ungewisse Einstellung einer störenden Tätigkeit; man opfert jetzt etwas Greifbares gegen das Versprechen, Schädliches in der Zukunft zu unterlassen; man gibt etwas Wägbares, Kontrollierbares aus der Hand gegen die Zusicherung von etwas Unwägbarem und Unkontrollierbarem.

Dieses Verhandlungsrezept gehört in eine größere Kategorie, die der *Vorleistungen*. Man gibt im voraus, am besten schon vor Beginn der Verhandlungen, was Gegenstand der Verhandlungen sein und vom Westen erst angeboten werden sollte, wenn die Verhandlungen dem Abschluß zugehen und man die Gegenleistung sorgfältig geprüft

---

* Die beiden Konzessionen Kennedys sind nur die *bekanntgewordenen*. Es ist durchaus nicht ausgeschlossen, daß es weitere gegeben hat: Wie erklärt sich sonst die Tatsache, daß die amerikanischen Behörden, die sonst mit der Freigabe von Staatsgeheimnissen nicht kleinlich sind, den Notenwechsel zwischen Kennedy und Chruschtschow seit 1962 strikt unter Verschluß behalten?

und für mindestens gleichwertig befunden hat. Die Westmächte haben ganz im Gegenteil die Gewohnheit angenommen, ihre besten Trümpfe nur allzu oft auf dem Altar der Entspannung zu opfern, um ihren guten Willen und ihre Bereitschaft zum Entgegenkommen vor aller Welt zu zeigen, wobei sie in der naiven Überzeugung handeln, die Sowjets würden von einem so hochherzigen Verhalten derart beeindruckt sein, daß ihre Gegenleistung nicht auf sich warten lassen und alle westlichen Wünsche erfüllen werde. Die Sowjets sind anspruchsvoll geworden, weil man sie so verwöhnt hat, und finden es inzwischen ganz natürlich, Verhandlungen unter der Bedingung vorzuschlagen, daß der Westen vorher auf seine Trümpfe verzichtet; die Auseinandersetzung um die Mittelstreckenraketen war dafür bezeichnend. So sind sie denn auch vor Wut ganz außer sich, wenn unsere Regierungen mit einem ganz ungewohnten Mangel an Folgsamkeit den Eindruck erwecken, als wollten wir auf die Regeln einer unwürdigen, kapitalistischen Diplomatie mit Leistung und Gegenleistung zurückgreifen, zum Beispiel mit dem Vorschlag, die UdSSR solle erst einmal ihre Raketen abbauen, dann würden wir darauf verzichten, welche aufzustellen. In ihren Augen – und in denen vieler Fürsprecher im Westen – wäre es durchaus normal gewesen, daß wir ohne weiteres auf die Stationierung von Mittelstreckenraketen in Westeuropa verzichteten, um das Recht zu erlangen, mit den Sowjets überhaupt sprechen und in Verhandlungen eintreten zu dürfen, bei denen wir mit leeren Händen dastehen würden. Allerdings wäre es sehr töricht von den Sowjets, nicht bei ihrer gewohnten Unnachgiebigkeit zu bleiben und darauf zu bestehen, daß der Westen erst einmal Garantien gibt; die Formel wird ja zu ihrer Freude nach wie vor im Westen von vielen befürwortet und ist sehr populär geworden. So haben noch im Frühjahr 1982 vier hoch angesehene amerikanische Persönlichkeiten, nämlich McGeorge Bundy, Sicherheitsberater von Kennedy und Johnson, Robert McNamara, Verteidigungsminister unter denselben Präsidenten, George Kennan als Gallionsfigur der US-Diplomatie nach dem Zweiten Weltkrieg, und Gerard Smith, Vertreter bei den SALT-Verhandlungen, gemeinsam in der Zeitschrift *Foreign Affairs* einen Artikel veröffentlicht, in dem sie Reagan empfehlen, auf den Ersteinsatz von Atomwaffen im Falle eines Angriffs der Sowjetunion auf Westeuropa von sich aus zu verzichten. Ein solcher Verzicht auf den *first strike*, laut herausposaunt, wäre wirklich die große Überraschung gewesen, von der die Sowjetunion seit über dreißig Jahren träumt. Dieser Vorschlag, dieser Zeitschriftenartikel kam gerade rechtzeitig, um die nötige Ermutigung zu liefern für die europäischen Friedensbewegungen, für die Anhänger der einseitigen Abrüstung des Westens, und er kam ferner genau zu dem Zeitpunkt, da in der Bundesrepublik Deutschland, der Hochburg des Defätismus, der schwierige Parteitag der SPD stattfinden sollte, die ja beim Widerstand gegen die Expansionspolitik des Totalitarismus zum schwächsten Glied unter den Regierungsparteien der demokratischen Länder geworden war.

Hunderte solcher Beispiele ließen sich finden. Was man mit martialischer Übertreibung »Kalter Krieg« genannt hat, war in der Praxis für den Westen eine Zeit außerordentlicher Zurückhaltung, und die Baumeister der Entspannung brauchten die Regeln nur noch weicher zu fassen, ohne sie substantiell zu ändern. Dieses zahme Verhalten hat Moskau offensichtlich angenehm überrascht. Die Kubakrise war die letzte von mehreren in den Jahren 1953 bis 1962. In dieser Zeit verfügten die westlichen Länder, vor allem natürlich die Vereinigten Staaten, über alle Mittel für eine offensive Politik, was nicht eine militärisch aggressive Politik bedeutet, sondern eine Diplomatie, bei der man sich Positionen und Garantien sichert, die dem tatsächlichen Kräfteverhältnis entsprechen. Die Sowjets, die jedenfalls auf diesem Gebiet produktiv arbeiten, erwarteten natürlich von unserer Seite eine solche Außenpolitik, die einfach unsere Interessen wahrnahm. Um so mehr hat sie unsere Unfähigkeit erstaunt.

Tatsächlich haben die Sowjets nie verstanden, warum der Westen keinen Vorteil zu ziehen versuchte aus ihrer jahrelangen Unterlegenheit, ihrer Verwundbarkeit, dem ersten Aufstand in Ostdeutschland, in Polen schon damals, in Ungarn vor allem, als die Völker merkten, welch ein Alptraum von Elend und Sklaverei diese seltsamen »Befreier« ihnen gebracht hatten. Nicht nur versuchten die Westmächte gar nicht erst, durch Pressionen die UdSSR zu veranlassen, die Gebiete herauszurücken, die sie sich widerrechtlich angeeignet hatte, und den Ländern die nationale Unabhängigkeit wiederzugeben, die sie zu Kolonien gemacht und wo sie willfährige Befehlsempfänger an die Regierung gebracht hatte, die sich nur durch brutale militärische und polizeiliche Unterdrückung halten konnten. Nein, Amerika und seine europäischen Verbündeten verstanden nicht einmal die günstigen Gelegenheiten zu nutzen, die sich boten, um durch Verhandlungen die schwierigsten und gefährlichsten Folgen des Krieges aus der Welt zu schaffen, vor allem die Teilung Deutschlands, die so bedrohlich war und eine dauernde Schwachstelle für ein zukünftiges demokratisches Europa bedeutete.

Als die Alliierten im August 1961 die Kommunisten unbehelligt die Berliner Mauer bauen ließen, ist, wie Curtis Cate berichtet, als US-Botschafter in Westdeutschland gerade der Mann tätig, der zuvor als Botschafter in Wien an den Verhandlungen mit den Sowjets teilgenommen hat, die im Mai 1955 zum Friedensvertrag mit Österreich führten. 1959, zu Beginn seiner Amtszeit in Bonn, begegnet dieser Botschafter, Walter Dowling, einem sowjetischen Diplomaten, der selber zur Zeit des Friedensvertrages in Wien tätig gewesen ist, einem gewissen Timoschenko.

»Wissen Sie noch«, sagt Timoschenko, »wie wir in Österreich zueinander gesagt haben: So, jetzt werden wir den Friedensvertrag unter Dach und Fach bringen!«

»Und ob!« erwidert Dowling. »Also könnten wir ja jetzt sehen, ob wir das gleiche nicht auch hier für Deutschland schaffen?«

»Unmöglich«, erwidert der Sowjetdiplomat, indem er mehrfach und nachdrücklich den Kopf schüttelt, »da haben Sie Ihre Chance schon 1952 verpaßt.«

Nicht erst 1952 haben die Westmächte die Gelegenheit vorübergehen lassen, einen Friedensvertrag mit einem wiedervereinigten Deutschland zustande zu bringen und damit eine Hauptschwäche des demokratischen Lagers, die es für Moskau jederzeit erpreßbar macht, auszuräumen. Truman hatte zur Zeit der Berliner Blockade 1948 die erste Chance vorübergehen lassen, als er nicht bereit war, einen Panzerzug von Westdeutschland nach Berlin zu schicken, um zu sehen, ob die Sowjets ihn mit Waffengewalt aufhalten würden. Ganz gleich, ob sie ihn angegriffen hätten oder nicht, sie wären die Verlierer gewesen, und Amerika hätte von ihrem Fehler profitiert und verlangen können, daß die deutsche Frage nicht länger im Zwielicht des Provisoriums blieb. Die Luftbrücke dagegen war ein Umgehen, kein Aufbrechen der Blockade, und die Vereinigten Staaten brachten es auch nicht fertig, aus diesem Prestigegewinn einen diplomatischen Sieg zu machen. Die Aufhebung der Blockade bedeutete für die westlichen Alliierten nichts weiter als die Rückkehr zum militärisch unhaltbaren und rechtlich unklaren Status quo ante. Die elementarste Aufgabe für jeden Diplomaten hätte darin bestanden, als Preis für den Fehler, den sie begangen hatten, als sie das Viermächtestatut verletzten, von den Sowjets die sofortige Aushandlung eines Friedensvertrages mit Deutschland zu verlangen. Daß die Alliierten ihre günstige Situation nach diesem Mißerfolg der UdSSR nicht ausgenutzt haben, ist nach den uralten Regeln der klassischen Diplomatie schon ein Beweis beruflicher Unfähigkeit. Daß sie es aber überhaupt unterlassen haben, sich Vorteile zu verschaffen, als die Vereinigten Staaten das Monopol der Atombombe hatten, die absolute Überlegenheit, wie es sie in der Menschheitsgeschichte noch nie gegeben hatte – das läßt sich rational kaum mehr erklären, auch wenn man den westlichen Staatsmännern jener Jahre eine gehörige Dosis Verblendung zugesteht, die kaum hoch genug angesetzt werden kann. Stalin dank des Atomwaffenmonopols zum Abschluß des Friedensvertrages mit Deutschland zu zwingen, hätte gewiß nichts Unmoralisches gehabt, weil die militärische Überlegenheit nicht für den Krieg eingesetzt worden wäre, sondern im Gegenteil für die Beseitigung eines Anlasses für zukünftige Kriege oder jedenfalls für ständige Reibungen, und vor allem natürlich einer erheblichen Schwächung des Westens, eines stets griffbereiten Erpressungswerkzeugs gegen das demokratische Europa.

1953, beim Arbeiteraufstand gegen den Kommunismus am 17. Juni in Ostberlin, wäre es für die westlichen Alliierten möglich gewesen, Moskau zu veranlassen, das Regime des unbeliebten Ulbricht fallen zu lassen und die Deutschlandfrage zu regeln. Darauf waren die Sowjets auch durchaus gefaßt. Die Frage stand auf der Tagesordnung des Politbüros im Kreml, und Berija selber sprach sich für ein dem Westen günstiges Arrangement aus, so sehr erschien das Behalten Ostdeutschlands Stalins Nachfolgern damals als ein unannehmbares Wagnis. Leider findet man in den Annalen des Weißen Hauses keine Spur von einer entsprechenden Sitzung zum gleichen, nur umgekehrten Thema: Wie kann man die günstige Konstellation nützen, um aus der Sackgasse heraus und zu einem Friedensvertrag zu gelangen? Im Klartext: Moskau war bereit, Washington entgegenzukommen, doch Washington hat das nicht gemerkt und ist gar nicht darauf gekommen, so etwas zu verlangen. Dabei wurde das State Department damals von dem angeblichen »Superfalken« John Foster

Dulles geleitet, dem rücksichtslosen Verfechter des »Kalten Krieges«. Nach Stalins Tod hielt die neue sowjetische Führung zwei Satelliten für gefährdet: Albanien, das sich durch keinerlei »Freundschafts«-Vertrag an die UdSSR gebunden hatte, und die Deutsche Demokratische Republik, die von Stalin ebenfalls nicht zu einem solchen Vertrag gezwungen worden war, was schon deutlich zeigt, wie fest Stalin und seine Nachfolger mit einer deutschlandpolitischen Initiative des Westens rechneten. Die Sowjetunion hatte ja so bald wie möglich, gleich nach Kriegsende, solche die »Freundschaft« besiegelnde Verträge mit allen anderen Ostblockstaaten geschlossen, mit der Tschechoslowakei, Jugoslawien, Polen, Rumänien, Ungarn und Bulgarien. Und 1947 hatte Stalin die eben erst entstandene SED nicht einmal in das Kominform aufgenommen. Er rechnete also erkennbar damit, daß die Westmächte eine definitive Einverleibung des Ostteils von Deutschland in die sowjetische Sphäre nicht zulassen würden, und er war darauf gefaßt, in der Deutschlandfrage Entgegenkommen zeigen zu müssen. Stalin hatte noch nicht gemerkt, daß der Westen keine echten Unterhändler mehr hatte, sondern nur noch »Experten«.

Diese Selbstlähmung des Westens geht auf ein Mißverständnis aus der Zeit des Zweiten Weltkriegs zurück, das die Demokratien zu einem Grundfehler veranlaßte. Die Fehldiagnose der westlichen Alliierten hinsichtlich Grund, Art und echter Zielsetzung des sowjetischen Engagements in diesem Krieg führte in der ersten Nachkriegszeit zu einer weltweiten Minderung ihres politischen Sehvermögens und tauchte sie in einen Zustand der Betäubung, in dem sich Denkfaulheit mit Leichtgläubigkeit so vermischt, daß die Betroffenen weder verstehen noch überhaupt zur Kenntnis nehmen können.

Tatsächlich darf man nicht vergessen oder nicht wahrhaben wollen, daß die UdSSR sehr gegen ihren Willen ab 1941 im Zweiten Weltkrieg auf der Seite der westlichen Alliierten gekämpft hat. Der Kriegsplan des Sowjetstaates sah vor, dem 1939 geschlossenen Bündnis mit dem Nationalsozialismus treu zu bleiben. Kriegsziel war, einen möglichst großen Anteil an den von Deutschland besiegten Ländern zu bekommen. Hitler durchkreuzte diese großartige Berechnung, indem er den Pakt zwischen Sowjets und Nationalsozialisten brach und 1941 in die Sowjetunion einfiel. Er überraschte damit eine Regierung und eine Armee, deren Schlendrian und mangelnde Vorbereitung das russische Volk Millionen Menschen kosteten. Die kommunistische Propaganda schlachtet ihren Opfergang seither weidlich aus, doch es hätten viel weniger Verluste sein können, wenn das Land eine tüchtige Führung gehabt hätte. Dergestalt in den Kampf gegen denselben Feind wie die Demokratien hineingezogen, den sie mit Hilfe amerikanischer Rüstungsgüter und Nahrungsmittel führte, ohne die eine Wende niemals zu erzwingen gewesen wäre, dachte die Sowjetführung trotzdem nicht daran, sich dem demokratischen Lager zugehörig zu fühlen und sich gar dessen politische Kriegsziele zu eigen zu machen. Die UdSSR war nicht darauf aus, wie ihre Verbündeten den Totalitarismus von der Erde tilgen zu wollen; sie hatte ja alles getan, um seine Verbreitung zu fördern. Obwohl der Verrat ihres liebsten Bundesgenossen, Adolf Hitler, die Sowjetunion gegen ihren Willen als kriegführendes Land in das Lager der Demokratien gezwungen hatte, blieb sie bei ihren alten Kriegszielen, das heißt möglichst viel ausländische Territorien zu schlucken und ihnen ihr totalitäres System aufzuzwingen. Man sieht daran, wie naiv die »Kollaborateure« in den von den Deutschen besetzten Ländern waren, wenn sie die Zusammenarbeit mit Hitlerdeutschland als eine Möglichkeit zum Kampf gegen den Bolschewismus ansahen; ebenso naiv waren aber die Regierenden der kriegführenden demokratischen Länder, die sich einbildeten, die UdSSR sei auf dem Wege in demokratische Verhältnisse, nur weil sie gegen ihren Willen ins Lager der demokratischen Nationen gedrängt worden war. Pathetische Beteuerungen der weltfremden Überzeugung, daß Stalin drauf und dran sei, sich zu einer politischen Moral von geradezu schweizerischer Qualität zu bekehren, findet man während des Krieges und unmittelbar danach überall in der amerikanischen und englischen Presse, und man vernimmt sie aus dem Munde vieler westlicher Staatsmänner.

Es konnte nicht ausbleiben, daß auf eine so brillante These gestützt die Verteidiger der westlichen Interessen »rückwärts in die Zukunft« marschierten, um Paul Valérys Formulierung zu gebrauchen.

Die Zeit nach dem Zusammenbruch des nationalsozialistischen Deutschland brachte die von Anfang an bestehende völlige Asymmetrie der sowjetischen und der demokratischen Kriegsziele überhaupt erst ans Licht. Während die Demokratien entschlossen gewesen waren, die besetzten Länder zu befreien, um ihnen die Möglichkeit zu geben, ihre nationale Unabhängigkeit wiederzuerlangen und sich demokratische Regierungssysteme zu schaffen, ein Programm, das in Westeuropa und Japan durchgeführt wurde, hatte die Sowjetunion in den Ländern, aus denen sie die Deutschen vertrieb, von Anfang an vorgehabt, sich an die Stelle Hitlers zu setzen, sie zu annektieren und ihnen ihr Regime aufzuzwingen. Man kann ja tatsächlich beim besten Willen das Statut, das den »Volksdemokratien« mit Gewalt verpaßt wurde, nur als eine kaum verhüllte Annexion bezeichnen.

Zu dieser Zeit entstand de facto und in der Vorstellung vieler Menschen die falsche Gleichsetzung der sowjetischen und amerikanischen »Einflußgebiete«, die bewirkte, daß der Westen von vornherein als der Schwächere in den angeblichen Kalten Krieg und später in die Entspannung ging. Die Gleichsetzung wäre berechtigt gewesen, wenn Amerika mit der Begründung, es habe diese Länder befreit, Frankreich, Italien, die Niederlande, Belgien, Dänemark und Westdeutschland annektiert hätte, indem es dort von ihm bezahlte und gesteuerte Prokonsuln in den Sattel gehoben und durch Lakaien weiterhin regiert hätte, so wie es die UdSSR noch heute in den Ländern Ost- und Mitteleuropas, einschließlich Ostdeutschlands, tut.

Bekanntlich haben die Amerikaner ganz im Gegenteil gleich nach dem Ende der Kampfhandlungen alle ihre Truppen abgezogen, außer aus dem besiegten Deutschland. Wegen der Gefährdung der Unabhängigkeit Westeuropas durch die Rote Armee wurde 1949 auf Verlangen der Europäer der Nordatlantikpakt geschlossen. Nach dem Kriege sind die Streitkräfte der westlichen Alliierten rasch demobilisiert worden, statt fünf Millionen sind es bald nur noch neunhunderttausend Mann, während die Rote Armee – vier Millionen Mann – in kriegsbereiter Stärke verharrt. Von 1946 bis zum Prager Putsch vom Frühjahr 1948 dehnt die Sowjetunion ihre militärische Herrschaft auf fast hundert Millionen Menschen aus, von Ostdeutschland und Polen im Norden bis Albanien und Bulgarien im Süden. Die NATO ist eine Antwort auf diese Bedrohung. Es bleibt ein großer Unterschied zwischen der absoluten Unterwerfung der Ostblockländer unter Moskau und der Entscheidungs- und Bewegungsfreiheit der Mitglieder des Nordatlantikpakts gegenüber den Vereinigten Staaten, doch die Einstellungen und Verhaltensweisen haben sich bald ausgeprägt: Die Demokratien und ihre öffentlichen

Meinungen nahmen den Grundsatz der Ungleichheit der Rechte und der Legitimität zwischen Sowjetunion und Okzident unausgesprochen hin. Zwei Symptome dafür, wie tief die Resignation, die Bereitwilligkeit des demokratischen Westens, sich die Ansichten und Ziele derer, die ihn zerstören wollen, zu eigen zu machen, schon damals ging, lassen sich noch heute erkennen.

Das eine ist die Neigung, die sowjetischen Eroberungen als legitim anzuerkennen, obwohl sie auf schierer Gewalt beruhen und gegen das Völkerrecht, bei der Charta der Vereinten Nationen angefangen, verstoßen. Diese Anerkennung ist ganz selbstlos, nicht einmal zynisch, und geht mit keiner westlichen Forderung, keiner sowjetischen Gegenzusage, jedenfalls keiner gehaltenen, einher; sie ist eine unbegreifliche Selbstverstümmelung der Demokratien, die 1975 in den Vereinbarungen von Helsinki gipfelt. Dreißig Jahre zuvor, also schon 1945, findet man in der frisch gegründeten französischen Tageszeitung *Le Monde*, die trotzdem schon ihre Rolle als Gewissen der französischen Intelligenz zu spielen beginnt, einen Leitartikel, der die bevorstehende Einbeziehung der mitteleuropäischen Länder in den totalitären Machtbereich im voraus rechtfertigt: »Die Stunde der Slawen hat vom Glockenturm der Geschichte geschlagen...«, steht da zu lesen. »Bedauern oder Bedenken können darüber nur die empfinden, die bewußt oder unbewußt auf Deutschlands Seite stehen... Das große Rußland hat die Slawen vor Knechtschaft und Vernichtung gerettet, und es ist normal, daß sie ihm heute ihre Dankbarkeit bezeugen, indem sie sich um sein Banner scharen.«*

Diese abwegige Neubelebung des Panslawismus als Deckmantel für den kommunistischen Totalitarismus; diese plötzliche Heiligsprechung der slawischen Völkergemeinschaft, in die unerwartet, wenn ich das richtig lese, unter Mißachtung aller anthropologischen Erkenntnisse auch die Ungarn, Rumänen und Preußen fallen sollen; diese hinterhältige Anschuldigung, daß alle, die mit diesem neuen Panslawismus nicht einverstanden sein sollten, »auf Deutschlands Seite stehen« – drei Wochen vor dessen Sturz ins Nichts (sehr bald heißt es deshalb »auf der Seite der Amerikaner stehen«); schließlich die naive Behauptung, daß die Völker, die drauf und dran sind, unter den Stalinschen Stiefel zu geraten, sich »aus Dankbarkeit«, offenbar

---

* *Le Monde*, 17. April 1945.

also ganz freiwillig, »um das Banner« ihrer Henker von morgen »scharen«, das sind erstaunliche Blüten aus einem so kurzen Text, der die feste Entschlossenheit der Menschen im Westen belegt, sich mit Vorliebe die für die Sache der Sowjets günstigste Version zu eigen zu machen.

Das zweite Symptom zeigte sich um die Zeit der Gründung des Nordatlantikpakts. Die Vereinigten Staaten sahen sich von den wehrlosen Europäern aufgerufen, das militärische Vakuum auszufüllen, das in Westeuropa gegenüber dem beängstigend hochgerüsteten Osteuropa entstanden war. Die USA waren anfänglich durchaus ablehnend eingestellt, die Regierung hatte erhebliche innenpolitische Widerstände zu überwinden, bevor sie das Bündnis unterzeichnen konnte – und trotzdem galten die Amerikaner sehr bald als Aggressoren und »Besatzer«. Viele werden sich der gewalttätigen Demonstrationen erinnern, mit denen 1952 der Oberbefehlshaber der NATO-Streitkräfte, General Ridgway, in Paris empfangen wurde.

So entstanden schon früh die geistigen Rahmenbedingungen für den Kalten Krieg und die Entspannung: Die Verteidigung wird zur Aggression; der amerikanische Verbündete, der durch einen frei ausgehandelten Vertrag zum Verbündeten geworden ist, gilt als »Besatzer«.* Die Länder dagegen, die der Stalinismus zu dieser Zeit unter den Stiefel nimmt, haben sich »aus Dankbarkeit um sein Banner geschart«; die liberalen Demokratien, weil sie die USA zur Führungsmacht haben, sind reaktionär und »rechts«, während die UdSSR und die von ihr vereinnahmten Länder für die »Linke« und die Fortschrittlichkeit stehen. Der Friedenswille ist bei denen zu Hause, deren Macht ausschließlich auf Armee, Polizei und Konzentrationslagern beruht und die eine Gewaltaktion nach der anderen inszenieren, ob in Berlin oder Korea. Die »verbrecherische Entschlossenheit, den Dritten Weltkrieg auszulösen«, ist bei den Amerikanern daheim. Bestenfalls kann man ihnen noch soviel Verständnis entgegenbringen, daß man sie mit den Sowjets auf eine Stufe stellt und damit für den Neutralismus agiert.

---

* 1951 erblickt Simone de Beauvoir in Chinon in einem Restaurant zwei US-Soldaten und äußert, kaum daß sie sich von diesem entsetzlichen Schock erholt hat, zu Camus: »Ich fühlte mich in die Besatzungszeit zurückversetzt.« (Der Lauf der Dinge. Hamburg 1966).

Die Vorstellung kann beginnen, die Schauspieler stehen bereit, die Rollen sind verteilt. Und das Unbegreifliche ist: Dieses Stück ist so aufgebaut, daß der strahlende Held, der materielle und moralische Sieger in jedem Akt bis zum letzten Niedergehen des Vorhangs nur der kommunistische Totalitarismus sein kann, und dabei haben der Westen, die Demokratien den Text geschrieben, die Motive der Beteiligten geliefert und den Handlungsablauf bestimmt.

21. Vom Erfinder der Entspannung

General de Gaulle wurde von etwas gequält, das Alfred Grosser den »Perrichon-Komplex« genannt hat nach dem Komödienhelden Monsieur Perrichon bei Labiche. Dieser Perrichon haßt den Mann, der ihn vom Rande eines Abgrunds zurückgehalten hat, weil der bloße Anblick seines Retters ihm das volle eigene Verdienst an seiner Leistung schmälert; er fühlt sich daran erinnert, daß er sein Leben nicht allein der eigenen Umsicht verdankt. De Gaulle, geplagt von seiner Animosität gegenüber den »Angelsachsen«, wie er sie mit Vorliebe nannte, zeigte sich zunächst hartnäckig verbittert gegenüber den Engländern, die ihn während seiner Exiljahre nach dem Zusammenbruch Frankreichs 1940 aufgenommen hatten, anschließend und vor allem gegenüber den Amerikanern, ohne deren Eingreifen Hitler den Zweiten Weltkrieg gewonnen hätte. Es gehört nicht zu meinem Thema, den Gründen für diese bizarre, nachtragende Ablehnung nachzugehen, die jedenfalls zeitweise gerechtfertigt war durch die sehr realen Unannehmlichkeiten, die sich aus der unklaren Stellung de Gaulles in London gegenüber der britischen Regierung ergaben, und durch die psychologischen Fehler, die US-Präsident Franklin Roosevelt gemacht hatte. Nur: Ein Staatsmann darf sich nicht wie eine beleidigte Primadonna aufführen, die sich für eine Kränkung unbedingt rächen muß, sondern hat sein Verhalten von seiner Verantwortung für das zukünftige Schicksal von Millionen Menschen bestimmen zu lassen. Deshalb sind die guten oder schlechten Gründe für seinen Groll mir vollkommen gleichgültig, nicht dagegen dessen Auswirkungen. Sind sie nachteilig, so hat der Mann seine Berufung verraten, indem er seinen persönlichen Abneigungen mehr Raum gegönnt hat als seinen Amtspflichten. Der demokratische Staatsmann darf keine Empfindlichkeit zeigen, es sei denn im Namen der von ihm regierten Gemeinschaft und der Interessen seiner Wähler.

Das Verhalten de Gaulles gegenüber Briten und Amerikanern zur Zeit der Auseinandersetzungen um den Nordatlantikpakt beruhte auf dem richtigen Grundsatz, daß jedes Mitglied eines Bündnisses die

Entscheidungsfreiheit behalten muß, die zur Ausübung seiner nationalen Souveränität gehört, und dazu die volle Mitwirkung an den gemeinsamen Entscheidungen, insbesondere im Verhältnis zum mächtigsten Bundesgenossen, der auf die Dauer immer dazu neigen wird, im Namen aller entscheiden zu wollen. Doch aus diesem legitimen Grundsatz zog de Gaulle praktische Folgerungen, die mit dem Begriff »Bündnis« nicht mehr recht in Einklang zu bringen waren. Schon die ständige Betonung einer »unabhängigen«, sprich antiamerikanischen und unsere Zugehörigkeit zur nordatlantischen Gemeinschaft immer mehr verdrängenden Außenpolitik beruhte auf einer gewollten Fehlinterpretation. Jede Nation, jeder einzelne, der einen Vertrag schließt, begibt sich damit freiwillig eines Teils seiner Unabhängigkeit. Die uneingeschränkte Handlungsfreiheit besitzt der an einem Abschluß Interessierte *vor* der Unterzeichnung des Vertrages, solange er noch über dessen Klauseln verhandelt und Rechte und Pflichten einer solchen Vereinbarung gegeneinander abwägt. Hat er einmal unterzeichnet, so hat er weder Unabhängigkeit noch Souveränität verloren, weil der Vertrag ja nur in deren Wahrnehmung geschlossen werden konnte, sondern, jedenfalls auf einem bestimmten Gebiet, die Möglichkeit, jede beliebige Entscheidung zu treffen: Einem Musiker zum Beispiel, der mit einer Schallplattenfirma einen Exklusivvertrag abgeschlossen hat, ist die Möglichkeit genommen, bei einer anderen Aufnahmen machen zu lassen. Es ist unlogisch, sich unter Berufung auf seine »Unabhängigkeit« das Recht zuzuerkennen, einem Bündnis anzugehören, und zugleich so zu tun, als sei man kein Mitglied, indem man sich das Recht nimmt, die eingegangenen Verpflichtungen nicht einzuhalten.

In der Praxis hat diese irrige Auslegung des Begriffs »Unabhängigkeit« de Gaulle vor allem ab 1962 zu einer seltsamen Außenpolitik veranlaßt, bei der sein Hauptziel der Kampf innerhalb des Bündnisses gegen seine Verbündeten wurde und immer weniger die Abwehr der gemeinsamen Bedrohung von außen, die abzuwenden das Bündnis geschaffen worden war. Sich auf den Gegner stützen, wider den die Allianz gegründet worden ist, um den Einfluß der Länder zu dämpfen, die mit Frankreich zusammen diese Allianz bildeten, vor allem des wichtigsten dieser Länder, das wurde zur Regel, an die sich die französische Diplomatie jetzt hielt.

Zur Rechtfertigung dieser nachdrücklichen Bemühung, das demokratische Lager von innen her zu schwächen, schuf oder, besser gesagt, übernahm de Gaulle die alte neutralistische These von der genauen Entsprechung der beiden Blöcke. »Wir sind glücklich, Sie zu haben, um uns zu helfen, den Pressionen der Vereinigten Staaten zu widerstehen«, sagte er zu dem beglückten Chruschtschow, fügte allerdings gleich hinzu: »So wie wir sehr zufrieden sind, die Vereinigten Staaten zu haben, damit sie uns helfen, den Pressionen der Sowjetunion zu widerstehen.«* Wie man sieht, sind für den französischen Staatspräsidenten die beiden »Pressionen« gleichgewichtig, es gibt keinen fundamentalen Unterschied zwischen Demokratie und Totalitarismus. De Gaulle vergißt oder verwirft den tieferen Sinn und das Ziel des Bündnisses, das ein Schutz sein soll für eine freiheitliche Zivilisation, ein Vertrag zwischen Nationen, die nicht eines Tages so enden wollen wie Bulgarien oder Polen. Dieser de Gaullesche Mythos der völligen Gleichgewichtigkeit von, sagen wir, Ungarn und Kanada, weil beide Länder jeweils einem »Block« angehören, hat Schule gemacht und ist ein Beleg mehr für die Entartung des politischen Denkens im Laufe des 20. Jahrhunderts, denn man darf wohl annehmen, daß noch 1937 oder 1938 ein französisches Staatsoberhaupt nicht für ein Genie gehalten worden wäre, das Hitler gegenüber erklärt hätte: »Wir sind glücklich, Sie zu haben, um uns zu helfen, den Pressionen der Engländer zu widerstehen.« Und man hätte sicherlich in höchstem Maße an der Zurechnungsfähigkeit eines französischen Regierungschefs gezweifelt, der, wiederum 1937 oder 1938, die Doktrin von der Rundumverteidigung *tous azimuts* entwickelt hätte, also eine Verteidigung »nach allen Himmelsrichtungen«, die im Geiste schöner Unparteilichkeit gegen unsere Verbündeten, die Briten, und gegen den potentiellen Gegner, Hitlerdeutschland, gerichtet gewesen wäre. Und doch war genau dies die strategische Doktrin des Frankreich de Gaulles in den sechziger Jahren.

So wurde der Haß auf die Vereinigten Staaten größer als die Furcht, in Abhängigkeit von der Sowjetunion zu geraten. »Für Paris kam die Hauptgefahr von Westen« und »De Gaulle beginnt auf allen Gebieten eine antiamerikanische Offensive«, schreibt André Fontaine in Sätzen, die eine schwere Anklage darstellen und deren kate-

---

* Zitiert bei André Fontaine, Un seul lit pour deux rêves, histoire de la ›détente‹. Paris 1981.

gorische Formulierung überrascht bei einem Autor, der zu den Verehrern des Generals gehörte und als Journalist für seine mehr als reservierte Haltung gegenüber dem »Atlantismus« bekannt war. Alle Augenzeugen berichten übereinstimmend von dieser verbohrten Abneigung de Gaulles, die mit einer gelassenen politischen Lagebeurteilung nichts mehr gemein hat. Der ehemalige algerische Präsident Achmed Ben Bella sagt von dem de Gaulle jener Jahre in einem Interview mit der Monatsschrift *Franc-Tireur* vom März 1982: »Er war besessen von den Amerikanern, und in dieser Hinsicht waren wir objektiv Verbündete. Ich kann Ihnen sogar verraten, daß de Gaulle mir einmal die Abhaltung einer Konferenz mit Fidel Castro in Paris vorgeschlagen hat.« Die frenetische Heftigkeit der antiamerikanischen Ausfälle des Generals geht weit über die zu unterstellende Absicht einer internen Neugewichtung der Bündnismitglieder hinaus; sie führt zur Schwächung des Bündnisses als solchem. »Die amerikanische Vorherrschaft«, äußert der französische Staatspräsident im Vertrauen gegenüber Willy Brandt, »*erstickt* Europa, behindert die *Verständigung mit dem Osten* und wirkt störend auf *allen* Gebieten.«*

Von dieser Einschätzung der Situation ausgehend erwarb General de Gaulle außerdem eine einzigartige Virtuosität in der Verwendung einer außenpolitischen Waffe, deren Wirksamkeit ich den Selbstmordkandidaten schon zu empfehlen Gelegenheit hatte. Es handelt sich um die Vorleistung, das unerwartete Geschenk, den vorweggenommenen Verzicht, die vorsorgliche Kapitulation. Der Einsatz dieser Technik wurde durch de Gaulles Vorbild bei den westlichen Unterhändlern zu einer wahren Marotte. So gelangt de Gaulle, der demnächst auf Staatsbesuch in die UdSSR fahren soll, angesichts seiner längst getroffenen Entscheidung, die Militärorganisation der NATO zu verlassen, zu dem Schluß, am besten sei es, diese frohe Botschaft den Sowjets durch eine öffentliche Verlautbarung zu verkünden, *bevor* er sich nach Moskau auf den Weg macht. Diese friedliche Geste, meint er, wird sie gewogen machen, ihnen unseren guten Willen beweisen und nicht verfehlen, ihre großmütigen Absichten so zu stärken, daß sie uns ihrerseits entgegenkommen. Alles ist an diesem Satz richtig, außer dem letzten Teil natürlich. Man mußte das kommuni-

---

* Willy Brandt, Begegnungen und Einsichten. Die Jahre 1960–1975. Hamburg 1976. Hervorhebungen von mir.

stische Universum sehr schlecht kennen (und de Gaulle las lieber den überflüssigen und überholten »Richelieu« von Victor-Lucien Tapié als den unentbehrlichen und brandaktuellen »Stalin« von Boris Souvarine), um sich auch nur für einen Augenblick der Vorstellung hinzugeben, die richtige Taktik gegenüber der Sowjetführung sei ein Hergeben seiner Trümpfe, *bevor* man am Verhandlungstisch Platz genommen hat! Die Methode ist schon mit zivilisierten Menschen nicht zu empfehlen, aber sie wird zur beschämenden Posse, wenn man es mit den Krokodilen des Politbüros zu tun hat.

Nichts hindert den von seiner Idee begeisterten de Gaulle, der offenbar keine selbstlose Geste zu unterdrücken bereit ist, als einer der Begründer des geschwätzigen Staatspräsidententourismus mit Bad in der Menge 1966 die Sowjetunion zu bereisen und Lobgesänge anzustimmen auf »das wirtschaftlich blühende, mächtige und *von Friedenssehnsucht beseelte* Rußland«*, wobei von den drei charakterisierenden Beiworten zum Kummer von uns Westlern und der armen russischen Verbraucher nur das zweite nicht in die Kategorie des pompösen Wortgeklingels einzuordnen ist. Auf jeden Fall gehört dort hinein, was de Gaulle damals als Fähnlein seiner zukünftigen Ostpolitik im Wind der Geschichte flattern ließ: »Entspannung, Verständigung und Zusammenarbeit« und vor allem das berühmt gewordene »Europa vom Atlantik bis zum Ural«, ganz unverantwortliche Formeln, deren sterile Leere niemals einen politischen Inhalt bekam, abwegige Illusionen, die von der Geschichte nicht honoriert wurden, deren Autor aber in den Augen der Nachwelt noch mehr als in den Augen der Zeitgenossen als ein ungemein weitblickender Außenpolitiker gilt. Die Zeit baut ja oft einen Nachruhm auf ebenso schwankenden Grund wie der erste Eindruck seine Bewunderung. Die Besuche de Gaulles in den Volksdemokratien, unternommen in der naiven Hoffnung, er könne mit ihnen echte, ganz neue Verbindungen knüpfen, haben sich aus den gleichen Gründen als fruchtlos erwiesen: aus der Ahnungslosigkeit de Gaulles hinsichtlich ihres echten Status als Satelliten, der Zwangsvorstellung einer Parallelität zwischen den Ländern des Ostens und des Westens, der Weigerung, überhaupt zur Kenntnis zu nehmen, daß die Regierungen, mit denen er zu verhandeln meinte, im Gegensatz zu seiner eigenen eben keine

---

* Hervorhebung von mir.

unabhängigen Regierungen waren und weder Herren ihrer Beschlüsse noch repräsentativ für die Völker, von denen sich der General bejubeln ließ.

Nicht einmal der Einsatz der Panzer in der Tschechoslowakei im August 1968 öffnete dem General die Augen über die Wesensart des Kommunismus und des Sowjetsystems. De Gaulle schrieb diesen »Zwischenfall« der »Blockpolitik« und den beklagenswerten Auswirkungen der »Vereinbarungen von Jalta« zu, womit er einmal mehr seine Unkenntnis dieser Vereinbarungen offenbarte, weil in Jalta von der Tschechoslowakei überhaupt keine Rede gewesen ist. Der Traum von einem Europa »vom Atlantik bis zum Ural« erschien ihm nach der Besetzung von Prag durch die Rote Armee nicht irrealer als vorher. »Hüten wir uns vor verbalen Übertreibungen«, ermahnte er am 24. August 1968 in der Kabinettssitzung seine Minister. »Früher oder später wird Rußland wieder auf uns zukommen ... Europa muß entstehen. Mit den Sechs kann man etwas schaffen, sogar eine politische Organisation aufbauen. Aber Europa entstehen lassen, das geht nicht ohne Warschau, ohne Budapest und ohne Moskau.«*

Alle folgenden Kapitulationen, alle Entspannungsillusionen stecken in diesem Satz: die Hinnahme der vollendeten Tatsachen, die Ablehnung von Sanktionen für ein Verbrechen gegen die Freiheit, ein De-facto-Bündnis mit dem Sowjetimperialismus, dem man alles nachsieht, eine gänzliche Verkennung des Phänomens Kommunismus – im Grunde ein blindes Vertrauen in den Wunsch und die Fähigkeit der Moskauer Regierung, sich in ein harmonisches und homogenes Europa einzufügen, von dem General de Gaulle zugleich überzeugt war, Großbritannien habe nicht das Recht, als Mitglied dazu zu stoßen ...

Während er alles tat, um das Nordatlantische Bündnis zu torpedieren, bemühte sich de Gaulle auch, den Aufbau einer gemeinsamen europäischen Verteidigung zu verhindern. Unter der Vierten Republik hatte sich seine Partei, das Rassemblement du Peuple Français (RPF), 1954 zusammen mit den Kommunisten dafür geschlagen, daß Frankreich den Vertrag über eine Europäische Verteidigungsgemeinschaft nicht ratifizierte. Für Diplomatie und Geheimdienst der Sowjets war das Scheitern dieser EVG ein großer Erfolg. Zehn Jahre

---

* Zitiert nach Jean-Raymond Tournoux, Le Feu et la Cendre. Paris 1979.

später sorgte die Regierung des General de Gaulle dafür, daß die geplante integrierte NATO-Atomstreitmacht (MLF) nicht zustande kam. Wie man sieht, war der Hauptnutznießer einer französichen Außenpolitik, die alles tat, um die Vereinigten Staaten zu schwächen und gleichzeitig die Schaffung einer konzertierten Verteidigung Westeuropas zu hintertreiben, eindeutig die Sowjetunion. Dabei blieb es lange. Die Ablehnung der »Blockpolitik« wirkte sich immer zugunsten der sowjetischen Interessen aus. Noch 1980 beging die Sowjetunion in den Augen von Valéry Giscard d'Estaing durchaus nicht die Sünde der »Blockpolitik«, als sie sich mit Waffengewalt Afghanistans bemächtigte, sondern die Vereinigten Staaten machten diesen Fehler, indem sie von ihren Verbündeten Sanktionen gegen Moskau verlangten. Frankreich mußte sich also in diesem Punkt von Amerika lossagen. De Gaulle hatte »Atlantismus« und »Antisowjetismus« zu Schimpfwörtern gemacht. Wem hat diese Verurteilung wohl genützt?

22. Jalta oder der Herkunftsroman

Die Akteure der Politik verändern die Wirklichkeit aus Gründen und mit Mitteln, die je nach ihrer Machtfülle verschieden sind. Die Autokraten, die alle Nachrichten- und Meinungsmedien unmittelbar beherrschen, filtern die Gegenwart und lassen die Vergangenheit umschreiben. Die Demokraten, die zu ihrem Glück darauf angewiesen sind, ihren Einfluß auf ihre Überzeugungskraft zu gründen, verwenden viel Kraft darauf, die Tatsachen so zu beleuchten, daß sie zu ihren Vorhaben passen; so gewöhnen sie es sich schließlich ab, die Substanz der Fragen zu prüfen. Für sie ersetzt die geschickte Darstellung fast ganz die Kenntnis des Sachverhalts. So beobachtet man auch in freien Gesellschaften manche tendenziösen Verfälschungen der Vergangenheit, die nicht wie in den Sklavengesellschaften das Ergebnis brutaler Zensur und verordneter Lüge sind, sondern legitimer, zwangfreier Überzeugungsarbeit für die abgewandelte oder sogar völlig erdichtete Darstellung eines Ereignisses. Diese Version, immer wieder vorgetragen, wird zur selbstverständlichen Überzeugung der meisten Bürger und erhält Wahrheitscharakter, so daß kaum mehr jemand sich die Mühe macht, auf die Quellen zurückzugehen.

Die verbreitete Vorstellung von einer »Teilung der Welt« bei der Konferenz von Jalta 1945 ist eines der überzeugendsten Beispiele für diese retrospektive Halluzination. Natürlich wäre ihr nicht ein solcher Erfolg beschieden gewesen, wenn sie nicht einem Bedürfnis der westeuropäischen Öffentlichkeit entsprochen hätte, das von bedeutenden und einflußreichen Politikern früh erkannt und gefördert wurde. Man wird sich der »Dolchstoßlegende« entsinnen, mit der man den deutschen Frontkämpfern nach 1918 weismachte, der Waffenstillstand sei ein Verrat gewesen, militärisch habe es keine Notwendigkeit dafür gegeben. Die Legende ermöglichte es später der Hitlerpropaganda, die Öffentlichkeit auf einen neuen Krieg einzustimmen, der die Schmach des Versailler Friedens tilgen würde. Solche Phantasiegeschichten sind vergleichbar mit dem, was Kinder sich über eine frei erfundene familiäre Herkunft selber erzählen; Freud nennt das den »Familienroman der Neurotiker«. Seit 1945 ist der Mythos von Jalta zum »Herkunftsroman« der europäischen Diplomatie geworden; der erschreckende Erfolg dieses Mythos lädt geradezu ein, seiner psychischen und politischen Funktion nachzugehen.*

Schaut man sich an, wie das imaginäre Jalta in der politischen Alltagspropaganda zwischen 1960 und 1980, also in der Zeit des diplomatischen Gaullismus und dem Jahrzehnt der Entspannung, verwendet und für bare Münze genommen worden ist, so stößt man immer wieder auf die gleichen Postulate. In Jalta wäre die Welt demnach, wie wir schon sahen, »zwischen den beiden Supermächten geteilt worden«; die kollektive Erinnerung läßt Großbritannien schon wegfallen oder, was historisch ebenso falsch ist, eine Nebenrolle spielen. Sodann hätte die angebliche Teilung Europa in »Einflußgebiete« gespalten, die den jetzigen zwei Europas entsprächen, getrennt durch den »Eisernen Vorhang« des zukünftigen »Kalten Krieges« – die Sünde des Anachronismus in der Geschichte besteht ja darin, mit der Zeit, die man studiert, Ereignisse und Länder in Verbindung zu bringen, die erst später auftreten. Nebenbei bemerkt läßt die europäische Nabelschau völlig außer acht, daß in Jalta die Regelung der Asienprobleme eine wichtige Rolle spielte und in einer für die Demokratien katastrophalen Weise erfolgte. Hat man die sowjetisch-amerikanische Teilung Europas einmal dargestellt oder unterstellt, so folgt daraus ein drittes Postulat: die Entschlossenheit der Supermächte, die ganze Welt in »zwei Blöcke« zu teilen. Damit ist Europas Außenpolitik der Weg zum Heil schon vorgezeichnet, die Pflicht nämlich, »die Blockpolitik abzulehnen«. Dabei kann man sich für so extreme Formen entscheiden wie de Gaulle bei seiner Diplomatie, die angeblich »unabhängig«, tatsächlich aber so antiamerikanisch wie irgend möglich war. Andere Formen sind diskreter, es wird dabei weniger Wert auf dramatische Wirkung nach außen gelegt, mehr auf die Vieldeutigkeit mit allen ihren erheblichen Gewinnen und Risiken, so wie es die deutsche Politik bei der Öffnung nach Osten getan hat. Jedenfalls bleibt es bei der Vorstellung, sich »den Blöcken entziehen« zu

---

* In ihrem Essay »Roman des origines et origines du roman«, Paris 1972, weist Marthe Robert darauf hin, daß Freud vor seiner Arbeit über den Familienroman (1909) zunächst das Wort »Entfremdungsroman« benutzt hat, womit er eine psychotische Verweigerung der Wirklichkeit andeuten wollte.

sollen, auch wenn das häufig ein frommer Wunsch bleibt. Gewiß, sobald man die europäischen Regierungen drängt, den Gedanken wirklich zu Ende zu denken, beeilen sie sich zu betonen, daß ihre Zugehörigkeit zur »atlantischen Gemeinschaft« allem vorgeht. Immerhin erklären Frankreich und die Bundesrepublik Deutschland nach dem Einmarsch in Afghanistan, daß sie beide mit der »Blockpolitik« nichts im Sinne haben. Was bedeutet das in der Praxis anderes als die Auffassung, der Einsatz von Gewalt, die Besetzung eines unabhängigen Landes durch die Rote Armee und der Wunsch der Vereinigten Staaten, ihre Verbündeten sollten sich ihnen bei den Sanktionen gegen den Aggressor anschließen, seien gleichgewichtige Fakten? Die eigentliche Berufung Europas, so heißt es, bestehe in der Verurteilung beider Verhaltensweisen, weil beide der Entspannung abträglich seien. Man sieht, wie gut die Sowjetunion bei dieser angeblichen Gleichbehandlung wegkommt. Denn die Sanktionen entfallen tatsächlich, während sich am Krieg in Afghanistan nicht das geringste ändert. Zwei Jahre später ist die Weigerung der Europäer, auf die Unterdrückung in Polen mit der vorläufigen Einstellung technologischer Hilfe für die UdSSR zu antworten, auch keine sehr überzeugende Art und Weise, zwischen den »zwei Blöcken« das »Gleichgewicht aufrechtzuerhalten«. Es bereitet Mühe zu erkennen, was die Sache der Freiheit dabei gewonnen und die Sache des Totalitarismus verloren haben könnte.

So läßt sich der Gedanke nicht abschütteln, daß die falsche Symmetrie der »zwei Blöcke«, fest verankert in ihrem legendären Ursprung, der Mythologie von Jalta, den Europäern dazu dient, vor der Sowjetmacht zu kuschen und dabei vor sich und den anderen ihre Passivität als Entschlossenheit, als aktive Politik hinzustellen. Die Hauptverwendung von Jalta ist in Westeuropa und den Vereinigten Staaten ziemlich gleich beliebt: Da Jalta Mittel- und Osteuropa der UdSSR zugesprochen hat, haben wir uns in das, was dort geschieht, nicht einzumischen. Häufig fügt man mit einer gegen den Grundsatz der Nicht-Widersprüchlichkeit gänzlich gefeiten Logik gleich hinzu, in Afghanistan, das ja nicht Gegenstand der Vereinbarungen von Jalta war, hätten wir uns natürlich auch nicht einzumischen. Die Zweitverwendung von Jalta, eine Spezialität der Westeuropäer, besteht aus der schon genannten »gleichzeitigen Ablehnung beider Blöcke«, die der UdSSR eine Art Leibrente verschafft, weil die Europäer, angeblich beide Blöcke ablehnend, in Wirklichkeit nur in der Lage sind, ihren eigenen Block zu schwächen.

Bei der Verschärfung der Unterdrückung in Polen erwies sich das falsche Jalta wieder einmal als sehr nützlich. In seiner Neujahrsansprache am Sylvesterabend 1981 erklärte Präsident Mitterrand den Franzosen, es sei »gefährlich, daß die beiden genannten Mächte [UdSSR und USA] auf der Grundlage der Teilung Europas von vor fast vierzig Jahren koexistieren müssen ... Alles, was dazu beiträgt, von Jalta wegzukommen, ist ein Gewinn ... Das polnische Drama ist Teil dieses Widerspruchs.« Vier Tage später empfahl der deutsche Bundeskanzler in einem Gespräch mit der *New York Times*, vor der Polenfrage die Augen zu verschließen, denn »der Westen hat in Jalta entschieden, Europa praktisch in Einflußgebiete zu teilen ...« Seither habe der Westen akzeptiert, daß »die Länder jenseits der Elbe seinem Einfluß entzogen sind (*are not under West's rule*)«. Für die Störenfriede, die immer noch die freie polnische Gewerkschaft Solidarität unterstützen wollen, hat Helmut Schmidt das Holzhammerargument parat: Er stempelt sie als Kriegstreiber ab. »Jalta vergessen«, erklärt er mit schöner Schlichtheit, »würde den Krieg bedeuten.« Nicht mehr und nicht weniger! Die Warnung ist klar: Protestiert ihr gegen das, was da in Warschau geschieht, sprengt ihr den Erdball in die Luft. Von Sanktionen darf ohnehin keine Rede sein, denn was würde man da erst in die Luft sprengen! Vielleicht das ganze Sonnensystem? Und so etwas nennt man dann »die Aufrechterhaltung des Gleichgewichts zwischen den zwei Blöcken«.

Diese europäischen Staatsmänner konnten gar nicht deutlicher die tiefere Natur des Mythos ans Licht bringen und beweisen, daß »Jalta« für sie ein Gedankengebäude ist, das ihnen die Möglichkeit geben soll, ihrer Verantwortung ledig zu sein in jeder Situation, die eigentlich eine diplomatische und wirtschaftliche Konfrontation mit der UdSSR unvermeidlich machen würde. Wie bringen es diese Leuchten der Politik überhaupt fertig, in aller Gelassenheit eine solche Unkenntnis des Inhalts der Vereinbarungen von Jalta an den Tag zu legen, eine Unkenntnis, die eine Viertelstunde Vertragslektüre beheben würde? Etliche Journalisten und Historiker haben sich auch 1981 und 1982 wieder die Mühe gemacht, in der europäischen Presse die notwendigen Informationen zu geben. Der »Mythos von Jalta« im Zusammenhang mit Polen wurde von so vielen so nachdrücklich zerpflückt, daß man spürte, wie hier eine bewußte oder unbewußte Zensur plötzlich nicht mehr wirkte. Die Ungeheuerlichkeit, die Sowjetisierung Polens auf Jalta zu schieben, ging über das Maß des Erträglichen und Plausiblen hinaus, selbst in geistig abwesenden Gesellschaften. Der Mythos wäre allerdings rascher zu verstehen, wenn man als eine weitere Besonderheit seine Schutzfunktion als »Uralterinnerung« gegen die weniger weit zurückliegende und mit diesem Mythos entschuldigte, aber auch indirekt zugegebene Kapitulation von Helsinki erkennt: Dort, nicht in Jalta, hat der Westen 1975 die Legitimität der sowjetischen Annexionen und Gebietsunterwerfungen der Nachkriegszeit juristisch anerkannt. Die »Teilung der Welt« hat tatsächlich in Helsinki, nicht in Jalta stattgefunden. Doch der Hinweis auf Jalta zur Begründung ihrer Untätigkeit war den Staatsmännern des Westens lieber. Hätten sie sich auf Helsinki berufen, hätten sie vielleicht doch noch als Gegenleistung für unsere Ablehnung der Sanktionen die Einhaltung der von den Sowjets bei dieser noch nicht lange zurückliegenden Konferenz gemachten Versprechungen fordern müssen. Wir hätten damit auf das eigentliche Gebiet der Diplomatie zurückgefunden, wo man nur für eine Gegenleistung etwas gibt. Natürlich ist es viel weniger mühsam, die Amerikaner zu beschimpfen, wenn sich die Sowjets vorbeibenehmen.

Von einer »Teilung« von irgend etwas kann bei der Konferenz von Jalta überhaupt keine Rede sein, sondern nur von einseitigen Konzessionen der Westmächte. Für alle Konferenzen dieser Art in den folgenden vierzig Jahren ist Jalta in der beschämendsten Weise Vorbild und frühe Vollendung. Die Vertreter der Demokratien beweisen, wie wenig sie vom Kommunismus und damit vom Verhandeln mit den Kommunisten verstehen, vor allem davon, die Sowjets daran zu hindern, sich unberechtigt Territorien einzuverleiben oder Länder zu unterwerfen, indem sie dort mit Gewalt Vasallenregierungen in den Sattel heben. Jalta, eingerahmt von seinen Schwestern, den Konferenzen von Teheran und Potsdam, endet mit der Auslieferung Mittel- und Osteuropas an Stalin, durchaus nicht mit einer Teilung. Auch in Asien erlauben die westlichen Alliierten Stalin die Annexion der Mandschurei, den Raub der Kurilen-Inseln und des Südteils der Halbinsel Sachalin, und das zum Lohn für eine in letzter Minute erfolgte sowjetische Kriegserklärung an Japan, die den Vereinigten Staaten 1945 nichts mehr brachte, weil sie den Sieg im Pazifik schon errungen hatten. Auch hier ist darauf hinzuweisen, daß die Amerikaner, die vier Jahre lang allein die Last des Krieges gegen Japan getragen hatten, nach dem Sieg nicht das kleinste Territorium behielten, während die Sowjets als fünf Minuten vor zwölf dazugekommene Kriegsteilnehmer riesige Gebiete schluckten. Ebenso aufschlußreich wie diese Ergebnisse sind jedoch die Einstellungen, die den westlichen Ländern so paradoxe außenpolitische Niederlagen in Europa und Asien eingetragen haben. Diese Einstellungen erklären mehr als das eigentliche Kräfteverhältnis den Fortgang der Geschichte bis zum Jahrhundertende, das wir jetzt erleben.

Roosevelt verließ sich, wie wir sahen, auf seinen Charme, um Stalin zu demokratisieren. Er war überzeugt, er brauche nur immer neue Beweise seines good will zu geben, ohne Gegenleistungen zu verlangen. Ihm ist der Grundsatz zu verdanken, der auf lange Zeit für die diplomatischen Ost-West-Beziehungen galt, daß nämlich der Westen seine freundliche Gesinnung ständig durch Entgegenkommen zu beweisen hat, auch wenn er nichts dafür bekommt. »Der Beweis unseres guten Willens«, schreibt der damalige Außenminister Cordell Hull in seinen Erinnerungen, »bestand nicht in einer Anerkennung von Gebietserweiterungen ...«* So war es also nicht an Stalin, eben noch Hitlers Bundesgenosse, den sein Spießgeselle verraten hatte, seinen guten Willen zu beweisen, sondern an den Amerikanern. Und Roosevelt schreibt an Admiral Leahy, den die amerikanische Engelsgeduld nervös zu machen beginnt: »Bill, ich bestreite Ihre Argumente nicht, sie treffen zu. Ich bestreite auch die Logik Ihrer Darlegungen nicht. Aber ich habe einfach das Gefühl, daß Stalin nicht so ist, wie man ihn hinstellt. Auch Harry sagt mir, er habe diesen Eindruck, und daß Stalin nur Sicherheit für sein Land sucht. Deshalb glaube ich, daß wenn ich ihm alles gebe, was ich ihm geben kann, ohne eine Gegenleistung zu verlangen, *noblesse oblige*, er einfach nichts annektieren kann und bereit sein wird, mit mir an einer Welt der Demokratie und des Friedens zu arbeiten.« Die letzten Zeilen dieses Textes sind die perfekte Zusammenfassung dessen, was in den folgenden vierzig Jahren die erklärte oder implizite Philosophie der westlichen Außenpolitik in den Beziehungen mit dem Kommunismus sowjetischer oder sonstiger Observanz bleibt. Und für den schon

---

* Cordell Hull, Memoirs. New York 1948.

zitierten Joseph Davies, US-Botschafter in Moskau von November 1936 bis Frühjahr 1938, der also an Ort und Stelle die Säuberungen miterlebt hat, die Schauprozesse, die Massenhinrichtungen der großen Schreckenszeit, für diesen Mann ist ebenso zuverlässig wie das Wort Stalins nur das Wort Gottes: »Meine persönliche Ansicht und das Zeugnis der Fakten stimmen darin überein, daß das Ehrenwort der Sowjetregierung so sicher ist wie die Bibel.« Das Vertrauen des amerikanischen Präsidenten auf den demokratischen Urinstinkt des kaukasischen Despoten Stalin veranlaßt Roosevelt, diesen notorischen Menschenfreund zu bitten, dem vorgeschlagenen Gipfeltreffen zuzustimmen, weil es, so das Telegramm, »mir innenpolitisch hilfreich wäre«*. In der US-Presse und bei der neuen Beamtengeneration des State Department setzt sich damals die Philosophie durch, die trotz der Jahre des sogenannten Kalten Krieges bei Beginn der Entspannung völlig intakt wieder da ist und von Roosevelt schon 1944 in den Satz zusammengefaßt worden ist: »Die Sowjetunion braucht Frieden und ist bereit, diesen Frieden mit demokratischer Zusammenarbeit mit dem Westen zu bezahlen.«

Dieses grundlegende Postulat, ergänzt von absurden flankierenden Unterstellungen wie dem unvermeidlichen Marsch des Kommunismus in die Marktwirtschaft, die unmittelbar bevorstehende Bekehrung Stalins zum politischen Pluralismus und die Möglichkeit, ihn bei einem Gespräch von Mann zu Mann »davon zu überzeugen, daß er christliche Verhaltensweisen und demokratische Prinzipien akzeptieren müsse«, dieses ebenso unbegründete wie nicht auszurottende grundlegende Postulat des zu unterstellenden Moskauer Friedenswillens erklärt, daß Stalin in Jalta und Teheran so mühelos triumphiert hat. Es erklärt ferner die törichte Haltung der westlichen Länder, die vertrauensselig mit offenem Visier in die Verhandlungen gehen und ihre Position durch eine optimistische Einschätzung der sowjetischen Absichten schwächen; sie irren in der Abwägung der Trümpfe beider Seiten am Tisch; sie überschätzen Stalins Position, die längst nicht so stark ist, wie sie meinen; sie sind nicht mißtrauisch genug hinsichtlich der sowjetischen Zusicherungen für die Zukunft; sie erbringen Vorleistungen, anstatt erst einmal eingehaltene Versprechungen oder schriftliche Verpflichtungen zu erlangen; im schlimmsten Falle dek-

---

* *Such a meeting would help me domestically.* 27. Juli 1944.

ken sie mit unglaublicher Leichtfertigkeit die westlichen Pläne oder, genauer gesagt, das Fehlen solcher Pläne auf. In Jalta geht Präsident Roosevelt in seinem Entgegenkommen so weit, Stalin mitzuteilen, daß er nach der deutschen Kapitulation »nicht glaubt, amerikanische Truppen würden länger als zwei Jahre in Europa bleiben«. Nach dieser Zeitspanne, so macht er es noch einmal ganz deutlich, »glaube ich nicht an die weitere Stationierung nennenswerter amerikanischer Streitkräfte in Europa«. Beflissener kann man nicht sein. Indem Roosevelt schon im voraus Stalin den Abzug und den Termin des Abzugs der US-Truppen in Europa ankündigt, verhält er sich wie ein Mann, der durch Plakate den Einbrechern seines Stadtteils das Datum bekanntmacht, an dem er in Ferien zu gehen und seine Wohnung unbeaufsichtigt zu lassen beabsichtigt.

Auf diese Zusicherung gestützt, konnte Stalin in aller Ruhe seine Politik für die Nachkriegszeit vorbereiten. Er forderte zunächst, die westlichen Alliierten sollten ihm die Verfügung über alle Gebiete zugestehen, die ihm von Deutschland im Deutsch-Sowjetischen Pakt vom 23. August 1939 versprochen worden waren, dem einzigen echten Teilungsvertrag des 20. Jahrhunderts.* Tatsächlich überließ man ihm widerspruchslos die baltischen Länder sowie Teile Finnlands und Rumäniens, kurz, alles, was Hitler schon 1939 Stalin versprochen hatte. Polen, und 1981 haben die westlichen Regierungschefs ja im Zusammenhang mit diesem Land auf Jalta verwiesen, ist Stalin im Februar 1945 nicht durch Vertrag oder Vereinbarung irgendeiner Art zugesprochen worden; er hat es sich später mit List und Gewalt angeeignet. Die historische Wahrheit, und das ist das eigentlich Beunruhigende, sieht anders aus: Die westlichen Unterhändler ließen sich von Stalin hinters Licht führen. Sie verließen sich auf seine Zusage, er werde in Polen das Selbstbestimmungsrecht der Völker achten und »freie Wahlen« abhalten lassen. Nachdem die Westmächte ohnehin schon das östliche Drittel Polens an die UdSSR übergeben hatten, um auch hier Hitlers Versprechen einzulösen, waren sie so unsäglich feige oder über alle Maßen töricht, daß sie als legitime Regierung des zukünftigen befreiten Polens, als provisorische Regierung »bis zu den Wahlen«, das aus der Sowjetunion importierte und gesteuerte »Lu-

* Ein bemerkenswerter Hinweis von Jean Laloy in seinem Artikel »De Yalta à Varsovie«, in *Commentaire,* Nr. 17, Frühjahr 1982.

bliner Komitee« anerkannten, dem die polnische Stalinkopie Bierut vorstand, der die Polen nun von 1945 bis zu seinem Tode im Aufstandsjahr 1956 im absoluten totalitären Nichts hielt. Das bedeutete die Preisgabe der Londoner Exilregierung, der einzigen, die für die Polen ihren Widerstand und ihre Legitimität verkörperte. Die wenigen Komparsen, die sich aus dieser Regierung bereitfanden, an einer Regierung der »nationalen Einheit« mit den Kommunisten beteiligt zu sein, erfreuten sich wie zu erwarten nur kurz dieser Eintracht. Sie merkten bald, was gespielt wurde, und setzten sich gerade noch rechtzeitig ab, um ihre Haut zu retten. Der kommunistische Apparat zum widerrechtlichen Erwerb des Machtmonopols war schon angelaufen. Als nach Roosevelts Tod sein Nachfolger Harry Truman bei der Potsdamer Konferenz im Juli 1945 angesichts der Tatsache, daß die versprochenen »freien Wahlen« in Polen noch nicht stattgefunden hatten, Molotow entrüstete Vorwürfe machte, gab sich Molotow sofort beleidigt und erklärte, es habe noch nie jemand zu ihm »in diesem Ton gesprochen«. Stalins empfindlicher Außenminister hatte den Balsam für seine Leiden allerdings schon in der Tasche: Die Sowjetunion hatte Polen inzwischen praktisch in Besitz genommen. Die Würfel waren gefallen. Truman kam zu spät.

Ein erschütterndes Nachspiel, wenn man bedenkt, daß das polnische Volk 1939 als erstes Hitlers Truppen Widerstand zu leisten versuchte, als Stalin noch der Verbündete des Führers war; daß die polnischen Freiwilligen am Steuerknüppel britischer Maschinen erheblich zum Sieg in der Luftschlacht von England 1940 beitrugen; daß zum Zeitpunkt der Konferenz von Jalta noch einhundertfünfzigtausend polnische Soldaten an der Italienfront gegen die Wehrmacht kämpften. Was allerdings im Hinblick auf das Schicksal des verbliebenen freien Europa in der Konfrontation mit der Sowjetunion noch beängstigender erscheint, ist die Tatsache, daß die Versklavung Polens nicht auf einen zynischen Verrat der Westmächte zurückzuführen ist, sondern auf ihre Verkennung des Kommunismus. Zu glauben, daß Stalin irgendwo freien Wahlen zustimmen könnte, war ein Beweis völliger Unfähigkeit.

Die Gefügigkeit und Vertrauensseligkeit der westlichen Alliierten wird von manchen mit ihrer Befürchtung in den Jahren 1943/44 erklärt, Stalin könnte unvermittelt einen Sonderfrieden mit Hitler schließen. Diese Befürchtung gab es wohl wirklich, doch sie ist nur ein weiterer Beleg für die gleiche Vertrauensseligkeit des Westens, die wiederum nur auf eine falsche Faktenanalyse zurückzuführen sein konnte. Stalin, der für die Rüstungsgüter völlig auf die mit dem Kunstgriff der »Pacht-Leih-Verträge« ermöglichten Gratislieferungen der Amerikaner angewiesen war, wußte nach Hitlers Verrat nur zu gut, daß er es sich nicht erlauben konnte, allein und schlecht bewaffnet seinem deutschen Kollegen gegenüberzustehen; immerhin hielt die Wehrmacht 1943 zur Zeit der Konferenz von Teheran, als dem kommunistischen Diktator die meisten Zugeständnisse gemacht wurden, riesige Gebiete in der Sowjetunion besetzt.

Die westlichen Alliierten hatten ja Stalin nicht zu Hilfe gerufen. Im Gegenteil. Ohne die Pacht-Leih-Lieferungen war Stalin verloren. Gewiß, Hitlers Ostfeldzug war unser Glück. Doch wir durften der UdSSR unsere Hilfe nur gegen eindeutige Zusagen gewähren. Stalin würde von Hitler ohne die materielle Hilfe der Verbündeten überrannt werden, also war der Augenblick günstig, diese Hilfe nur im Tausch gegen Garantien zu gewähren. Damals zeigte sich, daß der Westen keine Ahnung vom Wesen des kommunistischen Apparats hatte.

Verhandeln heißt Tauschen, was die westlichen Alliierten damals nicht bedacht haben und was der Westen bis heute nicht begriffen hat. Gegen die Pacht-Leih-Lieferungen, die Rettung für die UdSSR, haben die Demokratien niemals Garantien für sowjetisches Wohlverhalten nach dem Kriege gefordert. Dabei war Moskau ja nur wegen des deutschen Feldzugs gegen die Sowjetunion ins alliierte Lager übergewechselt, und der Bruch des Hitler-Stalin-Pakts war nicht Stalins, sondern Hitlers Entscheidung gewesen. Schon diese Tatsache hätte die westlichen Unterhändler zu einem Minimum an Mißtrauen und Umsicht veranlassen sollen.

Dazu hatten sie um so mehr Anlaß, als das stillschweigende Einverständnis zwischen Nationalsozialisten und Kommunisten schon längst vor dem überraschenden Abschluß des Pakts von 1939 bestand. William Bullitt, US-Botschafter in Moskau und anschließend in Paris, ein persönlicher Freund Roosevelts, erklärt zum Beispiel rundheraus: »Keine Regierung der Welt war so vollständig über alle Einzelheiten der sich abzeichnenden Beziehungen zwischen Hitler und Stalin informiert wie die amerikanische. Ohne einen Cent für Spione oder Informanten auszugeben, vermochten die amerikanischen Diplomaten Roosevelt schon im Herbst 1934 mitzuteilen, daß der sowjetische Diktator ein Arrangement mit dem Nazidiktator anstrebte und Hitler von Stalin einen Vertrag bekommen konnte, sobald er sich daran interessiert zeigen würde.«*

So dürfte uns Bullitt eigentlich nicht sonderlich überraschen, wenn er hinzufügt: »Über die Geheimverhandlungen zwischen Stalin und Hitler im Sommer 1939 wurde täglich in allen Einzelheiten an Roosevelt Bericht erstattet. Die Regierungen Großbritanniens und Frankreichs wurden von uns darüber unterrichtet, daß Stalin sich der Verhandlungen über ein Abkommen *gegen Hitler* bediente, um seinen Pakt *mit Hitler* in aller Ruhe unter Dach und Fach zu bringen. Die beiden dergestalt gewarnten Regierungen konnten sich allerdings nicht dazu durchringen, ein solches Doppelspiel zu unterstellen, und waren höchlichst erstaunt, als die UdSSR und Deutschland am 23. August 1939 ihren Nichtangriffspakt schlossen.

Niemand kann und wird Stalin das Recht absprechen, sich mit Hitler zu verständigen. Ich möchte nur darauf hinaus, daß die westlichen Alliierten in Jalta nicht vergessen durften, daß das Ende dieses Einverständnisses nicht von der UdSSR ausgegangen war, die sehr gegen ihren Willen in den Krieg hineingezwungen worden war. Was Stalin da getan hatte, machte also gewisse Vorsichtsmaßregeln gegen ähnliche Überraschungen von seiner Seite durchaus verständlich und nicht beleidigend. Man verzichtete darauf.

Ein Berufsdiplomat, Anatole Muhlstein, hat deshalb 1955 zum Thema Jalta ein Urteil gefällt, das auch ein Licht auf die seitherige Geschichte der diplomatischen Ost-West-Beziehungen wirft. Er

---

* William C. Bullitt, »How we won the war and lost the peace«, *Life,* 27. September 1948. Mehrere Zitate amerikanischer Politiker in diesem Kapitel sind dem Artikel entnommen.
Dieses von langer Hand vorbereitete diplomatische Rapprochement wurde nicht zuletzt durch eine Konvergenz der Systeme gefördert, die durch ein erschreckendes Erlebnis belegt wird, von dem Bertrand de Jouvenel in »Voyageur dans le siècle« berichtet: »Eine andere aus Moskau mitgebrachte Erinnerung ist so seltsam, daß ich sie nicht ohne Bedenken wiedergebe. Der Vorgang war sehr einfach: Ich kam die Treppe des großen Hotels herunter, in dem wir untergebracht waren. Ein junger Mann, der mir entgegenkommt, bleibt auf dem Treppenabsatz stehen und grüßt mich. Er gehörte zu den jungen Hitleranhängern, mit denen ich im Jahre 1934 in Berlin gesprochen hatte. Ich frage ihn, was ihn hierher verschlagen hat, und er berichtet mir, er sei in die Sowjetunion geschickt worden«, um deren Lager zu studieren.«

schreibt verbittert, aber überzeugend: »Um gleich 1945 die Möglichkeiten für den aktiv vorwärtsdrängenden Kommunismus zu erkennen, hätte man den erfahrenen Blick des echten Diplomaten gebraucht. Leider hatten die verbündeten Demokratien Soldaten, Wirtschaftsfachleute, Wissenschaftler und Redner, aber keine Diplomaten. Dieser Verfall der Diplomatie ist letzten Endes der eigentliche Grund für das Unglück Europas.«*

Kriegsziel der Westmächte war es, den vom Nationalsozialismus befreiten Ländern die nationale Unabhängigkeit und die Möglichkeiten der Demokratie wiederzugeben, selbst wenn diese Länder wie Italien, Japan und Deutschland selber zum Lager der Diktaturen gehört hatten. Kriegsziel der Sowjets war es, die Länder, die sie befreien würden, zu knechten und in mehr oder weniger verhüllter Form zu annektieren oder in ihre Sphäre einzubeziehen. Anfang August 1945 breitet Stalin vor Milovan Djilas, der sich auf Moskaubesuch befindet, seine Philosophie der »Entspannung« aus. »Dieser Krieg«, so sagt er, »hat nichts gemein mit den früheren; wer ein Gebiet besetzt, führt dort sein eigenes Gesellschaftssystem ein. Jedes Land führt sein System ein, so weit seine Armee vordringt. Es kann nicht anders sein.«** Die Westmächte verkannten diese Gefahr so vollständig, daß Truman 1945 General Eisenhower Befehl gab, den Vormarsch der westalliierten Verbände auf Berlin zu stoppen, um den Sowjets die Genugtuung zu lassen, die Reichshauptstadt erobert zu haben. Man weiß, welche Belastung diese noble Geste für die europäische Sicherheit bedeutet hat und noch immer bedeutet. Stalins Pläne warfen natürlich nach der Konsolidierung der sowjetischen Präsenz in ganz Mitteleuropa und in Ostdeutschland ihren Schatten auch auf Westdeutschland, als die amerikanischen Streitkräfte mit ihrem so entgegenkommend angekündigten Abzug begannen.

So ist es beinahe komisch, schrecklich komisch, wenn manche Zeitgenossen noch heute, vierzig Jahre nach diesen Geschehnissen, von »doppelter Hegemonie«, von »russisch-amerikanischem Kondominium« sprechen oder gar Jalta als das Unternehmen beschreiben, durch das die Vereinigten Staaten ihre »Herrschaft« über Europa

---

* Anatole Muhlstein, Le spectre de Yalta, *BEIPI* Nr. 136, 16. September 1955. Erstveröffentlichung in der belgischen Zeitschrift *Le Flambeau*.
** Milovan Djilas, Gespräche mit Stalin. Frankfurt 1961.

aufgerichtet haben. Grobschlächtiger noch war die außenpolitische Widersinnigkeit, die de Gaulle beging, indem er sich auf die Russen stützen zu sollen glaubte, um – an den Folgen von Jalta etwas zu ändern, obwohl die Russen die einzigen von diesen Folgen wirklich Begünstigten waren! Außerdem, und damit wird das Paradox vollkommen, haben Stalin und Molotow in Jalta das nicht am Konferenztisch vertretene Frankreich rücksichtslos angegriffen, indem sie erklärten, Frankreich habe zu diesem Krieg im Grunde kaum etwas beigetragen und habe dem Feind seine Tore geöffnet! Und de Gaulle bildete sich nach seinem Moskaubesuch im Dezember 1944 ein, er habe sich bei der persönlichen Begegnung Stalins Unterstützung gesichert. Welch eine rührende Verblendung! In Jalta mußten die vom General vielgeschmähten »Angelsachsen« sich stundenlang mit Stalin, dem »Freund Frankreichs« (de Gaulle hatte in Moskau einen *Freundschafts*-Vertrag mit der UdSSR geschlossen) herumschlagen, um die französischen Interessen zu wahren und für die Franzosen eine Besatzungszone in Deutschland sowie einen Sitz in der Alliierten Kontrollkommission herauszuholen, den ihnen der sowjetische Delegationsleiter unter keinen Umständen zugestehen wollte.

Als die Westeuropäer 1947 und vor allem nach dem kommunistischen Staatsstreich in Prag 1948 merkten, daß die Rote Armee vor der Tür stand und sie so gut wie wehrlos waren, wendeten sie sich an die durchaus nicht begeisterten Vereinigten Staaten mit der Bitte, für ihre Sicherheit zu sorgen. Die Verhandlungen führten am 4. April 1949 zur Unterzeichnung des Nordatlantikpakts. Doch diese zeitliche Abfolge ist vom kollektiven Geschichtsbewußtsein der Europäer ebenso verändert worden wie die Ereignisse in Jalta. Vor allem hat man verdrängt, daß die Europäer die Interessenten waren und die Amerikaner überredet werden mußten, nicht umgekehrt. Mehr als anderthalb Jahre Drängen und zähe Verhandlungen mußten die Europäer investieren, um den Amerikanern eine militärische Garantie abzuringen. Man sieht, wie wenig die These von der »Teilung« der Kenntnisnahme außerordentlich leicht zugänglicher Fakten standhält.

Für meine Entgegnung auf die argwöhnischen Zeitgenossen, die es als ihre Aufgabe ansehen, »aus Jalta herauszukommen«, was für sie gleichbedeutend ist damit, sich »für die UdSSR gegen die USA zu entscheiden«, halte ich mich noch einmal an Jean Laloy, der 1944 bei den Gesprächen zwischen de Gaulle und Stalin zugegen war und später schreibt: »Nicht aus Jalta müssen wir herauskommen, sondern aus dem Mythos von Jalta.« Können wir das? Und würde es uns überhaupt noch etwas nützen? Der Traum mag die Erfüllung eines Wunsches sein, aber der Mythos könnte seinerseits die Maske vor dem resignierten Nachgeben sein. Wer so sehr lügt, daß er behauptet, die kommunistische Herrschaft über Polen sei »in Jalta vereinbart« worden, zeigt damit indirekt seine Bereitschaft, die sowjetische Herrschaft über Europa hinzunehmen. Wenn man sich einmal dafür entschieden hat, diskret zu kapitulieren, ist es dann nicht ehrenhafter, so zu tun, als erfülle man damit einen Vertrag? Nachgeben, um zu einer Vereinbarung zu stehen, ist doch gewiß ehrenhafter als nachgeben, indem man sich damit abfindet, daß das Recht mit Füßen getreten wird. Und wenn kein Vertrag da ist, erfindet man ihn eben.

23. Das Wunder von Moskau oder Die Nachfolgekomödie

Im Frühjahr 1982 aß ich nach einem Kolloquium über die pazifistischen Bewegungen in Europa mit Wladimir Bukowski und etlichen Freunden zu Mittag. Als wir auf das für die nahe Zukunft zu erwartende Ableben Breschnews zu sprechen kamen, gab Bukowski in einem parodierenden Monolog eine erheiternde Vorschau auf die Reaktionen des Westens und auf dessen Verhalten gegenüber dem »Nachfolger«, höchstwahrscheinlich Andropow, weil der KGB-Chef schon zu dieser Zeit der aussichtsreichste von zwei oder drei möglichen Erben war. »Der liberale Andropow... Man denke! Er spricht Englisch, er liebt Jazz! Er hat einen ungarischen Schneider. Er hört die BBC ... Er ist *stark* verwestlicht. Wir dürfen ihn nicht vor den Kopf stoßen! Wir müssen ihm beweisen, daß er ganz auf unser Entgegenkommen zählen kann, müssen den ersten Schritt tun, müssen ihn gegen die Falken im Kreml unterstützen. Vom Westen hängt der Erfolg der von Andropow zweifellos gewünschten *Öffnung* ab.« Bukowski bewies eine bessere Vorahnung des Verhaltens der Politiker in der nahen Zukunft als die meisten Berufsjournalisten.

Tatsächlich brauchte er sich nur auf die Wiederholung eines mehr als einmal aufgetretenen Phänomens verlassen. Die meisten westlichen Reaktionen auf Ereignisse bei den Sowjets *sind* ja immer wieder auftretende Phänomene, die stereotyp reproduziert werden, offenbar ohne daß wir auch nur erwägen, uns von den Lehren der Geschichte zu einer besseren Reaktion verhelfen zu lassen. Jede Nachfolge führt zum immer gleichen irrationalen, rein gefühlsgesteuerten Verhalten mit allen unvermeidlichen Widersprüchen und Ungereimtheiten. Einerseits wird der Verstorbene über Nacht im Rückblick zu einem »Mann des Friedens, der Stabilität, der Mäßigung«. Man fürchtet eine Rache der »Abenteurer«, der Vertreter der »harten Linie«, der »Falken« im Kreml. Andererseits wird dem Nachfolger geradezu von Amts wegen die reine Weste des »Liberalen« angelegt. Er wird »bei Null anfangen«, wird die Sowjetgesellschaft demokratisieren und die Spannungen in den Beziehungen mit dem Westen abbauen. 1924 beklagen die westlichen Demokratien den Tod Lenins, von dem sie meinen, er sei gerade dabei gewesen, den Kommunismus aufzugeben, nur weil er seit 1921, als ihm das Wasser bis zum Halse stand, die »Neue Ökonomische Politik« NEP eingeführt hat. Gleichzeitig sind sie erfreut über die Machtübernahme Stalins, denn als Verfechter des »Sozialismus in einem Land« gilt er ihnen als Gemäßigter und jedenfalls weniger bedrohlich als Trotzki, der Prediger der »permanenten Revolution«. 1953 ist der Westen verunsichert und besorgt beim Ableben Stalins, der zwar in der Wahl seiner innenpolitischen Methoden ein wenig brutal gewesen sein mag, aber er war »umsichtig«, »nationalbewußt« in der Außenpolitik, und vor allem hat er »den Frieden erhalten«. Man brauchte schon einen festen Glauben an das Gute im Menschen, um einen Staatschef als »Mann des Friedens« zu fördern, der binnen zehn Jahren und einiger Monate einen Pakt mit Hitler geschlossen, Katyn auf sein Schuldkonto gebracht, die baltischen Länder und 47% von Polen annektiert, Finnland angegriffen und gleich nach Kriegsende sich Mitteleuropa angeeignet, einen Gewaltstreich gegen Berlin versucht und den Befehl zum Einfall in Südkorea gegeben hatte. Die Dankbarkeit des Westens für soviel Entgegenkommen hinderte allerdings nicht, daß man sich von Stalins Nachfolgern noch mehr versprach. 1954 prophezeite Isaac Deutscher, der (zu unrecht) als der beste Sowjetologe und Stalinologe galt: »Wenn der kommunistische Block eine Politik freiwilliger Selbstbeschränkung und friedlicher Koexistenz mit dem Kapitalismus verfolgt, werden seine Führer es vielleicht für sinnvoll halten, eine weitere Expansion des Kommunismus, die den Status quo stören könnte, zu verhindern.«* Bei den Amerikanern stimmen die großen UdSSR-Spezialisten, über die das State Department damals verfügt, mit dieser Auffassung überein: George Kennan und Charles Bohlen unterstellen Malenkow, dem neuen Mann auf Zeit, freundschaftliche Gefühle. Als Chruschtschow ihn weggedrängt hat, wird nun er übergangslos in die Rolle des vom Westen erwarteten Messias eingesetzt. Der Westen begreift einfach nicht, daß Chruschtschows »Tauwetter«, seine Rede vor dem XX. Kongreß und später, 1962, die Veröffentlichung von »Ein Tag im Leben des Iwan Denissowitsch« in *Novy Mir* keine wirklichen Demokratisierungsaktionen sind, sondern politi-

* Isaac Deutscher, La Russie après Staline. Paris 1954.

sche Operationen gegen die Stalinanhänger. Es ging darum, Chruschtschows Macht zu stärken, indem man eine neue Regel einführte: Mitglieder der Nomenklatura, selbst wenn sie ihres Amtes enthoben werden, müssen nicht mehr mit Verbannung oder »physischer Liquidation« rechnen. In der Außenpolitik dagegen hat sich Chruschtschows »Mäßigung« neben anderen Großtaten und neben Reden über die »Koexistenz der Systeme« bei der blutigen Niederschlagung des Ungarnaufstands 1956, dem Bau der Berliner Mauer 1961 und dem Versuch der Stationierung von Atomraketen auf Kuba 1962 erwiesen. Schließlich stürzt Chruschtschow, und nach einer kurzen Beweihräucherung des »Chruschtschowismus« entsinnt sich der Westen plötzlich seines »Abenteurertums« und der Gefahr durch sein unausgeglichenes Temperament, zu denen die ruhige, methodische, ausgeglichene Persönlichkeit eines Breschnew in erfreulichem Gegensatz steht. Achtzehn Jahre Machtausübung werfen dann auch diesen harmonischen, zuverlässigen Mann aufs Sterbelager. Erstaunlich, daß die Lobreden auf Breschnew als »Mann des Friedens« nach den rücksichtslosen Verstößen gegen die Vereinbarungen von Helsinki, der sowjetischen Hochrüstung, der Eroberung von Teilen Afrikas und der Machtübernahme im Jemen, vor allem aber dem Einmarsch in Afghanistan nicht mehr ganz so viel Beifall finden wie die preisenden Worte für Stalin. Sollte das Publikum den Geschmack daran verloren haben? Zum Glück haben die Politiker um so lauter geklatscht und sind vor allem nicht zurückhaltend gewesen bei der eilfertigen Beteuerung ihres Vertrauens in die friedfertigen und liberalen Absichten Andropows, wobei ihnen die Kohorte der Kremlauguren eifrig half oder sogar voranging. So gut wie alle versuchten einander zu übertrumpfen beim Empfehlen von Vorleistungen, die wir im Westen so bald wie möglich anbieten sollten, um der neuen Sowjetführung unsere guten Absichten zu beweisen.

Ein schwer nachzuvollziehender Gedankengang! Denn wenn Andropow ein Liberaler ist, muß doch wohl er das beweisen, nicht wir, zumal seine Taten in der Vergangenheit nicht gerade Vertrauen wekken. Wie könnte man auch ohne Zusatzinformationen Vertrauen haben bei dem ehemaligen KGB-Chef, dem Mann, der rücksichtslos die »Dissidenten« zum Schweigen gebracht hat, also die Sowjetbürger, die nichts weiter als die Anwendung der Vereinbarungen von Helsinki forderten, den Mann, der das System der Einweisung in

Nervenheilanstalten zum Mundtotmachen politischer Gegner ausgebaut hat, dem es beinahe gelungen wäre, den Papst ermorden zu lassen, der weltweit Desinformation getrieben, den Terrorismus und die Guerrillabewegungen gefördert und den Trick gefunden hat, wie man die polnische Arbeiterbewegung mit KGB-Leuten, die man nach Warschau schickt, ohne den Einsatz der Sowjetpanzer zerschlagen kann? Ein Liberaler, der bis zu seinem achtundsechzigsten Lebensjahr kein Anzeichen von Liberalität gezeigt hat, verdient gewiß Ermutigung, doch er könnte seine wunderbare Bekehrung zur Toleranz erst einmal konkreter nach außen zeigen. Bei seiner Ernennung zum Leiter des KGB 1967 gab es in der UdSSR nur drei »Spezial«-Nervenheilanstalten, bei seinem Fortgang 1982 mehr als dreißig. Vielleicht könnte er die Anzahl wieder auf drei reduzieren? Das wäre immerhin ein Anfang. Was hält die Französisch-Sowjetische Gesellschaft davon? Die Gruppe Kalevi Sorsa? Olof Palme? Willy Brandt und die Sozialistische Internationale? Zur Außenpolitik hat Juri Andropow in seiner Rede vom 22. November 1982 ausdrücklich betont, wir hätten von ihm keiner »Vorleistung« gewärtig zu sein, und er hat hinzugesetzt: »Niemand sollte mit einer einseitigen Abrüstung unsererseits rechnen! So naiv sind wir nicht!« Ein eleganter Hinweis darauf, wer wohl so naiv ist. Der Westen darf den ersten Schritt tun, weil er das so schön kann. Vor und nach Breschnew bleiben die langfristigen Ziele der Sowjetunion auch 1982 unverändert: Man muß durch geschicktes Taktieren die Aufstellung der Mittelstreckenraketen in Westeuropa weiter verzögern, bis sie ganz aufgegeben wird, und muß die Regierungsübernahme der Sozialisten in Madrid benutzen, um den NATO-Beitritt Spaniens zu verhindern. Nach den unwandelbaren Regeln der sowjetischen Außenpolitik müssen diese Konzessionen den Westmächten im Tausch gegen bloße Mäßigungsversprechen abgerungen werden, die dann, weil der erwünschte Zweck ja erreicht ist, nicht gehalten werden müssen.

Der Fehler, den die Demokratien bei jeder Nachfolge im Kreml begehen, ist natürlich nicht, daß sie diese Nachfolge ausnutzen wollen, um die Weltlage zu verbessern, sondern gerade, daß sie das *nicht* tun. Wir Demokraten verhalten uns, als sei der Personenwechsel in einem kommunistischen Land an sich schon ein segensreicher Vorgang, so etwas wie eine günstige astrologische Konstellation, die man schleunigst nutzen muß. Die Sowjets hätten also gleichsam alles getan, was man von ihnen erwarten kann, indem sie Breschnew beigesetzt und durch einen anderen ersetzt haben, in diesem Falle Andropow. Nach dieser Gewaltanstrengung haben sie das Recht, so meinen wir, von uns eine entsprechende Bemühung zu verlangen. Führt man diesen absurden Gedankengang zu Ende, so gelangt man zu dem Schluß, wir müßten nur einen unserer Staatschefs zu Grabe tragen, um unseren Friedenswillen zu beweisen. Bei den Sowjets braucht ja auch nur einer zu sterben, und ihnen wird alles Gute unterstellt! Es haben sich denn auch prompt etliche außerordentlich klug abwägende Leute gefunden, die erklärten, man müsse die Stationierung der NATO-Mittelstreckenraketen auf dieses Ereignis hin um mindestens ein Jahr verschieben, und Reagan sei verheerend ungeschickt, sich ausgerechnet jetzt für die Aufstellung von MX-Raketen auf amerikanischem Boden zu entscheiden.* Im Klartext meinen diese entrüsteten Ratgeber, der Westen solle alle seine Verteidigungsprogramme vorläufig einstellen, nur weil Breschnew tot ist und einen Nachfolger bekommen hat. Hat man denn gemeint, er sei unsterblich, oder, wenn er doch sterben sollte, es würde ihm niemand nachfolgen, die UdSSR also führungslos bleiben? Wenn der Wechsel von einem Führer zum nächsten schon als solcher ein Zeichen guten Willens ist, so müßten wir, die Demokratien, die viel öfter wechseln als die totalitären Staaten, von der UdSSR nach jeder Wahl, jeder Regierungsablösung, jedem Wechsel des Staats- oder Regierungschefs schöne Geschenke verlangen. Man sieht, wie der Westen in seiner Bewußtseinstrübung die Rollen zu seinem Nachteil vertauscht. Breschnews Tod ist kein politisches, sondern ein biologisches Faktum, die Weitergabe der Macht an einen anderen keine Konzession an die Entspannung und auch nicht das Gegenteil, sondern eine von den Institutionen des Landes gebotene Notwendigkeit. Also sollte der Westen doch wohl die ersten Maßnahmen, die ersten Vorschläge des

---

* Am 16. Mai 1984 hat der Kongreß mit knapper Mehrheit Haushaltsmittel für 15 MX-Interkontinentalraketen statt der von der Regierung beantragten 40 bereitgestellt. Diese Mittel dürfen aber ausdrücklich erst im April 1985 freigegeben werden, falls die UdSSR bis zu diesem Zeitpunkt die Genfer Abrüstungsverhandlungen nicht wieder aufgenommen hat. In der Praxis läuft das auf ein Geschenk an die Sowjets heraus: sie bekommen ein Jahr Vorsprung bei der Modernisierung ihres interkontinentalen Arsenals. Außerdem brauchen die Sowjets im April 1985 die Gespräche nur wieder aufzunehmen und zu verschleppen, wie es ihnen oft gelungen ist, um das MX-Programm auf unbestimmte Zeit einzufrieren.

neuen Ersten Mannes abwarten und sie dann sorgfältig abwägen. Wir haben keine Veranlassung, auf Geschenke aus dem freudigen Anlaß der Inthronisation zu hoffen. Wir sind nicht die Untertanen des Kreml. Führt die Nachfolge, die der Tod erzwungen hat, zu einer Revision der Politik, so ist das Sache des sowjetischen Nachfolgers, nicht unsere. Wir können für eine solche Eventualität bereit sein und allenfalls zu erkennen geben, daß wir auf jede interessante Initiative in aller Offenheit und Verhandlungsbereitschaft reagieren würden.

Der Rollentausch ist zugleich ein Beweis mehr für das notorische Unverständnis des Westens hinsichtlich der kommunistischen Systeme, die auf Kontinuität, nicht auf Neuerung aufgebaut sind. Selbst teilweise Neuerungen wie der Revisionismus Chruschtschows oder der Pragmatismus Deng Xiaopings waren ein Zurück zur Norm, zur wahren Kontinuität nach krankhaften Abweichungen: Der Terror der Stalinzeit konnte nicht bis hinauf in die Nomenklatura weiter wüten, ohne am Ende das ganze Machtsystem zu zerstören; der maoistische Massenwahn der »Kulturrevolution«, der China in Chaos und wirtschaftlichen Ruin stürzte, war drauf und dran, den chinesischen Kommunismus zusammenbrechen zu lassen. Doch die angeblichen Liberalisierungen sind sehr bald an Grenzen gestoßen, genau dort nämlich, wohin man gelangen mußte, um das kommunistische System zu *retten,* und wo man nicht weiter gehen durfte, wenn man vermeiden wollte, es zu *verändern* oder gar *aufzugeben.* Die Kontinuität siegt überall, wo es kontinuierlich weitergehen muß.

Und was muß weitergehen? Was ändert sich, was ändert sich nicht bei einem Nachfolgevorgang an der Spitze? Unverändert bleiben, auf keinen Fall angetastet werden dürfen die beiden Säulen des Systems: Ideologie und Apparat. Was ändert sich? Die Männer? Irgendwann müssen sie abgelöst oder ersetzt werden. Leider beurteilt der Westen alles nach den Männern. Die entscheidende Bedeutung der Person, der persönlichen Ausstrahlung für die Politikerlaufbahn veranlaßt uns, sehr zu Unrecht diesen Faktor auch in totalitären Systemen zu unterstellen, wo die Männer nicht durch die Wirkung ihrer Persönlichkeit auf die Öffentlichkeit nach oben gelangen, sondern vom Apparat weitergeschoben werden, von den Strukturen und der Ideologie. Der Westen, auf die Personen fixiert, weil er die Widerstandsfähigkeit des Apparats unterschätzt, setzt auf den neuen Ersten Mann des Kommunismus, bevor er ihn überhaupt kennt. Wie viele Seiten sind geschrieben worden, um die These zu verbreiten, der Kommunismus werde sich in Rußland beim Tode Stalins, in China beim Tode Maos völlig verändern, wobei man mit einer Handbewegung alle Darstellungen des Totalitarismus als nunmehr überholt vom Tisch wischte! Natürlich sind diese selbstsicheren, aber voreiligen Seiten rasch dem Vergessen anheimgefallen. Doch das hindert nicht, daß sich bei jeder Nachfolge Freiwillige finden, die sie neu schreiben. Da die Männer an der Spitze der kommunistischen Staaten nicht besonders häufig wechseln, hat der Westen jeweils seine Erfahrungen vom vorigen Mal vergessen. Die Apotheose des Juri Andropow hat diese Regel bestätigt. Wegen ihrer falschen Interpretation der Eigenart von Veränderungen in kommunistischen Systemen ergreifen die Demokraten bei Nachfolgevorgängen nicht die Initiative, es sei denn zu Zugeständnissen. Sie sind überzeugt, sie müßten auf jeden Fall welche anbieten, obwohl genau jetzt der Augenblick gekommen wäre, welche zu verlangen oder jedenfalls mit kühlem Kopf das Kräfteverhältnis zu prüfen und zu erwägen, was die Veränderungen ihnen, nicht der Sowjetunion, bringen könnten. Lassen wir doch den Kreml seine Außenpolitik selber machen. Er beherrscht diese Kunst sehr gut. Machen wir erst einmal unsere eigene. *Das* sollte jeder führende Politiker im Westen sich bei solchen Gelegenheiten sagen!

Dabei sagt er sich gerade das Gegenteil. Bei seiner Indienreise Ende November 1982 erklärt François Mitterrand, Afghanistan sei ein »Gift im sowjetischen Körper«, und meint, die Westmächte könnten in Zusammenarbeit mit den Nachbarstaaten Indien und Pakistan der Sowjetunion helfen, dieses »Gift« durch eine politische Lösung loszuwerden, womit er offenbar auf eine Reduzierung der Besatzungstruppen und den Fortbestand eines hörigen Regimes in Kabul anspielt. Dabei ist in den Monaten nach dem Tode Breschnews nicht ein einziges Zeichen guten Willens, keines der erwarteten »Signale« zum Thema Afghanistan aus Moskau gekommen, nicht einmal ein Gegenstück zu der eher komischen Ankündigung Breschnews aus dem Frühjahr 1980, er werde mehrere Divisionen vom Ort der Handlung abziehen, eine reine Propagandaparole, die dennoch den französischen Präsidenten Valéry Giscard d'Estaing zum Zeitpunkt der NATO-Konferenz in Venedig für einen Augenblick beeindruckte. Tatsächlich haben die berühmten »Signale« der Verständigungsbereitschaft, auf die der Westen offenbar sofort zu reagieren hat, wenn er nicht als Sündenbock dastehen will, sich selten so rar gemacht wie in den Wochen, da sich Breschnews Nachfolger einrichteten. Um so eklatanter war die Unermüdlichkeit, mit der die »westlichen Beobachter« um jeden Preis aus der kleinsten Verlautbarung welche herauszulesen versuchten. Breschnews letzte Rede drohte dem Westen erbarmungslose Vergeltung an für den Fall, daß Amerika und seine Alliierten mit der »Hochrüstung« fortfahren sollten; im Klartext: wenn sie bei ihrer Absicht bleiben sollten, in Europa Marschflugkörper und Pershingraketen zu stationieren, um ein Gegengewicht zu den SS 20 zu schaffen. Andropows erste Rede brachte, wie wir sahen, im gleichen Ton den gleichen Inhalt. Die Logik des neuen Generalsekretärs entsprach der seines Vorgängers: In den Augen der Sowjets wird die europäische Verteidigung zur Aggression, und eine Wiederherstellung des Rüstungsgleichgewichts durch den Westen stellt eine Bedrohung dar. Zu den schon zitierten Äußerungen kam am 30. November 1982 eine wütende Depesche der Agentur Nowosti, in der Westeuropa ein »sofortiger Gegenschlag« angedroht wurde, der unvermeidlich zum »weltweiten« Atomkrieg führen würde, sobald, »und sei es versehentlich«, der Westen eine Mittelstreckenrakete starte. Dieses Kommuniqué wurde am Vorabend eines Ministertreffens der NATO veröffentlicht, bei dem die Aufstellungstermine für die neuen Mittelstreckenwaffen festgelegt werden sollten. Das Argument ist zweischneidig, weil ja nicht einzusehen ist, warum der »versehentliche« Abschuß einer Mittelstreckenrakete nicht auch den Sowjets unterlaufen könnte, doch die von der Agentur Nowosti verbreitete Bulle war ja dazu bestimmt, schlecht informierte Zeitgenossen zu verschrecken und den Pazifisten und Anhängern der einseitigen Abrüstung des Westens Argumente zu liefern, nicht zuletzt den amerikanischen und italienischen Bischöfen. Allerdings hatte diese allzu grob gestrickte Einschüchterungskampagne jedenfalls zunächst keinen besonderen Erfolg, und sie war, nicht zu vergessen, auch kein eklatanter Beweis für das »Feingefühl«, das die westlichen Beobachter Andropow so freigebig attestiert hatten. Es bestand kein Grund zu der Annahme, die Ziele des neuen Ersten Mannes im Kreml unterschieden sich von denen seines Vorgängers; nur gewisse Leute im Westen hatten sich das allzu sehr gewünscht. Außenminister Andrej Gromyko benutzte seinen Besuch in Bonn im Januar 1983 zu einem von vielen Versuchen, schamlos während des Wahlkampfs in einem demokratischen Land Druck auszuüben, und zwar mit Äußerungen, die sich in der üblichen Mischung von Drohung, Erpressung, Einschüchterung und Vorschlägen für – westliche – Zugeständnisse erschöpften.

Die Machtübernahme im Kreml zu nutzen, sollte etwas anderes bedeuten als das, was wir tun; wir sollten etwaige Eingewöhnungsunsicherheiten in der Sowjetführung unseren Interessen dienstbar machen. Es ist durchaus möglich, daß jeder kommunistische Führer bei seinem Amtsantritt eine Zeitlang derart mit innenpolitischen Schwierigkeiten eingedeckt ist, daß er sich nach außen verständigungsbereiter zeigen muß. Aber das wird er nicht tun, wenn er es vermeiden kann, das heißt, wenn der Westen darauf wartet, daß er von sich aus konziliant reagiert. Von der Nachfolgesituation profitieren heißt also, daß wir unsere guten Karten dann ausspielen, wenn die Sowjetunion ein schwächeres Blatt hat, und nicht das Spiel unterbrechen, bis ihr Blatt wieder stärker geworden ist.

Während der Monate, ja, der ersten drei, vier Jahre nach Stalins Tod, als die Nachfolge im Gegensatz zur Situation nach Breschnew völlig unklar war, nutzte der Westen die Verwirrung in der sowjetischen Führung in keiner Weise aus. Zwischen 1953 und 1956 war die Lage ideal zum Handeln geeignet, doch es wurde nicht gehandelt. Schon im Juni 1953 erhebt sich die Bevölkerung in Ostdeutschland gegen die Unterdrückung, und der Westen packt diese Gelegenheit nicht beim Schopf, um Gespräche über einen Friedensvertrag durchzusetzen, mit dem der gefahrenträchtigen deutschen Teilung ein Ende gemacht worden wäre, die ja noch heute für die Sowjets eines der probatesten Mittel zur Erpressung Europas und der Vereinigten Staaten darstellt. Zu diesem Zeitpunkt hatte noch keine westliche Regierung das kommunistische Deutschland, die sogenannte DDR, anerkannt. Im Frühjahr und dann noch einmal im Herbst 1956 lehnt sich das polnische Volk auf; wir lassen den Sowjets freie Hand, die Angelegenheit auf ihre Weise zu regeln, das heißt Gomulka auf Bierut folgen zu lassen. Anstatt träge als unbetroffene Zuschauer zu reagieren, hätten die Westmächte die Akte mit den (echten) Versprechungen von Jalta ziehen und auf Stalins Zusage freier Wahlen in Polen pochen können. Das Kräfteverhältnis war damals den Vereinigten Staaten besonders günstig, so daß diese Forderung durchaus realistisch gewesen wäre. Außerdem war sie in keiner Weise »imperialistisch«, sondern entsprach der Moral, dem Selbstbestimmungsrecht der Völker und lag im Interesse des Friedens, den die polnische Tragödie im Herzen Europas im folgenden Vierteljahrhundert immer wieder in Gefahr gebracht hat. Gleich nach dem polnischen Oktober bricht, viel gewaltsamer und breiter, der Volksaufstand in Ungarn los. Hier sind die sowjetische Präsenz und der Kommunismus selber in Frage gestellt, ohne daß der Westen hätte nachhelfen müssen. Nachdem Moskaus Mann und Stalins Statthalter in Ungarn, Rakosi, verjagt worden ist, zeigt es sich, daß sogar der beliebteste Politiker, der einzige in der allgemeinen Auflösung noch einsetzbare, der seit langem kaltgestellte Altkommunist Imre Nagy nur einen Ausweg sieht: eine Art Neutralisierung Ungarns nach dem Muster der Österreichlösung vom Jahr zuvor, das heißt das Verlassen des Ostblocks. Ein kleiner Anstoß des Westens hätte genügt, und der entscheidende Schritt wäre getan worden. Die Sowjets sahen sich ja im ungünstigsten Moment mit dem Problem konfrontiert und vor der ganzen Welt ins Unrecht gesetzt; außerdem waren sie strategisch unterlegen, und wenn der Westen seine Unentschlossenheit überwunden und eine Forderung gestellt hätte, wäre der Einsatz militärischer Mittel gar nicht erforderlich geworden. Warum hatte Chruschtschow denn solche Angst? Warum war es ihm ein Bedürfnis, Maos »Zustimmung« einzuholen und Tito insgeheim zu konsultieren? Warum zögerte er tagelang und ließ erst zuschlagen, als er die Gewißheit erlangt hatte, der Westen werde das Schauspiel nur auspfeifen, ohne die Vorstellung zu unterbrechen? Die Demokratien haben die ungeklärte Situation jener Jahre auch nicht benutzt, um Albanien ins westliche Lager zurückzuholen. Stalin rechnete ja so wenig damit, dieses Land behalten zu können, daß er mit ihm nicht einmal einen seiner »Freundschaftsverträge« abgeschlossen hatte, die für ihn die Bestätigungsurkunde für die irreversible Knechtschaft der Bruderländer waren – eine bemerkenswerte Ausnahme, die niemand beachtete.

Am 6. März 1953 hatten Stalins Nachfolger in ihrer ersten Verlautbarung eine Politik angekündigt, die geeignet sein werde, »die Vermeidung jeder Art von Verwirrung und Panik« sicherzustellen. Warum diese beiden Wörter? Anderthalb Monate zuvor hatte das Tandem Eisenhower-Dulles in Washington die Amtsgeschäfte übernommen; es stand für die Ideologie des *roll back*, die im Wahlkampf immer wieder herausposaunt worden war. Stalins Erben wußten da-

mals noch nicht recht, was von diesen »Imperialisten« wirklich zu halten sei, und sie hatten Lenins Beurteilung der »Taubstummen« vergessen. Persönliche Kontakte mit westlichen Politikern hatten sie, mit Ausnahme von Molotow natürlich, so gut wie nicht gehabt. Dagegen wußten sie sehr genau, wie unsicher die Lage im Sowjetsystem einschließlich der Satelliten war. Sie mußten sich also sagen, daß drei ungünstige Faktoren für sie zusammentrafen:
  1. Das globale Kräfteverhältnis war für die Westmächte günstig.
  2. Die herrschende Ideologie veranlaßte die neue Mannschaft im Weißen Haus zum »Zurückdrängen« des Kommunismus.
  3. Stalins Tod hatte zu einer Schwächung im kommunistischen Bereich geführt, und zwar sowohl an der Parteispitze (Beria) als auch bei den unterworfenen Völkern (Aufstand in Ostdeutschland am 17. Juni).
  Es war demnach völlig normal und logisch, daß Stalins Nachfolger als wachsame Regierungschefs mit einer offensiveren Politik des Westens rechneten. Doch was sie erwartet hatten, blieb aus. Der Westen rührte sich nicht. Welche Folgerungen mögen die Sowjets wohl für ihre zukünftige Politik aus diesem für sie besonders bedrohlichen Zeitraum gezogen haben, als der Westen, ohne einen Blutstropfen zu riskieren, die Wiedervereinigung Deutschlands und einen gerechten Friedensvertrag hätte herausholen können?
  Man wird einwenden, sowjetische Zugeständnisse während dieses Zeitraums gingen ja durchaus auf das Konto von Stalins Nachfolgern: Waffenstillstand in Korea am 27. Juli 1953, Aussöhnung mit dem Jugoslawien Titos, Genfer Konferenz von 1954 mit der Beendigung des Krieges in Französisch-Indochina, österreichischer Friedensvertrag 1955. Wenn man allerdings genauer hinschaut, erkennt man an diesen sowjetischen Konzessionen eine eigenartig bekannte Textur, die unter dem Mikroskop seltsam nach westlichen Konzessionen aussieht. Der Waffenstillstand in Korea bedeutete kein sowjetisches Zugeständnis, sondern brachte die Wiederherstellung der ursprünglichen Situation, die schon aus einem Gewaltakt der Sowjets entstanden war. Korea, bis 1945 eine japanische Kolonie, sollte nach der Niederlage seines Kolonialherrn unabhängig werden. In Jalta hatte man vereinbart, in einer Übergangszeit sollten die Armeen der Sieger, die amerikanische im Süden, die russische im Norden (obwohl die Sowjets an dieser Front niemals wirklich gekämpft hatten) mit

dem Kolonialregime aufräumen und das Land in die Unabhängigkeit führen. Doch wie in Ostdeutschland blieben die Sowjets in Nordkorea, anstatt ihre Truppen nach der Übergangszeit abzuziehen, und brachten ein Vasallenregime an die Macht, getreu ihrem Grundsatz, daß alle nach dem Zweiten Weltkrieg von ihnen »befreiten« Länder als Eroberungen zu behandeln seien, die ihnen endgültig zuständen. Nach diesem ersten Streich versuchte Stalin 1950 den zweiten: Er ließ die Armee des kommunistischen Korea nach Südkorea einmarschieren. Als ihm der Überfall schon beinahe gelungen war, scheiterte er am unerwarteten Widerstand des Expeditionskorps der Vereinten Nationen. Seine Nachfolger zogen es vor, das Abenteuer aufzugeben und zum Status quo, zur alten Demarkationslinie zurückzukehren. Die Aggression und ihr Scheitern hatten also keinen territorialen Verlust für sie bedeutet. Der Waffenstillstand brachte die Hinnahme eines kommunistischen Korea, das seinerseits aus der Verletzung eines völkerrechtlichen Vertrages und aus der Besetzung durch die Streitkräfte eines fremden Landes hervorgegangen war. Auf westlicher Seite hatten die Amerikaner, die das Gros des Expeditionskorps gestellt hatten, die Wiederherstellung des alten Zustandes mit dreißigtausend Toten und einhundertfünfzehntausend Verwundeten bezahlt, und es blieb bei der ständigen Invasionsbedrohung durch Nordkorea, die auch heute, dreißig Jahre danach, noch besteht.

Das sowjetische »Entgegenkommen« bei der Entkolonisierung von Französisch-Indochina hat den Demokratien noch weniger gebracht. Sie wollten bei diesem unvermeidlichen Vorgang dafür sorgen, daß nicht der Weltkommunismus davon profitierte, und zwar vor allem im Interesse des vietnamesischen Volkes, das ja tatsächlich heute unter der Tyrannei seiner ganz besonderen Nomenklatura eines der unglücklichsten der Erde ist. Im Widerspruch zur Legende kann man die Genfer Konferenz wahrhaftig nicht als eine Meisterleistung der westlichen Diplomatie bezeichnen. Chruschtschows 1971 erschienene Memoiren beweisen zunächst einmal, daß die militärische Lage der Vietnamesen schlechter war, als wir annahmen, und daß sich die Chinesen außerstande sahen, sie weiterhin zu unterstützen. Außerdem gingen die Unterhändler in Genf offenbar bei den Zugeständnissen von Anfang an zu weit. »Bei der ersten Sitzung der Konferenz«, schreibt Chruschtschow, »schlug der französische Regierungschef Mendès France vor, die nördliche Grenze für Bewegungen französischer Truppen am 17. Breitengrad verlaufen zu lassen. Ich muß gestehen, als uns das aus Genf gemeldet wurde, verschlug es uns vor freudiger Überraschung die Sprache. So etwas hatten wir nicht erwartet. Der 17. Breitengrad war die weitestgehende Forderung, die wir gestellt hätten. Wir instruierten unsere Delegation in Genf, einen Verlauf der Demarkationslinie weiter südlich, am 15. Breitengrad, zu verlangen. Doch damit wollten wir nur den Eindruck erwecken, noch hart zu verhandeln. Nach einem kleinen Geplänkel nahmen wir das Angebot von Mendès France an; der Vertrag wurde unterzeichnet. Es war uns gelungen, die Eroberungen der vietnamesischen Kommunisten festzuschreiben.«* Die Geschichte hat nichts getan, die Freude über diesen Triumph unangemessen erscheinen zu lassen. Der Weltkommunismus holte sich das restliche Indochina auch noch. Daß Frankreich 1954 moralisch, politisch und militärisch in der Klemme war, läßt sich nicht leugnen. Daß die mit Stalins Nachfolgern gefundene Lösung von sowjetischer Seite ein echtes Entgegenkommen und ein Ausdruck ihres Wunsches nach einem dauerhaften Frieden guten Willens war, läßt sich nur mit einem abergläubischen Vertrauen auf das Unsichtbare behaupten. Und bei der Versöhnung der UdSSR mit Jugoslawien ist festzuhalten, daß sie genau in dem Augenblick zustande kommt, da Moskau es wünscht, und daß der Kreml auch hier das durch Stalins exzessive Politik zerschlagene Porzellan kittet, ohne teuer dafür zu bezahlen. Gewiß, Jugoslawien hat seinen inzwischen wohl nicht mehr rückgängig zu machenden Sonderstatus in der kommunistischen Welt behalten, aber die UdSSR hat für ihr Verhalten in den Jahres des Bruchs nicht büßen müssen. Tito hat sich nicht mehr als Gegner der Sowjetunion aufgeführt, sobald Chruschtschow und die Bulgaren ihm die Hand reich-

---

* Khruschchev Remembers, London 1971 (deutsch: Chruschtschow erinnert sich. Hamburg 1971). Das Originalzitat lautet: *At the first session of the conference, the French head of state* [sic!], *Mendès France, proposed to restrict the northern reach of the French forces to the 17th parallel. I'll confess that when we were informed of these news from Geneva, we gasped with surprise and pleasure. We hadn't expected anything like this. The 17th parallel was the absolute maximum we would have claimed ourselves. We instructed our representatives in Geneva to demand that the demarcation line be moved farther south, to the 15th parallel, but this was only for the sake of appearing to drive a hard bargain. After haggling for a short time, we accepted Mendès France's offer, and the treaty was signed. We had succeeded in consolidating the conquests of the Vietnamese Communists.*

ten, und er hat keine Rechnung in diese Hand gelegt. Auch der österreichische Friedensvertrag, das positivste Element dieser Periode, war nicht die Frucht eines Sieges der westlichen Diplomatie, sondern einer sowjetischen Kehrtwendung. Der Kreml behielt die Fäden in der Hand.

Aus unserem kurzen Rückblick auf die »Nachstalinzeit« geht hervor, daß die Westmächte in dieser Übergangsperiode weder die Kraft gefunden haben, die Initiative zu übernehmen und den Sowjets Bedingungen zu stellen, noch die Entschlossenheit, Verhandlungen auf der alleinigen Grundlage von Kremlforderungen abzulehnen. Sie haben sich damit zufriedengegeben, mit Feuereifer auf alle »Signale« aus Moskau zu reagieren. Die »Erben« wiederum entledigten sich der auffallendsten Auswüchse, die ihnen aus der Stalinzeit überkommen waren (zum Beispiel legten sie im Innern die verrückte »Verschwörung der weißen Kittel« ad acta), veränderten aber weder Stoßrichtung oder Taktik der sowjetischen Außenpolitik noch den Grundsatz der Unterwerfung Mitteleuropas mit der späteren Zugriffsmöglichkeit auf Westeuropa.

Bei ihrer Bemühung, dieses Westeuropa erst einmal zu schwächen, trugen Stalins Nachfolger schon 1954 zu einem großen, durch die Fortsetzung der Stalinschen »Bewegung für den Frieden« ermöglichten Triumph bei: dem Scheitern der Europäischen Verteidigungsgemeinschaft (EVG). Das Vorhaben kam zu Fall, weil Frankreich den Vertrag nicht ratifizierte, und zwar lehnte die französische Nationalversammlung die Ratifizierung des Vertrages über die Schaffung einer europäischen Armee am 30. August 1954 mit einer Mehrheit ab, in der die Stimmzettel der Kommunisten und der Gaullisten einträchtig beieinander waren. De Gaulles Anhänger waren grundsätzlich gegen jede supranationale Organisation, waren aber auch ein Jahr lang Zielscheibe der wie üblich unermüdlichen kommunistischen individuellen Überredung, Tatsachenverdrehung und Propaganda gewesen. Die massive Kampagne des Jahres 1954 gegen die EVG ist nur eine schwache erste Fassung der sowjetischen Kampagnen der Jahre 1982 und 1983 gegen die NATO-Nachrüstung und für das »Einfrieren« der Rüstungen, ein bei den Sowjets deshalb besonders beliebtes Thema, weil derzeit eine für sie vorteilhafte Situation »eingefroren« würde. Die Parole vom *nuclear freeze,* vom »Einfrieren der Atomrüstung« wirkte auf viele gutwillige Menschen höchst verführerisch;

daß sie von der Sowjetunion aufgebracht worden war, geriet bald in Vergessenheit. Gibt es denn einen löblicheren Kreuzzug als den gegen den Atomkrieg? Im November 1982 fand in neun US-Staaten bei Gelegenheit der *mid-term elections* eine Abstimmung für oder gegen den *nuclear freeze* statt: In acht Staaten entschied sich die Mehrheit für das Einfrieren. Nur Arizona stimmte dagegen. *L'Humanité*, Zentralorgan der KPF, stellte in seiner Ausgabe vom nächsten Tag dieses Abstimmungsergebnis der acht Staaten »gegen den Krieg«, tatsächlich aber für die einseitige Schwächung des Westens, als das wichtigste Ereignis bei diesen Wahlen heraus. Ebensowenig wie Stalins Nachfolger haben die Sowjetführer der Zeit nach Breschnew ihre Expansions- und Herrschaftsgelüste aufgegeben oder gezügelt. Gewiß, bei jedem Nachfolger erlebt man, wie ein paar für das Image der Sowjetunion allzu schädliche Auswüchse beseitigt werden, wobei sorgfältig darauf geachtet wird, daß es bei einer kosmetischen Operation bleibt. Die Entlassung von ein paar politischen Gefangenen in Polen, die Aufhebung des Kriegsrechts erfolgten, nachdem die Repression alle ihre Früchte getragen, die Kirche gegenüber der Partei nachgegeben und die Gewerkschaft Solidarität Kraft und Bedeutung verloren hatte.

Die »Zeichen des Entgegenkommens«, die der Westen der Sowjetunion offenbar zur Feier der Nachfolge schuldig ist, um ihr zu helfen, »aus ihren Schwierigkeiten herauszufinden« und »der Entspannung neues Leben zu geben«, diese Zeichen sind oft längst gegeben. Es hätte den »Nachfolgern« freigestanden, auf sie einzugehen, um den »Dialog« wieder aufzunehmen. So hatten zum Beispiel im Juli 1981 die Außenminister Alexander Haig für die Vereinigten Staaten und Lord Carrington für das Zehner-Europa die Neutralisierung Afghanistans und Kambodschas, den Abzug aller ausländischen Truppen und ihre vorübergehende Ablösung durch UNO-Kontingente bis zur Abhaltung freier Wahlen sowie eine Garantie der Blockfreiheit beider Staaten vorgeschlagen. Die UdSSR hatte diese Vorschläge prompt als »unrealistisch« zurückgewiesen, ohne auch nur über sie zu sprechen. »Realistisch« wäre in ihren Augen wohl gewesen, wenn wir zu den Verhandlungen auch Babrak Karmal eingeladen hätten, den KGB-Mann, den Moskau an die Spitze des kommunistischen afghanischen Staates gestellt hatte, womit wir ihm von vornherein die internationale Anerkennung verschafft hätten. Zu verhandeln hätte es dann nichts mehr gegeben. Mit dem graumelierten unfreiwilligen Humor, mit dem er immer wieder glänzt, erklärte Gromyko, er könne Gesprächen über Afghanistan nicht zustimmen, solange die »ausländischen Interventionen« nicht aufgehört hätten, wobei die Sowjetunion trotz der damals schon an die 85 000 Mann Besatzungstruppen ihre Präsenz natürlich nicht als Einmischung verstand. Schön und gut. Wenn diese ablehnende Haltung 1981 mit Breschnews Einfluß zu erklären war und sein Nachfolger Andropow nur auf den Tod des alten Herrn wartete, um seine Umgänglichkeit zu beweisen, was hinderte ihn im November 1982, sich zur Aufnahme der im Vorjahr abgelehnten Gespräche bereitzufinden? Man mag einwenden, die Kommunisten könnten es sich nicht leisten, irgendwo in ihrem Herrschaftsbereich freie Wahlen zuzulassen. Das stimmt natürlich. Doch dann ist es das System, das daran hindert, Bewegung in die Angelegenheit zu bringen, nicht die Männer an der Spitze. Und auch nicht fehlende westliche Vorschläge. Denn was könnten die westlichen Staaten noch vorschlagen? Die ewige Besetzung Afghanistans durch die Sowjetunion? Das wäre nun wirklich ein außerordentlich eindrucksvolles »Zeichen des Entgegenkommens«. Aber bringt es den Sowjets überhaupt etwas? Sie wissen doch, daß wir die vollendete Tatsache in der Praxis längst hingenommen haben. Ein Sandkorn nur hindert die sowjetische Eroberungsmaschine am vollen Erfolg: der Widerstand der Afghanen in den Bergen. Wir, die Bürger der westlichen Länder, zählen nicht. Außerdem helfen wir den Guerrillakämpfern kaum. Vielleicht wird man bald von uns verlangen, die Sowjets bei der blutigen Unterdrückung abzulösen? Vermutlich hätte man einen »unabhängigen« Untersuchungsausschuß, bestehend aus den Herren Willy Brandt, Olof Palme, Kalevi Sorsa, Edgar Faure, Tony Benn und Ted Kennedy, mit der Prüfung dieser Möglichkeit betrauen sollen, um unser Interesse zu beweisen, die Entspannung wiederzubeleben und Andropows Vertrauen zu verdienen?

Da es zu einer Geste dieses Formats nicht gekommen ist, scheint Juri Andropow seinerseits keine Veranlassung zum Entgegenkommen gesehen zu haben. Ja, am 5. Dezember 1982 meldeten die afghanischen Behörden, mit anderen Worten die Sowjets, es seien zehn »Terroristen« erschossen worden. Neu daran war nicht, daß afghanische Widerstandskämpfer hingerichtet wurden, sondern die amtliche Verlautbarung über ihre Erschießung. Das war eine unmißverständliche Botschaft an den Westen, die nur ein wenig anders ausfiel als die berühmten »Signale« der Mäßigung, die sich so viele erhofft hatten.

Die neue Sowjetführung hat ihre Entschlossenheit zur Entspannung auf kommunistische Art sogleich deutlich gemacht, indem sie die Abrüstung des Westens verlangte und insbesondere gegen die Aufstellung von MX-Raketen im US-Bundesstaat Wyoming protestierte. Dieser Protest hat ein vielfältiges positives Echo in Westeuropa und in den Vereinigten Staaten selber gefunden. Die Aufstellung, so Moskau im November 1982, sei ein Verstoß gegen die SALT-Verträge. Welche? SALT 1, längst überholt, hat damit nichts zu tun und ist im übrigen von der UdSSR schon so oft verletzt worden, daß seine Bestimmungen nur noch eine ferne Erinnerung sind. SALT 2 wurde eben vom Senat behandelt, als die Rote Armee in Afghanistan einfiel, was alle Aussichten auf eine Ratifizierung zunichte machte. Warum sich also auf nicht existente Verträge berufen? Auch hier könnte Andropow auf einen Vorschlag zurückgreifen, den der Westen längst gemacht hat. Er müßte nur aus Afghanistan abziehen, damit der Ratifizierungsprozeß eines auf den neuesten Stand zu bringenden SALT 2 im Senat wieder beginnen könnte. Es fehlt also durchaus nicht an der Bereitschaft des Westens zu Zugeständnissen, es fehlt Moskau am politischen Willen, irgend etwas aufzugeben für das, was man ihm anbietet.

Der westliche Aberglaube bei jeder Nachfolge, jetzt würden die sowjetischen Intentionen wie durch ein Wunder gemildert werden, ist eine der vielen Fallen, die wir uns selber stellen, natürlich nicht ohne Mithilfe der kommunistischen Desinformation. Wie weit diese Desinformation geht und wie geschickt sie verfährt, wird durch einen kleinen Vorfall erhellt, der übrigens in die Zeit fällt, da der neue Franz von Assisi eben Stalins Thron bestiegen hatte. Ein kanadischer Professor, Hugh Hambleton, stand Ende November 1982 vor einem Londoner Gericht unter der Anklage der Spionage für die Sowjetunion, der er während einer Tätigkeitsperiode bei der NATO Geheimdokumente geliefert hatte. Also ein ganz banaler, alltäglicher, beinahe beruhigender Vorgang. Instruktiv war an der Aussage des Professors im Gerichtssaal allerdings der Bericht über eine Begegnung, die er vor einigen Jahren in Moskau mit seinem Boss Juri Andropow, dem damaligen KGB-Chef, unter vier Augen gehabt hatte. Der große englischsprechende und jazzliebende Liberale der

Tscheka schlug dem kanadischen Akademiker an diesem Abend vor, die aller Ehren werte, aber subalterne Tätigkeit als Spion aufzugeben und sich in die Politik zu begeben, sich nach einem natürlich mit einigen brüderlichen Geldzuwendungen erleichterten Wahlkampf als Abgeordneter nach Ottawa schicken zu lassen und dort die politischen Kreise und die Öffentlichkeit seines Landes in einem der UdSSR günstigen Sinne zu beeinflussen. Er sollte sich nicht, nur ja nicht, als Kommunist ins Parlament wählen lassen, womit er in Kanada ohnehin ein seltener und seltsamer Vogel gewesen wäre, sondern als »Liberaler«, der sich der Sache des »Friedens« verschrieben hat; so würde er für den Kreml als Einflußagent die beste Wirkung haben. Da nicht zu vermuten steht, daß Andropow und seine Jünger diese Methode nur für den eher unauffälligen Professor Hambleton entwickelt haben, überlasse ich es dem Leser, sich auszumalen, wie viele große unabhängige Stimmen sich in der Welt Gehör verschaffen, sobald die Sowjets ihrer Unterstützung auf dem unermüdlich verfolgten Weg zum Frieden bedürfen. Vor allem geben diese Stimmen den Menschen im Westen immer wieder den guten Rat, den Augenblick der Nachfolge nicht zu verpassen, wenn die großen Wunder geschehen und unsere Regierenden als heilige Könige vor der Krippe des Neugeborenen das Knie beugen.

Ich muß es wohl noch einmal sagen: Ich behaupte durchaus nicht, der Westen könne nicht von der Übergangsphase profitieren, die bei jedem Wechsel an der Spitze mit einer gewissen Unsicherheit verbunden ist, in Moskau und Peking allerdings eher weniger als anderswo. Ich behaupte auch nicht, die einzige Möglichkeit, diese Unsicherheit zu nutzen, bestünde darin, die Sowjets mit ultimativen Forderungen einzudecken. Dagegen meine ich, die sinnvolle Nutzung der Nachfolgesituation kann nicht darin bestehen, als Bittsteller aufzutreten und zu hoffen, das Wohlwollen der Sowjets zu verdienen, und auch nicht, geduldig nach »Signalen« Ausschau zu halten, die zumeist ohnehin ins Reich unserer Phantasie gehören. Dieses naive Verhalten, bei der die freiwillige Gabe an die Stelle von Verhandlungen tritt, ist nichts als die Folge unserer Unkenntnis über die Funktionsweise der kommunistischen Apparate und Gesellschaften.

Anfang Oktober 1982 meldete die amerikanische Presse, Averell Harriman, der in diesem Buch mehrfach erwähnte Ex-Diplomat, habe der Universität von Columbia eine Schenkung von (vorerst) einer Million Dollar gemacht, um die Wiederaufnahme sowjetkundlicher Studien zu unterstützen. Diese Studien, so hieß es in der Meldung, in der man sich auf die gleiche Einschätzung durch mehrere andere Fachleute berief, befänden sich »auf dem niedrigsten Niveau seit dem Zweiten Weltkrieg«.* Die Fordstiftung, die früher vierzig Millionen Dollar jährlich für Stipendien im Studienbereich slawische Sprachen und Sowjetologie ausgegeben hatte, wendete 1982 nur noch zwei Millionen inzwischen weniger kaufkräftiger Dollar dafür auf, und zwar mangels Bewerber.**

Von 1950 bis 1969, als die kommunistische Macht noch auf den osteuropäischen und fernöstlichen Raum beschränkt war, gab es in zwei großen westlichen Demokratien, den USA und Großbritannien, zahlreiche öffentliche Institute zur Erforschung des Kommunismus in der Sowjetunion und anderen Ländern. Ich beeile mich hinzuzufügen: Zu unserem Glück hat es so etwas schon damals in Frankreich nicht gegeben, so daß Frankreich das einzige größere Land ist, in welchem Gott sei Dank kein Rückgang auf diesem Gebiet festzustellen ist. Seit der Kommunismus auf dem sicheren Gefährt der Entspannung in alle Kontinente gelangt ist, hat die rationale Erforschung des Kommunismus als Phänomen in den Vereinigten Staaten, wie wir sehen, erheblich nachgelassen, aber auch in Großbritannien, wo viele Zeitschriftenreihen, die dem Studium des Kommunismus gewidmet waren und sich zumeist der Unterstützung durch das Foreign Office erfreuten, eingegangen sind.

So sind denn die demokratischen Staatsmänner jetzt zum Jahrhundertende noch ahnungsloser in diesen Fragen als ihre Vorgänger der Nachkriegsgeneration.

Es ist zum Beispiel ein offenes Geheimnis, daß der sowjetische Einmarsch in Afghanistan am 26. Dezember 1979 die wichtigsten westlichen Führer unvorbereitet getroffen hat. Präsident Carter gab zu: »Diese Aktion hat auf einen Schlag meine Vorstellungen von den Zielen der sowjetischen Politik mehr verändert als alles, was in meiner Amtszeit sonst geschehen ist.« Bundeskanzler Schmidt mußte im letzten Augenblick noch seine Neujahrsbotschaft ändern, in der er sich für die friedlichen Absichten der Sowjetunion verbürgt hatte!

---

* *New York Times,* zitiert nach *International Herald Tribune* vom 8. Oktober 1982.
** *Washington Post,* zitiert nach *International Herald Tribune* vom 24. September 1982.

Man kann nur erschauern bei der Vorstellung, wie der weitblickende Kanzler dagestanden hätte, wenn die Invasion am 2. Januar gestartet worden wäre. Der französische Staatspräsident ging so weit, seine eigene Überraschung auf die Sowjets zu übertragen, indem er ihr Vorgehen als improvisiert und übereilt bezeichnete. Dabei ist Improvisation bei der Methodik den Schülern Lenins, wie die Geschichte der letzten sechzig Jahre zeigt, völlig fremd. Doch die Staatsmänner studieren diese Methodik nicht; als Autodidakten beginnen sie lieber vom Tage ihres Amtsantritts an immer wieder bei Null.

Diese Staatsmänner strafen Heraklits Feststellung Lügen, daß man nicht zweimal im selben Fluß baden kann. In dem Fluß des Vergessens, wie ihn die westliche Auffassung vom Kommunismus darstellt, und der nur gelegentlich vom sterilen Hochwasser zu Machtwechselzeiten ein wenig mehr gespeist wird, haben sie schon unendlich oft gebadet, Tag für Tag und immer an derselben Stelle.

24. Zweierlei Maß und Gleichstellung

Mit dem Augenblick, da Präsident Truman 1947 verkündet hatte: »Es muß die Politik der Vereinigten Staaten sein, freie Völker zu unterstützen, die sich gegen den Versuch der Unterjochung durch bewaffnete Minderheiten oder Druck von außen zur Wehr setzen«,* hatten sich die Demokratien aus freien Stücken zu Gefangenen einer im Grunde unüberwindlichen Schwierigkeit gemacht. Sie stellten nämlich selber implizite die Bedingung, daß ein Land, das sie vor der Aufsaugung durch das Kommunistische Imperium retten durften, nach demokratischen Maßstäben untadelig sein mußte. Damit verurteilte sich der Westen zum Scheitern oder zu Schimpf und Schande, weil er sich selber in die Zwickmühle gebracht hatte: Entweder ließ er den größten Teil der Erde unter die Herrschaft der Kommunisten geraten, oder er mußte nur allzuoft Länder beschützen, deren Regime nicht demokratisch war. Das war ein gefundenes Fressen für die sowjetische Propaganda, und die liberale Linke in den Demokratien fiel in den Chor ein. Tatsächlich zwingt die Redlichkeit ja jeden konsequenten Demokraten, die Scheinheiligkeit eines Kampfes für die Menschenrechte anzuprangern, der sich nur allzuoft auf autoritäre Regierungen stützen muß, bestenfalls auf Überreste oder Reinkarnationen archaischer Formen der Machtausübung, schlimmstenfalls auf despotische Regime, die unter die modernen polizei- oder gewaltstaatlichen Faschismen einzuordnen sind, oder auf Pseudo-Demokratien, wo die Wahlen höchst suspekt sind und selten oder nie die Ideale des Rechtsstaats angestrebt werden, auf die der Westen die Legitimität seiner Außenpolitik und seiner Verteidigung zu stützen vorgibt.

So war die Partie von Anfang an ungleich, weil natürlich niemand von den kommunistischen Imperien die Einhaltung der demokrati-

---

* *It must be the policy of the United States to support free people who are resisting attempted subjugation by armed minorities or by outside pressure.* Zitiert in Norman Podhoretz, The Present Danger. New York 1980.

schen Spielregeln oder die Beschränkung ihrer Bündnispolitik auf Länder, die diese Regeln einhalten, verlangt. Man käme nicht auf den Gedanken, der Sowjetunion das Recht streitig zu machen, zu seinen Satellitenregimen die blutige Diktatur des Oberst Menghistu in Äthiopien zu zählen, solange dieser Oberst sich nicht gebessert hat, nicht mit geradezu schweizerisch vorbildlichen Wahlen ins Amt gebracht worden ist und auf seinem Staatsgebiet nicht alle Freiheiten respektiert. Es ist ja immer das gleiche Lied: »Innere Angelegenheiten ... Keine Einmischung ... Die Entwicklungsländer haben das Recht, auf Wahlen vorerst zu verzichten, wenn sie fortschrittliche Reformen durchführen ... Es ist naheliegend, daß sie sich an die UdSSR halten und von den ehemaligen Kolonialmächten abwenden ... Die parlamentarische Demokratie ist ein Luxus, den sich die Armen nicht leisten können, zumindest nicht gleich ...« Außerdem wäre es wohl wirklich zu viel verlangt, daß Nordkorea demokratisch wird bzw. die Sowjetunion in einem undemokratischen Nordkorea auf seine strategische Bastion verzichtet. Nur die westlichen Nationen werden ständig von der kommunistischen und »fortschrittlichen« Propaganda sowie von angesehenen liberalen, ihre öffentliche Meinung berücksichtigenden Politikern wegen ihrer wirtschaftlichen und militärischen Zusammenarbeit mit dem nicht besonders demokratischen Südkorea angegriffen. Handelt es sich um ein totalitäres Regime, so rechtfertigt die strategische Notwendigkeit allein schon Präsenz, Bündnisverpflichtung oder Hilfe der Sowjetunion. Wer mehr verlangt, wird bei sich im Westen aufgefordert, sich um seine eigenen Angelegenheiten zu kümmern. Einer Demokratie dagegen erlaubt man die Verteidigung der für ihre Sicherheit entscheidend wichtigen Dämme nur unter der Bedingung, daß dort demokratische Verhältnisse herrschen. Andernfalls ist der Westen offenbar gehalten, das betreffende Land den Kommunisten zu überlassen, die solche demokratischen Pflichten nicht haben. So war in den sechziger Jahren der Kampf für die Unabhängigkeit Südvietnams eine schändliche Angelegenheit, weil das Regime in Saigon alles andere als lupenrein war; das Regime in Hanoi dagegen hatte kein demokratisches Führungszeugnis abzulegen, um das Recht zu haben, sich zu verteidigen oder sogar selbst anzugreifen. Alle fortschrittlichen und selbst die gemäßigten Stimmen der ganzen Welt konzedierten dem Regime, daß es »sich auf das Volk stütze«, was seine Geschichte seit 1975 ja wohl durchaus nicht bestätigt hat. Jedenfalls hindert das totalitäre, expansive Verhalten Nordvietnams seine Anerkennung als authentische Vertretung des Volkes in keiner Weise. Und wenn es nach dem Willen der Sozialistischen Internationale, der europäischen, lateinamerikanischen und US-Medien gegangen wäre, hätte der Westen in den Jahren 1981/82 in El Salvador eine totalitäre Macht ans Ruder lassen müssen, es sei denn, er hätte es geschafft, dort im Handumdrehen eine in jeder Hinsicht perfekte politische, wirtschaftliche, soziale Demokratie entstehen zu lassen. Daß der Westen dagegen die Legitimität des prätotalitären und prosowjetischen Regimes in Nikaragua bestreiten oder ihm gar unter Berufung auf Menschenrechte, Pluralismus und Demokratie Militär- oder Wirtschaftshilfe vorzuenthalten drohen könnte, eine solche Erwägung ist nur schrecklichen Reaktionären zuzutrauen. Und es kommt noch besser: Die UdSSR kann es sich sogar leisten, sich auf die Seite faschistischer Regime ältesten Typs ohne jede fortschrittliche Fassade zu schlagen, wenn die Interessen ihrer Globalstrategie ihr ein solches Verhalten nahelegen. Deshalb wird sie von der Weltöffentlichkeit durchaus nicht so vehement verurteilt wie eine demokratische Nation, die sich zu einem solchen Verhalten gezwungen sieht. Man wird sich erinnern, daß die Sowjetunion und Kuba 1982 bei der Falklandkrise lautstark für das argentinische Militärregime gegen Großbritannien Partei ergriffen, einzig und allein, weil Moskau natürlich daran interessiert sein mußte, diesen Konflikt gegen den demokratischen Westen auszunutzen. Der wahrhaft begründete schlechte Ruf der »schädlichen, blutrünstigen faschistischen Diktatur« in Buenos Aires spielte plötzlich keine Rolle mehr. Tatsächlich müssen sich die Sowjetführer ja ins Fäustchen lachen, wenn sie die Aufregung in der freien Welt über die im Vergleich zu jeder kommunistischen Diktatur stümperhaften Verbrechen der argentinischen Junta sehen. Außerdem haben die Faschisten von Buenos Aires 1980 den Moskauer Sozialisten Korn geliefert, als die Vereinigten Staaten nach dem Einmarsch in Afghanistan den schüchternen Versuch einer Sanktion in Form des Getreideembargos machten. Die Sowjetunion hat demnach in der Vorstellung aller das Recht, ihre Wirtschaftsinteressen wahrzunehmen und strategische Vorteile anzustreben, indem sie sich »realistisch« mit einem für seine Verachtung der Menschenrechte berüchtigten Regime verständigt. Welch ein geiferndes Geschrei dagegen, wenn ein westliches Land sich veranlaßt sieht, Verbindungen aufrechtzuerhalten, die man ihm ankreiden kann, mit Südafrika, dem Iran des Schah oder der Türkei. Ich billige durchaus den moralischen Standpunkt, den die Weltmeinung und die Medien bei uns in Frankreich einnehmen, daß nämlich die kompromittierenden Verbindungen demokratischer Länder strenger beurteilt werden müssen als die des sozialistischen Lagers. Ich stelle nur fest, daß die Anwendung von zweierlei Maß auch hier dem Sowjetregime einen automatischen Vorteil gegenüber dem Westen verschafft. Es kann sich verteidigen und vergrößern, ohne an die Pflichten gebunden zu sein, die demokratischen Ländern in der Außenpolitik obliegen, und braucht auch seine Satelliten oder jeweiligen Schachfiguren nicht dazu anzuhalten. Das ist ein Vorteil in doppelter Hinsicht, denn ohne selber die Menschenrechte respektieren zu müssen, kann das Sowjetregime überall anderswo die echten oder unterstellten Verstöße anprangern und sie selber oder durch seine Agenten propagandistisch ausschlachten. Und es kann solche Verstöße sogar provozieren, indem es in den westlichen oder mit dem Westen verbundenen Ländern den Terrorismus schürt und damit die Repression fördert.

So genießt die Sowjetunion das Privileg, ihr Imperium nicht nur zu verteidigen, sondern auszudehnen, ohne daß man sie nach dem Lebensstandard der beherrschten Bevölkerung, nach der sozialen Gerechtigkeit, den politischen Freiheiten oder den Menschenrechten beurteilt. Wenn sich unterdrückte Völker gegen den Kommunismus auflehnen, versagt es sich der Westen zumeist, ihnen zu helfen, und erkennt so völlig ungeachtet der Umstände die Legitimität der kommunistischen Herrschaft an, während die Kommunisten keine Legitimität außerhalb ihres Imperiums anerkennen, und die demokratische schon gar nicht. Umgekehrt haben die Demokratien in der Auseinandersetzung mit der Sowjetunion auf allen genannten Feldern stets das Handikap einer Schuldzuweisung, bei der sie nicht nur für sich selber verantwortlich gemacht werden, sondern auch für ihre Verbündeten. Als zum Beispiel 1967 Griechenland oder zwölf Jahre später die Türkei in die Macht militärischer Führer gerieten, stellte man sich auch in den Demokratien selber sogleich die Frage, ob der Westen solche Länder, die sich an der Demokratie versündigten, überhaupt in seinem Verteidigungssystem behalten darf. Kaum führt dagegen Polen, das ohnehin schon ein totalitäres Regime hat, auch noch einen »Kriegszustand« ein, der mit Hilfe der Armee die ins Wanken geratene Diktatur der kommunistischen Partei wieder aufzurichten erlaubt, schon hört man im Westen das Argument, man dürfe von einem Land wie Polen keine echte Liberalisierung erwarten; *schließlich stelle es für die Sowjetunion eine lebenswichtige strategische Zone dar.* Nun ist die Türkei für den Westen ebenso lebenswichtig. Sie aus der NATO auszuschließen oder auch nur die Waffenlieferungen für die türkische Armee einzustellen (was nach dem Zypernkonflikt zwischen Griechenland und der Türkei 1974 dennoch geschah) hieße eine außerordentlich bedrohliche Bresche in der Südflanke der Nordatlantischen Allianz aufreißen. Niemand kann sich ohne zu lächeln vorstellen, daß die Sowjetunion Polen eigentlich dazu zwingen müßte, »die Demokratie wiederherzustellen«, wenn es im Warschauer Pakt zu bleiben wünsche. Genau dies verlangen ohne Zögern etliche angesehene Politiker, Gewerkschaftler und Journalisten von den NATO-Mitgliedstaaten als die einzige demokratische Art des Umgangs mit der Türkei. Wiederum ist das Ungleichgewicht zwischen Rechten und Pflichten des demokratischen und des totalitären Lagers so groß, daß man deutlich sieht, welches der beiden Lager den kürzeren ziehen muß.

Die Kritiker der Vereinigten Staaten und der »freien Welt«, welchletzterer Ausdruck überhaupt fast nur noch ironisch verwendet wird, als gäbe es in Wirklichkeit gar nicht eine freie und eine unfreie Welt, diese Kritiker also haben von jeher zu Recht argumentiert, man könne nicht zugleich im Namen der Demokratie kämpfen und, um das zu tun, Beziehungen mit nichtdemokratischen Ländern unterhalten. Auf diesen Einwand läßt sich allerdings zunächst erwidern, daß der Westen seit dem Zweiten Weltkrieg niemals gekämpft oder jedenfalls niemals offensiv gekämpft hat. Er hat sich verteidigt und ist, insgesamt gesehen, zurückgewichen. Die Handvoll Demokratien, welche die »freie Welt« bilden, haben sich lediglich bemüht, als Nachbarn des Kommunismus zu überleben. Sind sie wenigstens überzeugt, dazu berechtigt zu sein? Das ist durchaus nicht sicher: Nicht zufällig hat man es sich ja im Westen angewöhnt, von der »freien Welt« nur noch in Anführungszeichen zu sprechen, wohingegen das Wort Volksdemokratie einer solchen Relativierung nicht bedarf.

Es liegt auf der Hand, daß der Idealzustand für die Demokratien wäre, zum eigenen Überleben nur andere Demokratien verteidigen zu müssen. Doch dieses moralische Ideal zerbricht in den meisten Fällen an örtlichen Traditionen der Machtausübung oder faktischen Situationen, die der Westen nicht ohne weiteres ändern kann. Versucht er es trotzdem, wird er prompt des Neokolonialismus beschuldigt. Präsident Carters »Menschenrechtspolitik«, die zur Einstellung der US-Hilfe an die Diktaturen in Argentinien, Chile und Bolivien führte, brachte keinerlei politische Verbesserung in diesen Ländern, wohl aber drängte sich die Sowjetunion in die Bresche, indem sie die Handelsbeziehungen mit ihnen intensivierte. Im Iran beschleunigte Carter den Sturz einer Tyrannei, die gewiß abzulehnen war, aber einer noch schlimmeren Platz machte. Man muß sich in der Geschichte schon sehr schlecht auskennen, um allein im US-Imperialismus den Schuldigen zu sehen für die lange lateinamerikanische Tradition der Staatsstreiche, Militärdiktaturen, Bürgerkriege, Korruption, Revolutionen, des blutigen Terrors und der Unterdrückung: Dies alles läßt sich bis in die Zeit der frühen Unabhängigkeit dieser Länder vor bald zweihundert Jahren zurückverfolgen. Es ist frappierend zu beobachten, daß in Nordafrika wie in Schwarzafrika, in den ehemaligen französischen wie in den ehemaligen englischen Kolonien, in den »fortschrittlichen« wie in den »gemäßigten« Regimen so gut wie überall auf dem afrikanischen Kontinent Personenkult und Einheitspartei anzutreffen sind. Selbst Führer wie Kaunda oder Mugabe in Simbabwe waren zwar nach der Erlangung der Unabhängigkeit zunächst entschlossen, ein Vielparteiensystem entstehen zu lassen, doch sie änderten ihre Haltung bald und argumentierten, ohne daß man sich in Europa darüber besonders entrüstete, die Tradition der Einheitspartei entspreche nun einmal dem afrikanischen Charakter. Manche besonders barbarischen Völkermorde innerhalb einzelner Länder wie der in Burundi, manche besonders monströse Tyrannen wie Idi Amin in Uganda haben nicht das geringste mit westlichem »Imperialismus« zu tun. Und die »Befreiung« Ugandas durch die Armee des »fortschrittlichen« Tansania hat für das unglückliche Volk nur Leid und Not gebracht, die ebenso furchtbar waren wie zuvor. Dagegen ist die politische Langlebigkeit eines anderen blutrünstigen Irren, Bokassa in seinem Zentralafrikanischen Kaiserreich, jedenfalls zum Teil Frankreichs Schuld gewesen. Frankreich hat diese Kreatur nicht selber in die politische Welt gesetzt, aber geholfen, daß sie dort blieb. Die Vereinigten Staaten begingen den gleichen moralischen Fehler mit dem nikaraguanischen Diktator Anastasio Somoza: Die Art der Herrschaft, die er verkörperte, war ein Produkt des Landes, aber die Hilfe, die ihn allzu lange an der Macht hielt, kam von außen.

Doch ganz gleich, ob passives Dulden oder aktive Militärherrschaft, der Verstoß gegen die Moral und der Widerspruch zur eigenen politischen Überzeugung werden erkannt, laut verkündet und verurteilt, sobald die freie Welt mit Ländern zusammenarbeitet, die wenig oder gar nicht demokratisch sind und in denen gegen die Menschenrechte verstoßen wird. Um diesen Widerspruch und diese Verurteilung vor dem Tribunal der eigenen Öffentlichkeit zu vermeiden, müßte der Westen es sich demnach versagen, sich bei der Abwehr des sowjetischen Expansionsdrang auf irgendein Land zu stützen, das nicht demokratisch ist oder geworden ist und die Menschenrechte achtet. Die Folgen eines solchen Grundsatzes, daß nämlich das Recht der Demokratien auf Verteidigung der vorherigen Entscheidung des Erdkreises zur Demokratie untergeordnet ist, können offensichtlich nur zum Verschwinden der noch vorhandenen Reste von Demokratie führen.

Ich bestreite die Gültigkeit des Grundsatzes durchaus nicht. Ich kann gar nicht oft genug sagen, daß ich in diesem Buch nicht entscheiden will, wer »recht« und wer »unrecht« hat. Ich will einen Mechanismus sichtbar machen. Und so stelle ich fest, daß der Mechanismus der internationalen Beziehungen und das Urteil der Öffentlichkeit so beschaffen sind, daß sie in so gut wie jeder Lage für den Westen ein kaum zu überwindendes Hindernis darstellen. Wenn sich die Sowjetunion des Südjemen bemächtigt, um eine Basis zur Destabilisierung der Golfregion und ein Schulungszentrum für internationale Terroristen zu bekommen, so verlangt niemand, erst einmal müsse sie aus den Jeminiten vorbildliche Demokraten machen. Das wäre übrigens auch sehr schwierig, selbst für besonders heiligmäßige Missionare, die der skandinavische Sozialismus in Hochform zur Verfügung stellen könnte. Kurz, man findet so etwas nicht immer begrüßenswert, aber man hält es für natürlich, daß die Sowjetunion ihre Interessen wahrnimmt und ihren Einfluß vergrößert, indem sie ihre Leute im Jemen oder anderswo mit klug dosierten Staatsstreichmanövern und Säuberungswellen an die Macht bringt. Das ist ein Imperialismus, von dem niemand verlangt, er solle die Völker, die er in sein System einbaut, beglücken; niemand meint, ihn durch bloße Vorwürfe und Bloßstellungen zum Zurückweichen veranlassen zu können, aber zugleich erkennt auch niemand im demokratischen Lager sich das Recht zu, ihn offen mit den von ihm selber benutzten Waffen zu bekämpfen. Ja, mehr noch: Saudi-Arabien gegen die Wühlarbeit und die Vorbereitungen zur Subversion, die von der Sowjetunion und ihren libyschen oder sonstigen Agenten seit Jahren betrieben werden, zu verteidigen, das bedeutet für die freie Welt, sich einmal mehr dem Vorwurf einer schändlichen Komplizenschaft mit einem »feudalistischen«, reaktionären Regime auszusetzen. Zusammenfassend ist demnach festzustellen, daß man der Sowjetunion die Arabische Halbinsel ohne Gegenwehr überlassen muß, es sei denn, alle Staaten der Region machten sich ab sofort die demokratischen Ideale des Westens zu eigen, was sehr wünschenswert wäre, aber kaum zu erwarten steht, zumal in der nahen Zukunft nicht, um die allein es geht.

Um die unmittelbare oder ganz nahe Zukunft geht es auch im südlichen Afrika und insbesondere in der Republik Südafrika. Die Rassentrennung trägt diesem Land die berechtigte Feindschaft der Menschenrechtsverfechter ein. Daß das Land von allen internationalen Sportveranstaltungen ausgeschlossen bleibt, ist nicht überraschend, außer wenn man feststellen muß, daß die UdSSR, China, Nordkorea oder Rumänien, die durchaus gleich schwere oder schwerere Verstöße gegen die Menschenrechte aufzuweisen haben, teilnehmen dürfen.

Im März 1982 hat das Antreten einer englischen Cricketmannschaft in Südafrika daheim in Großbritannien heftigere Proteste hervorgerufen als der zur gleichen Zeit bekannt gewordene Einsatz von chemischen Waffen in Laos und Afghanistan durch die Sowjetunion oder die Verschärfung der totalitären Herrschaftsformen in Polen. Die Cricketmannschaft war gegen den ausdrücklichen Wunsch der Londoner Regierung in den Staat der Apartheid geflogen; trotzdem warf die Labourpartei dieser Regierung vor aller Öffentlichkeit im Unterhaus vor, sie habe sich einer unverzeihlichen Schwäche schuldig gemacht, weil sie die Spieler nicht verhaften ließ. Würde ihre unerlaubte Reise nicht als Gegenmaßnahme die Weigerung der pakistanischen und indischen Teams provozieren, in Großbritannien zu spielen? Keinem Land dagegen, das Sportler zu den Olympischen Spielen 1980 in Moskau geschickt hatte, war von irgend jemandem ein Boykott angedroht worden.

Auch dies ein Beispiel für zweierlei Maß. Doch das ist nicht so wichtig. Die entscheidende Frage lautet: Muß der Westen, wie es die aufgeklärtesten und angesehensten Sprecher seiner öffentlichen Meinung verlangen, jede politische und strategische Zusammenarbeit mit Südafrika ablehnen, solange die Apartheid dort nicht abgeschafft ist? Da dieser Abschaffungsprozeß lange währen wird und die UdSSR in dieser Weltgegend schon kräftig Fuß gefaßt hat, da andererseits in Südafrika statt einer langsamen Evolution auch neue, mächtigere Aufstände der Schwarzen denkbar wären, ist der Westen, wenn er Südafrika schlicht und einfach fallenläßt, auf jeden Fall geschwächt und kann dafür nicht einmal auf ein sicheres Ergebnis in der Zukunft rechnen. Der Seeweg um das Kap der guten Hoffnung ist bekanntlich die Hauptroute für unsere Erdölversorgung aus den Golfstaaten. Außerdem verfügt Südafrika über die reichsten Vorkommen der Welt an Edelmetallerzen außerhalb der Sowjetunion; aus diesen Lagerstätten kommen die meisten der für die Industrieländer unentbehrlichen Metalle. Mit anderen Worten: Geriete Südafrika unter sowjetischen Einfluß, hätte Moskau mit den eigenen und den südafrikanischen Bodenschätzen, dazu den Ressourcen von Namibia, wo die prokommunistische SWAPO die Macht übernehmen würde, den größten Teil und bei einigen Mineralien das Gesamtvorkommen der für unsere Industrie lebenswichtigen Erze unter seiner Kontrolle. Verbunden mit der Möglichkeit, uns einen erheblichen Teil der Erdölversorgung abzuschneiden, welche die Sowjets bis dahin vielleicht ohnehin an den Quellen rund um den Persischen Golf in den Griff bekommen haben, wäre das eine Wirtschaftswaffe, mit der sie dem Westen ihren Willen aufzwingen könnten, ohne das sie mit einem Atomkrieg oder einem »konventionellen« Konflikt in Europa auch nur drohen müßten.

Die große Stärke der UdSSR liegt darin, daß sie von der unaufhaltsamen Auflösung der archaischen Regime profitieren kann, die aus der Geschichte in den Regionen übriggeblieben sind, von denen Sicherheit oder Versorgung des Westens entscheidend abhängen. Selbst wenn, wie es stets der Fall ist, diese archaischen Regime von einem noch unterdrückerischeren, polizeistaatlicheren, blutrünstigeren kommunistischen Regime abgelöst werden, das außerdem die Armen noch ärmer macht, hat die UdSSR etwas gewonnen: Wie sehr das alte Regime *relativ* gesehen seine guten Seiten hatte und wie schrecklich die kommunistische Nekrose ist, merken die Öffentlichkeit im Lande und die Medien in der Welt immer erst, wenn das neue Regime im Sattel ist, sich also nicht mehr abschütteln läßt. Wenn die Westmächte versuchen, arachaische oder »autoritär modernistische« Regime (wie das des Schahs) gegen die Destabilisierung durch den Kommunismus zu schützen und vor ihrem eigenen Zerfall und ihren eigenen Exzessen zu bewahren, stehen sie sogleich als die Kämpfer für die Rechte gegen die Linke da, für die Vergangenheit gegen die Zukunft, für die Milliardäre gegen die Bedürftigen. Die Tatsache, daß die Linke, wenn sie die Rechte gestürzt hat, zur Linken des Hungers, der Lager und der boat-people in Vietnam wird, des Völkermords in Kambodscha, der Erschießungskommandos Khomeinis – das wirkt *im voraus* niemals abschreckend. Wenn sich die Westmächte bemühen, die archaischen Regime zur Liberalisierung zu veranlassen, erfolgen entweder wilde nationalistische Proteste gegen diese »Einmischung«, oder eine gutgemeinte Missionsarbeit für die Modernisierung stürzt ein Land in unvorhersehbare Krisen wie die islamische Revolution im Iran. Und obwohl der blutige Terror der Ayatollahs sich aus überwiegend religiösen Gründen auch gegen die Kommunisten richtet, weiß die Sowjetunion nur zu gut, daß letzten Endes, also am Ende des Weges in die Anarchie ein solches Land sich durchaus ihr annähern und schließlich zu ihr übergehen könnte, sich dann aber niemals wieder für die freie Welt entscheiden kann. Die Überlegenheit der Sowjetunion über die freie Welt beruht eben unter anderem darauf, daß weder die Weltöffentlichkeit noch natürlich die zum Schweigen gebrachte Öffentlichkeit im eigenen Machtbereich von ihr erwartet, daß sie ihren zukünftigen Verbündeten Moral beibringt, bevor sie sie auf ihre Seite zieht, geschweige denn, daß sie ihre Satelliten mit anderen Mitteln als schierer Gewalt bei der Stange hält – ja, man erwartet noch nicht einmal, daß sie die Bevölkerung der in ihr imperialistisches System einbezogenen Länder angemessen ernährt.

Auf der anderen Seite kann die »Weltöffentlichkeit«, womit ein Teil der Öffentlichkeit in den freien Ländern mit einem kräftigen Schuß Sowjetpropaganda gemeint ist, es ganz unmöglich zulassen, daß westlich orientierte Regime gegen die Regeln der Demokratie verstoßen. Mögen Länder wie Taiwan, Südkorea, Malaysia oder Singapur sich noch so eindrucksvoll wirtschaftlich entwickeln und schon

Gegenstand des Neides für die meisten anderen Länder der Dritten Welt geworden sein mit ihren Leistungen, die von der westlichen Linken mit Bewunderungsgeschrei begrüßt würden, wenn sie unter dem Banner des Sozialismus vollbracht worden wären – man hält ihnen diese Leistungen nicht zugute. Sie respektieren nun einmal die Grundfreiheiten nicht – die allerdings von den sozialistischen Regimen noch weniger respektiert werden, und zwar ohne vergleichbare wirtschaftliche Erfolge.

Alle feindseligen Gefühle gegen die Vereinigten Staaten, die von den Schrecken des Vietnamskrieges bei so vielen Menschen guten Willens geweckt wurden, sind höchst begreiflich. Doch heute müssen wir mit ansehen, daß das Regime, das diesen Krieg mit der Unterstützung der Russen, der Chinesen und der Weltöffentlichkeit gewonnen hat, das schlechtestmögliche war für die Vietnamesen, für die Nachbarn, für die Unabhängigkeit Vietnams und der Länder ringsum, für die Menschenrechte und den Lebensstandard, für den Frieden in dem ganzen Weltteil. Hätten die Vereinigtn Staaten gesiegt, hätte Südvietnam wohl die »aufgezwungene Demokratie« bekommen, die Japan nach dem Zweiten Weltkrieg zu akzeptieren hatte – und die den Japanern ja nicht unbedingt schlecht bekommen ist. Mit einiger Wahrscheinlichkeit aber hätten die Russen dort terroristische Aktivitäten unterstützt, und gewiß würde man in Südvietnam zahlreiche Demonstrationen gegen die »imperialistische Bevormundung« oder für die »Befreiung Vietnams« erleben, die in der ganzen Welt und vor allem in den Vereinigten Staaten ihr Echo fänden.

Der internationale Kommunismus macht sich die Sehnsucht der Völker nach Wohlstand, Freiheit, Menschenwürde und Unabhängigkeit zunutze, um die Demokratien hinauszudrücken. Danach verlangt niemand von ihm, daß er diese Sehnsucht erfüllt; er darf sich ungestraft darauf beschränken, seinen politischen und strategischen Interessen nachzugehen. Die freie Welt dagegen hat offenbar nicht das Recht, an ihre eigenen politischen und strategischen Interessen zu denken, es sei denn, sie habe vorher alle anderen Bedingungen erfüllt, habe für soziale Gerechtigkeit, politische Demokratie und wirtschaftliches Wohlergehen gesorgt. Im übrigen versteht sie sich ja darauf und bemüht sich, eben dies zu tun, wo immer es geht.

Wenn die Demokratien nicht umhin können, sich mit reaktionären Regimen zu verbinden, so tun sie das nicht aus Vorliebe, sondern aus

Notwendigkeit um des umfassenderen Zieles willen. Dieser Widerspruch verursacht ihnen ständige Skrupel, macht sie verwundbar für die gegnerische Propaganda und ist oft das Vorspiel zu außerordentlich gefährlichen politischen Erschütterungen. Wann immer es möglich ist, zieht der Westen es bei weitem vor, daß ein Land, von dem sein Schicksal abhängt, demokratisch ist. Nur leider ist das nicht immer möglich. Im Interesse des Zusammenhalts der NATO wäre es den USA lieber, es in der Türkei mit einer stabilen Demokratie zu tun zu haben, anstatt abwechselnd mit Anarchie und Militärdiktatur. Doch die Anarchie, die aus dem Mißerfolg der Demokratie in der Türkei resultierte, konnte entweder zu einer für einen kommunistischen Putsch günstigen Radikalisierung oder zu einer Machtübernahme durch die Armee führen. Es lag nicht in der Macht des Westens, in der Türkei die Demokratie wieder aufzurichten, jedenfalls nicht vor Ablauf einer gewissen Zeit. Sollte man also mit dem Militärregime brechen, es aus der NATO ausschließen und damit den Herzenswunsch der Sowjetunion erfüllen, die seit zehn Jahren mit eben diesem Ziel den Terrorismus im Lande anheizte? Die Sowjetunion gerät nie in ein solches Dilemma, weil sie selber totalitär ist und jeder es ganz natürlich findet, daß sie eine ihr ähnliche und ergebene totalitäre Staatsführung bei ihren »Verbündeten« an die Macht bringt. Jeder Versuch, die Legitimität dieser mit politischer Mimikry kaschierten Unterwerfung zu bestreiten, begegnet im Westen erheblichen Vorbehalten und eisiger Ablehnung von seiten der Sowjetunion. Die Pflicht, jedes verbündete Land innenpolitisch frei entscheiden zu lassen, aber obwohl man das tut, dafür zu sorgen, daß dieses Land dem demokratischen Ideal nachstrebt – eine solche in sich widersprüchliche Pflicht obliegt nur dem Westen. Und nach der gleichen Logik muß jeder Verbündete oder Assoziierte in einer westlichen Allianz das Recht behalten, diese Allianz jederzeit zu verlassen – eine Freiheit, die weder im Osten noch im Westen irgend jemand für einen Satelliten der Sowjetunion in Anspruch nehmen würde.

Diese Ungleichheit der Pflichten, die einen erheblichen Vorteil für die kommunistische Welt gegenüber der freiheitlichen Welt darstellt, hindert dennoch viele in keiner Weise daran, die beiden Welten, wenn es der Argumentation nützt, nebeneinander zu plazieren, auf das gleiche Niveau; sie benutzen eine Technik, die gerecht erscheint, aber diskriminierend ist: die Technik der Gleichstellung. Die freiheitliche Welt hat unvergleichlich weniger Macht über ihre Mitglieder als die kommunistische Welt über die ihren, dafür aber eine viel größere Verantwortung. Die Vereinigten Staaten werden direkt für das Elend jedes einzelnen Bauern in Lateinamerika verantwortlich gemacht, die Sowjetunion dagegen macht man durchaus nicht direkt verantwortlich für das Elend in Vietnam. Und was den Imperialismus angeht, so hat die liberale Linke, verstärkt durch etliche »Konservative«, lange Zeit unterstellt, es gebe überhaupt nur einen, den amerikanischen Imperialismus. Als sie den Sowjetimperialismus zur Kenntnis nehmen mußte, hat sie sogleich ein Reinwaschungsritual entwickelt, eben die Gleichstellung, die im übrigen nur ein Vers im langen Kapitel der falschen Parallelismen ist. Gut, es gibt den Sowjetimperialismus, sowjetische Verstöße gegen die Menschenrechte, sowjetische Mißerfolge in der Wirtschaft, aber bei jeder Aggression, bei jeder Gewalttat, bei jedem Mißerfolg der Sowjets fügt man sogleich hinzu, es lasse sich dazu im Westen ein ebenso schuldhaftes Gegenstück finden. So sind die Sowjetunion und der Kommunismus bedrohlich, gewiß, aber nicht bedrohlicher als die Vereinigten Staaten und der Liberalismus. Sie sind verbrecherisch, aber nicht mehr als wir, die freie Welt. Sie sind unfähig, die Menschen von der Not zu befreien, aber wir mindestens ebenso.

Fast während des ganzen 20. Jahrhunderts hat die Linke in den demokratischen Ländern, vertreten durch eine Fülle von politisch kurzsichtigen Männern, mit Vorliebe nur die Verbrechen der kapitalistischen Welt angeprangert. Erst seit ungefähr 1970 ist gelegentlich ein lichter Augenblick in dem Gedächtnisschwund festzustellen, der dafür gesorgt hat, daß Enthüllungen über das kommunistische Imperium kein langes Leben hatten. Nach jedem absolutionsstiftenden Reinigungsvorgang blieben doch ein paar Schlacken. Die Masse der bekannt gewordenen Fakten machte es irgendwann unmöglich, sie einfach als unwahr abzutun. So erfand man einen anderen Abwehrmechanismus: die Gleichstellung bei der Schuldzuweisung.

Sie besteht darin, die Mißerfolge und Verbrechen des Kommunismus zuzugeben, aber nur, wenn man ihnen im gleichen Atemzug eine Entsprechung in der kapitalistischen Welt entgegenstellt. Binäre

Zwangshaltung, Symmetrie der apokalyptischen Visionen, Paarbildungsmanie, gerechtigkeitsfanatische Gleichmacherei, wie immer man die Erscheinung nennen mag – sie sorgt dafür, daß die beiden Waagschalen in einem Gleichgewicht des Abscheus bleiben. Man beobachtet sie mißtrauisch und sorgt nötigenfalls mit einem raschen Anstoßen dafür, daß der Balken wieder horizontal steht. Damit erfährt der Totalitarismus einmal mehr Absolution, nicht weil er nicht sündigt, sondern weil die demokratische Welt ebensosehr sündigt.

Diese abenteuerliche dialektische Übung jüngeren Datums gibt nunmehr jedem von uns die Möglichkeit, ohne von vornherein als unredlich zu gelten, die Verfehlungen und Missetaten des totalitären Kommunismus beim Namen zu nennen unter der Bedingung, daß er unverzüglich ihre kapitalistischen Zwillinge aufmaschieren läßt. Jeder Verstoß gegen diese Regel, als »selektive Entrüstung« leicht anzuprangern, trägt dem Falschspieler heftige Vorwürfe der Unparteiischen ein. Ein gerecht denkender Zeitgenosse, der hinter dem Eisernen, Bambus-, Sand-, Zuckerrohr- oder Kokospalmenvorhang eine Untat entdeckt, ist verpflichtet, sich sofort hier, in der Einflußzone des Kapitalismus, auf die Suche nach dem Mörder vom Dienst zu machen, der dann wieder ein Paar entstehen läßt. Diese Technik der Gleichstellung bei der Schuldzuweisung ist im Grunde die moderne Form der Verharmlosung des Totalitarismus und der totalen Ablaßgewährung für den Kommunismus. Wenn alle gleich schuldig sind, ist es ja tatsächlich niemand mehr, es sei denn eben doch der Kapitalismus, weil der ja nicht die gleiche Entschuldigung vorzubringen hat wie sein Konkurrent: Er will ja nicht eine gerechtere Welt aufbauen.

So erklärt Louis Mermaz, ein in Fragen der Lehre besonders heikler französischer Sozialist, der 1981 zum Präsidenten der Nationalversammlung gewählt wurde, auf die Frage eines Journalisten nach dem Gulag: »Ich verurteile die Ausschreitungen des Gulag, die eine Entartung des Kommunismus sind, ebenso eindeutig wie Sie. Aber ich bitte Sie, auch das monströse Verbrechen des Kapitalismus, den Hunger in der Welt, zu verurteilen, der Jahr für Jahr fünfzig Millionen Menschen, darunter dreißig Millionen Kinder das Leben kostet.«[*] Die Antwort ist bemerkenswert wegen der mühelos prompten Formulierung, weniger wegen ihrer Objektivität. Die Parallele ist ja

---

[*] »Club de la Presse«, Sender Europe 1, 5. Juli 1981.

nur eine scheinbare: Der Gulag ist tatsächlich eine »Entartung« des Kommunismus, während der Hunger in der Formulierung des sozialistischen Politikers eine Auswirkung der innersten Natur des Kapitalismus ist. Die kommunistische Verfehlung wird durch die magische Wirkung der Gleichstellung beinahe zu einer läßlichen Sünde, während der Kapitalismus mit einer Todsünde behaftet bleibt. Die Absolution mit den Schrecken des anderen Lagers funktioniert tatsächlich zumeist nur in der einen Richtung. Es ist ja sehr die Frage, ob Parlamentspräsident Mermaz auf die Frage nach dem Hunger in der Welt mit einer entrüsteten Äußerung über den Gulag geantwortet hätte. Nein, er hätte nachdrücklich gegen den Skandal der Unterernährung eines Teiles unserer Menschenbrüder protestiert, und er hätte recht gehabt. Die Existenz des Gulag macht das Elend in der Dritten Welt nicht moralisch weniger erträglich. Nur – durch welchen Zaubertrick wird andersherum ein Schuh daraus? Ganz abgesehen davon, daß der Zauberer falsche Zahlen aus dem Hut zieht: Eine einfache demographische Bilanz zeigt, daß jährlich in der Welt etwa fünfzig Millionen Menschen sterben; sie können nicht alle verhungern und auch nicht zu drei Fünfteln Kinder sein. Der Kampf gegen die Kindersterblichkeit in den armen Ländern hat Erfolge gebracht, daher die Bevölkerungszunahme in diesen Ländern. Ernährungsfachleute[*] schätzen den Anteil der jährlich an Unterernährung Sterbenden auf 10 % der Sterbefälle insgesamt, und zwar *einschließlich der kommunistischen Länder*, was die Anklage gegen den Kapitalismus ein wenig abschwächt. Die kommunistischen Hungertoten werden vor der Weltöffentlichkeit besser versteckt, aber sterben müssen sie auch, und Maos Nachfolger haben uns ja bestätigt, was die Demographen schon von den Bevölkerungskurven abgelesen hatten, daß nämlich ungefähr sechzig Millionen Chinesen im Jahrzehnt 1960–1970 verhungert sind.

Noch ein letzter Einwand gegen diese Gleichstellung bei der Schuldzuweisung: Schuld am Gulag trägt eindeutig der politische *Wille* der kommunistischen Regierungen, während die Ursache-Wirkung-Beziehung zwischen Kapitalismus und Hungersnot sehr viel mehr von den Umständen bestimmt ist. Ich weiß sehr wohl, daß die Gleichung

---

[*] Man vergleiche zum Beispiel Joseph Klatzmann, »Combien de morts de faim par an« in *Le Monde*, 24. März 1982.

Kapitalismus = Hunger eine der Lieblingsthesen der Dritte-Welt-Prediger ist, doch von einem stichhaltigen Nachweis ist keine Rede, es sei denn, man will Pseudobeweise ernst nehmen, deren Haltlosigkeit vom Nobelpreisträger für Wirtschaftswissenschaften, Paul Samuelson, wahrhaftig keinem Mann der Rechten, dargelegt worden ist.* Historisch gesehen kann sich der Kapitalismus eher das Verdienst zuschreiben, Europa die ständig wiederkehrenden Hungersnöte erspart zu haben, die bis zur Mitte des 18. Jahrhunderts herrschten, so wie sie jetzt in den unterentwickelten Gebieten immer wieder ausbrechen. Er hat sogar einige arme Länder – Indien, Brasilien, die beide heute Nahrungsmittel exportieren – aus ihren furchtbarsten Schwierigkeiten geführt. Viel, ungeheuer viel bleibt zu tun, an allen Ecken und Enden, doch die Frage, wie und wann die ganze Menschheit den angemessenen Ernährungsstandard erreicht haben wird, den der kapitalistische Westen selber erst im letzten Jahrhundert ganz erreicht hat, das ist eine Frage, die jedenfalls gar nichts damit zu tun hat, daß ein wohlgeordnetes politisches Regime in bewußtem Entschluß ein Konzentrationslagersystem schafft, das zugleich ein Regierungssystem ist.

Ganz gleich, wie der einzelne diese Themen sieht: Die Gleichstellung bei der Schuldzuweisung ist ein Verfahren, mit dem das Böse relativiert, das heißt letzten Endes entschuldigt werden soll. Außerdem impliziert es eine maßgeschneiderte Interpretation der Fakten und verführt zu Irrtum oder Lüge; denn wer künstlich eine Vergleichbarkeit von nur in seltenen Fällen äquivalenten Ereignissen oder Makeln herstellen will, muß sie zu Lasten der Wahrheit ummodeln.

Wenn ein Politologieprofessor seinem Artikel über El Salvador, und sei es mit einem Fragezeichen, die Überschrift »Ein Kambodscha im Westen?«** gibt, so ist dieser Titel Balsam und ein Grund zum Aufatmen für viele Leser. Denn der Völkermord in Kambodscha hat das sozialistische Lager mit einem Makel behaftet, von dem es keine sozialistische große Wäsche, und sei es der Hinweis auf eine »Entartung«, befreien kann. Indem man zu bedenken gibt, und sei es mit gehörigen Einschränkungen, daß sich der Westen sein Kambodscha

---

* Man vergleiche »L'échange inégal« in *Commentaire*, Frühjahr 1982, für die französische Fassung.
** Maurice Duverger, »Un Cambodge en Occident?« in *Le Monde*, 15. Januar 1981.

in Lateinamerika leistet, stellt man das Gleichgewicht wieder her. Die Abrechnung und Aufrechnung kann von neuem bei Null beginnen. Die Schwäche dieses salomonischen Urteilens ist seine Vorbedingung: eine so gut wie vollständige Unkenntnis von den Zuständen in El Salvador oder jedenfalls eine Weigerung, sich über dieses Land zu informieren. Denn es bedeutet durchaus nicht, die Toten in El Salvador nicht ernst zu nehmen, wenn man darauf hinweist, daß es zum einen und glücklicherweise viel weniger sind als in Kambodscha, und daß es zum anderen selten zwei historische Ereignisse gegeben hat, die so wenig vergleichbar sind wie der Völkermord in Kambodscha und der Bürgerkrieg in El Salvador. In Kambodscha hat die methodische Ausrottung eines Drittels oder Viertels der Bevölkerung durch eine Handvoll Ideologen stattgefunden, weil die Gesellschaft gereinigt werden sollte und nur denjenigen das Recht zum Überleben zugestanden wurde, die Kapitalismus, Geld, Konsum, Zivilisation nicht mehr erlebt hatten. Von den vielen Wegen zum Selbstmord, die dem Menschen offenstehen, wird ja einer oft vergessen, obwohl er zu den geradlinigsten gehört: die Utopie. Nichts dergleichen im Bürgerkrieg von El Salvador, dessen Entstehung, wenn man das Wort im Zusammenhang mit den Leiden von Menschenwesen zu benutzen wagt, viel »klassischer« ist. Es geht wahrhaftig nicht darum zu beschönigen, zu entschuldigen oder im Gegenteil anzuprangern, sondern zu verstehen. Und genau das verhindert die zwanghafte Bemühung, El Salvador als Putztuch zu benutzen, um Kambodscha wegzuwischen oder auch Afghanistan, einen weiteren ganz und gar nicht vergleichbaren Vorgang. Die Suche nach den Entsprechungen hat sogar kluge Politiker dazu veranlaßt, wissentlich im Falle von El Salvador vorliegende Informationen nicht zur Kenntnis zu nehmen. Um so größer war dann die Enttäuschung, als mit allgegenwärtiger internationaler Überwachung ordnungsgemäße Parlamentswahlen abgehalten werden konnten, vor allem aber, als das Ergebnis dieser Wahlen mit massiver Beteiligung des Volkes bewies, daß die Anhänger der Guerrillabewegung bei den einfachen Leuten eindeutig in der Minderheit waren. Das tat weh, weil niemand seine Annahmen gern von der Wirklichkeit widerlegen läßt, und es führte denn auch prompt zu einer weiteren Tatsachenverdrehung: Kurz nach dem 28. März 1982 lehnte die Sozialistische Internationale auf einer Sitzung in Bonn die Wahlen in El Salvador als »manipuliert« ab. Dabei kann man ausnahmsweise von diesen Wahlen alles behaupten, nur nicht, daß sie verfälscht waren. Ganz abgesehen davon, daß die an der Macht befindlichen Politiker bei einer Fälschung wohl dafür gesorgt hätten, daß sie nicht geschlagen wurden.*

An der Kompensationsbörse der Repression hat man auch den Slogan gehandelt: »Türkei und Polen, der gleiche Kampf.« Hüten wir uns vor Nachsicht mit vielem, was in der Türkei seit der Machtübernahme durch die Militärs am 12. September 1980 geschehen ist. Wir dürfen die Augen nicht verschließen vor den Prozessen gegen die türkischen Gewerkschaftler, und im Zweifel ist es besser, die Gerüchte über Folterungen und Hinrichtungen ohne ordentliche Gerichtsverfahren ernst zu nehmen, als sie nicht wahrhaben zu wollen. Nur hindert man sich selber an jeder positiven Einflußnahme auf die türkischen Machthaber, wenn man sich nicht klarmacht, daß zwischen Polen und der Türkei in den Jahren 1980 bis 1983 ein himmelweiter Unterschied ist. Das polnische Volk versucht seit 1956 immer wieder, ein totalitäres Regime abzuschütteln, das ihm von außen, von einer fremden Macht aufgezwungen worden ist, nachdem das Land gewaltsam ins Sowjetimperium eingebracht worden war. Niemals hat man ihm die Möglichkeit eingeräumt, bei freien und ungehinderten Wahlen seine Entscheidung zu treffen: Das traurige Possenspiel, das statt dessen in den kommunistischen Ländern aufgeführt wird, verdient diesen Namen ja wahrhaftig nicht. Die Türkei hatte seit 1961 demokratische Institutionen, politische Parteien, Wahlen, Regierungswechsel. Leider hatte sie seit ungefähr 1975 politischen Terrorismus im Lande, wobei ich es böswilligen Gemütern überlasse, sich die Hintermänner vorzustellen. Dieser Terrorismus hat von 1975 bis 1980 *jährlich tausend Tote* gekostet. Angesichts des Versagens einer politischen Klasse, die es nicht schaffte, für Sicherheit in der Legalität zu sorgen, hat die Bevölkerung zwar ohne Begeisterung, aber auch ohne ausgeprägte Ablehnung die Machtausübung durch die Militärs hingenommen, unter denen selbst nach der unparteiischen Darstellung von *Le Monde*** »Ordnung, aber nicht Terror« herrscht. So berechtigt eine strenge Beurteilung des Regimes ist, man muß jedenfalls aner-

---
* Siehe 17. Kapitel.
** 29. Dezember 1981. Die Volksabstimmung im Herbst 1982 hat diese Einschätzung bestätigt.

kennen, daß die türkischen Angelegenheiten in eigener Regie behandelt werden. Denn behaupten zu wollen, die Türkei hänge von den Vereinigten Staaten so sehr ab wie Polen von der UdSSR, das wäre eine von völliger Ignoranz zeugende Gleichstellung. Schon der heftige Streit zwischen den Vereinigten Staaten und der Türkei im Anschluß an den türkisch-griechischen Konflikt von 1974 ist ein Gegenbeweis. Die Türkei hat mehrere US-Stützpunkte auf ihrem Hoheitsgebiet schließen lassen. In Polen hat sich in der Kirche, in Solidarnosč oder sonstwo selbst auf dem Höhepunkt der »Erneuerung« nicht eine einzige Stimme gefunden, die es gewagt hätte, laut den Abzug eines einzigen Soldaten der Roten Armee zu fordern.

Da ist mir die unverhüllte Vorliebe des sozialistischen griechischen Regierungschefs Andreas Papandreou unvergleichlich viel sympathischer. Nachdem er mit Recht den Obersten Papadopoulos und seine martialischen Kollegen, die von 1967 bis 1974 die Demokratie in Griechenland abwürgten, der allgemeinen Verachtung preisgegeben hat, ist er 1982 nicht bereit gewesen, das europäische Kommuniqué mit der Verurteilung des Belagerungszustandes in Polen zu unterschreiben. Papadopoulos findet vor Papandreous Augen also Gnade, wenn er Jaruzelski heißt. Der politische Gymnast aus Hellas ist beim alten Reck stehengeblieben; es bleibt ihm noch der diskrete Charme der parallelen Holme am Gleichstellungsbarren zu entdecken.

Die Praxis dieser Gleichstellung bei der Schuldzuweisung beruht auf einem aller Achtung werten Anliegen, dem wir treu bleiben müssen, daß man nämlich die Ungerechtigkeit überall anprangert, von welcher Seite sie auch kommt, und daß man dabei nicht in parteilicher Absicht Verantwortung verschleiert. Doch ist daraus inzwischen so etwas wie ein Taschenspielertrick geworden, mit dem man den anderen zum Sündenbock macht und die Partei, die einem lieber ist, schuldlos dastehen läßt. Außerdem ist es so, daß vor lauter Weiterschieben der schlechten Karten an den Nachbarn ein ganzes Netz von Gleichstellungen entstanden ist. Je besser man es lernt, solche Entsprechungen zwischen schlimmen Zuständen zu finden, die im Grunde nichts miteinander zu tun haben, um so weniger versteht man sie wirklich und, mehr noch, um so weniger kann man sie beheben.

Parallelität und Gleichstellung, so gerecht sie zunächst wirken, kommen also in Wirklichkeit der kommunistischen Propaganda und Macht zugute. Man stellt damit Eroberungen, die eine erhebliche, höchst spürbare Vergrößerung des Sowjetimperiums bedeuten, als etwas Routinemäßiges hin und zählt dabei auf der anderen Seite als Gegengewicht eine wirre Sammlung von Charakteristika der freiheitlichen Welt, die entweder keine Eroberungen sind oder im Vergleich zu den Eroberungen der Kommunisten überhaupt nicht in Gewicht fallen. Auch hier haben wir es mit einem klug ersonnenen Mechanismus zu tun, bei dem die Postulate für beide Seiten gleich zu sein scheinen und doch unweigerlich auf längere Sicht für eine der beiden einen Negativsaldo ergeben, und zwar durch eine vom künftigen Unterlegenen hingenommene Ungleichheit in der Ausgangssituation und in den Regeln der politischen Buchführung.

General Augusto Pinochet ist seit 1973 einer der wertvollsten Diener des Weltkommunismus, so wie es die spanischen Generäle gewesen wären, wenn ihnen der Putsch in Madrid im Februar 1981 geglückt wäre. Hätte die spanische Armee den Versuch wiederholen können und unmittelbar nach der Einführung des Kriegsrechts in Polen am 13. Dezember desselben Jahres Erfolg gehabt, so wäre ihr der Kreml zweifellos unendlich dankbar gewesen. Wir dürfen sicher sein, daß er ein solches Geschenk der Vorsehung virtuos genutzt hätte. Aber jedenfalls Pinochet ist ja immer noch auf dem Posten und nach wie vor gut verwendbar. Rund um die Uhr und sieben Tage pro Woche steht er zur Verfügung, wenn die Sozialistenseele Erleichterung braucht. Der Ruf »Pinochet! Pinochet!« vertreibt alle Dämonen, alle Kambodschas der Welt, alle Afghanistans, alle Äthiopiens, alle Tschechoslowakeien, alle Tibets. Seit die griechischen Obristen uns im Stich gelassen haben, trägt der chilenische General fast allein, aber unerschütterlich die Last der psychotherapeutischen Behandlung der Schuldkomplexe unserer Linken.

Wie wichtig diese Funktion ist, sieht man an dem Widerstand, der seit dem Sturz von Präsident Salvador Allende die Kenntnisnahme von den Ereignissen, die Chile in eine Militärdiktatur gestürzt haben, so gut wie verhindert. Oder, besser gesagt, überflüssig macht, weil die bloße Berücksichtigung von Tatsachen in diesem Falle schon als unfein gilt. Diese Fakten sind durchaus bekannt, veröffentlicht, jedem wirklich Informationswilligen zugänglich.* Ich will hier nicht auf

---

* Ich verweise hier auf mein Buch »Die totalitäre Versuchung«, Berlin 1976, 12. Kapitel, sowie auf die in diesem Kapitel zitierten Bücher und Artikel. Seit 1976 sind viele

diese Vorgänge eingehen und auch nicht die Überzeugung von Menschen zu ändern versuchen, die ihre irrigen Vorstellungen brauchen, um im moralischen Gleichgewicht zu bleiben. Und schon gar nicht will ich Pinochet reinwaschen; ich käme ja auch nicht auf die Idee, die Explosion zu »rechtfertigen«, die ein Gebäude zum Einsturz gebracht hat, dessen Bewohner vergessen hatten, das Gas abzudrehen. Die leidenschaftliche Ablehnung einer Untersuchung der Vorgänge in Chile erklärt sich daraus, daß Pinochet in zweifacher Hinsicht so nützlich ist: Er verdeckt die weitgehend hausgemachten Gründe für das wirtschaftliche und politische Scheitern eines sozialistischen Experiments, und man kann mit dem Mythos operieren, die USA hätten Pinochet in Chile eingesetzt wie die Sowjetunion zum Beispiel im Frühjahr 1978 Taraki in Afghanistan. Die Utopie retten und die Legende von der Vergleichbarkeit des US- und des Sowjetimperialismus erhalten, das läßt sich in diesem Falle nur durch eine Fälschung, ein »Umschreiben« der Geschichte erreichen, eine von Orwell eindrucksvoll beschriebene Kunst, in der es der Marxismus-Leninismus weit gebracht hat und aus der er seine Macht speist. Der internationale Kommunismus profitiert im Falle Chile von dieser Technik, weil der größere Teil der Öffentlichkeit in den demokratischen Ländern und der »blockfreien« Dritten Welt tatsächlich glaubt, daß die Vereinigten Staaten der Alleinschuldige am Militärputsch gegen Allende im September 1973 gewesen sind, und zwar glaubt das auch die *nicht*-kommunistische Öffentlichkeit, auf die allein es ankommt (die aktiven Kommunisten, die Profis, wissen sehr genau, was wirklich geschehen ist). Dieser Aberglaube wird ergänzt durch die irrige Vorstellung, nur die Vereinigten Staaten hielten Pinochet an der Macht gegen alle Bemühungen um eine Rückkehr zur Demokratie, also – eine Gleichstellung mehr – so wie die Sowjets Jaruzelski in Polen oder Babrak Karmal in Afghanistan dem Lande aufzwingen. Der Westen ist wieder einmal der Verlierer, und er hätte das auch gar nicht vermeiden können. Allende, der sich zahlreicher ungesetzlicher Handlungen schuldig gemacht und die Mehrheit der Chilenen gegen sich aufgebracht hatte, konnte sich zum Zeitpunkt des Militärputschs nur noch an der Macht halten, indem er die Verfassung außer

weitere Klarstellungen erschienen. Eine besonders ungeduldig erwartete ist von Henry Kissinger im Band II seiner Memoiren im 9. Kapitel gegeben worden.

Kraft setzte und zu einem Castro-Regime überging, auf das er schon seit längerer Zeit hingearbeitet hatte. Wäre ihm das gelungen, so wäre Chile in die sowjetische Sphäre geraten, und der Westen hätte nur noch das neuerliche Schrumpfen seines Einflußgebietes konstatieren können. Da es ihm aber nicht gelungen ist, trug der Westen die Schuld an seinem Sturz. Nachdem die Kraftprobe zugunsten der chilenischen Armee ausgegangen ist, die schneller war als die bewaffneten Castroanhänger, verliert der Westen die Partie auf einem anderen Felde: Er steht nun in dem Ruf, eine Demokratie und ihren Präsidenten umgebracht zu haben, was seinen angeblichen Kampf gegen den Totalitarismus unglaubwürdig macht.* So läßt sich fast überall feststellen, daß es den Sowjets entweder gelingt, sich eines Landes zu bemächtigen; dann ist der Gewinn ungeschmälert. Oder es mißlingt ihnen trotz vorheriger Destabilisierung, eine ihnen ergebene Diktatur an die Macht zu bringen, sie werden von einer Rechtsverschwörung geschlagen; dann stehen die Demokratien als reaktionär da. In diesen Ruf geraten die Demokratien dank der verbreiteten Unterstellung, daß Kräfte, die in irgendeinem Land dem Kommunismus die Stirn bieten, in jedem Falle Kreaturen des Westens, in der Regel der Vereinigten Staaten sind. Entweder verlieren die Demokratien die Schlacht vor Ort, oder sie verlieren sie im Propagandakrieg, und zwar vor der eigenen Öffentlichkeit, was sie in anderer Weise schwächt und dem Totalitarismus den Weg zu Siegen in der Zukunft bahnt.

Eine Diktatur wie die Pinochets in Chile ist der UdSSR unendlich viel lieber als eine langweilige freiheitliche Demokratie. Sie ist so etwas wie ein Verbündeter wider Willen. Denn der Hauptfeind, der Inbegriff des Verabscheuungswürdigen, das absolute *delendum est* für die Kommunisten ist eine einigermaßen funktionierende freiheitliche und soziale Demokratie. So haben die Sowjets bei ihrer Bemühung, überall in der Welt die Demokratien zu stürzen, ein großartiges

---

* Ein in der chilenischen Verfassung vorgesehenes Referendum hätte die Möglichkeit gegeben, zwischen der Mehrheit des Volkes und den »illegalistischen« Anhängern einer Radikalisierung zu unterscheiden, die Allende zu einer Castro-Politik drängten. In den Jahren 1972 und 1973 hat der Präsident sich aber gegen einen solchen Volksentscheid gesträubt, weil er wußte, daß er dabei der Unterlegene sein würde. Als er sich am 10. September 1973 endlich dazu bereitfand, war es zu spät, den Staatsstreich, der am 11. stattfand, noch aufzuhalten.

Spiel in der Hand: Gelingt es ihnen, so heimsen sie einen weiteren Satelliten ein, geht das Unternehmen schief, haben sie jedenfalls die Bedingungen für das Entstehen einer Rechtsdiktatur geschaffen, die ihre Propaganda dann jahrelang dem Westen an den Kopf werfen kann, und zwar mit um so größerer Wirkung, als eine solche Diktatur ja *tatsächlich* verdammenswert ist; dazu kann man dann die Behauptung verbreiten, sie sei das Ergebnis des vorsätzlichen Eingreifens und eines gemeinsamen Planes der ganzen freiheitlichen Welt.

So geraten die Sowjetführer in fassungslose Wut, wenn gelegentlich ein westlicher Staatsmann dieses Spiel aufdeckt, indem er laut sagt, was seine Kollegen nur denken. Mario Soares hat das erfahren. Als Führer der Sozialistischen Partei Portugals hat er im Winter 1981/82, als in Spanien der baskische Terror besonders heftig wütete, freimütig in aller Öffentlichkeit erklärt, daß es »die Absicht der Sowjetunion ist, die Demokratie auf der Iberischen Halbinsel zu zerstören«. Als Portugiese, als ehemaliger Premierminister wußte er, wovon er sprach: Er hatte es 1975 mit dieser Absicht der Sowjets zu tun bekommen, die junge portugiesische Demokratie in einen militärisch-stalinistischen Totalitarismus zu treiben. Er wußte auch, daß der baskische Terrorismus seit langem schon keine spontane Angelegenheit mehr war und sich nicht mehr auf das baskische Volk, sondern auf die östliche Logistik stützte. Die sowjetischen Funktionäre sind so daran gewöhnt, von den westlichen Politikern mit Samthandschuhen angefaßt zu werden, daß der Botschafter der UdSSR in Lissabon wutentbrannt in einer *offiziellen* Verlautbarung Mario Soares für unzurechnungsfähig erklärte und hinzufügte, ein Aufenthalt in einer Heilanstalt würde ihm guttun. Diese Beleidigung, die von seiten des Vertreters eines Landes, das psychiatrische Kliniken in allgemein bekannter Weise mißbraucht, besonders pikant wirkt, zeigt, wie kitzlig die Sowjets sind und wie schnell sie die Beherrschung verlieren, wenn man den Finger auf den Entspannungsbeitrag legt, den sie mit der Unterstützung oder Ausnutzung des internationalen Terrorismus geleistet haben. Der italienische Staatspräsident Sandro Pertini und der französische Innenminister Gaston Defferre wurden von der *Prawda* in ähnlicher Weise beschimpft, weil sie nach mörderischen Anschlägen in ihren Ländern die Spitze einer eisbergartig verborgenen Dokumentation zeigten, die den gewöhnlichen Sterblichen unzugänglich bleibt, aber allen verantwortlichen Politikern zur Verfügung steht.

Portugal forderte und erlangte als einziges der drei Länder eine ausdrückliche Entschuldigung, obwohl Mario Soares zum damaligen Zeitpunkt nicht Mitglied der Regierung war.

Hat die Sowjetunion es in ihrem Imperium mit einer schmutzigen Affäre zu tun, so kann sie dafür sorgen, daß sie rasch in Vergessenheit gerät, indem sie über ihre Söldner irgendwo im Westen Terrorismus oder Guerrillatätigkeit anfacht oder verstärkt. Beides ruft nun einmal Repressionen hervor, die je nach Regime von vorbildlich legalen Aktionen bis zur nackten Barberei alle Grade der Brutalität aufweisen kann. Die Adepten der »Gleichstellung« können dann im Westen sogleich verkünden, das freiheitliche Lager sei in seinem Wesen und immer wieder einmal auch in seinen Handlungen »ebenso totalitär« wie das kommunistische Lager. Natürlich haben wir nicht die gleichen Möglichkeiten, Unfrieden in den Osten zu tragen. Wir können uns eine Situation gar nicht vorstellen, bei der wir litauische oder tatarische Widerstandskämpfer bewaffnen, für die Presse und Fernsehen in der Sowjetunion dann verständnisvolle Sympathie zeigen.

Deshalb ist ja die Gleichstellung bei der Schuldzuweisung nur auf den ersten Blick objektiv. Tatsächlich ist sie nur eine geschickte Art und Weise, Imperialismus und Totalitarismus der Sowjets zu rechtfertigen. Alles Böse, das in der freiheitlichen Welt existiert oder geschieht, läßt sich in der Praxis durchaus nicht auf ein Prinzip oder auf ein Zentrum dieser freiheitlichen Welt zurückführen, so wie das Böse, das in der kommunistischen Welt geschieht, aus dem Prinzip und dem Zentrum des Systems herkommt, aus dem erklärten Willen seiner Herren und ihrer Agenten. Das Gefüge der freiheitlichen Welt ist viel zu locker, als daß es für eine so strikte Abhängigkeit geeignet sein könnte. Für die freiheitliche Welt ist es also immer von Nachteil, wenn eine Skala benutzt wird, die gleiche Bewertungen vorsieht für Tatbestände, die aus Entscheidungen einer totalitären Zentralgewalt hervorgegangen sind, und anderen Tatbeständen, die in einer polyzentrischen Zivilisation aus unendlich vielen Ursachen hervorgehen, unter denen die politische Führung oft besonders wenig bestimmend ist. Ich will in diese Erwägungen nicht weiter eintreten. Obwohl ich zu der Überzeugung gelangt bin, daß die freiheitliche Zivilisation das viel kleinere Übel ist als das totalitäre System, will ich im Interesse der klareren Darstellung bei der Annahme bleiben, beide trügen gleiche Schuld. Ich will hier nicht beweisen, daß eine der beiden Welten besser ist als die andere, sondern zeigen, wie und warum eine der beiden Welten dabei ist, die andere zu verschlingen. Für diese Frage sind »gut« und »schlecht« keine maßgebenden Kategorien. Selbst wenn wir also unterstellen, zu jeder Zeit gäbe es in beiden Welten ein gleiches Maß an Mißerfolgen, Fehlern und Verbrechen, bleibt es trotzdem dabei, daß die Methode der Gleichstellung die totalitäre Welt noch begünstigen würde. Jeder nachdrückliche Hinweis auf Missetaten irgendwo im freiheitlichen Lager führt zu Auseinandersetzungen, Krisen, Mißtrauen oder sogar zu Aufständen und Revolutionen im demokratischen Universum. Nichts dergleichen in der Welt des Totalitarismus. Selbst wenn man sonst alles als gleich annimmt – was durchaus nicht zutrifft –, stellt man fest, daß die freiheitliche Welt von innen und außen zugleich angegriffen wird. Die kommunistische Welt wird ernsthaft nur von außen in Frage gestellt, und wie zaghaft! Der Kommunismus unterdrückt mit Hilfe der totalitären Selbstverteidigungswerkzeuge mit unvergleichlicher Mühelosigkeit alle Protestanwandlungen im Innern und zumeist auch ohne Anstrengung die Einflüsse von außen; vor allem aber hat er es nicht mit der Kombination beider zu tun, wie er sie selber zur Schwächung des Westens einsetzt. Bei der kleinsten Schwäche zahlt die Demokratie für die gleiche Tat einen doppelt so hohen Grundpreis wie die kommunistische Welt. Sie bei der Schuldzuweisung gleichzustellen heißt die Demokratie zum Tode verurteilen.

25. Zweierlei Gedächtnis

Bergson unterscheidet zwei Arten von Gedächtnis: das Gewohnheitsgedächtnis und das Erinnerungsgedächtnis. Das eine bewahrt die Vergangenheit, jedoch eingeschmolzen in die Gegenwart, identifiziert nur in den Grenzen unwillkürlicher täglicher Verwendung. Das andere bewahrt die Vergangenheit als solche, die Vergangenheit in ihrer Zeit, die Erinnerung an das einmalige und unverwechselbare Ereignis, das zu einem bestimmten Augenblick in unserem Leben stattgefunden hat, seine glückliche oder schmerzliche Wirkung auf unser Gemüt. Mit dem Gewohnheitsgedächtnis finden wir fehlerfrei unseren Weg in einer vertrauten Stadt, obwohl wir dabei an etwas anderes denken. Aus dem Erinnerungsgedächtnis holen wir uns die ersten Tage unseres Lebens in dieser Stadt, als sie noch neu war für uns, als wir uns mit ihr bekannt machten. Mir scheint, diese psychologische Unterscheidung läßt sich auf die Politik anwenden: Im historischen Bewußtsein der demokratischen Länder figuriert die Vergangenheit des Kommunismus im Gewohnheitsgedächtnis, die des Kapitalismus im Erinnerungsgedächtnis.

Man gewinnt immer wieder den Eindruck, daß nur die Mißerfolge, die Verbrechen und das Versagen des Westens es verdienen, auf den Tafeln der Geschichte festgehalten zu werden, und daß der Westen diese Regel durchaus hinnimmt. Die Schrecken der »großen Depressionen« des Kapitalismus in den dreißiger Jahren beeindrucken noch heute Historiker, Journalisten, Politiker und werden in den westlichen Schulbüchern ausführlich als ein unauslöschlicher Makel auf dem kapitalistischen System dargestellt, ganz gleich, welche großartigen Leistungen dieses System seither vollbracht hat, indem es die Wohlstandsgesellschaft geschaffen und dabei noch die furchtbare zusätzliche Belastung durch den Zweiten Weltkrieg überwunden hat. Die körperliche Auslöschung einer zweistelligen Millionenzahl von Menschenwesen dagegen, die durch unmittelbare, gewollte Handlungen der kommunistischen Staatsmacht in der UdSSR bei der Zwangskollektivierung um die gleiche Zeit, von 1929 bis 1934, vollbracht worden ist, zeigt im Geschichtsgedächtnis des Westens nur nebelhafte Konturen, gilt allenfalls als Forschungsgegenstand für wissensdurstige Akademiker. Worauf es ankommt, ist einzig und allein, was die Sowjetführer *jetzt* und vor allem morgen tun wollen, um die Landwirtschaft wieder anzukurbeln. Für dieses »jetzt« stehen viele Jahre zur Auswahl, 1945, 1953, 1964, 1982 zum Beispiel, und jedesmal führt die westliche Presse die gleiche Boulevardkomödie auf mit dem Titel: *Ein großer Reformer wird jetzt die Produktivität der sowjetischen Landwirtschaft spürbar steigern.* Das Stück ist im übrigen auch in chinesischer, kubanischer, vietnamesischer, tansanischer, algerischer, rumänischer Fassung lieferbar. Das Textbuch enthält als einen wichtigen Aufzug den stark überschätzten ungarischen »Neuen Wirtschaftsmechanismus«, der im Grunde nichts weiter als ein getarnter schlechter Kapitalismus ist; allerdings zieht man daraus *niemals* den Schluß, daß der Sozialismus erst zu funktionieren beginnt, wenn man ihn aufgibt. So verliert die Vergangenheit des Kommunismus an Realität, sie löst sich auf in der ständig erneuerten Gegenwart einer Reform, die angeblich immer gerade morgen von der Bürokratie geborgen werden soll. Die Vergangenheit des Kommunismus ist immer nur eine *Etappe* auf dem Weg in eine Zukunft, die sich zwar jedesmal als ebenso schauerlich wie die Vergangenheit erweist, sich aber selber wieder als Etappe darstellen läßt. Die schlechten Zeiten im Kapitalismus dagegen haben keinen Anspruch darauf, Etappen zu werden, selbst wenn noch so großartige Aufschwungszeiten darauf folgen. Die wirtschaftlichen Erfolge des Kapitalismus in der Dritten Welt, also von Taiwan, Südkorea, Singapur und sogar Indonesien, werden vom westlichen Gedächtnis nicht registriert. Man interessiert sich nur für die autoritäre politische Praxis in diesen Ländern. Umgekehrt wird die autoritäre Form, um es diskret auszudrücken, des politischen Systems in Algerien nicht dauerhaft zur Kenntnis genommen, ebensowenig wie die Güterknappheit, die der algerische Sozialismus wie jeder Staatssozialismus unausweichlich zur Folge hat. Die unglücklichen algerischen Staatsbürger müssen die selten gewährte Gelegenheit zu einer Auslandsreise nutzen, um bepackt mit Gegenständen des täglichen Bedarfs aus den »reaktionären« Nachbarländern Tunesien und vor allem Marokko heimzukehren. Dort versorgt auch die traditionell gebliebene Landwirtschaft die Märkte reichlich. Armut gibt es in diesen Ländern, aber keine Engpässe, weil nur die sozialistische Bürokratie es schafft, auf dem Boden fruchtbarer Landstriche für längere Zeit Mangel wachsen zu lassen.

Die Unterscheidung der beiden Gedächtnistypen ist nicht nur nützlich, um zu begreifen, wieso aus westlicher Perspektive so völlig verschieden und ungerecht über Lebensstandard, politische Systeme und Menschenrechte geurteilt wird, sondern auch als Erklärung für das Verblassen der Untaten des Sozialismus und das Frischbleiben der Farben bei denen des Kapitalismus. Die Wunde und das Schuldgefühl des Vietnamkrieges bleiben ein stets präsenter Makel vor dem amerikanischen Gewissen und für das Bild, das sich die freie Welt von Amerika macht. Dagegen hat die Gewöhnung das Blutbad in Äthiopien oder den millionenfachen Opfergang der Kambodschaner nicht erst im Laufe der Jahre, sondern so gut wie sofort ausgelöscht. Wie viele Menschen im Westen hatten auch nur eine annähernde Vorstellung von der Anzahl der kambodschanischen Flüchtlinge, die Ende 1982 elend in den Lagern an der thailändischen Grenze vegetierten?

Die Niederschlagung des *nicht* vom Westen provozierten Ungarnaufstandes von 1956 durch die Sowjets ist bald legitimiert worden durch die Gleichgültigkeit, die Camus schon 1958 mit Ingrimm konstatierte*, und vollends 1975 durch die Schlußakte von Helsinki. Die Destabilisierung von Arbenz in Guatemala dagegen, der sich nun wirklich mit der UdSSR zusammengetan hatte und 1954 von einer durch den CIA geförderten Verschwörung gestürzt wurde, ist der Nachwelt als ein Verbrechen des amerikanischen Imperialismus präsent und wird es sicherlich in alle Ewigkeit bleiben. Jácobo Arbenz Guzmán, 1951 zum Präsidenten von Guatemala gewählt und 1954 auf Betreiben des amerikanischen Unternehmens United Fruit gestürzt, ist eine der großen Persönlichkeiten, einer der heiligen Märtyrer des fortschrittlichen Kalenders. Noch 1982 erschien in den Vereinigten Staaten zu diesem Thema ein historisches Pamphlet gegen die Verei-

---

* Vorwort zu »*L'Affaire Nagy*«, Paris 1958, aufgenommen in den Anhang zu »*Actuelles II*« in der Pléiade-Ausgabe: »Im Oktober 1956 ist die UNO zornig geworden ... Inzwischen sitzt der Vertreter der Kadar-Regierung« [Kadar war der von den Sowjets eingesetzte Herr über Ungarn] »in New York, wo er regelmäßig als Verteidiger der vom Westen unterdrückten Völker auftritt.« Man wird zugeben müssen, daß der Prozeß des Nachlassens der demokratischen Kraft, wie ihn Camus beschreibt, sich mittlerweile bei anderen Gelegenheiten in gleicher Weise häufig bestätigt hat. Man kann diese Zeilen beliebig oft wiederholen, wobei es genügt, die Orts- und Personennamen durch andere zu ersetzen.

nigten Staaten, »Bitter Fruit« von Stephen Schlesinger (dem Sohn von Arthur, dem Mitarbeiter von Präsident Kennedy) und Stephen Kinzer mit einem Vorwort von Harrisson Salisbury, einem der angesehensten, inzwischen pensionierten Mitarbeiter der *New York Times*. Der Titel verweist auf die Firma *United Fruit*, deren vielfältige Interessen in Guatemala Wirtschaft und Politik des Landes beherrschten und die seinerzeit zum Staatsstreich gegen Arbenz drängte. Das Schema entspricht vollkommen der marxistischen Logik: Der Privatkapitalismus ruft seinen Diener, den pseudodemokratischen, imperialistischen Staat zu Hilfe. Das ist durchaus ein Teil der Wahrheit, diese halbkoloniale Bindung zwischen den Vereinigten Staaten und Guatemala nämlich. Doch es läßt den anderen Teil unbeleuchtet, den wahrscheinlich damals entscheidenden, nämlich den internationalen Aspekt der Ursachen für den Staatsstreich, seine Verflechtung in die Ost-West-Auseinandersetzung.

Erst Romulo Betancourt hat mich diesen Aspekt 1978 in Caracas klarer erkennen lassen, und zwar bei einem Kolloquium, an dem auch John Kenneth Gelbraith, Arthur Schlesinger und Felipe Gonzalez, der spätere sozialistische Regierungschef Spaniens, teilnahmen. Betancourt, Altpräsident von Venezuela, der Vater der Demokratie in diesem Land, ein Staatsmann, der an der Spitze seiner Partei, der »Demokratischen Aktion« (Mitglied der sozialistischen Internationale), die Verstaatlichung des Erdöls durchgesetzt und dem Terrorismus widerstanden hatte, antwortete bei dieser Gelegenheit einem amerikanischen Schriftsteller. Dieser Richard Goodwin hatte gutgläubig die Latainamerikapolitik seines eigenen Landes, der USA, angegriffen und als besonders bedauerliche Vorgänge das Schicksal von Jácobo Arbenz in Guatemala und später von Juan Bosch in Santo Domingo genannt. Betancourts Antwort war deshalb so bemerkenswert, weil sie zugleich ein Augenzeugenbericht aus erster Hand war, denn zur Zeit, da Arbenz gestürzt wurde, lebte Betancourt fast ständig im Exil in Mittelamerika. Betancourt erklärte: »Richard Goodwin hat aus meinen Worten heute vormittag den Eindruck gewonnen, daß ich im Hinblick auf den Sturz einiger demokratischer Regierungen den Grund allein in den Fehlern suche, welche die betreffenden, vom Volk gewählten Regierungschefs gemacht haben, und daß ich die äußeren und inneren Kräfte nicht berücksichtige, daß ich vor allem die äußeren unterschätze, insbesondere den vielarmigen CIA und die US-Botschaften in Lateinamerika. Es steht ganz außer Zweifel, daß der geheimnisvolle und gefürchtete CIA zum Sturz etlicher Regierungen beigetragen hat, und zwar auch von Regierungen, die vom Volk gewählt worden waren. Auch wurden seine Operationen zuweilen direkt von den US-Botschaften aus gesteuert. Das ist mit allen erdenklichen Einzelheiten im Bericht der Church-Kommunisten des US-Senats veröffentlicht worden. Am gefährlichsten für die Stabilität der demokratischen Regierungen hat es sich aber erwiesen, daß man sich jedesmal, wenn eine Regierung gestürzt wird, mit der Feststellung zufrieden gibt: das war das Werk des CIA, das war das Werk des State Department. Carlos Rangel hat ein Buch geschreiben*, mit dem ich im wesentlichen einverstanden bin und das eine breite internationale Diskussion hervorgerufen hat, weil es nicht nur in Spanisch ein Bestseller war, sondern auch in Englisch und Französisch übersetzt worden ist. Rangel warnt uns vor der bequemen Neigung der lateinamerikanischen Regierungen, wenn sie gestürzt werden, weil sie unfähig waren, weil sie korrupt waren, weil sie kein Verantwortungsbewußtsein zeigten gegenüber dem Mandat, das die Wähler ihnen erteilt hatten, diese Probleme und ihren Sturz ausschließlich mit Manövern des Auslands zu erklären.

Goodwin hat den Fall von General Arbenz genannt, der 1954 von einer Aufstandsbewegung gestürzt wurde, die von A bis Z ein Werk des CIA war. Doch General Arbenz, vom Volk durch Wahlen an die Macht gebracht, umgab sich vom Augenblick der Regierungsübernahme an mit einem kommunistischen Stab**. Guatemala verwandelte sich in einen Treffpunkt für Kommunisten aus allen möglichen Ländern, aus Lateinamerika, aber auch aus Europa und Asien. Arbenz kaufte in der Tchechoslowakai Waffen. Als Stalin starb, verlangte er vom guatemaltekischen Parlament, stehend zwei Schweigeminuten einzuhalten, um seine Trauer zu bezeugen***. Als Lom-

---

* »Del buen salvaje al buen revolucionario«, Caracas 1976.
** Um der Klarheit willen muß man darauf hinweisen, daß die »vom Volk durch Wahlen« gewährte Vollmacht durchaus kein Freibrief war, in der guatemaltekischen Regierung eine Kommunistische Partei massiv vertreten sein zu lassen, die völlig unbedeutend und der überwältigenden Mehrheit der Wähler nicht bekannt war. Da Betancourt vor in der Mehrzahl lateinamerikanischen Zuhörern spricht, hält er den Hinweis für überflüssig, daß Arbenz mit einem sozialdemokratischen, reformistischen und nationalistischen Programm gewählt worden war.
*** Um diese Geste des Parlaments in Guatemala zu relativieren, muß man wohl

bardo Toledano, der mexikanische Gewerkschaftschef, nach Guatemala kam, wurde er von General Arbenz mit *allen* Ministern höchstpersönlich auf dem Flughafen empfangen. Das alles aber ging mit einer außerordentlichen Korruption der Regierungsmannschaft einher. Diese Kämpfer für das Proletariat bereicherten sich in ihrer Amtszeit geradezu hemmungslos. Ich habe genaue Informationen über diese Vorgänge, und wir Sozialisten in Venezuela haben, als wir von der Lage in Guatemala erfuhren, einen Vertreter mit einem Schreiben zu Präsident José Figueras von Costa Rica geschickt und ihm erklärt, was da vor sich ging. Arbenz wurde gestürzt und reiste in die Ostblockländer ab. Dann ging er nach Kuba. Ich will nicht taktlos sein, weil er nicht mehr lebt, aber man muß es offen sagen: Da er kein besonders nützlicher Trottel war, ließen die Kommunisten ihn fallen, und er verschwand in der Versenkung.

Im Falle Juan Bosch, auf den Goodwin ebenfalls angespielt hat, herrscht bei den meisten eine ziemliche Konfusion. Tatsächlich wurde Präsident Juan Bosch von einer Militärbewegung gestürzt, die er kommen sah und der er sich in keiner Weise entgegenstellte. Während seiner gesamten Amtszeit hat er seine Regierung nicht ein einziges Mal einberufen! Eines schönen Tages beschloß er plötzlich, daß seine eigene Partei, die Partei, die ihn an die Macht gebracht hatte, sie nannte sich »Revolutionäre demokratische Partei«, aufzulösen sei. Er ging betont und aggressiv auf Abstand von seinen demokratischen Weggefährten, entschied sich für die Annäherung an das Kuba Fidel Castros, und wurde von den Militärs gestürzt. Die Vereinigten Staaten griffen überhaupt erst ein Jahr später ein, als die Caamano-Bewegung aktiv wurde, was nicht heißen soll, daß diese Intervention der USA in Santo Domingo nicht einer der schwersten und tadelnswertesten Fehler war, die die damalige US-Regierung begangen hat. Dieser Fehler ist ja auch von allen echten Demokraten in Lateinamerika kritisiert worden. Doch der Fehler wäre nicht begangen worden, wenn Juan Bosch nicht lange vorher das Mandat, das ihm das dominikanische Volk erteilt hatte, völlig verfälscht hätte.«*

---

    darauf hinweisen, daß Betancourt offenbar nicht wußte, daß die gesamte französische Nationalversammlung (bis auf einen sozialistischen Abgeordneten) stehend dem Nachruf auf Stalin lauschte.
* Diese Erklärung von Romulo Betancourt ist eine Rekonstruktion nach meinen eige-

Ich habe im vorigen Kapitel zu heftig gegen die »Gleichstellung bei der Schuldzuweisung« oder, anders gesagt, die »gegenseitige Sündenvergebung« protestiert, als daß ich nun sagen würde, Afghanistan und Ungarn »kompensierten« ja das Unrecht, das da von einer nichtkommunistischen Macht begangen worden ist. Nein, mein Thema hier ist nicht das der Gleichstellung. Es ist die Bereitschaft des Westens, letzten Endes die Vorstellung zu akzeptieren, daß die UdSSR in Polen, in der Tschechoslowakei, in Ungarn nicht nachgeben »konnte«, diese Länder nicht aus dem Warschauer Pakt hinausrutschen lassen »konnte«, daß es bei diesen Krisen um ihre »Verteidigungslinien«, ihre »vitalen strategischen Interessen« ging, und daß, nach den Äußerungen von Bundeskanzler Helmut Schmidt aus dem Jahre 1981, ein Bestreiten dieses ihres Rechts gleichbedeutend wäre damit, daß man »Jalta in Frage stellt« und damit »den Frieden gefährdet«. Die Demokratien finden sich also dazu bereit, dem Kommunismus ein Recht auf politischen Realismus zuzugestehen, auf den Primat der Staatsräson, vor allem in seinen sogenannten Einfluß-, sprich Besatzungszonen. Den Vereinigten Staaten dagegen erkennt man kein solches Naturrecht auf die Inanspruchnahme vitaler Interessen bei ihren nächsten Nachbarn in Mittelamerika zu. Sie sollen ohne Ggenwehr eine offensichtliche kommunistische Subversion in der Karibik oder eine evidente Steuerung von Arbenz durch Moskau hinnehmen, während die UdSSR zur Rechtfertigung ihrer Präsenz in Afghanistan erklärt, sie »könne kein feindlich gesonnenes Regime in einem Lande dulden, mit dem sie eine gemeinsame Grenze hat«. Diesen Grundsatz haben Westmächte und UNO Ende 1982 bei den ersten »Signalen« für eine »politische Lösung« in Afghanistan unwidersprochen hingenommen. Unter »politischer Lösung« ist zu verstehen: eine Einigung, die es der UdSSR gestattet, weiterhin eine als bevorrechtigt anerkannte politische Vormachtstellung in Afghanistan auszuüben und gleichzeitig ihre militärischen Sorgen loszuwerden. Die Demokratien sind gleich bereit einzuräumen, daß die kommunistische Macht Recht setzt.

Eine vage Kenntnisnahme, eine schwache Erinnerungsfähigkeit, eine totgeborene oder nach wenigen Tagen entschlafende Entrü-

---

nen Sitzungsnotizen und einer weiteren Mitschrift, die mir freundlicherweise später von der Witwe Betancourts zur Verfügung gestellt worden ist.

stung, das sind die ehernen Regeln für unsere Reaktion auf die Handlungen des Totalitarismus. Niemand hat unsere Vergessenspsychologie besser durchschaut als die kommunistischen Staatsmänner, denn wir mögen sie nicht kennen – sie kennen uns genau. Sie haben den ungeheuerlichen Beschönigungsausdruck »Normalisierung« in die Welt gesetzt für die Verstärkung der totalitären Gewaltausübung auf Völker, die es gewagt haben, sich für einen Augenblick gegen ihren Herren aufzulehnen. Der Ausdruck paßt zugleich haargenau auf die öffentliche Meinung und das Verhalten der Regierungen im Westen. Auch wir werden in dem Maße »normalisiert«, wie unsere Entrüstung verfliegt, allzu schnell verfliegt. Nicht mit unserer Geduld sind wir rasch am Ende, sondern mit unserer Ungeduld. In wenigen Monaten ist sie nicht mehr da. Die Sowjetregierung und die Führer der kommunistischen Parteien im Westen wußten aus Erfahrung, daß nach einem Jahr »Kriegszustand« in Polen von unseren flammenden Protesten nur die Erinnerung an einige wenige Demonstrationen, ein paar Millionen »Solidarnosč«-Anstecker und die tiefe Wunde geblieben sein würde, die der Wirtschaftskonflikt zwischen Amerika und Europa geschlagen hat.

»Gleichstellung« ist also sogar noch ein falscher Ausdruck, weil die schamlose gegenseitige Absolution in der Praxis nur in einer Richtung funktioniert, und zwar fast immer zugunsten des Totalitarismus und seiner Verbündeten. Nicht wenige sagen: »Solange es Pinochet, Marcos und Südafrika gibt, haben wir nicht das moralische Recht, die Unterdrückung in Polen anzuprangern.« Niemand dagegen sagt: »Solange es Polen und Afghanistan gibt, haben wir nicht das moralische Recht, die Apartheid und Pinochet zu verurteilen.« Wer besonders ökumenisch denkt, spricht von dem »gleichen Kampf«, was falsch ist: Der Kampf ist nicht der gleiche, und es gibt keine wirkliche Gleichheit zwischen den Reaktionen auf die kommunistischen Diktaturen und den Reaktionen auf die anderen Diktaturen. Die letzte Hinrichtung von baskischen Widerstandskämpfern* unter dem Francoregime hat 1975 in Paris so viele und so wütende Demonstranten auf die Straße gebracht, daß die Gegend um die Spanische Botschaft

---

* Ich spreche absichtlich von »Widerstandskämpfern«, weil das Regime damals noch nicht demokratisch war. Seit Spanien zur Demokratie gefunden hat, paßt das Wort nicht mehr, es sei denn im Sinne eines Widerstandskampfes gegen die Demokratie.

an der Avenue George V hinterher auf einen Radius von mehr als einem Kilometer, von der Place de l'Alma bis zu den Champs-Elysées, verwüstet war. Wer dagegen hat von einer Demonstration, und sei es einem friedlichen Schweigemarsch gehört, bei dem westliche Bürger gegen die Ermordung von ungefähr dreitausend Äthiopiern protestiert hätten, die allein in der Hauptstadt Addis-Abeba auf Anordnung von Oberst Menghistu ohne ordentliches Verfahren hingerichtet worden sind? Niemand, und durchaus nicht zufällig. Diese Diskretion herrscht dort im Lande und entsprechend im Ausland trotz oder wegen des von sowjetischen »Beratern« eijgerichteten Apparats, dessen Initiative bei den revolutionären Säuberungsaktionen zu leugnen höchst ungerecht wäre. Bis zum letzten Augenblick seiner Machtausübung hat ein anderer afrikanischer Diktator sowjetische Berater um sich gehabt: Macias, der in dem winzigen ehemals spanischen Äquatorial-Guinea trotz seiner eigenen Begabung ein knappes Drittel seiner Landsleute ohne die Zustimmung und diskrete Hilfestellung seiner russischen Freunde niemals hätte umbringen können. Als allerdings Macias seinerseits dem Dolch zum Opfer fiel, entschwand seine sowjetische Umgebung *zitto zitto, piano piano* nach Moskau, und ich habe nirgends gelesen, daß man der UdSSR die kleinen Übergriffe ihres Schützlings vorgeworfen hätte. Ein viel bescheidener handwerklich arbeitender Schlächter wie Bokassa dagegen verdankte seiner »kapitalistischen« Gesinnung einen bevorzugten Platz in der Skalenchronik der Weltpresse und brachte seine Verbündeten in schlimme Verlegenheit, so daß ihm am Ende sein französischer Beschützer selber »destabilisieren« mußte. Während des Koreakrieges löste die haltlose Anschuldigung, die Amerikaner setzten Bakterienkampfstoffe ein, eines der großen geschichtlichen Beispiele für Massendesinformation, weltweit eine Welle der Entrüstung aus, und die darauf folgende Erklärung des erlogenen Vorwurfs konnte, wie so oft in solchen Fällen, die Gemüter nicht ganz beruhigen. 1982 dagegen, als mehrere Zeugenaussagen und Berichte von Untersuchungskommissionen, darunter einer der Vereinten Nationen (bei der man sich die sehr gebremste, vorsichtige Neugier vorstellen kann) mit einer jeden vernünftigen Zweifel ausschließenden Sicherheit festgestellt hatten, daß die Sowjets biochemische Kampfstoffe in Afghanistan einsetzten und von den Vietnamesen in Kambodscha und Laos einsetzen ließen, ich spreche von dem Mykotoxin-

Nervengas »Gelber Regen«, was für Wellen der Entrüstung erschütterten da das Weltgewissen und die politischen Kreise im Westen und in der Dritten Welt? Der einzige Kampf, an den ich mich in diesem Zusammenhang erinnere, wurde nicht gegen Moskau geführt, um dafür zu sorgen, daß mit diesen gräßlichen Methoden Schluß gemacht wurde (man denke, wie nachteilig sich das auf den Handel auswirken könnte!), nein, er tobte zwischen der *New York Times* und dem *Wall Street Journal*: Die erstere blieb lange bei ihrer Meinung, daß die Nachprüfung der Fakten noch nicht ganz auf das erforderliche Maximum an Sicherheit getrieben worden sei, während die letztere erklärte, die übertriebenen Zweifel der Kollegen ließen beinahe vermuten, daß sie die Beweise nicht zur Kenntnis nehmen wollten. Letzten Endes behielt das *Wall Street Journal* in der Polemik die Oberhand, wozu ihm leider genügend Zeit blieb, weil die Sowjets weiterhin in Asien ihren gelben Regen einsetzten, und zwar mit marmorkühler Gleichgültigkeit gegenüber dem schüchternen Gekläffe im Westen, von dem sie nur zu gut wußten, wie wenig es ihnen auch diesmal schaden konnte.

Nicht nur sind die vietnamesischen boat-people schon ungefähr ein Jahr nach dem Beginn der Massenflucht vom Radarschirm der westlichen Aufnahmefähigkeit verschwunden; nicht nur hat Castros Freund García Márques diese armen Menschen als »Devisenschmuggler«, als »Kapitalexporteure« beschimpft und trotzdem den Nobelpreis bekommen; nicht nur haben Hunderttausende von kubanischen boat-people durch ihre Überfahrt bewiesen, daß der Kommunismus offensichtlich in allen Breiten der gleiche ist – keine dieser Lektionen hat den Auguren im Westen die Augen geöffnet, zum Beispiel für die Realität der sandinistischen Revolution in Nikaragua. Die wenigen Kommentatoren, die in der ersten Zeit die Voraussage wagten, die Sandinisten würden alle anderen politischen Formationen von der Macht ausschließen, bis sie das Monopol der Einheitspartei und der allgegenwärtigen Polizei errichten könnten, wurden in aller Unschuld und Selbstverständlichkeit als Sympathisanten des Ex-Diktators Samoza geschmäht. Als niemand mehr leugnen konnte, daß Nikaragua auf dem besten Weg zu einer getreuen Kopie des Castro-Regimes war, interessierte man sich plötzlich viel mehr für die »Echtheit« der Guerrillabewegung in El Salvador. Man konnte lesen, diese Guerrilleros erfreuten sich zwar der Unterstützung durch

Kuba und damit durch die Sowjetunion, doch die Auflehnung erkläre sich primär aus der sozialen Ungerechtigkeit und dem Elend. Sehr wahr. Nur hat eben der Kommunismus soziale Ungerechtigkeit und Elend noch nie behoben, im Gegenteil: Er hat immer und überall Mangel und Ungleichheit verstärkt. Die Berichte aus Nikaragua seit 1982 zeigen, daß der übliche Prozeß auch dort abläuft, und daß hinsichtlich der Lebensmittelversorgung und des Schwarzmarktes die Bevölkerung schon zu murren beginnt: »Das ist ja schlimmer als zur Zeit von Samoza.« Der ermüdend übliche Vorgang! Außerdem ist ja in Polen und Rumänien die Knappheit nicht minder ausgeprägt, nur daß niemand im Ernst sagt, diese Länder müßten deshalb aus der kommunistischen Sphäre ins kapitalistische Lager entlassen werden, und die grassierende Ungleichheit rechtfertige eine von der NATO unterstützte Guerrillatätigkeit. Dagegen sollen die Vereinigten Staaten sich damit abfinden, daß Länder vor ihrer Haustür sich sowjetisieren, auch wenn ihnen die Sowjetisierung weder Freiheit noch Wohlstand bringt, das wenige, was sie haben, zunichte macht und jede Chance, mehr zu erwerben, zerstört. Natürlich behaupte ich nicht, alles Gute sei auf der einen, alles Böse auf der anderen Seite. Ich beschreibe das Phänomen »zweierlei Gedächtnis«, den Verlust des Erinnerungsvermögens, der die Menschen im Westen befällt, wenn sie den Guerrilleros in El Salvador applaudieren, weil sie die Lehren aus der Sandinistischen Bewegung in Nikaragua schon vergessen haben. So waren die meisten Zeitungen und Funk- und Fernsehanstalten in den Vereinigten Staaten vor den Wahlen vom März 1982 in El Salvador überzeugt, der Aufruf der Guerrilleros zum Wahlboykott werde weitgehend befolgt werden. Mit anderen Worten, sie hatten die Beliebtheit des »Frente Farabundo Marti« überschätzt. Noch am Mittag des Wahltages sagte der Fernsehsender *ABC-News* unvorsichtigerweise voraus, die Beteiligung werde gering sein. Dabei wurde um diese Zeit schon deutlich, daß die Landbevölkerung der Anweisung der Guerrilleros nicht nachkam. Die Wahlbeteiligung erreichte 80% (gegenüber 50% im Jahre 1972), ohne gravierenden Wahlbetrug, und trotz aller Drohungen. Seit Dezember hatten vertrauliche Umfragen ohnehin schon gezeigt, daß 70% bis 85% der Wahlberechtigten in El Salvador ihre Stimme abzugeben beabsichtigten. Unsere amerikanischen Kollegen hatten sich einfach geweigert, diese Umfragen ernst zu nehmen, weil sie ihren Überzeugungen nicht entsprachen. Etliche Kommentatoren, Beobachter und Politiker haben ja größte Schwierigkeiten, komplexe Situationen wie die von Betancourt beschriebenen zu begreifen, Situationen also, in denen es durchaus zutrifft, daß in einem Lande eine soziale Krise herrscht, die auf Ungerechtigkeiten zurückzuführen ist, aber zugleich nicht zutrifft, daß ausgerechnet der Kommunismus zur Lösung dieser Krise geeignet wäre, hingegen wiederum zutrifft, daß er geschickt genug ist, die Krise zu nutzen, um seinen politischen und strategischen Zielen ein Stück näherzukommen.

Wenn es um Massenvernichtung geht, muß der Kommunismus schon unglaubliche Stabhochsprünge vollbringen, um die immer höhere Latte der westlichen Aufmerksamkeit überhaupt zu erreichen. Dabei handelt es sich natürlich um einen Durchschnitt, denn je nach Springer kann die Latte sehr verschieden hoch liegen. Bei einem Olof Palme zum Beispiel oder einem Andreas Papandreou liegt sie für kommunistische Springer offenbar unerreichbar hoch. Die Sandinisten in Nikaragua wären sehr töricht gewesen, sich nicht auch ihren kleinen Völkermord zu leisten, indem sie mehrere Tausend Meskito-Indianer umbrachten; im Westen wird noch heute darüber gestritten, was eigentlich mit ihnen geschehen ist. Im Zweifel unterläßt man natürlich jeden taktlosen Hinweis.

Das ungeheuerliche Beispiel für widerstrebende Kenntnisnahme und möglichst rasches Vergessen allerdings ist und bleibt wohl die zögernde und kurzzeitige Berichterstattung über den Völkermord in Kambodscha. Ich habe mir die nicht sehr erfreuliche Mühe gemacht, aus meinen Zettelkästen die zwischen März 1975 und Oktober 1976 über die Roten Khmer erschienenen Artikel aus *Le Monde, Le Point, Newsweek, Time, International Herald Tribune, Le Figaro, The Sunday Times, Le Nouvel Observateur, The Observer, The Economist, La Croix, France-Soir, Libération, The Times, Paris-Match* und *The Far Eastern Economic Review* zusammenzustellen. Es sind insgesamt 25 Titel*. Wenn man sie liest, kann man sich des Gedankens nicht erwehren, wie es wohl einem Historiker ergehen würde, der zur Information über die Vorgänge in »Kamputschea« um die Jahre 1975–1980 nichts weiter zur Verfügung hätte – und das ist

---

* Die Titel sind in Englisch und Französisch in der Originalausgabe des Buches abgedruckt.

schon sehr viel mehr als die Dokumente, die uns für manche Perioden der Antike oder des Mittelalters vorliegen. Er könnte nicht ahnen, daß um diese Zeit dort unten ein methodisch ausgeführter Völkermord stattgefunden hat, dem zwischen einem Viertel und einem Drittel der Bevölkerung zum Opfer gefallen ist. Das entspricht zwölf bis zwanzig Millionen Menschen, wenn man es auf Frankreich, die Bundesrepublik Deutschland, Großbritannien oder Italien, sechzig bis achtzig Millionen Menschen, wenn man es auf die Vereinigten Staaten umrechnet. Nur in drei, vier Titeln kommen die Wörter »Tote«, »Hinrichtungen«, »Totenland«, »zwei Millionen verschleppt« vor, die einen Weg auf den Friedhof weisen. Sie sind die Ausnahme. Da beginnt ein neues Regime offenbar seine Machtausübung mit der Hinrichtung von ein paar Dutzend Vertretern der vorhergehenden Regierung, mag unser Historiker denken. Wie könnte er auf die Vermutung kommen, daß da in Kambodscha in der zweiten Hälfte des zwanzigsten Jahrhunderts Millionen Menschen mit Keule und Spitzhacke erschlagen worden sind wie die Seehunde im Norden Kanadas. Gewiß, etliche der so betitelten Artikel und Reportagen brachten alle Einzelheiten dieses Festivals der Schädelzerschmetterung. Es bleibt dennoch erstaunlich, daß die Überschriften Form und Ausmaß des Geschehens kaum andeuten, und in etlichen Fällen wecken sie beim oberflächlichen Leser sogar bewußt Sympathie mit den Roten Khmer. Da ist von einer »Versorgungskrise« die Rede, aber sie ist natürlich schon drauf und dran, »gelöst zu werden« wie in allen kommunistischen Ländern seit 1917*. Selbst Artikel, die das Schreckliche anklagen oder beschreiben, geben es nicht gleich zu erkennen.

Aus meinen Zettelkästen habe ich kein kommunistisches Blatt zitiert, weil kommunistische Journalisten noch anderen Gesetzen unterliegen als denen der Aufnahmefähigkeit und des Gedächtnisses. Sie haben ja zusätzlich den Anweisungen der sowjetischen Außenpolitik zu gehorchen. Das gilt jedenfalls in hohem Maße für die französischen Kommunisten, und es lohnt sich, kurz einen Blick in ihr Zentralorgan *L'Humanité* zu werfen. Solange das von den Roten Khmer befreite Kambodscha sich nicht mit China zusammentut, dem die

---

* »In höchstens zehn Jahren müssen wir den Rückstand aufholen, der uns von den fortgeschrittensten kapitalistischen Ländern trennt.« Josef Stalin in der *Prawda* vom 5. Februar 1931. Fast wörtlich gleich äußerte sich Nikita Chruschtschow 1961.

UdSSR sich damals noch in keiner Weise wie heute anzunähern gedenkt, darf die kambodschanische Revolution der Lobsprüche des KPF-Organs sicher sein. Am 23. April 1975 lautet ein Titel in *L'Humanité*: »Phnom Penh: Auf der Tagesordnung – ein unabhängiges, friedliebendes, blühendes Kambodscha.« Eine wahrhaft treffende Prophezeiung. Natürlich setzen die Journalisten von *L'Humanité* alle Kraft daran, das kommunistisch gewordene Kambodscha gegen die »Verleumdungskampagne« der bourgeoisen Medien des Westens in Schutz zu nehmen, weil in den ersten Tagen immerhin einige Berichte über die furchtbaren Begleitumstände der Zwangsräumung von Phnom Penh erschienen sind. Nachdem der amerikanische Präsident Gerald Ford ein Eingreifen der Vereinten Nationen gefordert hat, »um ein Blutbad in Phnom Penh zu verhindern«, schlägt der Chefredakteur von *L'Humanité*, René Andrieu, am 18. April heftig zurück und ereifert sich über die Lächerlichkeit und Schändlichkeit dieser scheinheiligen Besorgnisse der Imperialisten. Um so eindrucksvoller ist es, wenn man keine drei Jahre später im selben Blatt liest: »Eine entsetzliche Bilanz: Umfassende autoritäre Gleichschaltungsmaßnahmen, Massenverschleppung der Bevölkerung, Trennung der Familien, Hinrichtungen ohne Prozeß, wahrscheinlich in großer Zahl.«* Am 29. Januar 1979 erblickt der Sonderberichterstatter von *L'Humanité*, der mit den vietnamesischen Truppen einrückt, die Gefangenen der Roten Khmer: »ermordet, die Schädel eingeschlagen, die Arme abgeschnitten, Spuren von Schaufelschlägen am ganzen Körper. Phnom Penh ... Eine seelenlose Stadt. Eine Geisterstadt. Eine Stadt, über der ständig der bedrängende Geruch des Todes liegt.« Also genau das »Blutbad«, das Gerald Ford 1975 vorausgesagt hat, und René Andrieu hütet sich natürlich, nachträglich diese Voraussicht lobend zu erzählen. Tatsächlich waren die Greuel, von denen die kommunistische Tageszeitung 1978 und 1979 schließlich berichtete, schon nicht mehr sehr aktuell. Früher als die anderen einen »Scoop« landen, das gehört nicht zum Ehrgeiz eines kommunistischen Jounalisten. Was uns hier interessiert, ist die Frage, warum die kommunistische Presse sich plötzlich und sogar mit noch mehr Nachdruck die schrecklichen Übertreibungen der »Verleumdungskampagne« der bourgeoisen Medien zu eigen gemacht hat. Für diese

---

* L'Humanité, 9. Januar 1978.

Kehrtwendung gibt es zwei Gründe: Erstens wie schon gesagt die Entscheidung der Kambodschaner für den Schutz durch China anstatt für die Rolle eines Satelliten der Sowjetunion, zweitens und vor allem ab Oktober 1977 der Einmarsch der vietnamesischen Armee und die Besetzung des Landes durch die Truppen Hanois, das ja ein vorbildlich prosowjetisches Regime aufweist. Von Stund an ordnet sich die Propagandaarbeit der kommunistischen Presse der Notwendigkeit unter, um jeden Preis die vietnamesische Invasion zu rechtfertigen, ihre für die Bevölkerung Kambodschas segensreichen Folgen darzustellen und schon deshalb so dramatisch wie möglich die Greueltaten der Roten Khmer darzustellen, damit die vietnamesische Besatzungsmacht als Befreierin dasteht. Manche Sprecher der nichtkommunistischen Linken haben noch mehr Zeit gebraucht und noch mehr böswillige Verblendung gezeigt als die Kommunisten, bis sie endlich den Völkermord in Kambodscha wahrhaben wollten. Als sie sich schließlich dazu durchrangen, taten sie es allerdings aus anderen Gründen. Die Kommunisten glauben ja nicht mehr an die Revolution. Die nichtkommunistische Linke glaubt noch an die Revolution, im Falle Kambodschas hat sie sogar an den Beginn einer reinen »Kulturrevolution« geglaubt, an eine völlige Veränderung der Gesellschaft, wie sie von ihr schon lange erträumt wird. Über ein Jahr lang hat sie den Blick abgewendet von allen störenden Schreckensmeldungen aus dem neu erblühenden »Kamputschea«. Als es dann über Menschenkraft ging, diese Informationen weiterhin zu ignorieren, hat sich die nichtkommunistische Linke umgestellt. Fortan schrieb sie sich das Verdienst zu, den Völkermord vor das Tribunal des Weltgewissens gebracht zu haben, obwohl sie ihre Kehrtwendung als letzte, nach den Stalinisten sogar, vollzogen hatte. Diese Täuschung ist eine raffinierte Verschleierung: Wenn die Linke selber eine ungeheuerliche Entartung der Linken anprangert, bleibt die Sache etwas, das sich innerhalb dieser Linken abspielt, ein bloßer Zwischenfall auf ihrem Fortschrittsweg durch die Geschichte, ein Beweis für die Fähigkeit zu Selbstkritik und Selbstreinigung. Das sozialistische Erklärungssystem als Ganzes bleibt damit unbeeinträchtigt vom Völkermord oder von den vietnamesischen Umerziehungslagern und boatpeople, von Castro, Nikaragua oder der Unterdrückung der Gewerkschaft Solidarität. Deshalb ist es ja so wichtig, die Kritiken und selbst die Informationen »der Rechten« auszustreichen und dem Vergessen anheimzugeben, weil sie an die Wurzeln des Systems rühren, an die eigentliche Ursache, aus der überall die unvermeidlich gleichen Wirkungen entstehen. Ich will die einzigartige Größenordnung des Massakers in Kambodscha nicht leugnen. Doch kennen wir nicht den Prototyp in der massenhaften Ausrottung der angeblichen »Kulaken« Anfang der dreißiger Jahre unter Stalin? Wieso konnte der Westen wieder einmal »überrascht« sein von dem »unerwarteten« und »unvorhersehbaren« Blutbad in Kambodscha? Es gibt nur einen einzigen Grund: die sorgfältige Tilgung des Stalinschen Präzedenzfalls aus seinem Gedächtnis, die Weigerung, den Vorgang zu analysieren und zu erklären. Damit konnte er seine Wiederholung nicht voraussehen, geschweige denn vermeiden.

26. Die Demokratien gegen die Demokratie

So gelangen die Demokratien in den meisten Fällen zu den Erkenntnissen und Entscheidungen, die sich die Führer der kommunistischen Mächte wünschen. Diese Folgsamkeit ist zugleich ideologischer und praktischer Natur. Die Demokratien halten sich selber in weiten Kreisen ihrer Öffentlichkeit und ihrer politischen und kulturellen Eliten für reaktionärer, für die Dritte Welt schädlicher, militärisch vor allem bei den Kernwaffen aggressiver als die Sowjetunion und ihre Satelliten. Die westlichen Befürworter einer wirksamen nuklearen Abschreckung, eines nachprüfbaren Gleichgewichts der Kräfte gelten nach wie vor als »Stockkonservative«, »Rechte«, »Kriegshetzer« oder bestenfalls als Anhänger eines »Rückfalls in den Kalten Krieg«. Die Befürworter der einseitigen Abrüstung oder zumindest von immer eindrucksvolleren Vorleistungen an die Sowjetunion stehen »links« bei den selbstlosen Menschen, den Friedensfreunden. Dabei erhalten sie in der Praxis nur ein Ungleichgewicht aufrecht, das es der UdSSR ermöglichen würde, einer ständig wachsenden Anzahl von Ländern ihren politischen und wirtschaftlichen Willen aufzuzwingen und damit ihren schon beträchtlichen Machtbereich noch zu erweitern. Die Geschichte lehrt, daß die Sowjetunion noch nie und nirgends durch Zugeständnisse zu Zugeständnissen veranlaßt worden ist. Das mag eine bedauerliche Feststellung sein, doch die Demokratien, die daran nicht schuld sind, gelangen nicht etwa zu dem Schluß, daß sie die Methode wechseln, sondern daß sie noch stärker entgegenkommen müssen. Die angeblichen sowjetischen Konzessionen finden, so sehr sie jeder als Blendwerk für naive Gemüter durchschauen müßte, im Westen ohne weiteres ihre Abnehmer; die wenigen westlichen Politiker, die kompetent genug sind, den trügerischen Propagandacharakter zu erkennen, vermögen dennoch dem Druck so vieler Strömungen in der öffentlichen Meinung nicht zu widerstehen, die alle miteinander es ihnen nicht verzeihen würden, diese von Moskau hochherzig gebotene »unerwartete Chance« vorübergehen zu lassen. Wenn man auf die Hintergrundsgeräusche zum politischen Tagesgeschwätz hört, kann man den Eindruck gewinnen, daß nur die Waffen und die Diplomatie des Westens eine Gefahr für den Westen selber darstellen. Die *New York Times* vom 2. April 1982 stellt zum Beispiel fest: »Es steht zu befürchten, daß Reagans Äußerung über die sowjetische Überlegenheit negative Auswirkungen auf die Bündnispartner haben wird.«* So besteht die wahre Gefahr für die europäischen Alliierten der Vereinigten Staaten nicht in einer etwaigen militärischen Überlegenheit der UdSSR, sondern in der etwaigen Absicht der Amerikaner, ihr eine entsprechende Verteidigung entgegenzustellen. Jeder US-Präsident auf Westeuropareise stößt auf so feindselige Demonstrationen, daß ein uneingeweihter Beobachter ohne weiteres überzeugt sein müßte, daß dieser Gast der schlimmste Feind ist, den die Europäer jemals gehabt haben. Gewiß, die Völker urteilen oft klüger als die Eliten und Aktivisten. Im Jahre 1982 ergibt eine Umfrage, daß alle westeuropäischen Völker außer dem spanischen die Verstärkung der sowjetischen Militärmacht als »Erklärung für die internationalen Spannungen wichtiger« empfinden als die Verstärkung der amerikanischen Militärmacht. Ein erheiterndes Detail dabei: Das französische Volk ist der Meinung, die amerikanischen Zinsen und die Rolle des Dollars seien erheblich gravierendere »Spannungsursachen« als die sowjetische Überrüstung: 45% gegenüber 21%**. Nebenbei gesagt ist es ein in allen westlichen Ländern verbreiteter Irrtum, die Überrüstung sei eine Ursache für Spannungen, obwohl sie eher deren Folge ist, wie François de Rose mit Recht bemerkt hat.

Trotz einer schon 1981 besseren Einschätzung und Kenntnis der Sowjetmacht, vielleicht sogar gerade wegen dieses frisch erworbenen Realismus, entscheiden sich viele Europäer, und zwar durchaus nicht nur die militanten Pazifisten, im Falle eines Einmarsches lieber für Unterwerfung als für Widerstand. Die entsprechende Frage lautet: »Wenn die Sowjetarmee auf französisches Gebiet vordringen sollte, sind Sie dann der Meinung, daß der Staatspräsident sofort in Verhandlungen eintreten sollte, um mit der Sowjetunion Frieden zu schließen?« 63% der Franzosen antworteten mit Ja, 7% sind für den

---

* *An adverse impact among allies is feared after Reagan's remark on Soviet superiority.*

** Louis-Harris-Umfrage vom September 1982 für das »Atlantische Institut für internationale Beziehungen« und *International Herald Tribune*.

Einsatz der Atomwaffen und 21% dafür, zu kämpfen, aber ohne Atomwaffen.*

Man kann die Knechtschaft dem Tod vorziehen. Doch man kann auch dafür sorgen, daß man nicht erst in die Lage kommt, eine so traurige Entscheidung treffen zu müssen. Und gerade an der Entschlossenheit, diese Lage zu vermeiden, scheint es uns zu fehlen. Die unablässig weitergehende sowjetische »Friedensoffensive« hätte demnach gute Aussicht auf Erfolg, darauf nämlich, daß der Westen und die übrige Welt definitiv eine militärische Unterlegenheit akzeptieren, nachdem man ihnen diese freiwillige Unterlegenheit als eine unfehlbare Garantie gegen den Krieg angepriesen hat.

Daß jeder geistig gesunde Mensch nicht an Krieg denken mag, daß dieser Abscheu einer guten Information der Bürger über strategische Fragen im Wege steht, weil schon die Information als bedrohlich empfunden wird, das kann man verstehen. Doch wir dürfen uns nicht verhehlen, daß der sowjetische »Frieden«, wie wir ihn hinzunehmen im Begriffe sind, eine politische Unterwerfung bedeuten würde, deren psychologische Einführung schon begonnen hat und die in unauffälliger Steigerung zu einer zunächst diskreten, dann vollständigen Satellitisierung führen würde. Von militärischer Abschreckung ohnehin ganz abgesehen, ist uns schon jetzt die Wirtschaftswaffe genommen, das heißt wir nehmen sie uns selbst: Unsere wiederholte Weigerung, uns an ernsthaften Wirtschaftssanktionen gegen die UdSSR zu beteiligen, muß die Sowjetführer außerordentlich beruhigt haben. Und wenn der Westen sich weder auf eine überzeugende strategische Abschreckung noch auf Wirtschaftssanktionen stützen kann, was sollte die Sowjetunion überhaupt noch zurückhalten bei ihren ständigen Verletzungen der Souveränität anderer Staaten, anderer Kontinente, der ganzen Welt?

Welche praktischen Folgerungen sollen denn die Sowjetführer aus unserer zweifachen Untätigkeit, der militärischen und der wirtschaftlichen, ziehen? Logisch ist doch nur die eine, daß sie nämlich weitermachen können. Würden wir an ihrer Stelle zu anderen Schlüssen gelangen? Jean-François Deniau, Minister unter Valéry Giscard d'Estaing, berichtet von Äußerungen, die ein hoher sowjetischer Würdenträger ihm gegenüber getan hat: »Wir haben Angola genom-

---

* SOFRES-Umfrage, erschienen in der Zeitschrift *Actuel*, Januar 1981.

men, und Sie haben nicht protestiert. Wir haben sogar festgestellt, daß Sie uns in Angola hätten schlagen können (die auf unserer Seite stehende Regierung hätte um ein Haar abgedankt), und Sie haben nichts getan, um zu gewinnen, im Gegenteil. Als wir, um die Lage zu retten, dreißigtausend bewaffnete Kubaner geschickt haben, hat Botschafter Young, Mitglied des US-Kabinetts, erklärt, das sei positiv zu bewerten und stelle einen Beitrag zur Stabilität dar. Schön, wir haben das registriert und in unsere Lagebeurteilung aufgenommen. Dann nehmen wir Mosambik. Naja, lassen wir das, Sie wissen wahrscheinlich gar nicht, wo das liegt. Dann nehmen wir Äthiopien, ein wichtiges Feld auf dem Spielbrett. Auch da stellen wir fest, daß Sie zurückschlagen konnten, durch Somalia oder Eritrea oder beide. Keine Reaktion. Wir registrieren es für die Lagebeurteilung. Dann nehmen wir Aden und schaffen dort einen starken sowjetischen Stützpunkt. Aden! Auf der Arabischen Halbinsel! Mitten in Ihrer Sphäre! Keine Reaktion. Wir registrieren: Man kann sogar Aden nehmen.«*

Noch hilfreicher für den kommunistischen Imperialismus als unsere außenpolitische Untätigkeit, oder besser gesagt, eine Art großer Bruder dieser Untätigkeit ist die Zustimmung des Westens zu der Verurteilung unserer Zivilisation durch die Kommunisten. Sie glauben zwar selber nicht daran, weil sie nur zu genau wissen, was sie von den in ihrer Zivilisation gedeihenden menschlichen Werten zu halten haben, aber sie lassen nicht davon ab, weil wir geradezu lüstern sind auf solche Beschimpfungen. Viele Demokraten, die fest davon überzeugt sind, die Wahrheit über den Stalinismus und den kommunistischen Totalitarismus ein für allemal erkannt zu haben, behalten bis in ihre stereotypen Ausdrücke Klassifizierungskriterien bei, als hätte diese Erkenntnis niemals stattgefunden, was durchaus Zweifel an ihrer Echtheit weckt. Die Gleichung Antikommunismus = reaktionäre Gesinnung ist für viele durchaus noch gültig. Es ist doch geradezu lächerlich, das Sündenregister des Stalinismus zu kennen vorzugeben und gleichzeitig den Antistalinisten in die »rechte Ecke« abzuschieben oder ihm gar vorzuwerfen, er zeige selber stalinistisches Verhalten! Kaum ein Universitätscampus, kaum ein Redaktionsraum, aus dem nicht die ewig gleiche, ewig junge Litanei vom »allgemeinen Bankrott des Westens« dringt. Unisono werden von Lehrstuhl und

* J. F. Deniau, »La détente froide«, in *L'Express*, 3. September 1982.

Kanzel Kapitalismus und Liberalismus geschmäht. Kultus und Kultur tun sich zusammen, um als gültige Wahrheiten die abwegigsten, auf jeden Fall aber für die demokratischen Industrieländer abträglichsten Vorstellungen von der Armut in der Dritten Welt und ihren Ursachen zu verbreiten. Auf welchem Grunde, aus welchen Gründen soll die Freiheit verteidigt werden, wenn so viele Meinungsmacher, Erzieher, Vordenker seit langem offen oder diskret die Auffassung vertreten, unsere Zivilisation sei »ihrem Wesen nach böse«? Vielleicht haben sie ja recht, aber wo zum Teufel sollen denn Kinder, denen man beibringt, ihre Gesellschaft sei die Verkörperung alles Bösen, später die Entschlossenheit hernehmen, sie zu verteidigen? Zahlreiche Schulbücher in allen westlichen Ländern sind eine einzige ebenso heftig karikierende wie wissenschaftlich unhaltbare Anklage gegen den Kapitalismus. Die evangelische Kirche in der Bundesrepublik Deutschland, die dank der Kirchensteuer reichlich Geld, aber wenige aktive Gemeindemitglieder hat, wendet sich den pazifistischen Bewegungen zu, um ein Auditorium zu finden, so wie in Lateinamerika der katholische Klerus Volksmassen, die sich vom Göttlichen allein nicht halten lassen, die Revolution predigt. Der Erzbischof von Paris, Kardinal Jean-Marie Lustiger, schreibt: »Eine reiche Nation, die ihre Seele verliert, ist eine Nation von Toten. Eine prächtige Kultur, die ihre Seele verliert, ist eine Kultur von Toten. Und eine Nation, deren Seele tot ist, eine Kultur, die ihre Daseinsberechtigung verloren hat, Wirtschafts- und Gesellschaftssysteme, die ihren erklärten Zielen in der Praxis zuwiderhandeln, können selber nur Nichts und Zerstörung gebären.«[*]

Ohne falsche Eitelkeit: Um uns geht es hier, und niemand vermag auch nur einen Augenblick lang anzunehmen, mit der Gesellschaft, die »Nichts und Zerstörung gebiert«, könnte eine andere als die kapitalistische gemeint sein. Ohne so weit zu gehen, die kommunistische Gesellschaft als eine Quelle des wahren Seins und schöpferischer Kraft zu preisen, trägt der Erzbischof von Paris sein Teil zur Verstärkung des Postulats bei, nach welchem der demokratische Kapitalismus notwendig und unwiderleglich mit der Rechten, dem Egoismus, der Zerstörung gleichzusetzen sei. Das bedeutet im naheliegenden und zwingenden Umkehrschluß, daß sein Gegenstück mit der Linken, dem Altruismus, dem Fortschritt gleichzusetzen sei.

---

[*] *Le Monde*, 12. Februar 1982.

Ich will hier nicht die Frage aufwerfen, warum der Industriekapitalismus, die erste und einzige Produktionsweise, die viele Menschen aus dem Elend geführt hat und in der Lage wäre, die noch im Elend befindlichen herauszuführen, so besonders verrufen ist*. Auch will ich mich nicht bei der Darlegung aufhalten, daß die Länder, in denen sich seit dem 18. Jahrhundert der Industriekapitalismus entwickelt hat, eben die sind, in denen die moderne Demokratie großgeworden ist. Das will nicht heißen, daß diese Länder der Demokratie stets treu geblieben sind, geschweige denn, daß überall Demokratie anzutreffen ist, wo der Kapitalismus hinkommt. Immerhin will es heißen, daß zwei Jahrhunderte Menschheitsgeschichte einen durchgehenden Zusammenhang zwischen den beiden Erscheinungen gezeigt haben. Ich will es bei der Bemerkung belassen, daß diese überwältigenden Offensichtlichkeiten unterschlagen werden und die Demokratien selber des Welt- und Geschichtsbild des Kommunismus übernehmen.

Besonders falsch und gefährlich an diesem Bild ist wohl schon die absolute Antithese zwischen Sozialismus und Kapitalismus, Totalitarismus und Demokratie. Die Gegensatzpaare sind inzwischen zum Beurteilungsschema für die meisten Menschen geworden, auch für solche, die sich gegen den Sozialismus auflehnen. Das durchgesetzt zu haben, ist ein nicht zu unterschätzender Sieg der Desinformation, die in diesem Falle nicht Ereignisse betrifft, sondern das Denken selber, als philosophische Desinformation also, die im Verständnis der meisten von uns so etwas wie einen ideologischen Maulwurf einlogiert hat.

Dieses Beurteilungsschema zu übernehmen, bedeutet, wie wir sahen, den Grundsatz zu akzeptieren, daß jedes Regime, das nicht auf das Perfekteste nach demokratischen Regeln funktioniert, dem Totalitarismus gleichgestellt wird und das Recht verliert, sich gegen den Kommunismus zu wehren. Die Welt ist voller Regime, die weder totalitär noch demokratisch sind, und ihre Zukunft ist ihnen damit vorgezeichnet. Außerdem ist ja keine Demokratie, auch wenn sie als solche anerkannt ist, ganz untadelig, und da jede Gesellschaftsordnung viele Elemente der Unterdrückung enthält, fragt es sich, welches Regime überhaupt berechtigt wäre, sich gegen den Kommunis-

---

* Ich verweise zu dieser Frage auf die Kapitel 9 bis 11 in »Die totalitäre Versuchung«, Berlin 1976.

mus zu wehren? Kein einziges. Um auf dieser Denkschiene zu bleiben: Wenn es zur Legitimierung des Kommunismus genügt, dem Kapitalismus Fehler, Laster, Krisen nachzuweisen, so können wir dem totalitären Kommunismus gleich die Macht über die ganze Welt anvertrauen, denn das beste Mittel gegen das Hinken ist ja die Amputation beider Beine.

Nein, die echte Antithese besteht nicht darin, Totalitarismus und Demokratie, Kommunismus und Kapitalismus einander entgegenzusetzen, sondern den totalitären Kommunismus allem anderen. Der Kommunismus ist der Tod der Wirtschaft, der Totalitarismus ist der Tod des politischen Menschen, der bürgerlichen Gesellschaft und der Kultur. Gegenüber dem im Totalitarismus verkörperten Tod der Gesellschaft gibt und gab es unzählige Formen von Gesellschaften, die nicht in dem Sinne, wie man es heute in einigen wenigen Ländern versteht, demokratisch, aber auch nicht tot sind oder waren. Das europäische Mittelalter, das China der Ming-Periode, die afrikanischen, polynesischen oder amerikanischen Gesellschaften vor dem Einfall der Europäer, das Frankreich Ludwigs XV. oder Napoleons III., das elisabethanische England, das Spanien Philipps IV., das Indien der Gupta-Dynastie, das Deutschland der Kant-Zeit waren keine demokratischen Gesellschaften, aber deshalb noch lange keine totalitären, und sie waren lebendige Gesellschaften, die jede auf ihre Art eine kostbare Ausprägung der Zivilisation hervorbrachten. Das Vorhandensein von Ungerechtigkeiten, Verfolgungen, Unterdrückungen in einer Gruppe ist das eine; daß eine Gruppe in ihrer *ganzen* Organisation und Ideologie eine Verleugnung der Menschennatur ist, das ist etwas ganz anderes. Die totalitäre Gruppe ist diese letztere Gruppe. Gewiß, wir meinen heute, jede Gesellschaft müsse, um sich zu verwirklichen, zur Demokratie streben und sie am Ende erreichen. Ich bin damit ganz einverstanden. Doch es ist nun einmal so, daß Tausende von Gesellschaftsformen im Laufe der Geschichte aufgetaucht sind, die mit unseren heutigen Demokratien nicht vergleichbar wären und trotzdem durchaus nicht eine Verleugnung des Menschen oder jeder Freiheit gewesen sind; sie haben nach und nach die Zivilisation geschaffen, die wir jetzt weitertragen. Ich will nicht einmal die bei den Politologen übliche Unterscheidung zwischen autoritären und totalitären Regimen strapazieren. Die ersten sind im Gegensatz zu den zweiten, wenn ich so sagen darf, biologisch abbaubar; regelmäßig erlebt man, wie Diktaturen vom lateinamerikanischen Typus sich abschwächen, die Grenze zu einem annähernd demokratischen Regime überschreiten, pluralistischer werden und sich öffnen. Der Kommunismus dagegen ist wie ein Schiff: Er kann sich nicht öffnen, ohne unterzugehen. Das sind elementare Begriffe, doch die Unterscheidung, die ich meine, ist tiefergehend, radikaler. Sie zieht einen Trennungsstrich zwischen einer Fülle politischer Systeme, die sich von der Autokratie bis zur Demokratie staffeln, alle nur erdenkliche Kritik verdienen, aber mit dem normalen Leben einer bürgerlichen Gesellschaft vereinbar sind, mit einer *Üblichkeit*, und auf der anderen Seite dem totalitären System, das nach dem Gesetz angetreten ist, jede Autonomie der Gesellschaft, der Kultur und des einzelnen Menschen zu zerstören.

In gleicher Weise beruht auch die absolute Antithese zwischen Kapitalismus und Sozialismus auf einer Wortverdreherei. Zunächst einmal ist der Kapitalismus niemals als ideologisches System entwickelt worden, aus einem Guß und dazu bestimmt, widerstrebenden Gesellschaften per Beschluß gewaltsam übergestülpt zu werden. Es ist die Verschmelzung oder das Miteinander von unzähligen winzigen spontanen Verhaltensweisen, die es schon seit grauer Vorzeit gibt und die nur von unserem Verstand zu einem allgemeinen Konzept zusammengefaßt werden, das ungenau und unvollkommen bleibt. Sodann ist der Kapitalismus ein Bündel von *wirtschaftlichen* Verhaltensweisen. Der Kommunismus dagegen ist kein Wirtschaftssystem, sondern ein politisches System, das die Abtötung der Wirtschaft voraussetzt. Wir müssen also die Gleichstellung des Kommunismus mit anderen autoritären Systemen und anderer autoritärer Systeme mit dem Kommunismus ablehnen. Nicht die Demokratie allein wird vom Kommunismus bedroht, sondern das Leben überhaupt. Der Kommunismus ist nicht ein Regime von vielen, und sei es ein despotisches, nicht ein Wirtschaftssystem von vielen, und sei es ein erfolgloses und ungerechtes. Despotismus und Erfolglosigkeit haben im Normalfall den Vorteil, daß sie sich korrigieren lassen. Die ganze Menschheitsgeschichte bezeugt das, außer der Geschichte des Kommunismus. Um fortzubestehen, ist der Kommunismus nicht nur auf die Zerstörung der Demokratie bedacht, sondern der bloßen Möglichkeit zur Demokratie.

Jede Gesellschaft, die es heute in irgendeiner Form auf der Erde gibt, könnte sich irgendwann zur Demokratie wandeln, nur nicht die kommunistische Gesellschaft, die sich durch Demokratisierung selbst zerstören würde. So leuchtet es ein, daß sich die totalitären Strategen bemühen, eine solche Tendenz umzukehren oder ihr für alle Zeit Einhalt zu gebieten, wo immer sie in der noch veränderbaren Welt um sich herum dazu eine Chance sehen. Weniger allerdings leuchtet es ein, daß sie manche ihrer folgsamsten Schüler gerade unter den Führern und Vordenkern der demokratischen Zivilisation finden.

Schlußgedanken

Weder Krieg noch Knechtschaft

Der Leser wird bemerkt haben, daß dieses Buch nicht einen Vergleich der Meriten von Kapitalismus und Kommunismus zum Gegenstand hatte, sondern einzig und allein die Frage, welches der beiden Systeme das andere gegenwärtig zurückdrängt. Auch betone ich noch einmal, daß ich durchaus nicht eine etwaige »Krankheit« von demokratischen Institutionen und demokratischer Gesellschaftsordnung im Hinblick auf ihr internes Funktionieren diagnostizieren wollte. Eine reiche Auswahl von klassischen und neuen Arbeiten beschäftigt sich mit den Problemen im Zusammenhang mit der »Krise«, dem »Zusammenbruch«, dem »Selbstmord« oder der »Götterdämmerung« der Demokratie als Vorbedingung für eine Zivilisation der Freiheit, als Methode der Delegation, Kontrolle und Ausübung von Vollmachten. Die meisten dieser Arbeiten gelten der Demokratie als solcher, sie könnten ebenso entstanden und geschrieben sein, wenn nicht außerhalb des geographischen Raumes, den die demokratischen Gesellschaften physisch einnehmen, eine tödliche Bedrohung aufgetreten wäre. Das gleiche gilt für die gesamte Literatur zum Thema »Krise des Kapitalismus«. Gewiß, die schwierigen Bedingungen der Demokratie als Kehrseite ihrer Vorteile tragen erheblich zu ihrer Verwundbarkeit durch einen äußeren Feind bei. Doch man kann diesen Faktor in das Kräfteverhältnis einrechnen, ohne deshalb entscheiden zu müssen, ob es sich nun wirklich um ein Symptom der »Dekadenz« handelt – ganz gleich, ob man den Ausdruck ernsthaft verwendet wie Spengler oder ironisch wie Raymond Aron.* Die Fragen, auf die ich mich bewußt konzentriert habe, ordnen sich um ein einziges zentrales Thema: Müssen die Demokratien den Krieg hinnehmen, um der Knechtschaft zu entgehen? Oder, im schlimmsten Falle, müssen sie einen Krieg hinnehmen, der mit ihrer

---

* Oswald Spengler, Der Untergang des Abendlandes. München 1922. München 1979. – Raymond Aron, Plaidoyer pour l'Europe décadente. Paris 1977 (deutsch: Plädoyer für das dekadente Europa. Berlin 1978).

Knechtung endet? Oder haben sie, und darauf setze ich, noch Zeit und Kraft, sich sowohl Krieg als auch Knechtschaft zu ersparen?

In den Beziehungen zwischen der kommunistischen und der demokratischen Welt ist die klare Fragestellung: »Wer zerstört wen?« von demokratischer Seite immer wieder von sekundären Erwägungen verdunkelt worden. Dabei haben die kommunistischen Führer nie ein Hehl daraus gemacht, daß diese Frage für sie die einzig wichtige war, daß sie entschlossen waren, für einen totalen Sieg als Antwort zu sorgen, daß für sie keine Lösung auf halbem Wege, kein Entgegenkommen je die am Ende des Prozesses stehende Entscheidung der Geschichte überflüssig machen kann. Daß die Menschen im Westen Mühe haben, die Vorstellung eines erbarmungslosen Ringens zwischen zwei Gesellschaftsformen zu akzeptieren, daß sie dieses Bild regelmäßig aus ihrem Bewußtsein verbannen, erklärt sich zum Teil daraus, daß die sozialistische Vision im 19. Jahrhundert im Schoße der Demokratie entstanden ist, ihr Geschöpf war und jetzt zum Bestandteil des politischen Lebens geworden ist. Wir können uns nicht recht vorstellen, daß der Kommunismus im 20. Jahrhundert als der vorgebliche Erbe dieser Strömung seine historische Aufgabe darin erblickt, die Demokratie, aus der er kommt, zu zerstören, Wir können es einfach nicht lassen, ihn als eine politische Überzeugung neben anderen zu betrachten, die zwar aus der Art geschlagen ist, sich aber bessern, friedlicher werden, eines Tages an einem Zusammenleben der Völkerfamilie teilnehmen könnte. Wir hätten das Gefühl, gegen das Gebot der Toleranz zu verstoßen, wenn wir anders denken würden. Doch leider sind nicht die Demokratien maßstabsetzend. Ihr Anliegen, Toleranz und Koexistenz zwischen den Systemen, wird vom Kommunismus durchaus nicht geteilt.

Der Kommunismus betrachtet sich als ständig im Krieg gegen den Rest der Welt befindlich, auch wenn er gelegentlich auf einen Waffenstillstand eingeht. Daran darf man sich nicht stoßen, sondern muß es zur Kenntnis nehmen, was ja wohl die Vorbedingung für jede angemessene politische Reaktion ist. Der kommunistische Krieg kann sehr verschiedene Formen annehmen, im Bedarfsfalle durchaus auch die eines militärischen Vorgehens. Alle anderen Formen des Handelns gehören aber für kommunistische Führer auch zur Kriegsführung, vor allem das Verhandeln oder jedenfalls ihre ganz besondere Art des Verhandelns, bei dem ja nach ihrer Vorstellung nicht eine

Einigung auf Dauer herauskommen soll, sondern eine Schwächung des Gegners, um ihn zu weiteren Zugeständnissen bereit zu machen, ihn aber in dem rührenden Glauben zu lassen, daß diese neuerlichen Zugeständnisse nun wirklich die letzten sein und ihm Stabilität, Sicherheit und Ruhe verschaffen werden. Die kommunistische »Friedenspropaganda«, in der sowjetischen Auslegung die Überzeugungsarbeit, daß die anderen sich nicht länger verteidigen sollen, geht mit der ständigen Kriegsdrohung einher, mit Einschüchterungskampagnen, die auf die höchst berechtigte Angst vor der atomaren Katastrophe spekulieren. Dieses dräuende Plädoyer für den Frieden mit Androhung des Krieges läuft letzten Endes darauf hinaus, den Menschen in den demokratischen Ländern einen Tausch Sicherheit gegen Knechtschaft anzubieten, und läßt sich in das klassische Ultimatum zusammenfassen: »Unterwerft euch, oder ihr werdet vernichtet.« Der italienische Journalist und Leitartikler Enzo Bettiza nennt das den »Sturmpazifismus«. Eine der aktivsten und erfolgreichsten Branchen dieses originellen Pazifismus ist der unablässige Beschuß mit Abrüstungsvorschlägen oder Nichtangriffsverträgen, den die Sowjetführer den westlichen Führern angedeihen lassen. Auch Andropow ist dieser Regel treu geblieben, er hat die Schußfolge sogar noch verkürzt. Dem Beobachter fällt auf, daß die Abrüstungsvorschläge immer eine Marge zugunsten der Sowjetunion lassen, aber auch, daß die Kremlführer selten ihre Zuversicht enttäuscht sehen, die Verantwortlichen im Westen könnten gar nicht anders, als eines Tages darauf einzugehen. Öffentliche Meinung, Presse, Parteien, Abgeordnete ihres eigenen Landes zwingen sie dazu, getreu dem sehr zivilisierten Verhaltenskodex: »Man läßt ein Angebot nicht unbeantwortet.« Daß diesen Angebot eine Falle sein könnte, das ist ein Bedenken, das sich gegen das gute Zureden der für Vertrauen plädierenden Berater nicht lange hält. »Verhandeln, verhandeln, irgendetwas kommt schon dabei heraus«, rufen Millionen Stimmen, als sei das Verhandeln Selbstzweck und nicht ein Mittel, dessen Wirksamkeit von Fall zu Fall nach den Ergebnissen zu beurteilen ist. Und diese Ergebnisse fallen oft genug so aus, daß die demokratischen Führer sich gezwungen sehen, zunächst Reduzierungen der konventionellen und/oder nuklearen Rüstung zuzustimmen, dann einer Kürzung der Militärhaushalte und schließlich dem diplomatischen Kasperltheater, dem »Gipfeltreffen« mit den Herren und Meistern der Sowjetunion. Eine reizvolle Aufgabe für den

Historiker wäre es, die lange Liste der unheilvollen Folgen dieser Gipfeltreffen für die Demokratie seit dem Zweiten Weltkrieg aufzustellen. Doch die Westmächte, durchaus nicht mißtrauisch geworden durch die Bescheidenheit der Gewinne aus solchen Begegnungen, stecken nach wie vor ihre Energie hinein, ja, die meisten Kandidaten für das Amt des Staats- oder Regierungschefs der großen Demokratien halten sich inzwischen für verpflichtet, vor Eintritt in den Wahlkampf eine Pilgerfahrt nach Moskau zu absolvieren. Die Kremlbosse erwidern diese Geste im übrigen gern, indem sie in ziemlich taktlos unzweideutiger Weise zu erkennen geben, welchem Kandidaten oder welcher Partei ihre Vorliebe gilt. Manchmal schicken sie sogar einen Gromyko oder Sagladin in das Land, um direkt in die Auseinandersetzungen einzugreifen und den Eingeborenen klarzumachen, wie man die Spreu vom Weizen trennt und wie man mit den »Feinden des Friedens, der Annäherung der Völker und der Abrüstung« umzugehen hat. Die westlichen Fernsehsender stellen bereitwillig Sendezeit für diese reisenden Sprecher der Sowjetunion zur Verfügung, wobei natürlich von Gegenseitigkeit keine Rede ist. Ist die Kampagne einmal in diese Richtung in Gang gesetzt, machen sich die ortsansässigen Pazifisten, die Opposition im Parlament und die zu diesem Zweck geschaffene Organisation mit großem Stimmaufwand an die Arbeit, und wer es noch wagt, gegen den Strom zu schwimmen, hat größte Mühe, nicht isoliert und ungeliebt dazustehen, weil er mit einem Trommelfeuer von Schmähungen und Hohn eingedeckt wird. Noch vor zwanzig Jahren hätte sicherlich niemand geglaubt, daß die Kandidaten für die höchsten demokratischen Staatsämter sich bemüßigt fühlen würden, sich erst einmal in Moskau die höheren Weihen spenden zu lassen!

Bei seinem Kampf gegen die Demokratien hat der Kommunismus bisher sehr viel mehr gewonnen als verloren. Eine der Schwächen der Menschen im Westen ist es, sich mit den Verlusten des Sowjetimperiums zu trösten, während die entscheidende Frage doch ist, ob sie größer sind als seine Gewinne. Die Gegenüberstellung fällt so eindeutig aus, daß ich darauf nicht zurückzukommen brauche. Natürlich hat der Kommunismus Rückschläge gehabt, mit bedrohlichen Schwierigkeiten gekämpft, mit chronischen Schwächen gelebt, die man inzwischen als unheilbar bezeichnen muß, weil sie sich in Jahrzehnten als untrennbar mit dem sozialistischen System verbunden erwiesen haben. Eindeutige Mißerfolge sind selten, und der Westen ordnet in diese Kategorie allzu leicht auch mißlungene Expansionsbemühungen ein, die eher entgangene Gewinne als Verluste sind. Ein Beispiel für solche entgangenen Gewinne ist der mißglückte Putsch der Kommunistischen Partei Indonesiens 1965, der zu einem gräßlichen Kommunistenmord im ganzen Land führte, nicht einem von Staat oder Armee geplanten, sondern einem spontanen an der Basis: Jede Ortsgemeinschaft schritt zur »Säuberung« und »physischen Liquidierung« ihrer Kommunisten. Ein weiteres Beispiel wäre Moskaus 1982 bewiesene Unfähigkeit, seinen beherrschenden indirekten Einfluß im Libanon dank der doppelten Besetzung durch Palästinenser und Syrer zu behalten, geschweige denn zu verstärken, die militärische Offensive Israels zu stoppen und weiterhin die politische Kontrolle über das Land auszuüben, obwohl es den Sowjets gelungen war, in einem späten Anlauf Beschir Gemayel, den eben gewählten Präsidenten des Libanon, ermorden zu lassen. Solche Mißerfolge sind keine Rückschläge, es sei denn, man geht davon aus, daß Indonesien und der Libanon von irgendeinem Recht wegen ins sowjetische Lager gehören. Außerdem sind diese Fehlschläge auf örtliche, also eher zufällige und atypische Initiativen zurückzuführen, nicht auf die westliche Außenpolitik, wie sie in den Hauptstädten geplant und beschlossen wird. In die Kategorie echter Rückschläge gehören Moskaus immer größere Schwierigkeiten, die Kommunistische Internationale nach seiner Pfeife tanzen zu lassen. Parteien, die wie die KPF brav bellen, sobald Moskau »Faß!« sagt, werden immer seltener und geraten vor allem immer mehr ins Abseits. Die abnehmende Tendenz ihrer Wählerzahlen ist eines der interessantesten Phänomene des Jahrzehnts 1975–1985. Brechnews Drohung an die Adresse Dubčeks, der ihn auf die bei einer Intervention der Sowjetunion zu erwartenden Proteste westlicher kommunistischer Parteien hinwies (»Wir haben die Möglichkeit, die zu Splittergruppen zu machen!«) * ist Wirklichkeit geworden oder ist dabei, Wirklichkeit zu werden, nur aus anderen Gründen, als Breschnew sie im Sinne hatte. Trotzdem sind einige von diesen nicht mehr wie zu den besten Zeiten der Komintern als diszipliniertes Orchester zusammenspielenden kommunistischen Partein nach wie vor mit eindeutigen und wichtigen

* Zitat nach Roger Garaudy, Toute la vérité. Paris 1970.

Aufgaben betraut. Man braucht ja nur zu sehen, wie ruhig und geschickt die KPF seit 1981 ihre Regierungsbeteiligung ausgemünzt hat, um in den Behörden, Unternehmen und Medien an die Schalthebel zu gelangen, vor allem aber, um die Franzosen geduldig in einen wirtschaftlichen Isolationismus zu treiben, der die Europäische Gemeinschaft schwächt und damit eines der ältesten Ziele Moskaus der Verwirklichung näherbringt. Außerdem haben wir in diesem Buch ja mehrfach festgestellt, daß Moskaus Methoden zur Beeinflussung der Öffentlichkeit und der Regierung in den großen Industrieländern mit der Zeit gehen. Die Sowjets bedienen sich immer seltener des allzu auffälligen Kanals der örtlichen kommunistischen Partei, immer häufiger komplizierterer, weniger verdachterregender, oft unsichtbarer Transmissionsriemen.

Der Verlust des politischen und menschlichen Ansehens des Kommunismus als Gesellschaftsmodell hat ohne Zweifel für die Sowjetunion und die anderen sozialistischen Länder den Verlust eines starken Vehikels bedeutet, mit denen die kommunistische oder die sympathisierenden Ideologien sich zwischen den Kriegen und bis um das Jahr 1970 einen breiten Weg gebahnt hatten. Als Grund sehe ich nicht die vom Kommunismus begangenen Greuel; sie haben die Ausstrahlungskraft des Sozialismus zunächst nur in sehr geringem Maße beeinträchtigt. Ich spreche vor allem von dem wirtschaftlichen Bankrott des Sozialismus, dem Zerbrechen der Hoffnung, des Vertrauens auf die Versprechung, es würden Glück, Gerechtigkeit, Gleichheit herrschen. Die UdSSR hat es ja seit 1970 sogar geschafft, das einzige Industrieland mit steigender Kindersterblichkeit zu sein!* Nicht nur weiß die Öffentlichkeit jetzt annähernd, was sie vom realen Kommunismus zu halten hat, nicht nur hören die Schulbücher in Frankreich und Italien mit der Verbreitung einer zensierten, verfälschten, geschönten Darstellung der sowjetischen oder chinesischen Wirklichkeit auf, mit der Generationen von Kindern und Jugendlichen zynisch belogen worden sind – nein, auch die Legenden, die sich lobpreisend um die sozialistischen Regime in der Dritten Welt rankten, haben dem Schock beim Anblick der vietnamesischen und kubanischen boat-people nicht widerstanden. In der französischen Gesellschaft zum Beispiel ist das Image der Sowjetunion seit dem Ende des

---

* Vgl. Nick Eberstad, »La crise de la Santé en URSS«, in: *Le Débat*, Dezember 1981.

Zweiten Weltkriegs noch niemals so schlecht gewesen wie jetzt. Das bezeugt unter anderem eine im Dezember von der SOFRES durchgeführte Untersuchung. Auf die Frage: »Halten sie die Ergebnisse eines sozialistischen Systems, wie es in der UdSSR und den Volksdemokratien herrscht, für eher günstig oder für eher ungünstig?« antworteten 69 % mit »eher ungünstig« und nur 11 % mit »eher günstig«, während die Franzosen dieselbe Frage vor zehn Jahren zu 43 % mit »eher ungünstig« und 28 % mit »eher günstig« beantwortet hatten. Auf die Frage: »Würden Sie beim Rückblick auf die letzten Jahre sagen, die Sowjetunion sei aufrichtig für Frieden oder nicht?« antworteten 50 % mit Nein und 29 % mit Ja, was beweist, daß die Masse der Bevölkerung klarer sieht als so mancher Politiker. Der Vergleich, nicht mit 1972, sondern mit Juni 1980, also ein halbes Jahr nach dem Einmarsch in Afghanistan, der schon Eindruck gemacht hat, ergab 46 % Nein und 24 % Ja. Inzwischen hatten also 9 % »ohne Meinung« ihre Gleichgültigkeit aufgegeben. Der Kommunismus begegnet heute tatsächlich hinsichtlich seines Gesellschaftsmodells und seiner Außenpolitik einer immer deutlicheren Ablehnung. Wahrscheinlich verlassen sich die kommunistischen Führer deshalb nicht mehr so häufig auf den Honig, um sich Opfer einzufangen (außer vielleicht in noch schlecht informierten Gebieten der Dritten Welt), versuchen nicht mehr mit schönen Trugbildern und mit linken Idealen zu verführen, sondern gehen dazu über, sich ohne Maske der nackten Gewalt zu bedienen. Im Gegensatz zu den von Skrupeln und schlechtem Gewissen gebremsten herrschenden Klassen im Westen ist die sowjetische herrschende Klasse von Bedenken völlig frei und setzt mit heiterer Gelassenheit die brutale Gewalt ein, um ihre Macht im Innern zu halten und nach außen zu vergrößern. Michael Voslenski hat diese Außenwirkung in seinem Buch klar herausgearbeitet, die Gefahr nämlich, die von der Nomenklatura für den Weltfrieden ausgeht, von ihrem Hochmut, ihrer Aggressivität, ihrem Fremdenhaß, ihrem planetarischen Herrschaftsanspruch.* Wie gut die sowjetische Eroberungsmaschine konzipiert ist, sieht man schon daran, daß sie trotz des Versagens des Kommunismus auf allen anderen Gebieten so gut funktioniert.

---

* Michael Voslenski, Nomenklatura. Die herrschende Klasse der Sowjetunion. Wien/ München 1980.

Tatsächlich bin ich ja durchaus bereit, die Mißerfolge des Kommunismus zu sehen. Der Katalog dieser Mißerfolge ist aber so eindrucksvoll, daß gerade dies mich erschreckt: Ein System, das trotz so vieler Schwächen so stark werden konnte, ein System, das immer weltbeherrschender wird, obwohl niemand es sich wünscht, jedenfalls keine Mehrheit in den Ländern, wo es sich Zugang verschafft, ein System, das außer der Nomenklatura alle Menschen in den von ihm beherrschten Ländern loswerden möchte und doch behalten müssen – ein solches System muß eine Aktions- und Aneignungskraft in sich tragen, die allem überlegen ist, was die Menschheit je erlebt hat. Kommunismus und Sowjetimperium sind in der Geschichte nie dagewesene Phänomene. Keines der klassischen Konzepte, mit denen man die Vergangenheit verständlich macht, läßt sich zur Interpretation des kommunistischen Imperialismus verwenden. Dieser Imperialismus folgt nicht der glockenförmig auf- und absteigenden Kurve früherer expansiver Systeme, was die Demokratien allerdings nicht hindert, nach wie vor darauf zu rechnen, daß er von selber nachlassen oder sich freiwillig mäßigen wird. *Je länger der Sowjetkommunismus existiert, um so expansionistischer wird er.* Und natürlich um so schwieriger im Zaum zu halten. Die anderen Spielarten des Kommunismus, in Kuba, Vietnam und Nordkorea vor allem, mögen wirtschaftlich noch so kläglich dastehen, haben aber eine durchaus vergleichbare Eroberungslust bewiesen. Selbst wenn es zutrifft, daß der Kommunismus Anzeichen der Fäulnis zeigt und Rückschläge hinnehmen muß, bedeutet das noch lange nicht, daß er auf eine friedlichere Bahn einschwenkt. Wenige andere Großreiche haben, es sei denn in ihrer Auflösungsphase, so viele Volksaufstände in den abhängigen Ländern erlebt wie das Sowjetimperium seit 1953. Doch es hat sie durchgestanden und niedergeschlagen, ohne sich aufzulösen. Und diese Schwierigkeiten haben seine expansive Kraft nicht geschwächt, im Gegenteil. Es kommt durchaus vor, daß eine Regierungszeit ganz oder teilweise von schweren Mißerfolgen begleitet ist, unter Stalin zum Beispiel zwischen 1925 und 1935 oder unter Chruschtschow, der eine Zeitlang als Totengräber des Imperiums dazustehen schien, und in den Jahren unmittelbar nach seinem Sturz: Bruch mit China, Verlust Albaniens, Neutralität Nordkoreas und Vietnams bei den sowjetisch-chinesischen Auseinandersetzungen, Volksaufstände in Polen, Ungarn, der Tschechoslowakei, vorsichtiges

Abstandnehmen der Rumänen, Ende der monolithischen Geschlossenheit der internationalen kommunistischen Bewegung. Und doch sind der Expansionsdrang des Imperiums und die Zunahme seiner militärischen Macht nie so stark gewesen wie in der unmittelbar auf diese Jahre folgenden Periode. Je mehr es dem Jahrhundertende zugeht, um so mehr wird der kommunistische Imperialismus zum Hauptproblem unserer Zeit. Als Bedrohung der Freiheit in der Welt hat er im 20. Jahrhundert von allen Systemen mit Abstand am längsten gewährt und besteht noch immer. Alle anderen Totalitarismen, die Faschismen und Diktaturen sind von militärischen Niederlagen oder von der abnutzenden Wirkung der Zeit in die Versenkung gestoßen worden. In den Ländern, die zu ihrem Unglück noch heute nichtkommunistische Diktaturen ertragen, kommt es immer wieder zum Wechsel zwischen Diktatur und Demokratie oder jedenfalls zu Mischformen der Diktatur (oder der Demokratie). Nur der kommunistische Totalitarismus ist zugleich haltbar und unveränderlich.

Auf die Frage: »Welche Lösung gibt es dann aber für die nichtkommunistischen Völker?« kann ich nicht umhin, wieder mit einem Demosthenes-Zitat zu antworten. »Es gibt Leute«, hat er gesagt, »die den Mann auf der Rednertribüne zu verwirren glauben, indem sie ihn fragen: ›Was sollen wir denn nun tun?‹ Denen will ich die meiner Meinung nach gerechteste und wahrste Antwort geben: ›Nicht tun, was ihr gegenwärtig tut!‹«* Diese Antwort ist nicht so unbefriedigend, wie sie scheint, selbst für unsere heutige Welt nicht. Welche Lösungen stehen uns denn zur Verfügung? Die erste, die Fortsetzung der jetzigen Tendenz, wird die weitere Ausbreitung des Totalitarismus fördern, von dem die Erfahrung uns ja bewiesen hat, daß innere Schwächen und Rückschläge ihn auf seinem Wege nicht aufhalten. Eine zweite Lösung würde sich auf die Erwartung gründen, daß der Kommunismus von selber zu anderen Methoden übergehen wird, wenn wir ihm seinen Platz an der Sonne gönnen und durch Zugeständnisse beweisen, daß wir ihn offenbar in keiner Weise anzugreifen beabsichtigen. Diese zweite Formel, die als unsichtbare Überschrift über der friedlichen Koexistenz und der Entspannung schwebte, hat ihre Schädlichkeit so klar bewiesen, daß sie nicht noch einmal in Frage kommt, besser gesagt, da wir sie ja nicht aufgegeben

---

* Demosthenes: Über die Angelegenheiten der Chersones. § 38.

haben, daß wir uns von ihr unsere Rettung nicht erhoffen dürfen. Sie läuft praktisch darauf hinaus, den Krieg zu vermeiden, indem man auf lange Zeit Knechtschaft oder Unterwerfung hinnimmt. Hinsichtlich der etwaigen dritten Lösung, die entsetzliche »Rückkehr zum Kalten Krieg«, vor der man uns regelmäßig und lautstark warnt, kann man nur sagen, daß es sie nicht gibt, weil es, wie wir sahen, ja auch den Kalten Krieg nie gegeben hat oder er allenfalls eine weniger ausgeprägte Variante der Entspannung war und sein theoretisches Programm des *containment* schlecht erfüllt hat. Die egoistische Berechnung bei der Entspannung, mit der die Demokratien für die endgültige, vertragliche Anerkennung der Knechtung aller der kommunistischen Diktatur unterworfenen Völker Sicherheit für sich einzutauschen hofften, ist jedenfalls nicht aufgegangen. Wir haben die unterworfenen Völker wirklich ihren Zwingherren überlassen. Bukowski ist auf seinem Lebensweg einem grausigen Symbol für dieses Zusammenspiel begegnet. In seinem Buch »Wind vor dem Eisgang« erzählt er: »Der Tscheka-Mann, der mir die Handschellen abgenommen hat, teilt mir zu meiner Erbauung mit: ›Übrigens, die Handschellen, die kommen aus Amerika!‹ Und er zeigt mir die Einprägung. Als hätte ich auf ihn gewartet, um zu erfahren, daß der Westen seit den Anfängen der Sowjetmacht oder fast seit jener Zeit uns mit Handschellen beliefert, im wörtlichen und im übertragenen Sinne ...« Diese Komplizenschaft hat uns allerdings nicht die Sicherheit gebracht, die wir uns von ihr erwarteten. Nie sind die Demokratien verwundbarer, desorientierter und den Schlägen des kommunistischen Imperialismus ausgelieferter gewesen als am Ende der sogenannten Entspannungsperiode. Besonders tragisch waren die Jahre 1980–1983, als die Polen- und Afghanistanaffären die Hilflosigkeit des westlichen Lagers aufdeckten und die Demokratien sich langsam aber unwiderstehlich zur Hinnahme der sowjetischen Überlegenheit veranlaßt sahen, und sei es angesichts der mit jedem Tag drohenderen, in ihrem arroganten, brutalen Ton immer anmaßenderen Sprache, die der Kreml ihnen gegenüber verwendete.

Und der Krieg? Durchaus gelassene Geister gehen in ihrem Pessimismus so weit, daß sie sagen, der Westen habe sich schon so gelehrig und ergeben gezeigt, daß er nicht mehr damit aufhören könnte, ohne Krieg zu riskieren. Ich meinerseits bin zur entgegengesetzten Überzeugung gelangt, daß nämlich die Erpressung mit der atomaren Apokalypse von seiten der Sowjets nicht ernst gemeint ist und nur deshalb von Jahr zu Jahr intensiver betrieben wird, weil sie ihnen so enorme Gewinne gebracht hat und noch bringt. Doch das Regime würde einen Krieg nicht überstehen. So abwegig die Erwartung ist, das totalitäre System werde in Friedenszeiten von selber zerfallen, so naheliegend erscheint es mir, und den kommunistischen Führern muß es noch naheliegender erscheinen, daß die unterdrückten Völker nicht bereit wären, sich für aberwitzige Gelüste der Nomenklatura zu opfern. Es ist ja kein Zufall, daß in Afghanistan verwundete Sowjetsoldaten in Ostdeutschland und nicht in der Sowjetunion behandelt wurden. Schon beim Überfall der Deutschen 1941 haben erhebliche Teile der Bevölkerung in dem Krieg die Möglichkeit erblickt, sich gegen das Regime zu stellen, und zwar aus Beweggründen, die nichts mit irgendwelchen Sympathien für den Nationalsozialismus zu tun hatten, wie Solschenizyn es ja dargestellt und mit außerordentlich überzeugenden Beispielen belegt hat. Das kommunistische System ist von innen in normalen Zeitläufen nicht aufzubrechen, weder durch noch so viele Dissidenten noch durch Volkserhebungen mit gewaltigem Zulauf; die traurige Geschichte der Volksdemokratien beweist das nur zu gut. Doch in Kriegszeiten würde dieses System sehr zerbrechlich werden, und zwar gerade wegen der berühmten Schwächen, von denen wir sehr zu Unrecht in Friedenszeiten Wunderdinge erwarten, die aber in einem großen Konfliktfall eruptiv in das ungeheure Durcheinander hereinbrechen würden, und das in einer Gesellschaft, die schon ineffizient und mühsam genug in Ordnung zu halten ist, wenn sie es *nicht* mit einer Notsituation zu tun hat.

Die Sowjets wollen ihre atomare Überlegenheit über Westeuropa aufrechterhalten, weil sie einen immer stärkeren Druck ausüben wollen, um *nicht* in einen großen Krieg gezogen zu werden und trotzdem zu erreichen, daß sich die Vereinigten Staaten nach und nach vom europäischen Festland zurückziehen. Deshalb hat sie der Wahlsieg der Christdemokraten unter Helmut Kohl im März 1983 so sehr irritiert; die Hoffnung der Kommunisten, in absehbarer Zeit die Bundesrepublik Deutschland neutralisieren zu können, war damit geschwunden. Doch die Gewißheit, daß ein atomarer Gegenschlag so gut wie undenkbar ist, könnte die Sowjets in mehr oder weniger ferner Zukunft durchaus zu konventionellen militärischen Aktionen veranlassen. Die Kommunisten haben ihre vielen lokalen militärischen Unternehmen stets in der Annahme gestartet, daß die Westmächte sie mit konventionellen Mitteln nicht aufhalten könnten, aber auf gar keinen Fall einen atomaren Gegenschlag führen würden. Die westliche nukleare Abschreckung bleibt deshalb die wichtigste Garantie für den *Welt*frieden, wie sie es fünfunddreißig Jahre lang bewiesen hat. Auch die Nomenklatura will ja nicht sterben.

Wenn diese Voraussetzung erst einmal wirklich verstanden worden ist, würde der zweite Programmpunkt einer ihrer Aufgaben gewachsenen Außenpolitik darin bestehen, keinen sowjetischen Übergriff mehr hinzunehmen, ohne Repressalien, vor allem wirtschaftlicher Natur, zu ergreifen, und grundsätzlich keine Zugeständnisse ohne klare, gleichwertige, konkrete Gegenleistungen zu machen. Ich glaube, ich habe im Verlaufe meiner Darlegungen genügend Beispiele von Fällen gegeben, bei denen wir das genaue Gegenteil getan haben, so daß ich mich hier nicht wiederholen muß. Mit anderen Worten: Unsere Politik müßte darin bestehen, eine *echte* Entspannung zu praktizieren und zu verlangen, also in beiden Richtungen, nicht nur zugunsten der Sowjetunion. Unserer Möglichkeiten sind ja in Wirklichkeit unzählig viele: im Handel, in der Propaganda, im aktiven Einsatz gegen die Geheimdienste und Einflußagenten, vor allem aber gegen die kommunistische Expansionstätigkeit in der Dritten Welt. Wir müssen grundsätzlich alles ablehnen, was die Kommunisten verlangen, einschließlich der Konferenzen mit angeblichen Abrüstungsverhandlungen, solange die Sowjetunion auf Expansionskurs bleibt. Warum haben wir nicht die sofortige vollständige Räumung Afghanistans als Vorbedingung für den bloßen Einstieg in Verhandlungen über die Reduzierung der Mittelstreckenwaffen in Europa gefordert? Wieso hat das 1982 oder 1983 kein Staatsmann im Westen erwogen und dann zu tun gewagt, obwohl das mit den allerüblichsten diplomatischen Methoden vereinbar gewesen wäre? Die Sowjets wollen über die Mittelstreckenraketen sprechen, seit Anfang der achtziger Jahre. Sie sind die Interessenten, nicht die Westmächte. Was haben wir aus dieser günstigen Ausgangslage gemacht? Die Antwort ist einfach: nichts. Wie haben wir sie genutzt? Auch hier lautet die Antwort: überhaupt nicht. Das Wiedererstehen der Außenpolitik in den nichtkommunistischen Ländern sollte und kann ein präzises Ziel haben: ein für allemal den Sowjets klarzumachen, daß die Fortsetzung oder Wiederaufnahme von Verhandlungen und Konzessionen auf irgendeinem Gebiet zur Vorbedingung hat und behält, daß sie endgültig auf den kommunistischen Imperialismus verzichten, überall in der Welt.

Die Einführung einer solchen Diplomatie oder, genauer gesagt, die Rückkehr zur normalen Diplomatie würde bei den Menschen im Westen eine fast vollständige geistige Umkehr voraussetzen, eine volle Kenntnisnahme vom Phänomen des Kommunismus, gestützt auf eine ganz neue Abstimmung und Koordinierung ihrer Politik. Das bedeutet: Eine solche neue Außenpolitik erscheint mir durchaus möglich, nur ist sie wenig wahrscheinlich wegen der geistigen Leichtfertigkeit, der Entschlußlosigkeit und des mangelnden gegenseitigen Einverständnisses bei den Männern, die sie zu verwirklichen hätten.

Es ist nicht meine Sache, pessimistisch oder optimistisch zu sein. Ich habe ein Protokoll verfaßt. Dieses Protokoll ist pessimistisch, nicht sein Verfasser. Das Schicksal der Demokratie in der Welt wird sich in den verbleibenden Jahren des Jahrhunderts entscheiden. Das heißt unser Schicksal, denn die Geschichte geht durch die Jahrtausende, wir dagegen nur durch wenige Jahre, und es ist wirklich so, wie Achim von Arnim es gesagt hat: »Jeder Mensch fängt die Welt an, und jeder endet sie«.

Nachwort für die deutsche Ausgabe

Traum und Wirklichkeit in Deutschland

Nach der Lektüre dieses Buches werden sich deutsche Leser, davon bin ich überzeugt, in ihrer derzeitigen Bewußtseinsverfassung besondere Fragen stellen. Die deutsche öffentliche Meinung scheint sich, verglichen mit der in den anderen westlichen Ländern, seit dem Einmarsch in Afghanistan gerade entgegengesetzt entwickelt zu haben. Sie hat sich die Diagnose der Verbündeten, daß nämlich die Entspannung gescheitert und die sowjetische Bedrohung gewachsen sei, nicht zu eigen machen mögen.

Sie ist zur Hochburg des Pazifismus geworden, hat eine zuweilen schockierende Gleichgültigkeit gegenüber dem politischen Schicksal der Polen, um nicht zu sagen eine eindeutige Feindseligkeit gegenüber Solidarnosč an den Tag gelegt. Trotzdem hat sich der Bundestag für die Aufstellung der Pershings entschieden. Doch ist die rätselhafte Uneindeutigkeit der Deutschen damit geringer geworden? Das Nordatlantische Bündnis hat eines seiner Probleme gelöst, Deutschland hat alle seine Probleme behalten.

Viele Europäer und Amerikaner haben den Eindruck, daß sich die Deutschen einfach zu sehen weigern, was ins Auge springt, wenn sie nicht zur Kenntnis nehmen, daß die Entspannung, wie man sie sich zur Zeit der Vereinbarungen von Helsinki vorstellte, gescheitert ist. Daß man das Scheitern der Entspannung konstatiert, heißt ja nicht, daß man sich damit abfände und keine andere Lösung als die der Konfrontation mehr sähe. Es ist unbedingt nötig, daß wir uns bemühen, die Entspannung durch eine andere Formel für den Abbau der Spannungen und eine internationale Stabilisierung zu ersetzen. Doch auf gar keinen Fall ist es eine Lösung, *so zu tun als ob* man überzeugt sei, die Entspannung gehe einfach weiter. Eine fruchtbare Politik kann niemals auf eine Illusion gegründet werden, und nach Auffassung der übrigen Menschen im Westen hängen zu viele Deutsche, vor allem in der Presse, dieser Illusion nach und verwahren sich wütend gegen die Ansicht aller, die Helsinki aus westlicher Sicht als einen Fehlschlag bezeichnen. Für manche Deutsche ist es geradezu ein Verbrechen, das sie zutiefst verstört, wenn jemand auch nur zu *sagen* wagt, die Entspannung sei ein Fehlschlag gewesen. Doch einfach *nicht sagen*, daß die Entspannung tot ist, wird sie ja wohl nicht wie durch ein Wunder auferwecken! Viele Deutsche sind allenfalls bereit, die Entspannung in einer Krise zu sehen, vorausgesetzt, man gibt an dieser Krise ausschließlich den Vereinigten Staaten und Ronald Reagan die Schuld. Wenn man das Anwachsen des sowjetischen Imperialismus und Militarismus in den letzten zehn Jahren nicht zur Kenntnis nimmt, gelangt man natürlich zu dem Schluß, man müsse die Entspannung genau mit der Methode, die sich nicht bewährt hat, wiederbeleben: mit westlichen Vorleistungen.

Nun ist »So enden die Demokratien« kein Buch zur politischen Tagesaktualität. Es wird darin keine »Darstellung der jüngsten Ereignisse« gegeben. Die konkreten Beispiele sollen *Denk- und Handlungsstrukturen* illustrieren oder verdeutlichen, die durch ihre Wiederholung nicht Gesetze, aber Konstanten in den Beziehungen zwischen totalitären und demokratischen Systemen erkennen lassen. Ein solches Beispiel ist die Annexion von Georgien 1921, die ganz nach dem »afghanischen Schema« ablief, wie man es nennen könnte, weil es 1979 genau wiederholt wurde, oder nach dem »mongolischen Schema«, weil es de facto auch schon für die Annexion der Mongolei herhalten mußte. Ein anderes Beispiel bietet der Handel, von dem es heißt, er mache die Sowjets demokratischer und friedfertiger – »Wandel durch Handel«. Der erste Versuch mit einer solchen Politik ist von den Westmächten 1921 gemacht worden, als Lenin angesichts der katastrophalen Ergebnisse der ersten Zwangskollektivierung der Wirtschaft die »Neue Ökonomische Politik« (NEP) einführte und dabei geschickt die Hilfsbereitschaft und Leichtgläubigkeit der kapitalistischen Länder ausnutzte, ohne deshalb ein Jota von den »weltrevolutionären« Zielen der UdSSR abzuweichen. Für uns Demokraten kann es nicht darum gehen, in unseren Büchern immer mehr »aktuelle« Beispiele zusammenzutragen, sondern zunächst sorgfältig zu prüfen, was an Beispielen schon seit langem da ist, um dann die neuen besser zu verstehen. Hätten wir uns an diese Regel gehalten, wären wir nicht der Illusion erlegen, eine »neue« Politik zu treiben, als wir Anfang der siebziger Jahre die Ostpolitik und die Intensivierung der Wirtschaftsbeziehungen mit dem Osten begannen. Ich sage nicht, daß wir dies nicht hätten tun sollen. Ich sage, daß wir die auf diesem Gebiet schon gemachten Erfahrungen nicht hätten vergessen dürfen, also anders hätten vorgehen müssen, indem wir bei unseren Erwägungen die Ereignisse der verschiedenen Phasen in unseren Wirtschaftsbeziehungen zur UdSSR berücksichtigten.

Seit dieses Buch im April 1983 in Frankreich erschienen ist, ist in der Welt vieles geschehen. Keines dieser Ereignisse hat jedoch bis dato unbekannte Denk- und Handlungsstrukturen ans Licht gebracht. Alle sind sie nur neue Illustrationen alter Gesetze. Die »Friedensbewegungen« sind ein wohlvertrauter Vorgang, der schon auf Lenin und die Konferenz von Genua zurückgeht, der in den dreißiger Jahren, also längst vor der Existenz der Atombombe, intensiviert wird und der Anfang der fünfziger Jahre wieder auflebt. Natürlich ist die Situation nicht jeweils genau gleich, doch es sind mehr identische Elemente darin, als man meint, und wir sollten uns jedenfalls vor einer Entscheidung bemühen, die Vorgeschichte genau zu kennen. Die jüngsten Ereignisse bilden nur weitere anekdotische Ergänzungen zu einem Katalog, aus dem wir nichts lernen, wenn wir uns nicht bemühen, die hinter diesem Ereigniskatalog verborgene Logik zu erkennen. Anders gesagt: Gelingt es uns, diese Logik auch nur in Bruchstücken zu erkennen, so bemerken wir bald, daß Ereignisse, die wir für neuartig hielten, in Wirklichkeit nur weitere Exemplare einer Serie sind, die aus altbewährten Backformen kommt. Ich habe mich bemüht, in diesem Buch so etwas zu erstellen wie ein Inventar dieser Formen, nicht dagegen der unendlich vielen gleichen Kuchen, die mit jeder Form schon hergestellt worden sind.

Bei den Vorgängen um die koreanische Verkehrsmaschine zum Beispiel, die Anfang September 1983 von einem sowjetischen Jagdflugzeug abgeschossen wurde, sehe ich durchaus keine neue Erkenntnis, die man auf dem Felde der politischen Philosophie gewinnen könnte. Nach einem Augenblick des Entsetzens haben die westlichen Staaten erklärt, daß keine Wirtschaftssanktionen ergriffen würden, abgesehen von einer kurzen Unterbrechung des Flugverkehrs mit der UdSSR, und selbst darauf konnte man sich wie üblich nicht einigen: Frankreich und Griechenland waren nicht bereit, sich dem Boykott anzuschließen. Man verkündete, Sanktionen seien »wirkungslos«, wobei man Ursache und Wirkung verwechselte, denn die Sanktionen sind ja vor allem deshalb wirkungslos, weil die Demokratien sie nicht solidarisch durchhalten. Bald vertraten viele westliche, vor allem amerikanische Presseorgane die »beruhigende« These, die Entscheidung über den Abschuß der Maschine sei vor Ort getroffen worden, oder wenn in Moskau, dann allein von den Militärs, jedenfalls nicht von Andropow, der ja ohnehin krank sei. Diese Version paßt leider nicht zu dem, was wir von der Funktionsweise des sowjetischen Apparats wissen. Es sei denn, das Machtsystem des Landes wäre zum erstenmal seit 1977 per 30. August 1983 völlig geändert worden, ist eine solche Entscheidung eindeutig dem Politbüro vorbehalten. Nach allen unseren Kenntnissen wäre jede andere Hypothese abwegig. Chruschtschow berichtet in seinen Memoiren von dem Präzedenzfall der U 2 im Jahre 1960; er schreibt, er sei höchstpersönlich am 1. Mai um 5 Uhr früh durch einen Anruf von Marschall Malinowski geweckt worden und habe den Befehl zum Abschuß der Maschine gegeben. Dabei war die U 2 eindeutig eine Militärmaschine mit Spionageauftrag, mit nur einem amerikanischen Piloten an Bord; der Fall des zivilen koreanischen Jumbos mit 269 Menschen verschiedener Nationalität war unendlich viel kritischer. Ein Alleingang der Militärs wäre im ersten Falle also naheliegender gewesen als im zweiten. Trotzdem holten sie sogar im ersten den Befehl der politischen Führung ein. Und wie sollte Andropows Krankheit das Funktionieren eines solchen Machtapparats beeinträchtigen? Die Sitzung des Zentralkomitees der KPdSU vom 26. Dezember 1983 und die dabei bekanntgegebenen Berufungen ins Politbüro haben ja gezeigt, daß in einem totalitären System die Krankheit des Ersten Mannes seine Macht nicht schwächt. Seit Lenin sind die kommunistischen Imperien oft von Schwerkranken regiert worden. China zwischen 1970 und 1976 bildet da durchaus keine Ausnahme, ebensowenig wie die UdSSR während der letzten sieben, acht Amtsjahre von Breschnew als Generalsekretär. An den allgemeingültigen Gesetzen der kommunistischen Diplomatie und Strategie hat das durchaus nichts geändert.

Es geht nicht darum, sich zu freuen oder zu trauern, sondern zu begreifen. Deshalb weise ich das Epitheton »pessimistisch«, das man diesem Buch anhängen wird, nachdrücklich von mir. Pessimismus und Optimismus sind subjektive Gemütsverfassungen im Hinblick auf zukünftige, von uns nicht zu beeinflussende Ereignisse. Entrüstung, hat Bismarck gesagt, sei kein politisches Gefühl. Pessimismus und Optimismus auch nicht, jedenfalls dann nicht, wenn sie im Irrationalen bleiben, wie gute oder schlechte Laune zum Beispiel. Rational kann man optimistisch sein, wenn man die Lage korrekt analysiert hat und sowohl den politischen Willen als auch die Mittel besitzt, dieser Analyse entsprechend zu handeln. Andernfalls kann man nur pessimistisch sein. Diese Buch soll deshalb weder Pessimismus noch Optimismus verstärken, sondern die Instrumente für das Verstehen etlicher Reihen historischer Fakten liefern. Die praktischen Folgerungen, die man daraus zu ziehen hat, sind Sache der politischen und moralischen Entscheidungen jedes einzelnen.

Deshalb liegen mir Absicht und Anspruch fern, den Deutschen eine Politik zu empfehlen. In diesem Buch habe ich mich durchweg bemüht, mir nicht den Blickwinkel eines bestimmten Landes zu eigen zu machen. Dabei verkenne ich nicht, daß Deutschland für die ganze demokratische Welt und für den Totalitarismus heute in Europa von größerer Bedeutung ist als die meisten anderen Länder.

Westdeutschland ist nach den Vereinigten Staaten das Land, von dem Europas Sicherheit am meisten abhängt, und zugleich ist es das für die übrigen Europäer am wenigsten begreifbare.

Tatsächlich machen sich wenige Europäer oder Amerikaner, von ein paar Deutschlandspezialisten abgesehen, überhaupt klar, daß die Bundesrepublik zwar eine Großmacht, aber in ihrer Souveränität eingeschränkt ist. Wenige wissen, daß dieses Land zwar Mitglied des Nordatlantischen Bündnisses und seiner Militärorganisation ist, aber durchaus nicht frei in seinen strategischen Entscheidungen, nicht einmal gleichberechtigt am strategischen Entscheidungsprozeß im Bündnis beteiligt.* Die Spannungen dagegen, mit denen das Natio-

---

* In Deutschland neigt man wiederum dazu, diese unbestreitbare Fremdbestimmung des Landes übertrieben darzustellen. Immerhin stand es dem Bundestag frei, sich gegen die Stationierung der neuen Mittelstreckenraketen zu entscheiden. Es wäre politisch unmöglich gewesen, sich über eine solche Entscheidung hinwegzusetzen. Ihre Aufstellung ist das Ergebnis der Willensbekundung einer Mehrheit der deutschen Wähler, nicht eines amerikanischen Diktats. Albert Wohlstetter betont (in *Commentaire*, Winter 1983) sehr zu recht: »Die Autonomie der Bündnisländer, einschließlich derer, die in die militärische Struktur der NATO integriert sind, ist de facto nicht geringer als die Frankreichs. Jedes Mitglied hat zu jeder Zeit die Möglichkeit, das Bündnis zu verlassen. Die NATO-Regeln erlauben das, und die Sowjetunion setzt alle taktischen und strategischen Mittel ein, um die westlichen Länder dazu zu veranlassen.« Die einzige wirkliche Diskriminierung der Bundesrepublik ist das Verbot des Besitzes eigener Atomwaffen, ein Verbot, das mit dem Fehlen eines Friedensvertrages zusammenhängt. Doch in den Augen der Grünen und einer Mehrheit in der SPD braucht Deutschland weder eine eigene noch die amerikani-

nalbewußtsein der Deutschen wegen der Teilung des Landes zu leben hat, werden im Ausland besser verstanden. Allerdings können nur wenige wirklich nachvollziehen, was es bedeutet, täglich mit dem nicht aufhebbaren Widerspruch der unmöglichen und dennoch unverzichtbaren Wiedervereinigung zu leben.

Unverzichtbar deshalb, weil ihre Notwendigkeit jedem Deutschen vor Augen steht, auch wenn er das Gegenteil beteuert, und weil das deutsche Volk in der Präambel zum Grundgesetz der Bundesrepublik Deutschland aufgefordert bleibt, »in freier Selbstbestimmung die Einheit und Freiheit Deutschlands zu vollenden«. Unmöglich, weil jede Lösung die Entsowjetisierung der DDR oder die Sowjetisierung der Bundesrepublik Deutschland bedeuten würde.

Die eine Variante ist auf kurze Frist wenig wahrscheinlich, die andere wenig wünschbar – jedenfalls aus dem Blickwinkel der Deutschen, denn es ist sicher, daß für die UdSSR zumindest die *Neutralisierung* Westdeutschlands das Hauptziel in Europa, der Schlüssel zur Vormacht über den Westen bleibt.

Mit diesem Dornbusch, was sage ich, diesem Dornengestrüpp, an dem sich die Deutschen stechen, wie immer sie sich drehen und wenden mögen, suchen deutsches Gewissen und deutsche Politik auf drei verschiedene Weisen zu leben.

Die eine Weise ist die der Grünen, die pazifistische und neutralistische also. Das Programm lautet schlicht und einfach: Realitätsverweigerung. Für die Grünen existiert die sowjetische Gefahr, vielleicht sogar die Sowjetunion nicht. Mit der Beseitigung dieses Hindernisses wird die Frage der Nachrüstung natürlich zu einer Angelegenheit völlig unberechtigter Einmischung der Amerikaner, die aus gänzlich abwegigen Erwägungen der Bundesrepublik ihre Pershings aufzwingen. Der Neutralismus wird zum Widerstand gegen den US-Imperialismus und führt damit zu einem Wiedererwachen des deutschen Nationalismus. Der Gedanke, daß dieser neutralistische Nationalismus in der Praxis zum neuerlichen Verlust der nationalen Unabhängigkeit führen könnte, kommt den Grünen nicht, weil für sie die sowjetische Militärmacht eine westliche Erfindung ist. Wir brauchen uns gar nicht bei der Frage aufzuhalten, ob die »Friedensbewegung« von autonomer Auf-

sche Atomwaffe, weil die Sowjets friedfertig sind, kein Vormachtstreben kennen und zur Abrüstung bereit wären, wenn der Westen als erster abrüstet.

richtigkeit ist oder vom Osten gesteuert wird; beides trifft zu. Worum es hier geht, ist die Realitätsverweigerung der Grünen und die Tatsache, daß diese Verweigerung den sowjetischen Interessen dient.

Die Weise der Sozialdemokraten ist kaum weniger irrational, seit Willy Brandt beim Parteitag Ende 1983 mit seinen geradezu ungeheuerlichen ostpolitischen Vorstellungen Helmut Schmidt triumphal in den Hintergrund gedrängt hat. Diese Öffnung nach Osten knüpft an die einseitige Version der Entspannung an, nach der Konzessionen, selbst solche ohne Gegenleistung, stets sinnvoll und deshalb niemals ausreichend sind.

Die SPD geht nicht so weit wie die Grünen, die SS 20 im Osten nicht zur Kenntnis zu nehmen, doch sie erblickt in ihnen eine Antwort auf die Aggressivität von Reagan, auch wenn dieser erst drei Jahre nach Beginn der Stationierung der neuen sowjetischen Raketen ins Weiße Haus eingezogen ist. Gewiß, man kennt die Neigung aller sozialistischen Parteien, einen anderen außenpolitischen Kurs einzuschlagen, je nachdem, ob sie an der Regierung oder in der Opposition sind. Die Abkehr von den Münchner Parteitagsbeschlüssen des Jahres 1982 ist vor dem Hintergrund der Weltlage 1984 jedoch ein besonders schwerwiegender Vorgang, zumal die SPD die Verschärfung dieser Lage oder jedenfalls die überwiegende Verantwortung der Sowjets für die Verschärfung nicht wahrhaben will. Die Sozialdemokraten treiben weiter einen magischen Kult mit der fortwirkenden segensreichen Kraft der Entspannung, was durchaus das falsche Mittel ist, echte Entspannung zu schaffen. Man muß sich fragen, ob der Fraktionsvorsitzende der SPD im Bundestag, Hans-Jochen Vogel, tatsächlich für die Erneuerung der Entspannung zu wirken meint, wenn er am 23. September 1983 empfiehlt, die französischen und britischen Atomwaffen bei den Genfer Verhandlungen über die Mittelstreckenraketen mitzuzählen. Vogel dient mit diesem Eingehen auf die Moskauer Forderungen durchaus nicht der Entspannung; er ermutigt den Kreml, sich noch unnachgiebiger zu zeigen, weil er den Sowjets beweist, daß sich ihre Unnachgiebigkeit auszahlt. Oder besteht sein Entspannungskonzept darin, daß der Westen nur dann Ruhe findet, wenn er der UdSSR erlaubt, ihn zu beherrschen? Darin liegt ja die ganze Mehrdeutigkeit: Ist die Entspannung die Anerkennung der sowjetischen Hegemonie oder der Weg zu ausgewogenen, gegenseitigen Konzessionen?

Es wäre allerdings sehr gewagt, wenn man behaupten wollte, die Antwort der Christdemokraten auf die deutschen Widersprüche sei das völlige Gegenstück zu den sozialdemokratischen Vorstellungen. Gewiß, diese Antwort ist realistischer, der Gefahr für die Demokratie mehr eingedenk; tatsächlich würde die Bundesrepublik sich ja besonders lächerlich machen, wenn sie die Sorge für die Demokratie der Herzensgüte Moskaus überlassen wollte. Doch die CDU ist sich dennoch mit der SPD darin einig, daß die Methode der »kleinen Schritte« bei der Annäherung der beiden deutschen Staaten nach und nach auch zur Überwindung der Teilung Europas in zwei Blöcke beitragen werde. »Gerade dann, wenn die internationale Lage schwieriger wird«, hat Bundeskanzler Helmut Kohl Ende Oktober 1983 in einem Brief an Erich Honecker geschrieben, »müssen die beiden Staaten in Deutschland alle Kraft daransetzen, das Geflecht der Beziehungen und der Zusammenarbeit weiterzuentwickeln und auszubauen.« Der Partei- und Regierungschef der DDR hatte seinerseits Anfang Oktober von der »deutschen Nation« und vom Recht des »deutschen Volkes« gesprochen, sich gegen die Aufrüstung auszusprechen. Vor allem hat er in einer Wendung, die in der Bundesrepublik starken Eindruck gemacht hat und von Kohl übernommen wurde, von einer notwendigen »Koalition der Vernunft« der beiden deutschen Staaten gesprochen. Die punktuelle Verbesserung der innerdeutschen Beziehungen ist ganz zweifellos aus Gründen der Humanität, für die Familien und im nationalen Interesse unbedingt erforderlich. Alle Europäer müssen das einsehen, wenn sie die Deutschen nicht zutiefst verletzen wollen. Die Illusionen der CDU beginnen da, wo ihre führenden Politiker meinen, daß diese innerdeutschen Beziehungen, auf die sie ihr Interesse weitgehend beschränken, ein Auslöser für eine neuerliche Entspannungsperiode in ganz Europa oder gar der ganzen Welt werden könnten. Solche Illusionen sind gefährlich, weil sich die Anzeichen mehren, daß Bonn die Augen vor der planetarischen Bedrohung verschließen könnte, wenn nur die innerdeutschen Beziehungen sich weiter verbessern.

So sind die Sowjets dem westdeutschen Außenminister Hans-Dietrich Genscher mit einem beschämenden Dementi in den Rücken gefallen, als er am 10. September 1983 ein Entgegenkommen der Sowjetunion bei der Zählung der französischen und britischen Atomwaffen in Aussicht stellte. »Diese Feststellungen sind vollkommen unbegründet. Herr Genscher nimmt seine Wünsche für die Wirklichkeit«, erklärte am 14. September der sowjetische Stellvertretende Außenminister Kornenko. Ein ähnliches Mißgeschick widerfuhr etwas später dem Bundeskanzler selber. Der Autor dieses Buches ist mit Herrn Kornenko vollkommen einer Meinung, daß in der Politik der schwerste und gefährlichste Fehler darin besteht, »seine Wünsche für die Wirklichkeit zu nehmen«.

Doch selbst bei der CDU malt man sich mit Vorliebe aus, die DDR könnte im Rahmen ihres Bündnisses gegenüber der UdSSR mehr Selbstständigkeit gewinnen. Ostdeutschland scheint vielen einen durchaus nennenswerten, zunehmenden Handlungsspielraum zu genießen. Daraus nährt sich die Hoffnung, eines Tages könnten die beiden deutschen Staaten, sich einander immer mehr annähernd, die Rolle eines zentralen Blocks spielen, eine Art dritter Kraft in Europa werden, der sich dann andere Länder anschließen könnten, Ungarn zum Beispiel oder sogar Bulgarien! Dieser Traum verrät eine erschütternde Unkenntnis der sowjetischen Realität. Man gelangt von der Vorstellung von einem »gewissen Handlungsspielraum« eines Ostblocklandes zu der Möglichkeit, *das System zu verlassen*, was noch niemals geschehen ist und auch so bald nicht geschehen wird – jedenfalls nicht aus spontanem Entgegenkommen der Sowjetunion oder mit ihrem Segen.

Tatsächlich sind die deutschen Gründe für das Festhalten an der Entspannung nicht so sehr wirtschaftlicher Natur, wie oft behauptet wird, als vielmehr politischer. Der innerdeutsche Handel macht nur einen kleinen Teil des Außenhandels der beiden deutschen Staaten aus, und die Exporte der Bundesrepublik in die übrigen Ostblockländer schlagen in der Handelsbilanz kaum zu Buche. Das ist nicht der maßgebende Faktor. Nein, die Bundesrepublik Deutschland will mehr politische Souveränität gewinnen, entweder durch die Schaffung eigenständiger Beziehungen zur UdSSR und Osteuropa oder im Rahmen eines geschlossen auftretenden Westeuropas auf neuer Grundlage. Natürlich ist das Streben nach politischer Souveränität durchaus nicht illegitim. Was man den Deutschen vorwerfen kann, ist allein ihre Neigung, sich dabei eine Welt zurechtzulegen, die anders ist als die wirkliche, die Realität der Bedrohung durch die Sowjetunion zu leugnen oder zu verharmlosen und alle als Kriegshetzer hinzustellen, die diesen Traum nicht mitträumen.

Nächst meinem »Pessimismus« hat man mir in Deutschland und andernorts vor allem vorgehalten: »Gesetzt, Ihre Diagnose träfe zu. Dann gibt es doch gar keine Lösung. Was soll denn nun geschehen?« Auch dieser Einwand, wie der andere, scheint mir eine Flucht vor der Wirklichkeit zu sein. Im Grunde lautet er doch: »Da das Problem unlösbar ist, spricht man besser nicht davon, und stellt die Wirklichkeit anders dar, als sie ist.« Eine solche Haltung impliziert schon die Vorstellung, im Grunde gebe es nur noch die Wahl zwischen Krieg und Unterwerfung. Ich halte diese Alternative für unbegründet. Aber zugleich bin ich überzeugt, daß die totalitären Regime immer wieder versuchen werden, die Demokratien eben davon zu überzeugen, also sie glauben zu machen, sie, die Demokratien, hätten allein Zugeständnisse auf sich zu nehmen, um eine Verbesserung der internationalen Beziehungen zu erreichen und die Gefahr eines Krieges zu bannen. Die politische Analyse kann die Auswirkungen einer solchen Methode nur konstatieren und mit den Hoffnungen vergleichen, die man im Anfang in sie gesetzt hat.

Dieses Buch ist kein politisches Manifest, sondern ein Werkzeug zur Erkenntnis oder jedenfalls der Versuch, ein solches Werkzeug zu schmieden. Wie könnten wir die Gegenwart richtig interpretieren und mit Erfolg in die Zukunft hineinwirken, wenn wir nicht erst einmal exaktes Wissen von der Vergangenheit erwerben? Oder ist es mit uns, den Demokratien, schon so weit gekommen, daß wir Angst davor haben, zur Kenntnis zu nehmen, was in der Vergangenheit wirklich geschehen ist, daß wir die gegenwärtige Lage lieber nicht so genau anschauen und längst darauf verzichtet haben, unsere Zukunft selber zu gestalten? Darauf habe nicht ich zu antworten, sondern die verantwortlichen Politiker und vor allem die Gesamtheit der Bürger – in den Ländern, wo das Wort »Bürger« noch einen Sinn hat.

Jean-Francois Revel

Bücher zum politischen Verständnis

Werner Becker
Die Freiheit, die wir meinen
Entscheidung für die liberale Demokratie
2. Aufl., 7. Tsd. 1984. 287 Seiten. Kt.

Werner Becker
Der Streit um den Frieden
Gegnerschaft oder Feindschaft – die politische Schicksalsfrage
127 Seiten. Serie Piper 354

Klaus von Beyme
Parteien in westlichen Demokratien
1982. 520 Seiten. Serie Piper 245

Klaus von Beyme
Das politische System der Bundesrepublik Deutschland
Eine Einführung
3., überarb. Aufl., 15. Tsd. 1981. 242 Seiten. Serie Piper 186

Klaus von Beyme
Die politischen Theorien der Gegenwart
5., überarb. und ergänzte Aufl., 20. Tsd. 1984. 288 Seiten. Serie Piper 211

Klaus von Beyme
Die Sowjetunion in der Weltpolitik
1983. 217 Seiten. Kt.

Karl Dietrich Bracher
Zeitgeschichtliche Kontroversen
Um Faschismus, Totalitarismus, Demokratie
5., überarb. Aufl., 19. Tsd. 1984. 158 Seiten. Serie Piper 353

Iring Fetscher
Der Marxismus
Seine Geschichte in Dokumenten. Philosophie, Ideologie, Ökonomie, Soziologie, Politik
1983. 960 Seiten. Serie Piper 296

Piper

Bücher zum politischen Verständnis

Grundelemente der Weltpolitik
Herausgegeben von Gottfried K. Kindermann.
2., überarb. Aufl., 6. Tsd. 1981. 388 Seiten. Serie Piper 224

Handbuch der deutschen Außenpolitik
Herausgegeben von Hans Schwarz. 2. Aufl., 8. Tsd. 1976. 849 Seiten. Kt.

Handbuch des politischen Systems der Bundesrepublik Deutschland
Herausgegeben von Kurt Sontheimer und Hans H. Röhring.
2. Aufl., 11. Tsd. 1978. 761 Seiten. Kt.

Leszek Kolakowski
Die Hauptströmungen des Marxismus
Entstehung – Entwicklung – Zerfall
Drei Bände. 2. Aufl., 9. Tsd. 1981. Zusammen 1692 Seiten.
Band 1: 1977. 489 Seiten. Geb.
Band 2: 1978. 589 Seiten. Geb.
Band 3: 1979. 614 Seiten. Geb.

Kurt Sontheimer
Grundzüge des politischen Systems der Bundesrepublik Deutschland
9., überarb. Aufl. 341 Seiten. Serie Piper 351

Strobe Talbot
Raketenschach
Ein Bericht, der offenlegt, wie persönliche Konflikte und Machtkämpfe im Weißen Haus die amerikanische Politik beeinflussen und so die gefährliche Krise in den amerikanisch-sowjetischen Beziehungen ausgelöst haben.
Aus dem Amerik. von Hans Jürgen Baron von Koskull. 1984.
588 Seiten. Kt.

Piper

Bücher zur Zeitgeschichte

Jean-Pierre Cartier
Der Erste Weltkrieg
1914–1918
Aus dem Franz. von Ulrich F. Müller. 784 Seiten mit 101 Abbildungen und 10 Karten. 1984. Geb. im Schuber

Raymond Cartier
Vom Ersten zum Zweiten Weltkrieg
1918–1939.
Aus dem Franz. von Ulrich F. Müller. 1982. 652 Seiten mit 205 Abbildungen und 15 Karten. Geb. im Schuber

Raymond Cartier
Der Zweite Weltkrieg
Aus dem Franz. von Max Harries-Kester, Wolf D. Bach und Wilhelm Thaler, unter wissenschaftlicher Beratung von Hellmuth Dahms, Hermann Weiss und Wolfgang Kneip. 6. Aufl., 107. Tsd. 1982. 3 Bände in Schuber, zusammen 1322 Seiten, 462 Abbildungen und 55 Karten. Kt.

Raymond Cartier
Nach dem Zweiten Weltkrieg
Die internationale Politik von 1945 bis heute
Zusätzliches Kapitel von Christine Zeile. Aus dem Franz. von Wilhelm Thaler, unter wissenschaftlicher Beratung von Lutz Ziegenbalg. 3. Aufl., 77 Tsd. 1980. 1170 Seiten mit 160 Abbildungen und 23 Karten. Geb.

Werner Hilgemann
Atlas zur deutschen Zeitgeschichte
1918–1968
1984. 208 Seiten und über 100 farbige Karten. Geb.

Anton Antonow-Owssejenko
Stalin
Porträt einer Tyrannei.
Aus dem Russ. von Diether Wilmersdoerfer. 2. Aufl., 6. Tsd. 1984. XVIII, 447 Seiten und 40 Abbildungen auf Tafeln. Geb.

Piper

Pipers Wörterbuch zur Politik
Herausgegeben von Dieter Nohlen

Band 1:
Wörterbuch zur Politikwissenschaft
Theorien – Methoden – Begriffe
Herausgegeben von Dieter Nohlen und Rainer-Olaf Schultze.
(Erscheint voraussichtlich Frühjahr '85)

Band 2:
Westliche Industriegesellschaften
Wirtschaft – Gesellschaft – Politik. Herausgegeben von Manfred Schmidt.
1983. 558 Seiten mit 69 Tabellen und 14 Abbildungen

Band 3:
Europäische Gemeinschaft
Problemfelder – Institutionen – Politik
Herausgegeben von Wichard Woyke.
1984. 471 Seiten

Band 4:
Sozialistische Systeme
Politik – Wirtschaft – Gesellschaft. Herausgegeben von Klaus Ziemer.
(Erscheint voraussichtlich Herbst '85)

Band 5:
Internationale Beziehungen
Theorien – Organisationen – Konflikte.
Herausgegeben von Andreas Boeckh.
1984. Ca. 600 Seiten

Band 6:
Dritte Welt
Gesellschaft – Kultur – Entwicklung.
Herausgegeben von Dieter Nohlen und Peter Waldmann.
(Erscheint voraussichtlich Frühjahr '86)

Stimmen zu Band 2:
»Pipers Wörterbuch zur Politik verspricht ein unentbehrliches
Nachschlagewerk zu werden.«   Prof. Dr. Kurt Sontheimer

»Wenn die übrigen fünf Bände des Gesamtwörterbuches den Standard
halten, den der erste Band gesetzt hat, dürfte das Gesamtwerk eine lohnende,
kenntnisreiche und gut lesbare Enzyklopädie zur Politik abgeben.«
                                                              Capital

Piper